高等学校出版学专业系列教材

数字出版技术

Digital Publishing Technology

张新新　庄红权　丁靖佳　编著

WUHAN UNIVERSITY PRESS
武汉大学出版社

图书在版编目(CIP)数据

数字出版技术/张新新,庄红权,丁靖佳编著.—武汉:武汉大学出版社,2023.9

高等学校出版学专业系列教材

ISBN 978-7-307-23822-0

Ⅰ.数…　Ⅱ.①张…　②庄…　③丁…　Ⅲ.电子出版物—出版工作—高等学校—教材　Ⅳ.G237.6

中国国家版本馆 CIP 数据核字(2023)第 110363 号

责任编辑:詹　蜜　　　责任校对:汪欣怡　　　版式设计:马　佳

出版发行:**武汉大学出版社**　　(430072　武昌　珞珈山)

(电子邮箱:cbs22@whu.edu.cn 网址:www.wdp.com.cn)

印刷:武汉中远印务有限公司

开本:787×1092　1/16　印张:25　字数:543 千字　插页:2

版次:2023 年 9 月第 1 版　　　2023 年 9 月第 1 次印刷

ISBN 978-7-307-23822-0　　　定价:76.00 元

张新新，上海理工大学出版印刷与艺术设计学院教授，博士生导师。兼任国家新闻出版署出版业科技与标准重点实验室学术委员会主任、中国画报协会副会长、全国新闻出版标准化委员会委员等职。长期从事数字出版、媒体融合、人工智能、出版高质量发展、文化管理与服务研究。主持国家重点研发计划、国家社科基金等国家级、省部级和横向科研项目30余项，出版著作12部，发表论文100余篇。担任起草组组长起草新闻出版国家标准3项、行业标准4项。

庄红权，编审，现任清华大学出版社副社长，教育领域融合出版知识挖掘与服务重点实验室执行主任。主持及参与国家出版基金、国家文产资金、科技部重点专项、北京市科委重点项目等多个项目，取得了较好的社会效益和经济效益。主持出版的《智能制造系列丛书》《工程机械手册》等多部图书荣获国家重点图书出版规划项目等奖项，获评2017年北京市出版"百人工程"人才和2020年北京市宣传文化系统"四个一批"人才。

丁靖佳，武汉大学信息管理学院博士研究生。参与国家重点研发计划、国家社科基金等国家级、省部级和横向科研项目10余项。主要研究方向为数字出版、科学信息交流。

《数字出版技术》的编写组成员来自上海理工大学、武汉大学、清华大学出版社等高校编辑出版学专业教学和出版社产业实践一线。教材撰写的具体分工为第一章、第十五章、第十六章，张新新、丁靖佳；第二章、第七章至第十四章，张新新；第三章，丛挺、李锦田、陆奕澄；第四章、第五章，庄红权、王金锋、胡超、曹杰锋；第六章，徐雷、郑子贺、叶均玲、张亚菲。付文绮、袁宜帆、袁依宁、张璐颖、周晨等博士研究生、硕士研究生也参与了本书的撰写与修改，全书的统稿工作最后由张新新、丁靖佳完成。

目　　录

第一篇　数字出版技术总论

第二篇　数字出版基础技术

第三篇　数字出版前沿技术与应用

第一篇

数字出版技术总论

第一章　数字出版技术概述

---

* 本章知识点提要

  1. 出版与数字技术的关系
  2. 数字出版技术的内涵、外延和本质
  3. 数字出版范畴体系的构成
  4. 数字出版技术的知识基础
  5. 数字出版技术研究的研究方法
  6. 数字出版技术研究的研究内容
  7. 数字出版技术价值的概念和特征
  8. 数字出版技术的正价值和负价值

* 本章术语

  数字出版技术　数字出版技术范畴　技术中性论　技术价值论　技术社会互动论
  技术社会整体论　数字出版技术正价值　数字出版技术负价值

厘清数字出版技术的概念、本质、范畴、知识基础、研究方法及其价值等基础议题，是推动数字出版技术产学研并进的关键。为此，本章将对上述数字出版技术研究的基础性议题进行探讨与概述，以尝试构建数字出版技术的概念体系、范畴体系、理论体系和方法体系，摆脱数字出版技术"无学"的理论匮乏状态。

第一节　数字出版技术的概念与本质

一、技术与数字技术

技术是数字出版技术基础理论研究的重要起点，其理论内涵与本质特征能够为数字出版技术的发展及向一个独立学科的演进提供系统化和全景式的视野。而要认识数字出版技术的本质内涵与特征，首先要厘清技术的本质。关于技术本质的追问，实际是要回到"技术究竟是什么"这一基本问题。

1. 技术概念的缘起与发展

技术是一个历史的、动态的范畴。随着人类社会实践及科学实验的发展，技术的形态、结构、功能及其所产生的影响都在不断发生着变化，对于技术的认知也由此经历了一个不断演变发展的过程。

从词源学意义上来看，在古汉语中，"技"主要泛指才能、本领，如《尚书·泰誓》中便有"人之有技，若己有之"之说。而凡是能用于达到目的的则均可称为"术"，如方法、手段、思想、学问、权术、方术皆为"术"。东汉哲学家王充在《论衡》中就有言，"夫圣贤之治世也有术，得其术则功成，失其术则事废"；韩愈在《师说》中的"闻道有先后，术业有专攻"亦如是。在古汉语中，"技"与"术"都是专有名词，较少连用，"技术"一词的首次出现则在《史记·货殖列传》中，司马迁将之用以概括医生和方士的生存之道："医方诸食技术之人，焦神极能，为重糈也。"此处的"技术"概指技艺、方术，亦有行业之意。这也形成了古代中国对技术概念的两种认知：一指技能、技艺，另一指方技、术数。就西方而言，技术（Technology）一词可追溯到 17 世纪早期的希腊文术语Τεχνολογία，其由τέχνη（艺术、技能）和λογία（学习、知识）组合而成，意指制造各种应用工艺的技能。[1] 古希腊的亚里士多德（Aristotle）就把技术称为"制作的智慧"，指同当时农业经济相伴随的手工工具和人们制造、使用这些简单工具的经验与知识，代表了古代西方哲人对技术的普遍认知。而随着近代科学及手工业的兴起，技术的内容与形态愈加丰富，人们开始关注到技术的复杂性、目的性。18 世纪的法国哲学家德尼·狄德罗（Denis Diderot）在其主编的《百科全书，或科学、艺术和工艺详解词典》中将技术视作"为某一目的共同协作组成的各种工具和规划体系"，并阐述了技术的目的性、社会协作性、工具性、规则性和知识系统性等特征，是近代技术概念的经典定义。

随后，工业革命则进一步实现了技术的"飞跃"，技术以前所未有的结构与功能推进着人类生产能力的迅猛发展，对技术的本质、发展规律及其社会作用的探讨由此兴起。[2] 以德国哲学家恩斯特·卡普（Ernst Kapp）在 1877 年出版的《技术哲学纲要》为标志，技术哲学在工业革命的发展背景下诞生。在该书中，卡普将技术看做人类创造力的物质体现，把技术活动看做人类"器官的投影"，提出"技术是人体器官结构和功能外在化的工具，一切技术手段都可以理解为以人的器官为原型"，并认为"人通过工具不断创造自己，人类的历史就是一部改善工具的历史"。[3] 与此同时，在近代中国科技转型的宏观背景下，

---

① Simpson J, Weiner E. "Technology" [M] // *The Oxford English Dictionary*. Oxford：Oxford University Press, 1989.

② 桑新民. 技术—教育—人的发展（上）——现代教育技术学的哲学基础初探[J]. 电化教育研究，1999（2）：3-7.

③ 卡尔·米切姆. 技术哲学概论[M]. 殷登祥，曹南燕，等译. 天津：天津科学技术出版社，1999：6.

"Technology"一词作为外来词被引入，起初被翻译为"艺学"，后受日本的影响逐渐被译为"技术"，并成为当时国人在日常交流中的高频词。外来概念的引入也激发了古代传统思想与西方近代思想的碰撞，"技术"的概念呈现新旧交替的特征。一方面，传统技术概念中"技能、技艺"的内涵仍然存在，但"方技、术数"等内涵则被逐渐摒弃，如魏源提出的著名口号"师夷长技以制夷"实际就是对传统技术概念的化用；另一方面，西方技术概念的引入，也带来技术"外来的"和"产业的"两大概念特征，推动技术概念在近代中国实现了从古典意义到现代意义、从地方意义到普遍意义、从理念意义到实体意义的转折。①

20世纪以来，计算机、航天航空、生物等领域突破性技术的兴起与演进，将人类从蒸汽机时代、电气化时代、自动化时代带入了更高层次的数字化、智能化时代，关于技术概念的认知也迎来了革新契机，并由此衍生了数字技术的概念，尤其是在中国与全球在技术创新发展方面渐趋并轨的大势下，中西方关于技术的认知也逐渐趋于一致。以最常见、最流行的权威百科全书为例，在《中国大百科全书》（第二版）中，"技术"被定义为"人类改变或控制其周围环境的手段或活动"，更具体些是"泛指根据生产实践经验和科学原理而发展形成的各种工艺操作过程、方法器具和技能"。《不列颠百科全书》则将技术定义为"人类活动的一个专门领域，是人类改变或控制客观环境的手段和方法，人类在制造工具的过程中产生了技术，而现代技术的最大特点是它与科学的结合"。② 可见，相较之前，技术的含义又被进一步扩大。可以说，随着现代科学技术的进步和经济社会的发展，人们关于技术的认知呈现越来越泛在的特征，从传统狭义的技术见解扩张为广义的技术认知，经历了"交织着器具、活动与技艺以及思想与社会的历程"。③ 在本书中，我们拟采用广义技术的定义，将技术泛指人类在改造自然、社会和人本身的全部活动中所应用的一切手段和方法的总和。

2. 技术的本质

虽然人们对技术的理解经历了一个较长的、不断演化和发展的历程，但对技术本质的认知与理解尚未得到统一，技术研究者们分别从哲学、社会学、人类学、心理学、工程学等多个领域对技术进行了分析，形成了"技能说""手段说""体系说""知识说""应用说""实践说"等多类学说。然而，关于技术本质的探讨均可回归到技术哲学这一基本视角。当代美国著名技术哲学家卡尔·米切姆（Carl Mitcham）将技术哲学的发展概括为工程学传统与人文主义传统两条路径。在他看来，"技术哲学是像一对孪生子那样孕育的，甚至在子宫中就表现出相当程度的兄弟竞争。'技术哲学'（philosophy of technology）可以意味着两种十分不同的东西。当'of technology'（属于技术的）被认为是主语的所有格，表明技术是主

① 雷环捷. 中国"技术"概念的历史演进与当代启示[J]. 自然辩证法通讯，2022，44（10）：111-117.

② 简编不列颠百科全书（中文版）[M]. 北京：中国大百科全书出版社，1985．233.

③ 肖峰. 论技术发展史的多维视角[J]. 东北大学学报（社会科学版），2007（二）：1-5.

体或作用者时，技术哲学就是技术专家或工程师精心创立的一种技术的哲学（technological philosophy）的尝试。当'of technology'（关于技术的）被看作是宾语的所有格，表示技术是被论及的客体时，技术哲学就是指人文学家，特别是哲学家，认真地把技术当作是专门反思的主题的一种努力。第一个孩子比较倾向于亲技术，第二个孩子则对技术多少有点持批判态度"。① 这里所说的"第一个孩子"即为技术哲学的工程学传统，"第二个孩子"则是技术哲学的人文主义传统，两类传统代表性学者及其核心思想观点如表 1-1 所示。

表 1-1　代表性学者的技术本质观

	代表性学者	核 心 思 想
工程学传统	恩斯特·卡普	提出了"器官投影说"，把技术的对象——人工物视为人类器官功能与形式的延伸与强化。
	艾伯哈特·基默尔	把技术的本质归结为人类精神的创造活动，认为技术的目的就是人类通过驾驭物质，摆脱自然限制而获得自由。
	弗里德里希·德绍尔	认为科学技术乃是人类得以生存和发展的力量所在。认同"理念"的先验性，认为技术的本质源于"理念"。人类的技术或技术发展在本质上是寻找一种"预先存在的解决方案"，或者说是发现一种标准的解决方案，技术则是"标准解决方案"、即"理念"的具体物化。②
	彼得·克里门契耶维奇·恩格迈尔	提出技术指"针对应用目的的人类所有的知识和能力"。认为人是技术的本质，即技术的本质是现实的人的愿望，并且在被个体的、社会的、宇宙的生活所规定的限度内使其得到满足。
人文主义传统	马丁·海德格尔	指出技术的本质乃是一种解蔽方式，一种使存在（Being）显露出来的特定揭示方式，即"框架化"（enframing）。而在现代技术中起支配作用的解蔽乃是一种促逼（Herausfordem），并用"座架"（Ge-stell）来表达现代技术的促逼型本质：这种促逼向自然提出蛮横要求，要求自然提供本身能够被开采和储藏的能量③。
	雅克·埃吕尔	提出"技术是指在所有人类活动领域中，理性地获得并具有绝对效率的所有方法"。④ 其将技术视为一个系统，技术的根本原则和本质内涵则是"绝对有效性"。

---

① 卡尔·米切姆. 技术哲学概论［M］. 殷登祥，曹南燕，等译. 天津：天津科学技术出版社，1999：1.

② Dessauer F. Streit um Die Technik［M］. Frankfurt：Verlag Josef Knecht，1956：155.

③ 海德格尔. 海德格尔选集（下）［M］. 上海：生活·读书·新知上海三联书店，1996：932-936.

④ Jacques E. The Technological Society［J］. Translated by John Wilkinson，New York：Alfred A. Knopf，1976：XXV.

	代表性学者	核心思想
人文主义传统	刘易斯·芒福德	认为技术本质上源自生命潜能的表达，是人性本质力量的外化。现代技术就像巨型机器一样压制着人们的自由选择，产生了"机器的神话"，人则沦为机器的奴隶。
	卡尔·马克思	认为技术是人的创造物，技术的本质不过是人的本质力量的对象化。主张用辩证思维指导下的认识论、实践论、历史观把握人与技术之内在矛盾和人类征服自然与服从自然的外在矛盾，在矛盾的不断解决和深化中，自信地走向充满更加复杂矛盾运动的技术社会的未来。

如表 1-1 所示，技术哲学的工程学传统的学者主要将技术视为人类改造自然的工具和物质手段，也是文化、知识、道德进步和人类"自我拯救的手段"，认为技术的本质是人的身体的功能或形式的对象化。工程学传统的技术本质观从技术内部出发对技术的性质、意义、界限、过程、规律等进行了根本性的思考，体现了技术自身的逻辑，属于技术发展的乐观派，对技术一致持肯定态度。而技术哲学的人文主义传统侧重于从外部透视、解释和批判技术，展现的是技术与社会文化之间的互动，[1] 认为技术的本质与人的活动密切相关，是人类的理性活动。其中，卡尔·马克思对技术的本质认识最为辩证，其从现实的劳动实践过程出发，通过深入分析"技术—人—自然—社会"这四者的相互关系挖掘了技术的本质，即技术是人的创造物，技术的本质不过是人的本质力量的对象化。在此基础上，马克思进一步指出，作为人的本质力量的对象化的产物，技术是一种生产力，在社会制度历史变迁中起到了核心作用，且技术的演化决定着人与自然的发展、决定着人类社会的进步和文明的发展。[2]

可见，对技术的理解及其本质的探讨都具有时代和领域背景的烙印，对"技术的本质"这一命题的回应也并无统一的答案。但对数字出版技术而言，技术哲学的人文主义传统对技术、人、自然、社会之间互动关系的关注，尤其是马克思"唯物"且"辩证"探究技术现象及其本质的技术思想，将为数字出版技术基础理论的形成提供理论渊源和有力支撑。

3. 数字技术

随着全球数字化转型不断加速，数字技术深刻变革着人们的思维方式、工作方式和生活方式，数字化方式已悄然融入绝大部分民众的生产和生活之中，成为一种不可逆的历史潮流。数字技术是一项与电子计算机相伴相生的科学技术，它是指借助一定的设备将各种信息，包括图、文、声、像等，转化为电子计算机能识别的二进制数字"0"和"1"后进行

---

① 王伯鲁. 技术究竟是什么 广义技术世界的理论阐释[M]. 北京：科学出版社，2006：6.

② 谢先江，张国骥. 马克思技术哲学核心思想探析[J]. 求索，2007(2)：122-124.

运算、加工、存储、传送、传播、还原的技术。① 由于在运算、存储等环节要借助计算机对信息进行编码、压缩、解码等，数字技术因此也被称为数码技术、计算机数字技术或数字控制技术等。

从宏观视角来看，数字技术包括软件技术、硬件技术和网络技术，软件技术包括通信技术、安全技术、应用软件技术和系统控制技术等；硬件技术一般包括半导体技术、基板技术、封装技术、终端技术及其他零部件技术等；网络技术则是指采取一定的通信协议，将分布在不同地点上的多个独立计算机系统，通过互联通道(通信线路)连接在一起，从而实现数据和服务共享的计算机技术，是现代计算机技术与通信技术相结合的产物。从具体类型来看，数字技术大致包含：数据采集技术(物联网技术、智能传感器技术、边缘计算技术等)、数据传输技术(4G、5G等移动通信技术，互联网通信技术，网络安全技术等)、数据运算技术(数据存储技术、数据清洗技术等)、数据分析技术(人工智能、深度学习等)、运营管理技术、生产工艺技术等业务相关技术，以及反向伺服技术(智能控制硬件技术等)，涵盖信息感知、采集、分析、行动、反馈等各环节。②

数字技术的主要特征包括：(1)一般都采用二进制，同时也包括三进制、四进制甚至多进制。需要指出的是，数字技术一般都采用二进制，这也是"二进制说"在一段时间内占据数字出版概念主要流派的原因。但是，理论上来讲，数字技术还可能采用三机制或者多进制。三进制即包含数字"0""1""2"，逢三进一，退一还三。事实上，三进制计算机在历史上曾经出现过，20世纪60年代，莫斯科国立大学研究员设计了第一批三进制计算机Сетунь和Сетунь70，后来由于种种原因该项目叫停。而生物计算机、量子计算机等则可能采用四进制；区别于传统的二进制计算机，量子计算机中的量子比特除了可以处于"0"态或"1"态外，还可处于叠加态，即"0"态和"1"态的任意线性叠加，无怪乎有人指出，量子比特、量子计算机的进制数是无限的。

(2)抗干扰能力强、精度高。数字信号稳定性强，信息资源可以长期保存。数字技术的抗干扰能力强，源于其所传递、加工和处理的均是二进制信息，受到外界干扰的可能性非常小。③ 相对于模拟信号而言，数字信号支持远距离传输，能够以更小的噪声、失真和干扰传递信息，可以基于磁带、光盘、计算机设备等多种媒介对信息资源加以长期保存，数字系统更加精确且通过错误检测和校正代码可进一步降低错误发生的概率。

(3)保密性好。运用一系列加密技术，使得信息资源不容易被窃取或伪造。数字技术系统更为安全，因为数字信息可被轻松加密和压缩。具体的数字技术所采取的加密技术则更为多种多样：如区块链的非对称加密技术，是为解决数据安全和身份验证需求而集成到区块链的技术，其主要算法包括椭圆曲线加密算法(ECC)、RSA、Rabin、D-H等，应用场

---

①　房国志. 数字电子技术[M]. 北京：高等教育出版社，2019.

②　郑江淮，张睿，陈英武. 中国经济发展的数字化转型：新阶段、新理念、新格局[J]. 学术月刊，2021(7)：45-54，66.

③　蓝凌敬. 浅谈数码技术对美术创作的影响[J]. 计算机光盘软件与应用，2012(7)：110，109.

景包括信息加密、数字签名和认证等；再如，可隐蔽嵌入、绑定、提取的数字水印技术，基于其技术所构建的信息是安全的，难以篡改或伪造，具有较强的抗攻击性能。

（4）通用性强，可扩展性能优良。几乎所有的数字技术系统，都是采用标准化的逻辑部件来设计的，技术应用的性价比较高，这为其在经济社会各领域的应用提供前提和可能。数字技术的可扩展性，是指以低成本、高速度地增强功能的能力，通过修改或添置软硬件，实现较高水平的性能优化以及大规模业务处理的能力。

二、出版与数字技术的关系

回首出版与技术之间的发展历程，从手抄、印刷、机械印刷、激光电子照排，再到今天移动互联网时代的数字印刷与复制，技术始终是出版业发展的重要准动力，出版的发展史也可以总结为一部技术发展史。20世纪末，随着计算机技术、多媒体技术、移动通信技术等技术手段的飞速发展与普及应用，出版技术也进入数字化阶段，数字出版技术的出现与应用使出版业再次站在历史变革的十字路口。在数字技术不断推动出版业数字化进程的背景下，出版与数字技术的融合发展也走过了数字化转型升级、融合发展、深度融合发展和数字化战略阶段，可见出版受数字技术融合与应用的深远影响。[1] 然而，出版与数字技术之间的关系如何，数字技术将决定出版的未来发展方向吗？关于这些问题的答案仍然模糊，但这又是数字出版技术研究的重要命题，也是构筑数字出版技术基础理论的前置议题。

1. 数字技术对出版的影响

随着数字技术在出版领域的引入与应用，出版主体已逐渐认识到数字技术对出版发展的重要性。出版领域也强调充分利用数字技术推动出版自身的发展，围绕出版内容，出版主体通过数字技术与出版要素的充分融合来解放出版的生产力，创新出版内容的表现形式、丰富出版业态，进而实现出版业转型升级和高质量发展的目的。值得注意的是，数字技术也为出版领域的发展带来了一些潜在的隐患和风险，我们将在"数字出版技术价值"部分展开具体论述。这里单就宏观方面，从历时性的角度阐述数字技术对出版的整体影响。

首先，数字技术有力催生了数字出版的萌芽。数字出版的萌芽与应用最先体现在桌面出版和电子出版两个细分领域。[2] 随着计算机技术的出现，数字技术率先应用在传统出版的印刷流程之中，"桌面出版"的概念由此形成，即将传统的印制排版工作挪至计算机"桌面"完成。如1959年美国匹兹堡大学卫生法律中心建立的全文法律信息检索系统，1961年美国化学文摘服务社用计算机编制的《化学题录》等[3]都是数字出版发展初级阶段，即"桌

---

① 张新新. 基于出版业数字化战略视角的"十四五"数字出版发展刍议[J]. 科技与出版，2021（1）：65-76.

② 张立. 数字出版的若干问题讨论[J]. 出版发行研究，2005（7）：13-18.

③ 徐丽芳. 数字出版：概念与形态[J]. 出版发行研究，2005（7）：5-12.

面出版"的产物。而数字技术的发展又为出版业带来了新的出版介质，出版内容得以通过数字代码的方式存储在磁、光、电等介质上并通过计算机设备读取与使用，有力推动了电子出版的发展。1991 年，武汉大学图书情报学院和武汉大学出版社借助激光照排的电子文本加工正式发行了我国的第一部电子出版物。① 可以说，数字技术对传统出版流程及出版载体、形态的革新直接推动了数字出版的萌芽。武汉大学信息管理学院的方卿教授也指出，"数字出版，与传统出版的本质区别同样也是源于出版技术手段的进步。以信息处理与传播为核心的数字技术的进步给传统出版业带来了巨大影响，催生了今天的所谓数字出版业"。②

其次，数字技术推动了数字出版的成熟发展。21 世纪以来，物联网、大数据、区块链、人工智能等基础性技术与前沿技术不断迭代演进，不断为出版领域的发展注入创新活力。数字技术在文化产业的广泛应用，全方位推动了数字出版、融合出版、智能出版等业态的创新发展，进而为出版业甚至是文化产业更高质量、更有效率、更加公平、更可持续、更为安全的发展奠定了扎实的技术基础。仅就出版业增长来看，传统出版的年产值基本处于稳定状态，不足 1000 亿的营业收入，年利润保持在 150 亿元左右，基本处于稳步发展状态。而数字出版产值，则呈现出高速到中高速增长的发展历程。如图 1-1 所示，2009

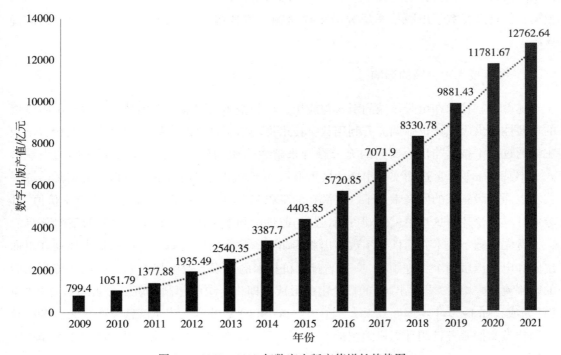

图 1-1　2009—2021 年数字出版产值增长趋势图

---

① 陈光祚. 电子出版物的特征与范围[J]. 图书馆工作与研究，1995(3)：13-16.

② 方卿. 资源、技术与共享：数字出版的三种基本模式[J]. 出版科学，2011，19(1)：28-32.

年，数字出版的产值仅有 799.4 亿元，经过十余年的发展，2021 年，我国数字出版产业在疫情压力下，依然保持较好发展势头，产业整体规模全年达到 12762.64 亿元，比上年增加 8.33%，整体仍保持着向上的发展态势。这是技术与文化深度融合，技术赋能出版在新技术、新产品、新模式和新业态方面不断创新的显著成果。① 人工智能、5G 技术和区块链技术也分别成为推动出版创新发展、促进文化科技融合的支柱性数字技术。②

最后，数字技术的革新将持续引领出版的未来走向。当今世界的技术创新变革日新月异，数字孪生、高级人工智能、全息技术等新一代数字技术正在蓬勃兴起，元宇宙概念的提出更是将颠覆未来社会的发展形态与交往模式，社会的每一个缝隙也无不体现出技术的身影，未来的出版也不例外。新一代数字技术的变革则将引领着未来出版的器物、制度、思想之变。所谓"器物"之变，即革新出版的出版媒介与载体，实现出版工具与手段的演进，推动出版业数字新基建、关键数字技术和生产设备的更新；所谓"制度"之变，即出版为适应新的数字技术环境而革新已有的出版调节、出版治理等制度的结构和内容；而所谓"思想"之变，则是数字技术在融入出版的过程中，其技术内在的技术理性、价值理性、技术原理将不断影响出版人、作者、读者等利益相关主体的思维方式和行为习惯，在不断改变出版要素、结构、功能的同时重塑人们对出版活动的认知。

2. 出版对数字技术的作用

自互联网兴起以来，各类数字技术层出不穷，但并非每一类数字技术都在出版领域得到了应用与普及。即便是当下对出版带来深刻影响的数字技术，如人工智能、区块链、增强现实、虚拟现实等也并非专门为出版而研发，而是在一定程度上满足出版发展需要而引入的数字技术。鉴于技术引入的经济成本与操作的简易程度，这些数字技术在出版领域得到普及应用还有一定的时滞。由此看来，一方面，数字技术已在各个方面影响甚至重塑着出版的发展格局；另一方面，出版本身也在积极地、自觉地、主动地对数字技术提出新的应用要求和场景。

一则，在技术引进阶段，出版活动主体彰显了对数字技术选择的主观能动性。数字技术引进是出版提高自主创新能力的重要路径。在《可选择的现代性》中，安德鲁·芬伯格（Andrew Feenberg）从技术哲学的角度对作为现代性重要基础的技术的可选择性进行了揭示，认为技术这个似乎非人化的规则，其实具有深层的主体选择性。在出版领域，这种主体选择性则主要体现在出版活动主体在特定时代背景下结合国家战略需要、出版行业发展态势以及出版企业实际情况，对已有数字技术的选择性引进。以知识服务相关技术的引进为例，2015 年 3 月，原国家新闻出版广电总局发布了《关于开展专业数字内容资源知识服

---

① 张新新. 中国特色数字出版话语体系初探：实践与框架——2020 年中国数字出版盘点[J]. 科技与出版，2021(3)：86-97.

② 张新新，杜方伟. 科技赋能出版："十三五"时期出版业数字技术的应用[J]. 中国编辑，2020(12)：4-11.

务模式试点工作的通知》，并在经过专家评选之后，选取了28家单位作为知识服务模式探索的试点单位，启动了出版机构知识服务的内容建设、技术研发和标准研制工作。10月13日，又发布了《关于征集专业数字内容资源知识服务模式试点工作技术扶持单位的通知》，知识资源的采集、标引、计算、应用、发布和管理等关键数字技术由此被引进出版领域。

二则，在技术应用阶段，数字技术在出版的应用需经历内化吸收的过程，使其符合出版活动的内在发展规律。技术的发展和普及有其自身的规律性，其中一个重要的规律就是技术必须适应它所应用的领域和对象之特殊性。数字技术在出版业的应用和普及过程实则是数字技术与出版各要素不断内化吸收的过程，只有实现数字技术与出版的深层次耦合、技术子系统与文化子系统的深度融合，数字技术本身的应用价值才能得到充分发挥，该数字技术也才能在出版领域得到采纳与扩散，进一步推动出版系统中"文化—经济—技术"等子系统之间的协同运转。如2018年上线的"可知"知识服务平台，截至2022年已接入166家出版机构、上架电子书20多万种，可面向全国高校图书馆提供跨出版社、跨图书全文检索、知识问答、知识关联阅读等知识服务功能，其平台的成功架构与运营离不开出版业对电子书、知识库相关数字技术的内化吸收和应用推广。

三则，在技术创新阶段，出版主体基于落实国家战略的需要，积极建立和完善数字技术创新体系。技术创新是出版领域的关键活动之一，也是出版价值实现、增值的前提条件。在国家新闻出版署印发的《出版业"十四五"时期发展规划》中，明确提出了"健全完善数字出版科技创新体系"的要求，突出科技创新在推动出版业数字化转型升级、实现出版深度融合发展中的重要作用，鼓励出版单位与高等院校、科研机构、科技企业等加强合作，建设高水平行业重点实验室、协同创新平台、技术研发中心，促进相关科技成果高效转化；强化出版企业创新主体地位，促进各类创新要素整合集聚，形成以企业为主体、市场为导向、产学研用相衔接的技术创新体系。因此，出版活动主体在选择性引入、内化型吸收数字出版技术手段的同时，也会基于出版领域特定的发展目标，如落实数字化战略、推动企业转型、实现高质量发展等，推动数字出版技术创新体系的形成。从已有经验来看，数字出版技术的创新路径又分为自主创新、模仿创新、二次改造创新、整合创新等，各类创新共同支撑和引领出版领域的未来发展。

3. 出版与数字技术的相互作用

通过分析数字技术对出版的影响，以及出版对数字技术的作用，可以发现数字技术对出版的影响是广泛且深远的。与此同时，出版业也不是单纯被动地接受数字技术，而是对数字技术进行了主动的选择、内化吸收与创新架构。因此，出版与数字技术之间的关系并不是单方面的决定关系。

马克思的技术哲学思想即以技术与社会的双向互动为基础，认为技术的产生与发展既遵循自身的规律，即量变与质变、进化与革命、连续性与间断性的辩证关系，也受制于社会的物质需要状况、生产发展规律、精神面貌进程等方面的影响；其既看到了技术的相对独立性、价值负荷以及对社会进步的巨大推动作用，也看到了社会文化对技术进化的刺激与塑造作用。① 基于马克思关于技术与社会相互作用的思想，出版活动作为一种社会现象，其与数字技术之间的关系显然不能简单归结为"数字技术决定出版"，也不能全然否定技术自身发展的自主性而认为"出版活动中的数字技术均由出版主体所建构"。出版与数字技术实质存在一种复杂的互动关系，其复杂性在于这两个范畴已不可分割地被结合在一起，两者相互制约、互为推动。正确看待出版与数字技术之间的这种互动关系是全面推进数字出版技术基础理论及相关研究的基本前提。

新古典经济学所设定的微观经济主体是建立在"理性的个人"基础之上，有学者将其视为"工业范式或科技生产范式"，即劳动过程中的技术和分工。② 数字出版调节同样面临着新的生产范式，数字出版流程出现了新的技术和分工。除了资本等传统生产要素外，一方面，劳动力作为传统生产要素，须具备数字素养和技能，"培养数字化适应力、学习力、认知力、理解力和胜任力，需要拥有内容创新力、技术创新力、渠道创新力以及出版企业文化创新力等数字化创造力"。③ 另一方面，信息、数据和数字技术作为新兴生产要素，被纳入数字出版流程并持久发挥赋能作用。确立数据赋能理念，推动数据赋能，完善数据建设流程，推进数据治理，成为数字出版发展的必然趋势；依靠出版科技创新动力，培育数字出版技术要素市场，建立出版科技与标准协同创新体系，高度重视技术赋能价值，贯彻落实出版业数字化战略，成为数字出版发展的内在要求。伴随生产要素系统的革新，数字出版新的分工开始出现：区别于以往编校印发的分工模式，数字出版内容编辑、技术编辑和运维编辑成为相对固定的分工框架，分别承担着数字出版内容建设、技术应用和运营维护等工作任务。

实质上，出版与数字技术相互作用的结果，是形成数字出版的本体——预设前提，即"数字技术—出版"范式。"数字技术—出版"范式，是建立在数字技术基础之上的新的出版发展方式及变迁制度，是出版过程中的数字技术和新分工，是新技术革命引发的关键性技术创新对出版结构和运行模式产生变革后形成的出版格局。

"数字技术—出版"范式是基于预设前提所提出的数字出版本体，和数字出版研究对象——数字出版活动，共同构成了数字出版学科的"双子星座"：前者是隐藏于研究对象之后的客观存在，后者决定着数字出版的学科性质、学科地位、研究内容等，关系到数字出版学科是否成立。数字出版活动作为数字出版研究对象，彰显着数字出版学科的独立性；而"数字技术—出版"范式，则是从"方法论维度锚定学科的定位、牵引学科的发展方

①　王伯鲁. 马克思技术决定论思想辨析[J]. 自然辩证法通讯，2017，39（5）：126-135.

②　胡海峰. 对法国调节学派及其理论的分析[J]. 教学与研究，2005（3）：79-84.

③　张新新，刘一燃. 数字社会编辑数字素养与技能体系建构——基于出版深度融合发展战略的思考[J]. 中国编辑，2022（6）：4-10.

向"。①

范式是某一事物一段时间内的价值观、方法论和思维原则，范式结构就是体现事物价值观、方法论和思维原则，由相互关联的逻辑部件构成的系统结构。②"数字技术—出版"范式结构作为一种新范式，一定是在某种驱动力的作用下，形成新结构、新形态，并通过最终结果形成新的价值创造；由此，"数字技术—出版"范式结构须由驱动力、新结构和新形态、价值体系和出版发展（最终结果）四个元素组成。

"数字技术—出版"范式的驱动力是出版全面创新体系，即由数字技术引领的出版内容、营销、服务、模式、管理等所构成的出版全面创新体系。人工智能、5G、区块链等数字技术体系是"数字技术—出版"范式的原动力，也是引领性动力、支撑性动力，出版全面创新体系的形成，首先得益于数字技术的创新与应用，得益于数字技术全面渗透于出版各环节、各领域和各业态。(1)出版科技创新引领产品创新，是指技术创新和内容创新的融合、协同，引导和催化出版产品创新、生产和制作高质量出版物的过程。(2)出版科技创新引领营销创新，是指通过数字技术的创新性应用，充分发挥其支撑引领作用，一方面对传统出版的营销渠道进行创新性发展，赋予图书发行渠道以新的内涵和功能，另一方面构建基于数字技术的新渠道，建立健全原创的、独立的数字出版产品营销渠道。(3)出版科技创新引领模式创新，是指在先进科技的引领和支撑下，创新商业模式和消费模式，由过去 B2B、B2C 为主的线下实体模式，转为更多依赖数字经济，发展和壮大移动支付、智能消费、无接触消费等线上消费模式，丰富和扩展 B2G、B2F、O2O 等多元化、多维度的商业模式，激发和增强出版业发展的数字新动能。(4)出版科技创新引领服务创新，是指出版业以先进科技为引领和支撑，由基于内容制造业的内容提供商、图书产品提供商转型为基于服务业的知识服务提供商，③由提供单一的图书产品转型为提供信息服务、知识产品、知识解决方案三位一体的综合性知识服务。(5)出版科技创新引领制度创新，是指坚持制度创新和技术创新等量齐观，建立健全创新导向的制度体系和治理体系。

"数字技术—出版"范式的新结构和新形态，即客观存在着的一系列二元结构，包括："传统出版—新兴出版"二元结构、"图书出版—数字出版"二元结构、"出版数字化转型—作为独立业态的数字出版"二元结构、"数字出版—出版融合发展"二元结构，等等。这些二元结构的形成，不可避免地产生了对立统一效应：一方面新业态的出现，作为新的增长点，激发和创造了出版业的发展活力和发展动力，另一方面也制造和激化了新旧出版业态之间的矛盾，存在着独立冲突的问题，如数字出版的"张力"和图书出版的"定力"之间的客观矛盾、传统出版流程和数字出版流程的"两张皮"问题等。这些新结构、新形态的出现，也构成了数字出版的预设前提，即隐藏于数字出版活动背后的客观存在。

---

① 方卿. 关于出版学学科本体的思考[J]. 科技与出版，2022(1)：6-13.

② 杨青峰，李晓华. 数字经济的技术经济范式结构、制约因素及发展策略[J]. 湖北大学学报（哲学社会科学版），2021(1)：126-136.

③ 方卿，王一鸣. 论出版的知识服务属性与出版转型路径[J]. 出版科学，2020(1)：22-29.

"数字技术—出版"范式的价值创造，即在原有纸质图书价值的基础上创造出新的数字化价值、数据化价值，进行新的价值创造，形成新的价值体系。就我国出版业而言，以价值体系为视角，综合分析这些年出版单位所经历和开展的转型升级业务来看，得出这样一个结论：出版企业的产品具备直接价值、数字化价值和数据化价值，该三个层次的价值体系构成了数字技术应用于出版业的内容前提。（1）直接价值。直接价值，是指经过出版单位策划、编辑、审校、印制过程而形成的纸质产品所产生的价值。其中，纸质产品包括传统的图书、报纸和期刊。数十年以来，我国的出版单位的主要经济效益指标的完成、日常经营管理的主要收入来源，均来自对纸质产品价值的实现过程。（2）数字化价值。数字化价值，是指在出版业转型升级过程中，通过对纸质产品数字化、碎片化的过程，而产生的数字图书（馆）、专业数据库所贡献的价值。数字化价值的实现依托于数字出版发展历程的数字化阶段和碎片化阶段。① 国内已有多家出版社通过对数字化价值的挖掘来产生和创造出新的经济增长点，例如社科文献出版社的皮书数据库、人民法院出版社的审判支持应用系统等均取得了较好的社会效益和经济效益。数字化价值是对原有纸质产品的价值提升，也是纸质书报刊二次价值的挖掘和体现。但是，数字化不等同于数据化，纸质产品的数字化价值也永远无法取代其数据化价值。（3）数据化价值。数据化价值，是指在数字化、碎片化的书报刊的基础上，对数字化、碎片化的资源进行多维度、立体化知识标引，充分运用云计算技术，通过大数据模型构建和数据服务层研发，所产生和输出的二次数据所创造的价值。二次数据所创造的价值，也是纸质书报刊三次价值的挖掘和再提升。可以说，这些年整个出版业的转型升级工作，主要是促进和推动传统出版单位尽快挖掘出纸质产品的数字化价值，而对于数据化价值的挖掘和提炼工作，还没有实质性地开展和部署。诚如维克托·迈尔-舍恩伯格所言："出版社多年来也一直致力于电子书领域的开发，但是他们都只是把书籍内容作为核心价值，而没有把书籍看作一种数据并纳入自己的商业模式中。因此，他们没有做到把书籍的数据价值挖掘出来，也不允许别人这样做。他们没有看到数据化的需求，也意识不到书籍的数据化潜力。"②纸质书报刊的数据化价值的产生，是大数据技术应用于出版业的初衷和归宿，也是出版业由数字出版向数据出版转型与过渡的关键和标志。

"数字技术—出版"范式的最终结果，即出版发展，推动出版业的创新性发展、高质量发展。数字技术引领的出版全面创新体系催生出版业新结构和新形态，新结构和新形态进行着三个层次的价值创造，而新价值又驱动着出版发展，推动出版业的创新性发展、高质量发展。因此，基于"数字技术—出版"范式所最终的结果是出版发展，更是蕴含文化自信、高质量增长、技术赋能三位一体的协同创新发展，也就是出版业高质量发展。

---

① 廖文峰，张新新. 数字出版发展三阶段论[J]. 科技与出版，2015(7)：87-90.

② 维克托·迈尔-舍恩伯格，肯尼思·库克耶著. 大数据时代[M]. 盛杨燕，周涛，译. 杭州：浙江人民出版社，2013：112.

三、数字出版技术的内涵与外延

准确把握数字出版技术的内涵与外延是掌握数字出版技术基础理论的基础。数字出版技术的内涵指反映在概念中的对象(即数字出版技术)的本质属性；外延则指概念的适用范围，即数字出版技术包括哪些种类。其中，数字出版技术概念的内涵规定着其外延，外延也影响着内涵的生成，两者是"所指"和"所谓"的关系，而定义则是揭示数字出版技术内涵与外延的基本方法。

1. 数字出版技术的科学内涵

厘清数字出版技术的科学内涵其实是要回答"数字出版技术是什么"这一核心问题。从逻辑学上看，给概念下定义最常见的形式是亚里士多德最早提出的"属+种差"的定义方法，即在找出被定义项邻近的"属"之后，将被定义项所反映的对象同该"属"中其他的"种"进行比较，然后加上被定义项所反映的对象与其他"种"之间的差别——"种差"。如"逻辑学"的定义为逻辑学(被定义项)是研究思维(种差)的科学(属)。而寻求临近的属，就是明确被定义项的上位概念，对上位概念的寻求与选择则无明确的标准，通常是基于学术问题和学术研究的实际需要而做出取舍。

基于词源的词组搭配来看，"数字出版技术"既可视为"数字"与"出版技术"的组合，也可视为"数字出版"与"技术"的组合，数字出版技术的上位概念包括"技术"和"出版技术"两类，分别衍生出"数字出版中的技术"和"(被)数字化的出版技术"两种不同的基本理解。在本书中，我们着重探讨的为"(被)数字化的出版技术"，因此选择"出版技术"而非"技术"作为数字出版技术的"属"。基于前文所述的技术概念，出版技术从广义上来看指出版主体在出版活动中所应用的一切手段和方法的总和。而"种差"则指数字出版技术的特有属性、根本特征，是数字出版技术所独有而其他出版技术形态所没有的，也是数字出版技术区别于其他出版技术之所在。作为出版技术中的一类，数字出版技术与网络出版技术、电子出版技术、传统出版技术等技术形态的不同之处在于"数字化"：一则，就发展关系而言，数字出版技术是传统出版技术发展的高级阶段，即数字出版技术以数字化的方式对传统出版技术进行继承与改造。同时，数字出版技术又是网络出版技术、电子出版技术等出版技术发展的基础，虽然数字出版技术、网络出版技术、电子出版技术等出版技术形态都是计算机、通信技术发展的时代产物，但从技术的演进阶段及其特点来看，[1] 数字出版技术是其他出版技术形态出现并得以发展的基础。二则，从出版技术的本质特征来看，数字出版技术是"数字化的"或"被数字化的"出版技术，而非"(被)网络化的""(被)电子

---

① 姚媛. 数字化、电子化、网络化和虚拟化名词的本质概念及应用[J]. 大学图书馆学报，2009，27(5)：13-17.

化的"出版技术，这意味着数字出版技术都是以数字信号的方式，即用"0"和"1"二进制序列①对出版对象进行编码，并以数字化方式描述、加工、储存和传输相应出版内容及载体的技术手段。三则，从出版技术的服务旨归来看，数字出版技术的引进、应用与创新的逻辑起点在于实现出版业的数字化转型升级，并不断解决"数字"和"出版"融合过程中不平衡、不充分发展的基本问题，目标则是实现数字出版技术赋能，服务出版的创新性、高质量发展。因此，数字出版技术的科学内涵可以揭示如下：

数字出版技术是以出版活动的二进制序列编码为基础，对出版活动中的信息进行数字化描述、加工、存储和传输，以实现技术赋能，最终服务出版发展的出版技术。因此数字出版技术是出版业吸收数字技术的结果，是数字技术作用于出版业发展的结果，是数字技术和出版两个异质系统相互作用、相互融合而产生的交集和新质。数字出版技术既是数字技术的重要组成部分，是数字技术在出版业渗透作用的产物，也是出版业的重要组成部分，是出版业吸收数字技术要素而产生的新质——数字技术子系统。

其中：

（1）出版活动。出版活动以二进制的形式进行，所有信息的编辑、加工、复制和发行均以二进制序列编码、描述、加工、存储和传播。这里的出版活动，泛指出版行为总和，包括出版活动主体、出版对象、出版活动客体，甚至是出版活动效应，包括但不限于出版物、出版人、出版流程、出版行为、出版环境、出版用户等。

（2）数字化。数字化即出版活动具有数字性质或转变为数字状态，向着数字的方向转化。如图书、期刊出版物向数字出版产品或服务的方向转变，出版流程向着数字化流程再造的方向转变，出版人的素养在原有的政治素质、专业能力的基础上扩充为政治素质、专业能力、数字素养与技能三位一体，读者作为出版用户也发生向数字阅读、智能阅读等阅读习惯和方式的方向转变，等等。出版活动的数字化，首先表现在出版的文化选择传播过程，即出版的编校印发过程所产生的信息以二进制形式编码；其次表现在，这些信息以二进制代码的形式存储于数字介质之中；最后表现在这些信息以二进制代码的形式进行处理、传输、再现和管理。

（3）技术赋能。技术赋能或曰数字技术赋能，由"技术"和"赋能"两个词汇组合而成。这里的"技术"是指数字技术。"赋能"是来自西方的舶来品，其英文单词为 enable 或 enablement，《牛津大辞典》给出的解释是："（一）给（某人）做某事的权威或方法，使……成为可能；（二）使（某种设备或系统）运作成功；激发"。② 由此可见，赋能并非简单地赋予能力或是权力，而是指通过一定的方法、步骤、程序或路径，激发和增强特定系统或设备的运行原理、新旧动能或价值功能使得实现某种更为高级的状态、目标成为可能。

那么，出版业的技术赋能，就是指数字技术通过一定的方法、步骤、程序或路径，激

---

①　蔡曙山. 论数字化［J］. 中国社会科学，2001（4）：33-42，203-204.
②　Oxford Dictionary［EB/OL］. ［2022-02-21］. https://en.oxforddictionaries.com/definition/enable.

发和增强出版业发展原理、新旧动能和价值功能以实现出版发展的状态和目标。技术赋能出版的本质是技术子系统和文化子系统、经济子系统之间通过相互联系、相互作用，产生协同作用和相干效应，也就是融合效应（非相加效应），推动着出版业发展升级到高级有序的高质量发展新形态。

（4）出版发展。数字出版技术应用的结果，是推动出版高质量发展，即蕴含文化自信、高质量增长、技术赋能三位一体的协同创新发展。出版发展，是由低级有序走向高级有序的过程，是数字技术要素被吸收到出版系统、成长为数字技术子系统的过程，也是数字技术子系统充分发挥协同效应，与文化子系统、经济子系统一起，协同推进出版业积极健康、高级有序的运行过程。

2. 数字出版技术的多维外延

数字出版技术的外延，是指数字出版技术反映的特有属性的一切对象，反映数字出版技术指称的具体范围和具体技术。数字出版技术的多维外延能够以多种视角加以界定，如可基于数字出版技术的应用环节、数字出版技术的前沿性等维度进行划分。然而，前者应用环节的穷尽性列举易造成遗漏或重复的可能，后者技术前沿性的判断又具有一定的时代背景和主观性。因此，我们以数字出版技术的来源为依据，将数字出版技术的外延分为内生型数字出版技术与外引型数字出版技术两大类。

内生型数字出版技术。内生型数字出版技术是指出版主体基于出版活动的发展需要，自主创新研发的数字出版技术，如网络编辑技术、数字标引校验技术等数字化编辑技术，计算机网上出版技术、在机直接制版印刷技术等数字化复制技术，数字信息库出版技术、桌面出版系统等数字出版系统集成技术。方正电子智能编校排技术，便是出版内部对传统编校排技术进行数字化升级、改革的结果。内生型数字出版技术的优势在于：（1）出版业能够在持续的技术研发、技术创新的基础上，不断地积累出版业自身的科技力量，在提高出版领域的科技创新能力和科技创新水平的同时，形成与其他国家出版业及相关文化产业相比独特的技术竞争优势。（2）内生型数字出版技术通常能够直接对接出版业发展的痛点问题，更好地服务出版经济效益与社会效益的实现。（3）借助内生型数字出版技术的研究与开发，出版业能够形成一批兼具出版数字素养和出版技术素养的复合型、专业型、数字化的出版人才，为出版强国的建设提供有力的条件保障和智力支持。当然，内生型数字出版技术对出版业自身的自主创新与实现能力也有极高的要求，在目前出版业科技人才相对匮乏、技术研发条件不完善的背景下，出版业要借此推动形成以出版企业为主体、以出版市场为导向、产学研用相衔接的数字出版技术创新体系还有很长的一段路要走。

外引型数字出版技术。外引型数字出版技术则是出版主体有计划、有步骤地从其他领域引入数字技术并内化吸收为出版活动中的一部分的相关技术，是出版业内化吸收数字技术，使之成为自身要素、数字技术子系统的产物，增强现实技术、虚拟现实技术、大数据技术、知识服务技术、人工智能技术等与出版领域的融合便是典型。相较于内生型数字出版技术，外引型数字出版技术也有其独到的优势：（1）出版能够以技术引进的方式与诸多先进、前沿的数字技术手段相对接，丰富数字出版技术的种类与应用范围，为出版提供更优质的发展平台与发展机会。（2）对外引型数字出版技术的学习与应用，能够进一步拓宽与活化出版主体的技术思维，从外部激发出版主体的技术创新活力，促进内生型数字出版技术创新实现，如数字版权保护技术的兴起已经推动了电子书数字水印的研发。（3）鉴于出版业高端数字出版技术创新人才的不足，外引型数字出版技术的普及与应用能够在为内生型数字出版技术创新研发提供时间保障的基础上，保持出版业与社会技术发展水平的整体一致。外引型数字出版技术的引进与应用也存在以下几个问题，一则，引入的数字出版技术与出版活动自身的适用性不一定强。这些外引型技术的研发初衷并非出于出版的考量，出版主体虽然因其符合出版发展的需求而将其引入，但两者之间乃存在是否适配、耦合的问题。二则，外引型数字出版技术的引进与内化吸收的成本较高，其又是一个复杂的系统过程，涉及人才、设备、资金等多方面因素，这些因素若无法得到有效协同则可能导致技术引进的"夭折"或无法最大程度发挥技术自身的效用。三则，出版主体若长期将外引型数字出版技术作为优化出版活动的主要手段，可能会形成对外部数字技术的依赖而逐渐减弱自身的自主创新能力，这将不利于出版业自身的可持续发展。

3. 数字出版技术的本质

从技术哲学的视角对数字出版技术的本质加以审视，无疑可以回到技术的本质这个源头。海德格尔对技术的追问已经向我们构筑了一条揭示数字出版技术之本质的道路。海德格尔认为，"技术不仅是手段，技术乃是一种解蔽的方式"。[①] 解蔽是指借助技术将自然界中遮蔽的东西呈现出来，使事物真实地凸显自身的特性，从而构建自身。技术便在遮蔽和无蔽中发生作用，成为一种解蔽的途径，从而能够在探索真理中呈现客观世界的本来面目。而"贯通并统治着现代技术的解蔽具有促逼意义上的摆置之特征"。[②] 即一方面人作为主体借由技术对自然进行摆置，另一方面人自身又被技术所摆置。这两方面在现实世界中同步推进着，其基础就在于人比自然更深入、更原始地卷入了现代技术的解蔽过程。同样的，数字出版技术也不仅仅表现为服务出版及出版活动的一种工具和手段，也是对出版及出版活动的一种展现方式，即使我们认识并理解出版及出版活动的解蔽途径。在借助数字出版技术实现对出版及出版活动科学认知的基础上，出版主体就可以合理地规划和设计出版要素、流程及功能实现，通过对出版活动对象的"摆置"和"订造"而发挥数字出版技术的"座架"功能，达到具体的出版目的。与此同时，出版主体也会受到已有数字出版技术的"摆置"和"促逼"，将周围的事物视为可计算、可支配和可控制的对象，进而致使发生驱

---

① 马丁·海德格尔. 海德格尔选集（下）[M]. 孙周兴，译. 上海：生活·读书·新知上海三联书店，1996：931.

② 马丁·海德格尔. 海德格尔选集（下）[M]. 孙周兴，译. 上海：生活·读书·新知上海三联书店，1996：934.

除数字出版技术本身解蔽的可能性。

在马克思看来，"技术的本质就是人的本质或人的本质的表现"。① 技术作为人的本质力量的对象化的产物，不仅展示了人对于自然的能动的关系，也展示着人类社会关系的直接生产过程，同时也反映着技术形态中人与人、人与社会的关系，是人类社会关系形成和发展的内在推动力。可见，技术作为人类征服和改造自然而自我创造的"器官"，是人类社会生产关系形成、存在、发展的根本力量和度量尺度，揭示着人与自然、人与社会关系的统一。数字出版技术也是人的本质力量的对象化、是人的本质力量的体现。因为数字出版技术终究是由出版主体自主创造或内化吸收而来的，体现着出版主体知识和观念的物化，亦彰显着出版主体的主体意志。表现在人与自然的关系上，数字出版技术是出版主体认识和改造世界的有力手段，能够直接参与出版主体的生产过程，彰显出版主体对物质世界的能动作用。表现在人与社会的关系上，数字出版技术在出版活动中的普及应用，不仅推动了社会生产力的发展，也促进了社会关系的变革，已成为数字化背景下出版主体及出版活动中不可分割的一部分。

而数字出版技术的普及与应用，也是数字化和技术价值理性在出版领域扩散的过程。技术总是与技术观念相伴而行，技术理性既是推动技术发展与应用拓展的人类理性力量，也是技术盛行的现象背后隐约可见的控制力量②。数字出版技术正在以一种具有自身逻辑的自主性力量逐渐体现在出版活动中的各个角落，并开始向其他交叉领域不断扩展，技术化的意识也由此不断融入具体的出版活动之中。尤其是随着各类数字技术的革新发展与产业应用，其已在社会实践中彰显技术本身的巨大影响力，在这样的时代背景下，出版无论是在内容、形式、服务、功能等方面都表现出了明显的数字化倾向，数字化逻辑和技术价值理性则由此逐渐成为当下出版活动的主要理性，这也是平衡数字出版技术"摆置"和"促逼"的根本逻辑。

海德格尔和马克思的技术本质观为数字出版技术本质的彰显分别提供了现象学和实践观的两个重要视角，结合数字出版技术自身的发展逻辑，数字出版技术的本质可由此揭示为：数字出版技术是实现出版及出版活动解蔽及展现的方式，是认识、理解并改造出版的人的本质力量的体现，也是数字化逻辑和技术理性在出版领域渗透和扩展的具体体现。

第二节　数字出版技术范畴

一、范畴与数字出版技术范畴

数字出版技术范畴，主要解决数字出版技术的话语框架问题，表示的是数字出版技术

---

① 马克思恩格斯全集：第 42 卷[M]. 北京：人民出版社，1980：127.

② 左明章. 论教育技术的发展价值[D]. 武汉：华中师范大学，2008.

作为一个大的类别的概念，覆盖数字出版技术的领域和界限，是数字出版技术个别方面、不同方面的分析、归类和反映。

1. 范畴及与学科理论的关系

"范畴"一词在古代汉语中最早起源于《尚书·洪范》，其中，"洪"即大，"范"即法，"洪范"即大法之意；该篇主要陈述帝王治国理政必须遵守的九种自成体系的根本大法，即"洪范九畴"。从"范"和"畴"二字的起源来看，范畴一词包含了两层重要含义：一是范畴具有"根本、本质"的指向，即"洪范"中"范"所代表的法的意义；二是范畴具有"类别、种类"的指向，即"九畴"中的"畴"所代表的类别的意义。因此，从古汉语词源学意义上讲，范畴指代的是客观事物中最具本质性的类别以及类别之间所具有的相互关系。而在英文（category）、德文（kategorie）和法文（categorie）的原意中，"范畴"均包含一类完整系统或一组事物中的种类、类别等含义。

恩格斯说，"要思维就必须有逻辑范畴"。① 列宁则生动形象地指出了范畴的作用，"在人面前是自然现象之网。本能的人，即野蛮人，没有把自己同自然界区分开来。自觉的人则区分开来了，范畴是区分过程中的梯级，即认识世界的过程中的梯级，是帮助我们认识和掌握自然现象之网的网上纽结"。② 在哲学及科学的认知体系中，范畴便是基本概念的高级形式，反映着客观世界的本质联系。可以说，范畴是客观现实最一般存在形式的反映，是人类认识史的阶段和总结，是逻辑思维反映和把握对象的基本形式，在哲学和各门科学中具有最广泛的概括性与适用性。③ 辩证逻辑认为，任何一种科学理论都是一个范畴体系，这是科学理论的特性之一，科学理论就是通过范畴体系来揭示其所研究的全部对象的。④ 因此，每门科学都要用一定的范畴去概括其研究对象的本质、特性和规律。数字出版技术也不外如是，只有不断地探讨、辨析、筛选和审核自己的逻辑范畴，建立合理的逻辑范畴体系，将数字出版技术的基础理论建立在范畴研究的基础上，才能推动数字出版技术向理论化、科学化的方向发展。

2. 数字出版技术范畴的内涵与作用

数字出版技术范畴是反映和概括数字出版技术研究领域中普遍的本质联系的一种思维形式，是数字出版技术理论的网上纽结和基本框架。具体而言，它首先是人们对数字出版技术实践认识的产物，是人们对数字出版技术现象与数字出版技术存在的概括和抽象；其

---

① 中共中央马克思恩格斯列宁斯大林著作编译局. 马克思恩格斯选集(第3卷)[M]. 北京：人民出版社，1972：33

② 中共中央马克思恩格斯列宁斯大林著作编译局. 列宁全集(第55卷)[M]. 北京：人民出版社，1990：78.

③ 彭漪涟主编；马钦荣等编著. 概念论 辩证逻辑的概念理论[M]. 上海：学林出版社，1991：2.

④ 章沛. 辩证逻辑基础[M]. 长沙：湖南人民出版社，1982：377.

次，数字出版技术范畴所揭示的是数字出版技术存在或数字出版技术活动的内容，而不是其他技术或活动的存在或现实的内容，即它是数字出版技术领域内的概念而非其他领域的概念；再次，数字出版技术范畴是一些概括性较强、内涵丰富、外延较广的数字出版技术领域的核心概念或基本概念，而不是数字出版技术领域所有层次的相关概念；最后，数字出版技术范畴之间的关联需体现数字出版技术理论性质和理论体系，反映数字出版技术活动规律，或有助于揭示、认识、把握和运用数字出版技术活动规律。需要指出的是，尽管范畴的逻辑形式是概念，但不是所有的概念都能作为范畴，只有反映现实对象的本质和关系的、具有抽象和概括性的概念，才是范畴。事实上，自亚里士多德将范畴运用至逻辑学以来，范畴就用来指代那些外延最广、内涵最丰富的基本概念。

之所以要构建科学合理的数字出版技术范畴及其体系，则是由于数字出版技术范畴能够在以下几个方面彰显其独特的功能与作用。首先，数字出版技术范畴体系的构建能够在认识层面揭示数字出版技术及其活动的规律，规范和引导数字出版技术理论体系的形成和实践活动的展开。数字出版技术范畴体系是由一系列不同层次的数字出版技术范畴构成的整体，只有通过学习和研究各类数字出版技术及其活动背后的现象之网上的一个个基本单元和纽结，才能达到认识和把握数字出版技术及其活动的实际规律。而数字出版技术范畴就是凝结着数字出版技术研究领域中存在的各种现象、特征、相互关系等方面本质的纽结。正是因为数字出版技术范畴体系反映和概括了数字出版技术活动的客观规律，它无疑也将成为数字出版技术活动所需遵循的基本规范之一，并引导着实践活动的发展方向。随着数字出版技术活动的发展和我们对数字出版技术真理性认识的进一步逼近和深化，其从现实现象中折射出的规律将更为深刻，并可能产生新的特性、新的关系和新的范畴，从而革新数字出版技术的理论体系框架。其次，数字出版技术范畴体系的构建有助于加快数字出版技术研究的科学化进程。"范畴及其体系是人类在一定历史阶段理论思维发展水平的指示器，也是各门科学成熟程度的标志。"[1]数字出版技术作为出版学及数字出版学的重要组成部分，其科学化的一个重要标志即在于要求其在理论形态上具备一个在各个范畴和原理之间具有内在联系的缜密的逻辑结构。而上述提及的数字出版技术范畴及其体系背后所映射的扭结和内在逻辑关系，便体现着数字出版技术研究的理论内涵，因而，建构逻辑完备、表达明晰的数字出版技术范畴体系无疑有助于加快数字出版技术研究的科学化进程。最后，数字出版技术范畴体系的构建有助于形成数字出版技术理论体系。任何一种理论都是结构复杂的思维形态，它必须借由相当和相应的概念、范畴、原理和规律才得以系统展示。范畴便是理论体系中的基本单位，结构中的细胞、支撑点，如果没有范畴，理论便不可能建立，犹如离开了部分，整体便不复存在一样。[2] 因此，数字出版技术范畴体系的形成是构筑数字出版技术理论体系的基本条件，数字出版技术理论体系则是数字出版技术

① 张文显. 法哲学范畴研究[M]. 北京：中国政法大学出版社，2001：1.

② 朱碧君. 试论范畴体系及其认识作用[J]. 贵州师范大学学报(社会科学版)，1988(1)：8-12.

范畴的集合体。同时，在数字出版技术理论体系的形成中，需遵循一定的思维形式以阐述数字出版技术相关的研究对象、研究内容、知识结构等。数字出版技术范畴体系则能为此提供一种思维形式和方法功能，以范畴的归纳、演绎、推移、演化、冲突、解决等矛盾运动架构起理论与实践之间的桥梁，对数字出版技术理论体系的形成具有普遍的指导意义。

二、数字出版技术范畴体系的逻辑结构

数字出版技术范畴体系的形成，要遵循基本原理，形成科学严谨的内在结构；要坚持逻辑与历史相统一、从抽象到具体等基本原则。

1. 数字出版技术范畴体系构建的基本原理

那么，如何构建一个科学理论的范畴体系呢？首先需要指出的是范畴通常是"表现一定社会、主体的存在形式与存在规定，常常只是个别的侧面"。[①] 基于范畴所反映的事物及其层面的差异，数字出版技术范畴体系因此也存在多种结构和层次。同时，科学理论的范畴也不是一成不变的，而是历史性产物。"每一个时代的理论思维，都是一种历史的产物，它在不同的时代具有完全不同的形式，同时具有完全不同的内容。"[②]因此，数字出版技术范畴及其体系也会随着时代和人们认识的进步而发生变化。当然，范畴体系固然具有多种可能的结构和层次，也具有一定的时代性，但任何一门科学理论都有叙述其自身独特内容的逻辑体系，这一体系蕴含着形成科学基础理论内部关系网络及其联结的逻辑结构，是通过一系列抽象程度不等的概念或范畴的辩证运动而形成的相对完备而又开放的系统结构。

数字出版技术范畴体系也是由诸多基本范畴或曰基本的逻辑要素联结而成，它们之间的联系和关系并非杂乱无章或随意拼凑，而是通过一定的相互关系形成的科学严谨的内在结构。这样的结构必须是从一个最抽象的基项范畴逐步上升到具体范畴的逻辑递进过程，其中不允许有随意的逻辑跳跃、颠倒或脱节；这样的结构必须从一个恰当的起点范畴出发，一步一步地推演出其中所蕴含的丰富内容，一层一层地规定数字出版技术所追求和把握的真理；这样的结构必须是数字出版技术发展的理论概括、逻辑再现，须在整体层面揭示数字出版技术形成与发展的规律和出版主体开展数字出版技术活动的规律；这样的结构也必须是数字出版技术本体论、数字出版技术认识论、数字出版技术方法论和数字出版技术逻辑学的统一体。若缺乏这样的内在结构，任何一门科学的概念体系都称不上是真正的

---

① 中共中央马克思恩格斯列宁斯大林著作编译局. 马克思恩格斯选集(第4卷)[M]. 北京：人民出版社，1995：24.

② 中共中央马克思恩格斯列宁斯大林著作编译局. 马克思恩格斯选集(第4卷)[M]. 北京：人民出版社，1995：284.

科学体系。① 而一般具体科学范畴体系的逻辑结构则由起点范畴、中心范畴、中介范畴、终点范畴构成。②

2. 数字出版技术范畴体系构建的基本原则

在对数字出版技术范畴体系及其具体内容的探索过程，需以两项重要的基本原则为指导，即马克思在《资本论》中所坚持的逻辑与历史相统一的原则和从抽象上升到具体的原则。

坚持逻辑与历史相统一的原则。逻辑与历史相一致，是辩证唯物主义的基本原则。马克思和恩格斯认为，历史是逻辑的基础，逻辑是历史的反映，历史与逻辑是辩证统一的。历史的起点在哪里，逻辑的起点就在哪里；历史发展到哪里，逻辑就应该延伸到哪里。"任何学科的科学范畴体系都是对已经发生的社会生活的再现，它必须将历史客观、真实地展示出来。"③数字出版技术范畴及其体系的研究，其中逻辑思维的推演与体系构建的构成需与人们对数字出版技术认知、数字出版技术研发、数字出版技术应用、数字出版技术素养等现实基础相一致。也就是说，数字出版技术逻辑体系中的起始范畴、中心范畴、中介范畴、终点范畴等所有的逻辑要素，都应从数字出版技术研究的历史起点、基本线索、发展过程、周期终点中进行概括和提炼。

坚持从抽象到具体的原则。辩证思维的发展总是经历着从简单到复杂、从低级到高级、从片面到全面的过程，也是从抽象到具体的过程。可以说，从抽象到具体的过程是一个对象的规定性不断增加的过程，也是"思维用来掌握具体并把它当作一个精神上的具体再现出来的方式，但绝不是具体本身的产生过程"，④ 是构筑任何理论体系和范畴体系的必循准则之一。而从数字出版技术的抽象上升到具体，则是要通过分别确定数字出版技术各方面、各部分、各层次和各关系的基本规定性，在揭示其内在联结的基础上将这些要素及其结构有机地整合为一个思维整体。在本节中，即是遵循以起始范畴为开端，围绕中心范畴经过中介范畴并到达终点范畴的一个从抽象上升到具体的逻辑展开过程。

三、数字出版技术范畴体系

数字出版技术是由起始范畴、中介范畴和终点范畴所构成的有机统一的范畴体系：以

---

① 彭漪涟. 逻辑范畴论 马克思主义哲学关于逻辑范畴的理论[M]. 上海：华东师范大学出版社，2000：67.

② 彭漪涟. 逻辑范畴论 马克思主义哲学关于逻辑范畴的理论[M]. 上海：华东师范大学出版社，2000：67-73.

③ 中共中央马克思恩格斯列宁斯大林著作编译局. 马克思恩格斯选集(第2卷)[M]. 北京：人民出版社，1972：11.

④ 中共中央马克思恩格斯列宁斯大林著作编译局. 马克思恩格斯选集(第2卷)[M]. 北京：人民出版社，1972：103.

数字出版技术作为元范畴、起始范畴，经由数字出版技术识别与获取、数字出版技术学习与跨域、数字出版技术应用和创新以及数字出版技术调节与治理等中介范畴，最终达到出版高质量发展这一终点范畴。而技术赋能则是贯穿数字出版技术范畴体系的中心范畴。

1. 起始范畴、中介范畴与终点范畴

在厘清科学的、可发展的范畴体系的内在逻辑结构的基础上，数字出版技术范畴体系的框架也呼之欲出。整体而言，在数字出版技术学范畴体系的逻辑结构中，包含数字出版技术，技术赋能，数字出版技术的识别与获取、学习与跨越、应用与创新、调节与治理，出版高质量发展的数字出版技术运动过程，有序地映射着从起始范畴到中介范畴并走向终点范畴的思维运动的逻辑过程。

（1）数字出版技术的起始范畴

起始范畴是数字出版技术范畴体系得以展开和丰富的逻辑起点，也是数字出版技术理论体系的始自对象，即黑格尔所说的"必须用什么作科学的开端"中的"开端"。作为学科的"开端"，黑格尔《逻辑学》一书中对逻辑起点做了精辟的概括，"这个概念可以看作是绝对物最初的、最纯粹的、即最抽象的定义"，① 其对逻辑起点的质的规定性可总结为三条：一则，逻辑起点应是一门学科中最简单、最抽象的范畴；二则，逻辑起点应揭示对象的最本质规定，并以此作为整个学科体系赖以建立的基础，而理论体系的全部发展都包含在这个"胚芽"之中；三则，逻辑起点应与它所反映的研究对象在历史上的起点相符合（即逻辑起点应与历史起点相同）。② 马克思便在对黑格尔的开端理论做了深入研究后，以"商品"为逻辑起点，系统地考察了资本的生产过程、流通过程及资本主义生产总过程的各种具体形式，由此构建了马克思主义政治经济学理论体系。在考察马克思在《资本论》中如何将"商品"视为逻辑起点进行理论建构的过程及经验后，有学者进一步提出关于逻辑起点的质的规定性，除了黑格尔提出的三条以外，还应再补充两条，一是逻辑起点应与研究对象的相互规定性，即逻辑起点的抽象性应受它所反映的研究对象的限制——既不可抽象不足，也不应抽象过度）；二是逻辑起点表现着或者承担着一定的社会关系。③ 基于上述规定性，"数字出版技术"应当成为数字出版技术研究的逻辑起点，亦即起始范畴。

第一，"数字出版技术"是数字出版技术研究中最简单也最抽象的范畴。一方面，数字出版技术这一范畴与数字出版技术理论体系中的其他范畴相比是最简单、最一般的范畴。从数字出版技术研究科内部考察"数字出版技术"是否可分的问题，即可发现其本身是一个不可再拆分的概念。不管是将数字出版技术拆分为"数字"和"出版技术"或"数字出版"和"技术"，它都无法直接体现"数字出版技术"自身的内涵。而数字出版技术可以用来说明

---

① 黑格尔. 逻辑学 上［M］. 杨一之，译. 北京：商务印书馆，2009：59.
② 黑格尔. 逻辑学 上［M］. 杨一之，译. 北京：商务印书馆，2009：51-65
③ 瞿葆奎，郑金洲. 教育学逻辑起点：昨天的观点与今天的认识（一）［J］. 上海教育科研，1998（3）：2-9.

其他的范畴，如数字出版(数字出版需借助数字出版技术得以展开)、VR 图书(基于 VR、3D 等数字出版技术打造的出版物)等。另一方面，"数字出版技术"又是对数字出版技术研究和实践的极度抽象，因为这个范畴不以任何东西为前提，也不以任何东西为中介。若要说明"数字出版技术是什么"这一问题，即要回到数字出版技术的概念，"数字出版技术是以出版对象的二进制序列编码为基础，对出版对象进行数字化描述、加工、存储和传输，以实现技术赋能、最终服务出版创新性和高质量发展的出版技术"，从而引入"出版技术""出版对象""数字化"等更为复杂的概念和范畴。

第二，"数字出版技术"是数字出版技术研究体系赖以建立的基础，数字出版技术研究的理论和实践的全部发展都包含在"数字出版技术"这个"胚芽"之中。逻辑起点存在于一定的理论体系之中，是指逻辑起点与逻辑体系存在相互依存关系，而不是说某一范畴只能存在于某一理论体系之中。相反，作为概念本身，逻辑起点在理论体系形成之前已然存在。如《资本论》中的"商品"范畴，在政治经济学形成之前便已成为一个概念而存在。这与黑格尔所论述的，具体学科的开端只能是从其他学科中借鉴或引入概念的提法相一致。作为数字出版技术研究逻辑起点的"数字出版技术"，也同样遵循上述逻辑。在数字出版技术研究提出之前，数字出版技术已作为一个概念运用于数字出版、融合出版、编辑素养等领域。而只有当数字出版技术作为逻辑起点运用时，才能使数字出版技术研究得以推进。事实上，数字出版技术就是形成数字出版技术理论体系的基础和根据，蕴含着一切矛盾的萌芽，数字出版技术要素及其相互关系的形成也派生出了一系列的概念、范畴，如数字出版技术流程、数字出版技术活动、数字出版技术治理等，由此促进了数字出版技术知识体系的形成。

第三，"数字出版技术"符合逻辑起点与历史起点相一致的逻辑规则。数字出版技术的产生，可追溯到 20 世纪 50 年代末 60 年代初的出版业的数字化革命，计算机技术的出现带动了激光照排系统、计算机编辑出版等一系列桌面出版、电子出版技术的萌芽。长久以来，一直有学者将数字化技术亦即数字出版技术视为数字出版的对象属性，如数字出版"是指用数字化的技术从事的出版活动"，[①] "是基于数字技术的出版产品及服务生产与传播的新兴出版业态"，[②] "是以数字技术将作品编辑加工后，经过复制进行传播的新型出版"。[③] 因此，从历史上看，数字出版技术起源于出版业数字化革命中的桌面出版、电子出版；从逻辑上来看，则是自从有了数字化的出版活动就有了数字出版技术。可见，无论从逻辑角度还是从历史角度，数字出版技术都具备了起点的性质，将其视为数字出版技术研究的逻辑起点，是历史起点与逻辑起点辩证统一思想的体现。

第四，"数字出版技术"与数字出版技术研究的研究对象相互规定。数字出版技术研究的研究对象为数字出版技术现象或曰数字出版技术活动，其与数字出版技术之间的相互规

---

① 张立. 数字出版相关概念的比较分析[J]. 中国出版，2006(12)：11-14.
② 方卿，曾元祥，敖然. 数字出版产业管理[M]. 北京：电子工业出版社，2013：1-3.
③ 张新新. 数字出版概念述评与新解——数字出版概念 20 年综述与思考[J]. 科技与出版，2020(7)：43-56.

定性主要体现在两个维度。一是数字出版技术规定了数字出版技术研究的研究对象。对数字出版技术这个范畴的内在规定性的深层推演和把握的过程，也是逐层、逐级揭露数字出版技术研究研究对象及其属性的过程，正是在这样的揭露过程中，数字出版技术研究才能够确认和设立自身的研究对象。事实上，要揭示数字出版技术现象或活动规律，首先便要掌握数字出版技术这个初始范畴，并了解数字出版技术自身的发展规律。同时，数字出版技术作为逻辑起点，其内在规定性要求每向前发展一步，数字出版技术研究的研究对象也将得到进一步的丰富与深化。如通过挖掘数字出版技术的文化属性，其赋予数字出版技术活动的文化内涵也将借此得到彰显。二是数字出版技术研究的研究对象也规定着数字出版技术。其规定性表现在，作为逻辑起点的数字出版技术这个范畴的抽象程度不能离开数字出版技术研究的研究对象，两者需在性质上相同或相似；另外，数字出版技术活动的发展进程，也是关于数字出版技术认知的发展过程，因为历史总是决定着逻辑的去处，体现着理论与实践的辩证统一。

第五，"数字出版技术"也一直以"直接存在"的形态承担着一定的社会关系。随着出版数字化转型升级的发展，出版与数字技术的融合发展已走过了数字化转型升级、融合发展、深度融合和数字化战略阶段，[①] 但是"数字"和"出版"融合过程中不平衡、不充分发展的基本问题仍然存在，制约着出版进一步发挥其政治、文化、经济、教育等功能。为了实现这种平衡，出版主体正在借助数字出版技术推动精品力作的出版与推广，数字出版技术也由此承载着"满足出版及社会文化、文明发展需要"和"满足数字场景下人民群众日益增长的美好精神文化生活需要"的社会关系，而数字出版技术的价值则是联结并实现上述社会关系的关键。

（2）数字出版技术的中介范畴

中介是表征不同事物或同一事物不同要素之间的间接联系的哲学概念。黑格尔用中介表示不同范畴的间接联系和对立范畴之间的一种相互关系；马克思主义哲学认为中介是客观事物转化和发展的中间环节，也是对立面双方统一的环节。中介范畴，则指从甲范畴过渡到乙范畴，从乙范畴回复到甲范畴，二者转换的纽带或桥梁，是逻辑结构中的逻辑中项，也是范畴之间的调节机制。例如商品转化为资本就需通过货币这个中介。而每一次转化都需要一定的条件，货币转化为资本的条件就是劳动力转化为商品。这种条件就是"中介"范畴中的其中一种，在逻辑上可归入逻辑中项的范畴。由于事物的一切"中介"都可以成为中介范畴，因此中介范畴通常都是多个，是抽象到具体的诸多中介环节。

数字出版技术的中介范畴则由数字出版技术识别与获取、数字出版技术学习与跨越、具体数字出版技术应用与创新、数字出版技术调节与治理四对范畴共同组成。人们对数字出版技术活动的认识，数字出版技术理论范畴的产生、演绎和转换实质都是以数字出版技

① 张新新. 基于出版业数字化战略视角的"十四五"数字出版发展刍议[J]. 科技与出版，2021（1）：65-76.

术的实践为中介和纽带的。而在数字出版技术活动中，其实践环节即可划分为识别与获取、学习与跨越、应用与创新、调节与治理四个部分，分别对应数字出版技术引进、内化、应用和管理四个环节，彼此形成了一环扣一环的逻辑整体。其中，（1）数字出版技术识别与获取，是指出版主体对外部的数字化知识、手段、途径等数字技术进行系统搜集，基于自身的资金、基础设施、需求等条件因素评估数字技术的优劣势，并预测将其引进为数字出版技术所能产生效益与价值的过程。（2）数字出版技术学习与跨越，是指出版主体在引进数字出版技术后，对其进行学习、理解、交流和分享，借助路径依赖或路径转化突破文化、经济与技术的融合壁垒，① 抢先进入新的数字出版技术领域并取得跨越发展。（3）数字出版技术应用与创新，是指将数字出版技术与具体的出版需求或出版场景相结合，应用至出版产品或出版服务的开发或优化之中；与此同时，结合出版发展需要，对原有的数字出版技术进行创新组合或升级迭代，或由此创新开发自主的数字出版技术，以更好地发挥数字出版技术创新与出版业自身发展之间的融合互补、相互促进的协同作用。（4）数字出版技术调节与治理，指借助技术、法律、伦理等举措对数字出版技术采纳流程中的人与人、人与技术、技术与技术之间的关系进行一定的协调与约束，在防止数字出版技术异化的同时发挥其科技向善的内在功能。一方面包括从发展的视角推动数字出版技术的自我发展和应用，推进出版业不断内化、吸收新技术从而发展壮大数字技术子系统以推动高级有序发展；另一方面是指对数字出版技术进行治理，根据技术价值理性主义原则，确保数字技术应用发挥正价值、起到正向的积极作用。

从数字出版技术范畴体系的内在逻辑关联来看，四对中介范畴并不是彼此孤立的，而是紧密联系的整体，并分别从数字出版技术范畴体系的内部和外部显示出以下特点。

其一，从中介范畴之间的关系来看，四对数字出版技术中介范畴具有相辅与相成、主导与从属的特点。一方面，数字出版技术的识别与获取、学习与跨越、应用与创新、调节与治理集中反映了数字出版技术采纳的实践流程，每对范畴上下衔接，以一定的先后及时序逻辑发挥作用，彼此之间相辅相成，缺少任一范畴都会致使整个范畴体系处于"摆停"状态。事实上，倘若孤立地将某一个或某一对范畴作为中介范畴置于数字出版技术的范畴体系之中，其都完全无法承担起从起始范畴、中心范畴到终点范畴的中转功能。另一方面，数字出版技术的调节与治理范畴虽然处于中介范畴的最后环节，但又同时蕴含在数字出版技术的识别与获取、学习与跨越、应用与创新之中。唯有如此，数字出版技术才能有效发挥其正价值作用，因此，数字出版技术的调节与治理是贯穿中介范畴的主导范畴，对其他中介范畴的运转具有指导意义。而其他三对范畴则相对处于从属位置，需在遵从数字出版技术调节和治理的规则下，合力发挥数字出版技术采纳流程的中介效用。

其二，从中介范畴与其他范畴的关系来看，数字出版技术中介范畴与其他范畴之间具有相互作用、协同运转的特征。若将数字出版技术范畴体系视为一个复杂的闭环系统，起

---

① 张新新. 技术赋能出版业高质量发展：技术蛙跳双案例研究[J]. 出版与印刷，2022（3）：30-43.

始范畴、中心范畴、中介范畴和终点范畴则分别为这个闭环系统中的四个子系统，每个子系统都承担着相应的结构与功能。数字出版技术范畴体系的形成也并非只是四个子系统的简单相加，而是按一定的组织结构、即内在逻辑形成的统一整体，可以说，在数字出版技术的整个运动过程中，四大子系统之间具有极其密切的联结与作用。然而，区别于中心范畴的联结和统领作用，中介范畴在其中则起到了承上启下的运转功能，其既是起始范畴到达终点范畴的必备转换条件，也是中心范畴得以贯穿范畴体系始终的附着存在。只有中介范畴与其他范畴节点相互作用、协同运转，数字出版技术范畴体系这个系统才能得以有序地发挥其内部张力和外部影响力。

其三，从中介范畴与其他范畴体系的关系来看，数字出版技术中介范畴与其他范畴体系具有多向互动、多维融合的演变趋势。虽然在数字出版技术范畴体系内部，数字出版技术的识别与获取、学习与跨越、应用与创新、调节与治理已形成了一个完整的作用闭环，但其也受范畴体系外部因素演化的影响。由此，数字出版技术的中介范畴也不是一个孤立的、自我封闭的子系统，而是与其他文化、经济、政治、技术系统保持着复杂关联的一个开放子系统。具体而言，数字出版技术中介范畴与出版技术、数字出版、数字技术等范畴体系保持着多向互动和多维融合，其外部范畴的延伸与演变将推动内部中介范畴活动的更新，如数字出版制度范畴中关于技术内容要求的变更将对数字出版技术的调节与治理范畴产生深远的影响。相应的，数字出版技术范畴的实践也会推动外部范畴的改变，亦如当数字出版技术调节与治理的实践活动产生积极反馈时，将反向促进数字出版技术体制范畴的明晰。只有不断地与外部范畴体系保持互动与融合，数字出版技术的中介范畴才能保持其前瞻性和普遍性。

（3）数字出版技术的终点范畴

终点范畴在逻辑范畴体系中称为逻辑终项，它是体系中全部范畴的思想内容的综合。思维从作为起始范畴的最一般的抽象规定出发，以"中心"为联结和架构经过"中介"，形成了思维中的具体，进而达到逻辑终点。如果说起始范畴是完整的表象上升为最抽象的规定，那么，终点范畴则是通过辩证综合，体现事物总体多样性的统一，是一个具有多种规定的丰富的总体。数字出版技术范畴无论是从数字出版技术实践活动开展的视角，还是从数字出版技术研究逻辑范畴辩证运动的历程视角来看，都有一个历史的、逻辑的终结之处。尽管这个"终结"只是一个相对意义的概念，但也反映着特定历史阶段人们认识的最高水平。

数字出版技术的终点范畴为出版高质量发展。长期以来，出版的基本矛盾是人民群众美好的精神文化生活需要和出版发展不平衡、不充分之间的矛盾。从问题定位来看，出版，尤其是数字出版发展面临着一系列影响充分发展、平衡发展的基本问题，如理念落后、惯性思维、技术滞后、内容资源"小散弱"、人员队伍素质落后、传统出版与数字出版"两张皮、两股道"等。这些问题，究其本源，是"数字出版技术"和"传统出版"结合、融合之间的问题及其产生出来的理念、制度和实践问题，简言之，是"数字"与"出版"的问题。① 数字出版技术

---

① 张新新. 数字出版价值论（上）：价值认知到价值建构［J］. 出版科学，2022，30（1）：5-14.

在其中扮演着解决出版活动基本问题和基本矛盾的重要角色，其技术引入、应用和创新的浅层次目标是不断解决"数字"和"出版"融合过程中不平衡、不充分发展的基本问题，深层次目标则是实现出版的高质量发展。因此，数字出版技术的终点范畴应为出版高质量发展，这个范畴集中体现着数字出版领域矛盾的特殊性，也规定着数字出版技术活动的目标和任务。

具体而言，数字出版技术应用的终极目标是推动出版业高质量发展。出版业的高质量发展，即蕴含文化自信、高质量增长、技术赋能三位一体的协同创新发展。

蕴含文化自信的发展，是指出版业的发展要突出对中华优秀传统文化、革命文化和社会主义先进文化的彰显和弘扬，要持续推动文化创新，精益求精地进行文化选择、固化、传播和传承，不断提高出版活动的文化质量，要推动"三个文化"的创新性发展、创造性转化，要通过出版内容、出版活动确立对中华文化的内容构成、价值指向和发展趋势的坚定信念。

蕴含高质量增长的发展，即出版业的发展是以创新为驱动的发展，遵循经济协同机理，以提高单品种效益为标志的发展，创新能力大小决定发展质量高低，要不断提高发展质量和效益，推动发展质量、结构、规模、速度、效益、安全相统一，进而实现出版业整体充分、平衡的发展，实现双循环格局下的出版业高质量发展，推动文化产业尽快成为国民经济支柱性产业。

蕴含技术赋能的发展，是指出版业的发展，要以先进科技为战略支撑，建立出版科技创新体系，综合运用内外部创意资源，不断积累市场主体的技术创新能力，不断提升治理体系的创新含金量，进而提升出版产品、服务、模式、业态的科技含金量，提高整个出版业发展的技术创新比例。

三位一体的发展，是指出版业的高质量发展是文化自信、高质量增长、技术赋能三种元素同时存在、共同实现的发展；文化自信、高质量增长和技术赋能是出版业高质量发展的特有属性，三者缺一不可，分别指向出版业高质量发展文化维度、经济维度和技术维度的特有征象。

创新发展，是指出版业高质量发展是创新驱动的发展，而不是要素驱动、投资驱动的传统发展模式；出版业高质量发展，以文化创新为灵魂，以技术创新为引领，由技术创新引领的产品创新、营销创新、模式创新、服务创新、制度创新、管理创新、业态创新等全面创新体系构成了出版业高质量发展的动力体系。创新性是出版业高质量发展的基本特征之一，也是出版业高质量发展的本质特征所在。

协同发展，是指出版业高质量发展包含以下几层意蕴：首先，"协同"是指文化子系统、经济子系统、技术子系统在出版业系统内处于有序、合理、融合的良性状态，两两之间以及三者之间呈现互相促进、互相提升、互为支撑、相得益彰的正向价值关系。其次，"协同"本身就是指三种差异化、相对独立性的子系统通过相互作用，产生协作或相干效应，进而产生"新质"的过程。也就是说，新出版业从"发展"的无序状态转变为"高质量"发展的有序状态过程。再次，从出版系统内部来看，"协同"包括了出版业子系统、要素、属性之间的相互作用产生协同效应，共同推进出版业高质量发展；从出版系统外部来看，也包括融合外部创意、外部系统而产生的新型出版模式，如出版系统和科技系统的融合、协同而产生的融合出版形态。协同性，也是出版业高质量发展基本特征，并与创新性特征相互联系、相互作用。

在整个数字出版范畴体系中，出版高质量发展这个终点范畴发挥着目标引领、价值标准两项重要的功能和作用。所谓的目标引领，即指无论是数字出版技术的起始范畴、中心范畴还是中介范畴，其范畴体系的运行都需以出版高质量发展为指引，脱离了终点范畴的理论研究或实践活动将事倍功半，甚至是在做无用功，无法推动数字出版技术完全发挥自身的效用。相应的，以终点目标为引领的对象同样会以价值标准的形式检验客观存在的合理性，即整个数字出版技术范畴是否促进了出版高质量发展也成为数字出版技术范畴体系运行成效的检验标准。在这里，出版高质量发展既是直接体现数字出版技术实践活动优劣的"最后"标准，也是衡量数字出版技术理论体系成熟度的重要尺度。从范畴的逻辑运动来看，数字出版技术的终点范畴既从起点引领着各类范畴到达终点，也在终点以价值标准的形式反向检验着、规范着其他数字出版技术的范畴，由此形成交替的运动过程。

2. 数字出版技术的中心范畴

一个完整的逻辑范畴体系，除必须确立一个逻辑起点之外，还必须有一个范畴能够贯穿逻辑范畴行程的始终，构成范畴体系的中枢或轴心，一直从逻辑范畴的起点通向逻辑范畴的终点，即从起点范畴贯穿通向终点范畴。这个范畴就是逻辑范畴体系中的中心范畴，只有确立了这样的范畴，逻辑范畴的结构才具备一个主心骨，科学合理的范畴体系也才有可能得以构建。例如马克思在《资本论》中提出商品是政治经济学的逻辑始项，此处的商品是作为一般的价值形态而出现的，是最简单而又最抽象的范畴。而商品又由劳动力转化而来，在从商品到货币和货币到资本的运动中，马克思以逻辑的必然性推演出剩余价值这个特殊的价值形态。"剩余价值"便是政治经济学中的核心范畴了，只有有了这个范畴，才得以把资本主义经济领域的抽象思维规定都贯穿起来，使领域中的主要过程、主要方面都能得到合理解释。

数字出版技术的中心范畴，是数字出版技术范畴体系的精神所在、灵魂所在，是贯穿于数字出版范畴体系的逻辑主线，好比把数字出版技术理论珍珠串起来的珍珠线。数字出版技术范畴体系的中心范畴也可以从数字出版技术这个起始范畴开始推演，初始范畴应和中心范畴之间反映着存在与本质、实体和根据、前提与结论的关系，其推演过程则是抽象上升到具体的过程。① 基于此，数字出版技术范畴体系中的中心范畴可推演为"技术赋能"。数字出版技术的技术赋能，是指数字出版技术作为一种诱因，可以形成新的方法、路径或手段，既可以直接赋予出版主体新的能力，也可以激发和强化出版主体自身的能力，从而促进出版流程、出版产品内容与形态、出版业态等的变革；与此同时，出版自身

---

① 孙显元. 范畴体系的逻辑基项[J]. 齐鲁学刊，1985(1)：20-24.

也会促进数字出版技术的更迭与创新，从而形成一种双向驱动的技术赋能机制。

之所以将"技术赋能"视为数字出版技术范畴体系中的核心范畴，其原因在于：其一，数字出版技术与技术赋能对应并反映了存在与本质的关系。数字出版技术作为一种嵌于社会文化、经济系统中的一部分，其自身的存在性无须再自证。而在第一节中，我们阐述了数字出版技术的本质是"实现出版及出版活动解蔽及展现的方式，是认识、理解并改造出版的人的本质力量的体现，也是数字化逻辑和技术理性在出版领域渗透和扩展的具体体现"，其对出版及出版活动的解蔽、展现、认知、理解、改造、渗透和扩展本身就是技术赋能的表现形式之一。因此，技术赋能能够作为中心范畴，与初始范畴形成存在与本质的映射关系。其二，数字出版技术与技术赋能对应并呈现实体和根据的关系。若将数字出版技术视为出版活动的一项重要支撑载体、实体，确定数字出版技术发挥效用的坐标系则为技术赋能，这意味着技术赋能是整个出版活动运转的有力推动依据。数字出版技术和技术赋能由此也形成了实体和依据的关系。其三，数字出版技术与技术赋能对应并构建了因果关系。在数字出版技术范畴体系中，数字出版技术的起始范畴，是前提，而技术赋能是数字出版技术应用与推广的结果。没有数字出版技术，数字出版技术的技术赋能自然也无从谈起。

具体来讲，技术赋能出版发展的方式如下：

（1）要素赋能。要素赋能，是指数字技术为出版业发展提供新要素、改变要素形态、提高要素配置效率或者完善要素组合方式，以推动其走向更为高级的高质量发展状态。数字技术对高质量发展的要素赋能，一是提供新要素，进行要素扩充，在传统的资本、劳动力、书号等要素基础上，提供信息、数据、技术、知识等新要素，培育壮大出版业高质量发展新动能，为提高全要素生产率提供前提和可能。二是改变要素形态，改造提升传统发展动能，数字技术的普及推动了出版从业者数字素养和技能的提升，使其升级为更富有技术素养的高端劳动力，同时对书号资源这一特殊要素提出了"网络出版物书号"的形态改变诉求。三是提高要素配置效率，完善出版要素市场化配置，促进出版人才、物质资本、金融资本等单要素配置效率，提升资本、劳动力、数据、技术等全要素协同配置效率。四是完善要素组合方式，将劳动力、资本等有形要素和数据、技术、书号资源等无形要素进行组合配置，以切实提升数字出版、融合出版等出版业态发展质量。

（2）结构赋能。结构赋能，是指通过数字技术的应用，优化出版业微观和宏观结构，形成更适配高质量发展的新结构和原结构组合，推动出版质量和效益的提高，以更适应出版业走向高质量发展。首先，数字技术应用于出版业，直接推动了数字出版的产生，形成了"传统出版—数字出版"的二元结构。"数字出版的发展史，是一部数字技术的赋能史，也是一部数字技术的融入史。"①数字出版的高质量发展是技术赋能出版业高质量发展的鲜明体现和重要标志。其次，数字技术赋能图书出版，推动了传统出版内部结构的优化，推动着出版业数字化转型状态的出现。再次，数字技术的深度赋能，使得图书出版要素、数

---

① 张新新，陈奎莲. 数字出版特征理论研究与思考[J]. 中国出版，2021（2）：8-14.

字技术要素、管理要素等相互联系、相互作用，形成了出版业态的新结构——融合出版，即"出版业务与新兴技术和管理创新融合一体的新兴出版形态"。① 从此，数字技术赋能推动数字技术子系统和文化、经济子系统相互协同，改变了出版物的品质结构；出版物质量在内容质量、编校质量、设计质量、印制质量等基础上，又扩充了载体质量、技术性能质量等新的要素。最后，数字技术渗透到出版组织结构之中，改变了出版业市场主体结构：一方面，出版市场出现新的出版法人类型——以发展数字出版为使命的数字出版企业；另一方面，在传统出版企业中新设内置结构，纷纷成立数字出版部、分社或是编辑室。

（3）动力赋能。动力赋能，是指数字技术为出版业发展提供新动力和新动能，重塑出版业高质量发展的动力机制，由要素驱动、投资驱动转为创新驱动出版业高质量发展。出版业发展到高质量发展，是从低级有序走向高级有序的系统演化过程，这个演化的终极动力在于相互作用。一则数字技术创造内部动力，即数字技术新要素、新动力和新动能被吸收、同化为出版业系统的经济子系统，数字技术子系统和文化子系统、经济子系统相互吸引、合作和协同，驱动出版业走向宏观结构上更为高级有序的高质量发展；二则，数字技术提供外部动力，出版系统和数字技术环境相互作用，出版行业和大数据、人工智能、区块链等技术行业源源不断地进行创意、信息、数据、能量和物质交换，推动出版业内部的要素、结构、功能、动力等发生积极变化，最终导致文化自信、高质量增长的出版业高质量发展新质态的出现。

（4）价值赋能。价值赋能，是指通过数字技术的作用，实现出版业发展价值的内涵拓展和外延扩充，推动价值主张和价值链的"创新型、伸缩型、跨越型"②重构，以在价值层面推动出版业高质量发展。数字技术价值赋能的第一层次为形式价值赋能，即功能价值的赋能，表现为：在政治功能方面，将传统的意识形态拓展到网络意识形态范畴，突出了互联网作为意识形态斗争的主阵地、主战场、最前沿的地位，重新定位了出版的网络意识形态阵地角色和出版人的意识形态责任制要求；在文化功能方面，丰富了出版业文化承载的内涵，提升了出版载体的品质、容量、性能和规模等，增强了(出版物所蕴含的)文化传播效能，扩大了文化传播空间，建构起全媒体、立体化、多层次的文化传播矩阵；在经济功能方面，增加了出版业经济子系统的数字经济成分，提高了全要素生产率，推动着出版业经济发展的质量变革、效率变革和动力变革。第二层次为目的价值赋能，即以数字化、数据化、智能化的方式，满足人民群众日益增长的数字精神文化美好生活需要；提高全民数字素养与技能，提升社会数字文明程度，增强国家数字文化软实力和话语权。第三层次为评判标准价值赋能，一方面，数字出版发展质量的高与低，出版融合得好不好、深不深，成为衡量出版业高质量发展是否实现的重要标尺；另一方面，技术价值理性主义，追求技

---

① 尹琨. 专家审定"融合出版"概念及定义[N]. 新闻出版广电报，2022-01-25(2).

② 吴浩强，刘慧岭. 数字技术赋能出版企业价值链重构研究——基于中信出版集团与中华书局的双案例分析[J]. 科技与出版，2021(10)：61-70.

术的正价值、正效应，构成出版业高质量发展的另外一把重要标尺。

技术赋能在整个数字出版技术范畴体系中的意义在于：首先，从范畴位置来看，"技术赋能"处于数字出版技术范畴体系的轴心位置，起到联结作用。作为数字出版技术范畴体系的轴心，技术赋能贯穿着从起始范畴到中介范畴，再到终点范畴的整个范畴结构。正是因为有这一轴心，其他范畴之间才能保持着密切的关联关系，也才能使数字出版技术范畴体系真正"运转"起来。如若不然，各范畴就只是散乱无章的孤立点，难以编织成反映数字出版技术现象及其活动规律的意义之网。从这个意义上说，数字出版技术范畴体系延伸、拓展到哪里，技术赋能这个中心范畴就会贯穿到哪里，其在贯穿联结数字出版技术领域的各种范畴的同时，也会丰富范畴之前的相互关系，从而赋予数字出版技术研究更多的发展活力。其次，从范畴关系来看，"技术赋能"是一个整体性范畴，对其他范畴具有很强的逻辑统领力。所谓整体性范畴，即"整体对各个部分的全面的、决定性的统治地位，是马克思取自黑格尔并独创性地改造成为一门全新科学的基础的方法的本质"。① 在整个数字出版技术领域中，存在着诸多的范畴和复杂的关系，而技术赋能作为中心范畴，既是数字出版技术活动维持运行的基本途径，也是数字出版技术活动拟实现的目标。其工具性与目标性的统一将共同规定和影响其他范畴关系的存在和发展，其他范畴，如数字出版技术价值、数字出版技术伦理、数字出版技术历史、数字出版技术类型等都需依附于"技术赋能"这个中心范畴才能发展，如图 1-2 所示。

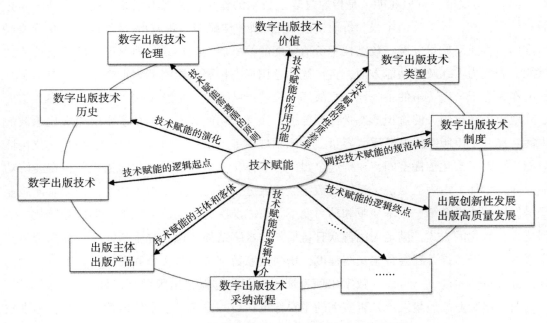

图 1-2　以技术赋能为核心的数字出版技术范畴延伸

---

① 卢卡奇. 历史与阶级意识［M］. 杜章智，任立，燕宏远，译. 北京：商务印书馆，2012：79.

整体而言，数字出版技术范畴体系不仅反映了数字出版技术研究的思维运动过程，也反映了认识数字出版技术这个客观存在及其辩证关系的一般规律，是本体论、认识论、逻辑学在数字出版技术领域的统一体，其自身的推演过程更具有方法论的意义。对数字出版技术逻辑范畴体系而言，到达出版高质量发展这个终点范畴，即是思维到达具体、认识到达终点的一个阶段。然而，对于更大范畴范围内的数字出版技术范畴而言，已有的范畴体系或将成为认识的新的起点，也是思维运动的新的出发点，而这样的每一次循环与迭代，都能够为数字出版技术理论体系、范畴体系和实践活动提供新的内容、新的关系和新的要求。

第三节　数字出版技术相关学科知识基础

从数字出版技术的科学内涵来看，数字出版技术研究显然是涉及多个学科领域知识的综合性研究。事实上，数字出版技术应同时具有社会科学和自然科学的属性，既探讨数字出版技术活动中的社会现象和社会规律，也关注数字出版技术自身的发展逻辑和工程应用，两者共同推动着数字出版技术的兴起和发展。但从目前的发展来看，社会科学属性应当是数字出版技术的主要属性、自然科学属性则是其附属属性，这是因为数字出版技术具有探索数字出版技术活动运动、演化规律的研究目的，仍然是为出版活动这一社会现象所服务。同时，数字出版技术也具有交叉学科的属性，这是因为：一则，形成过程中的跨学科性。即数字出版技术研究是在出版科学、技术科学的相互作用、相互渗透中形成和发展起来的。二则，发展过程的相对独立性。即数字出版技术研究虽然是出版科学、技术科学概念、原理、方法等内容结合的结果，但这些概念、原理、方法并不是简单机械的相加，而是在数字出版技术研究内部经过改造、创新与融合后逐渐形成了新的研究对象、研究方法，具有自身的研究发展逻辑与发展目的。三则，学科属性的不确定性。作为一门交叉学科，出版科学、技术科学在作用于数字出版技术的发展过程中的学科分布力量是不均等的，也存在主从之分。而这种主从之分并非是一成不变的，而是会随着数字出版技术自身发展的成熟、学科定位与发展目标的调整而发生新的变化，其学科属性也由此会发生一定的偏移。从目前的发展来看，数字出版技术的社会科学属性为主要属性、自然科学属性为次要属性，当数字出版技术手段的应用领域从出版跨向其他产业、数字出版技术的发展反过来引领数字技术的革新时，数字出版技术的社会科学属性和自然科学属性之间的主从位置发生变化也未可知。

因此，数字出版技术研究的发展自然也离不开交叉学科已有的理论基础，数字出版技术的知识基础也由此是多层次、多维度的，如图 1-3 所示。

处于第一层次的是出版及数字出版理论和技术理论，也是在数字出版技术理论基础中最核心的、最直接相关的理论基础。

处于第二层次的是社会科学、自然科学相关学科的理论，包含传播学、社会学、管理学、法学、经济学、物理学等学科理论，处于数字出版技术理论基础的中间层。

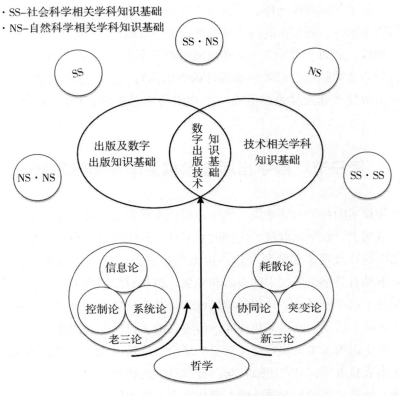

图 1-3 数字出版技术的知识基础

处于第三层次的则包括哲学、"老三论"（信息论、系统论、控制论）、"新三论"（耗散结构论、协同论、突变论），构成了数字出版技术理论基础的最底层，也是最基础的理论。

数字出版技术的理论基础则是在哲学、新老三论的基础上，参照社会科学和自然科学等相关学科，融合出版及数字出版理论和技术理论而架构起的属于自身学科的理论体系。其中，出版及数字出版理论、技术理论、协同论与数字出版技术知识基础的建立，关系最为紧密。

一、出版及数字出版学科相关知识基础

出版及数字出版知识基础是指在出版学或数字出版学中涉及数字出版技术相关的理论知识。

1. 出版学

出版学是一门研究出版活动存在和发展规律的人文社会科学学科，以社会文化建构为

目标，研究书刊、音像、电子与网络出版物的编辑、复制、发行与阅读消费活动，探讨其发展规律。① 出版学的研究内容涉及出版现象的价值、要素、作业、管理和时空五个维度的内容。② 出版学作为数字出版的母学科，理所当然构成了数字出版技术的知识基础。

出版学基础理论有关研究对象、研究内容、学科性质等本体论内容，为数字出版技术理论建构提供了可资借鉴的范式和理论渊源。如基于活动说，提出数字出版技术的研究对象是数字出版技术活动这一客观存在。出版学方法论所确立的哲学方法、一般科学方法同样适用于数字出版技术，出版学专门研究方法对构建数字出版技术专门科学方法具有较好的启发意义。出版价值论所确立的形式价值、目的价值和价值准则，同样规制着数字出版技术价值体系的建构。

出版技术理论对数字出版技术具有直接的理论建构价值，是数字出版技术的直接理论渊源。科学技术是第一生产力，也是推进出版业高质量发展的第一动力。出版业的发展史，是一部从"笔与纸""铅与火""光与电"到"数与网"的发展历程，历经手工抄写阶段、手工印刷介质、机械印刷阶段和电子出版阶段，目前步入了智能出版时代。这个古老的产业，每一次的跨越式发展、大踏步前进，都是借助技术之翼、依凭创新驱动，吸收了最新的科技生产力。因此，"出版的发展史是积极应用科技成果的历史，以区块链、大数据、人工智能等为代表的信息技术应用是当前中国出版业高质量发展面临的新机遇"，③ 出版自身就具有技术属性。

出版学理论中的出版技术资源理论，确立了数字出版技术理论的框架雏形。以《出版学基础》④为例，内容、读者和传输技术，基本确立了数字出版内容生产、数字阅读、数字传播的技术框架；计算机技术、网络技术、电子显示技术等赋能出版物内容生产，使得出版物形态向着图、文、声、像、影、3D 模型、虚拟现实等多模态内容转变，不断丰富出版物品种和结构；数据挖掘、用户画像、内容推荐等技术应用于出版物发行，能够有效地捕捉用户阅读需求，满足用户个性化学习和阅读需要，实现直连直供直销的精准营销；条形码、二维码、区块链、数字水印等出版管理技术的应用，一方面降低出版管理成本，使得出版管理工作更加便捷，提高出版管理效率，另一方面，改进和优化治理方式，提升意识形态治理、出版行政管理、作品版权保护等实际效果，提升出版治理效能。

出版技术史知识为我们理解数字出版技术的演变发展提供了清晰的认知轮廓，有助于我们对数字出版技术发展未来进行评估和预测，从而提高数字出版技术应用和创新的效果。从技术史的角度来看，出版技术的每一次重大创新都会引起信息传播的大革命，进而

---

① 周蔚华，方卿，张志强，李频. 出版学"三大体系"建设(笔谈)[J]. 华中师范大学学报(人文社会科学版)，2021，60(3)：75.

② 方卿. 关于出版学研究对象的思考[J]. 中国出版，2020(6)：15-23.

③ 黄先蓉，常嘉玲. 融合发展背景下出版领域知识服务研究新进展：现状、模式、技术与路径[J]. 出版科学，2020，28(1)：11-21.

④ 方卿，许洁，等. 出版学基础[M]. 武汉：武汉大学出版社，2022：224-255.

对人类社会产生巨大影响。尤其是数字出版技术的兴起，更是将出版及人类社会活动带入了新的历史发展阶段。而出版技术和数字出版技术两者之间又存在着紧密关联，一方面，数字出版技术从属于出版技术，是出版技术中的一种；另一方面，数字出版技术又对传统的出版技术进行了继承与创新，并以数字技术为导向内生或引入了全新的数字出版技术。因此，出版技术的存在与发展也成为数字出版技术发展必不可少的一部分，从技术史的角度对出版技术和数字出版技术，及其演变规律、特征进行探究，则是打通数字出版技术本体论、认识论、价值论的前提。基于技术变革的阶段，出版技术的发展可大致分为古代手工出版技术、近代机械出版技术、现当代数字出版技术，其技术演进历程如表 1-2 所示。

表 1-2　出版技术发展历程

发展阶段		世界分期	中国分期	代表性技术	技术特征	出版形态
手工出版技术		7 世纪初—15 世纪中叶	7 世纪初—19 世纪中叶	雕版印刷技术、活字印刷技术、传统手工造纸术等	手工操作	雕版书、刻本书
机械出版技术	初级	15 世纪中叶—19 世纪末	19 世纪中叶—20 世纪 40 年代	活版印刷机、人力石印机、（机械）金属活字技术等	半机械化，以人力、畜力、水力为主要动力	黑白报纸、书籍、杂志
	高级	19 世纪末—20 世纪中叶	20 世纪 40 年代—20 世纪 80 年代	蒸汽/电力滚筒轮转胶印机、自动铸字机、编辑/发行专业化技术	机械化，以蒸汽机、电力为主要动力	套色报纸、书籍、杂志，磁介质音像产品
数字出版技术	初级	20 世纪中叶—20 世纪末	20 世纪 80 年代—20 世纪末	激光照排技术、文字输入排版系统、彩色桌面出版印前处理系统	电子化、复制化，以网络技术为主要动力	电子书、电子报等电子出版物、网络出版物、
	中级	20 世纪末至今		内容自动审校技术、文本结构识别技术、AR/VR 技术、数字打印技术	碎片化、数据化、初级智能化，以数字技术为主要动力	数字出版物、知识服务平台、AR/VR 图书、智能出版物
	高级	现下—未来		数字孪生技术、全息技术、脑机接口、决策智能技术	高级智能化、智慧化、虚实融合化，以先进数字技术为主要动力	孪生出版物、全息出版物、虚实融合出版、元宇宙出版

对中国的出版业而言，一直到 20 世纪 80 年代末，出版技术进步总体上是以机械化为目标的"量"的发展，"质"的突破仍较少，但其在自主创新上的探索为数字出版技术阶段的突破奠定了基础。[①] 事实上，自 20 世纪 80 年代开始，在互联网快速发展的全新背景下，出版技术经历了从传统的手工、机械出版技术向数字出版技术的颠覆式变革，并沿着初级发展阶段、中级发展阶段、高级发展阶段的方向不断演进。关于数字出版技术的发展历程，将在第二章作详细介绍。

2. 数字出版

数字出版，是指以数字技术将作品编辑加工后，经过复制进行传播的新型出版。[②] 数字出版本身就是数字技术赋能的新型出版方式，数字技术赋能是数字出版的特有属性。数字出版是数字出版技术理论的直接来源，数字出版理论的众多领域、板块和环节，都蕴涵着数字出版技术的因素；数字出版技术理论体系的形成则直接来源于数字出版学的元范畴、核心范畴、基本范畴抑或普遍范畴。

数字出版和数字出版技术理论之间是整体与部分、系统与要素之间的关系。数字出版基础理论包含的数字技术属性、数字化特征、数字技术方法、数字技术价值等本体论、方法论和价值论都闪耀着数字出版技术和基础理论融合共生的色彩。数字出版技术是数字出版理论的重要组成部分，是数字出版的基本范畴之一，是数字出版调节论的题中应有之义。基于数字技术的数字治理，是一种新型的数字出版治理方式，也是数字出版治理论的基本范畴之一。

在数字出版基础理论中，数字技术属性理论是数字出版属性理论的重要组成部分。数字出版具有四种基本属性：意识形态属性、文化属性、产业属性和数字技术属性。意识形态属性是根本属性，反映着我国数字出版的政治方向、内容导向和价值取向；文化属性是固有属性，是出版活动传播知识、传承文明的使命所在、任务使然；产业属性也是固有属性，是数字出版得以产生、发展、壮大的经济基础，规定和制约着数字出版的经济话语权；数字技术属性是数字出版的特有属性，出版活动具有技术属性，而数字出版则依赖数字技术赋能，是依托数字技术而产生的新兴出版业态，数字技术驱动是其重要动力特征。具体而言，数字技术属性是指数字出版自身所具有的反映数字技术的性质和特点，是数字出版的特有属性、本质属性。数字出版的产生、发展、壮大、繁荣，离不开高新技术的发展，依赖于数字出版技术的赋能。数字出版的从无到有、从小到大，是技术要素赋能的过程，是技术要素转移至出版产业的过程，是数字出版共同体对数字出版技术原理认知深化的过程，是数字出版共同体不断探寻数字出版技术在出版业的应用场景的过程，也是信息要素、数据要素、技术要素与知识生产、传播深度融合的过程。具体来讲，数字出版的数

---

① 匡导球. 二十世纪中国出版技术变迁研究[D]. 南京：南京农业大学，2009.

② 张新新. 数字出版概念述评与新解——数字出版概念 20 年综述与思考[J]. 科技与出版，2020（7）：43-56.

字技术属性体现在以下方面：其一，必然的路径选择。有关技术创新、技术超越、技术依赖的理念已经和数字出版的实践、制度紧密结合，技术赋能、技术加持是推进传统出版和新兴出版有机融合、推动数字出版高质量发展的必然选择。其二，更优质的出版产品。就作品内容呈现而言，以先进的 AI 技术、大数据、AR 技术、VR 技术、5G 技术等数字出版技术为出版赋能，辅助作品呈现出更多的美感、科技感和时尚感。其三，更好的用户体验。即由单向、单一的知识灌输和传递转为双向、交互的知识互动与反馈，在改进产品研发的同时，不断提高用户体验的友好感、舒适感和可接受度。其四，更佳的知识服务。政策驱动型、产品驱动型、信息驱动型、技术驱动型和智慧驱动型五种知识服务模式①的高质量发展，能够在精准用户画像的基础上，根据用户年龄阶段、消费偏好、消费频次、消费能力提供个性化、定制化、高品位的阅读服务和知识服务。其五，更高的工作效率。即数字出版技术可以优化内部业务流程，提高编校印发各环节的效率，节约外部沟通成本，强化与市场的互动，及时为用户提供不断优化的产品和服务。其六，数字出版技术路径的迭代。即各数字出版企业经历着或先后经历了技术外包、技术合作、技术自主的发展路径，在此历程中，逐步积累和建构起适合自身发展实力、规模、特点的现代出版技术体系。

在数字出版特征理论中，数字化是数字出版技术最为本质的特征，随着数字出版技术的发展和在出版领域的普及应用，数字出版技术及数字化思维已贯穿于出版活动的方方面面，并在内容编辑加工、产品发行、市场营销等关键环节得到充分的彰显。(1)数字化编辑加工。得益于数字出版技术的广泛融合和应用，编辑加工已不再局限于传统出版的内容校对、排版设计印刷环节，其内涵和外延已经有了新的意义。出版的编辑加工具有了明显的数字化特征：在技术层面，以计算机为主的各项数字信息技术在实操过程中已有较为深度的应用；在素材层面，文字、图像、音频、视频、二维码、链接等多元数字化素材在网络空间的专业融合，形成了系统化、个性化的数字产品；在工具层面，目前多数数字出版单位都采用了专门的编辑加工系统，对出版产品生产过程进行全流程管理，为创作、编辑、排版、审核校对、发布等环节提供协同工作环境，并且提供开放接口，便于与编务系统、ERP 系统、内容资源管理系统和产品发布系统的集成和衔接。(2)数字化复制。不同于图书出版传统的复制形态，数字出版技术所带来的复制是无形的、虚拟的，几乎不占有物理空间，且成本非常低廉，远远小于传统出版产品的复制成本。同时，基于数字出版技术的数字化复制还伴随着可近乎无限次的特点，能够反复加以使用，并不容易因重复使用而导致功能、形态被损坏或出现瑕疵。此外，数字出版技术还能满足海量用户的使用需求，其复制几乎是在瞬间完成的，不似传统出版的复制那样，需要经过规定的程序、时间和耗材使用。(3)数字化营销。数字化营销是指出版主体借助数字出版技术实现出版产品的数字发行和传播，摆脱了发行印刷、入库存储、包装分拣、物流运输和派送等传统图书的发行模式。在某种意义上，出版产品在审核发布后，就可以进入数字发行传播环节，甚

---

①　张新新. 知识服务向何处去——新闻出版业五种知识服务模式分析[J]. 出版与印刷，2019(1)：1-5.

至可以通过个性化订阅功能、基于云计算的内容分发平台即刻触达目标用户群，实现出版产品营销的"最后一公里"。事实上，数字发行模式不仅为出版单位节约了仓储、包装、物流等人力物力成本，提高了发行效率，还能够通过线上发行网络，抓住现有用户或潜在消费者注意力，为出版机构开辟营销和宣传空间，也为出版产品的用户调研和市场调查开创有效、高效的沟通渠道。

在数字出版技术的加持下，出版产品的营销呈现出了前所未有的数字化特征，充斥着互联网思维：①在营销理念方面，出版开始重视用户口碑，以用户为中心的思维贯穿于生产、运营和营销全过程，洞察用户个性化需求、把握市场发展趋势、开发个性化甚至定制化的数字出版产品或知识服务成为出版企业的重要内容。②在营销策略方面，数字化营销强调发挥"第一个客户"策略和"大客户"策略①在出版产品推广和营销过程中的关键作用，尤其是在 B2B、B2G 的商业模式中，以此逐步增强销售人员的职业信心、丰富销售经验，并利用关系营销推动消费决策者逐步开拓市场。③在营销模式方面，除了在线下布局产品展会、专业阅读空间、垂直业务系统、行业论坛、社会公益活动等推广模式之外，网络直播售书现已成为一种全新的营销模式。网络直播借助主播（直播间）超高的粉丝量、关注度、号召力和超低的促销价格等优势，为出版业的产品营销提供了全新思路。目前已有众多出版机构先后试水，基本取得了较为理想的营销业绩。

在数字出版调节论中，数字出版调节的基本范畴包括产业链调节、主体调节、项目调节和制度调节。从生产流程来看，产业链是指"在一种最终产品的生产加工过程中——从最初的自然资源到最终产品到达消费者手中——所包含的各个环节所构成的整个的生产链条。"②数字出版产业链是指从数字内容资源到数字出版成品所构成的整个生产链条，其基本环节是数字出版产品、数字出版技术以及数字出版运维。数字出版产业链是在对出版产业链解构基础之上的再造，以往的编校印发产业链环节不再适用，取而代之的是"产品—技术—营销"的基本环节。数字出版技术是指蕴含于数字出版流程、产品或服务之中的数字技术。数字出版技术既包括内生于数字出版产业之中的数字技术，也包括内化吸收而来的其他领域的数字技术。正是"数字技术赋能"这一特有属性，有效区分了图书出版与数字出版，也支撑起数字出版新概念。数字技术是多种数字化技术的集称，也是具有通用目的的技术，具有可编辑性、可扩展性、抗干扰能力强、数字信号稳定性强且精度高、保密性高、通用性强等显著特征。数字出版是由数字技术赋能的出版活动和实践，因此技术要素在数字出版中占据基础性的、关键性的地位。同时，数字技术的应用贯穿数字产品生产流程和产品服务本身，是识别数字出版产品和实践的重要标志。

在数字出版治理论中，出版学语境下的数字治理，包含动态和静态两层含义。基于动态视角来看，它是包含发展的治理，是数字出版治理主体利用数字技术等以增进行业管理效能、更好服务用户为目标的治理，是数字化赋能的治理行为和措施的总和。基于静态视

---

① 张新新. 数字出版营销能力、策略及渠道[J]. 中国出版，2020(16)：33-38.
② 郁义鸿. 产业链类型与产业链效率基准[J]. 中国工业经济，2015(11)：35-42.

角来看，数字出版数字治理的概念是指数字出版治理主体运用数字化方式、手段和工具来管理和服务数字出版活动的治理方法。因此，基于两种视角，数字出版数字治理可以概括为数字出版治理主体运用数字化方式、手段和工具来管理和服务数字出版活动的治理方法、行为和措施的总和。数字治理本身就是数字出版治理体系现代化的重要标志，是数字出版治理体系与时偕行的重要体现。数字治理是数字出版治理的一项基本原则也是创新治理体系中的重要构成部分。首先，作为数字时代的全新治理范式，数字出版数字治理体系宜以出版数据作为重点治理对象，须知，"出版业高质量发展的过程，也是数据治理现代化的过程"。其次，善用数字技术工具进行治理，提高企业微观治理和行业宏观治理效能。最后，不断提升数字出版治理主体的"数字化适应力、胜任力和创造力"，及时推进出版治理体系和治理能力本身进行数字化改革。

二、技术学科相关知识基础

技术一般以三种形式存在，一是作为实物，如工具、机器、装置等；二是作为观念，如技能、技巧、经验、知识等；三是作为过程，如设计、制造、适用等。把技术整体作为研究对象来研究也有三种相应的视角，即将技术整体视为认识现象、社会现象和历史现象来进来研究，并由此形成了技术哲学、技术社会学和技术历史学三个重要的分支领域①。其中，技术哲学是把技术作为与自然系统相联系的认识系统和社会系统，研究人类改造自然的一般规律的科学，即是关于技术本体论、认识论和方法论的科学。技术社会学把技术看作一种特定的社会现象，旨在运用社会学的观点和方法，探讨技术与社会相互作用、协调发展的动力学机制，其核心内容包括两类，一是社会对技术的影响，即技术发展的社会机制；二是技术对社会的影响，即技术的社会功能。技术史则研究技术的历史演化发展过程，能够展现技术在历史上经历的各个不同阶段和地域特点，以技术在时空中的展开为技术哲学研究、技术社会学研究提供事实基础和逻辑依据。因此，技术哲学、技术社会学和技术史的研究视角虽然有所差异，但其内在仍是互相联系、互为前提，如技术价值论既是技术哲学的重要理论基础，也是技术社会学的核心组成部分，而对其理论的理解又离不开特定的技术历史。因此，各个技术理论之间并没有严格的学科或视角边界。值得注意的是，技术理论中包含着众多细分理论与技术观念，非一节所能详尽，但技术的价值、技术与社会的关系一直以来是出版领域关注的重点，为此仅就技术理论中的技术中性论、技术价值论、技术社会互动论和技术社会整体论作简单介绍。

1. 技术中性论

技术中性论，又称技术工具论，认为技术是一种达到目的的手段或工具体系，每一种技术都被用来解决特殊的问题或服务于人类特定的目的；进而认为，技术是中性的，只是那些创造和使用技术的人使得技术成为一种善或恶的力。技术中性论可以简单表述为：

---

① 孟宪俊. 试论技术哲学[J]. 人文杂志，1995(6)：25-28.

$$P \rightarrow T \rightarrow S \rightarrow V \tag{1}$$

其中，P 表示技术主体，T 为技术，S 为社会现象，V 表示价值。即技术中性论认为技术（T）只有被行为主体（P）应用于社会（S）才能产生价值（V）。

当代著名技术哲学家安德鲁·芬伯格（Andrew·Feenbeyg）曾列举了技术中性论的四种代表性观点：（1）技术仅仅是一种工具手段，它与所服务的目的之间没有关系，也就是说技术本身是价值中立的。（2）技术与政治之间并无关联，无论是对于社会主义社会还是对于资本主义社会来讲都是这样。一把锤子就是一把锤子，一台汽轮机就是一台汽轮机，这样的工具在任何社会情境中都是有用的，它们与社会和政治因素无关。（3）技术所依赖的可证实的因果命题像科学观一样，在任何社会情境中都能保持其真理的普遍性。（4）技术的效率标准是普遍的，这意味着同一度量标准可以被应用于不同的背景之中。通常来说，技术可以提高不同国家、不同时期和不同文明的劳动生产率。之所以说技术是中性的，是因为任何情况下的某一技术，都是以其相同的效应标准来体现它的本质。①

以上技术中性论观点可以区分出两种意义上的"中性论"：一是把技术当作纯粹的"自然物"去看待，或者把技术当作科学的应用，因此"技术本身"是不负荷价值观念的，它反映的只是自然规律与科学原理，技术的普遍性即出于此；二是承认技术是人的创造，具有社会属性，但是负荷价值观念的"技术本身"相对于技术的应用目的来说是中立的，即它没有明确的价值倾向性和目标指向性。第一种意义上的观点从根本上说是错误的，因为它没有认识到技术本质的二重性特征，没有认识到在技术自然属性的背后还有其社会性的规定。技术属于人的创新行为，技术中必然包含人的目的、价值、知识、观念、意志等因素，这些因素使"技术本身"同纯粹的"自然物"与"自然过程"相分开，因此在本体论意义上技术不可能是"中性的"。② 第二种意义上的观点则是相对合理的，因为技术尽管是一个负荷社会价值的创制过程，但是这个过程是一个有限的社会意义赋予过程，它仅仅是社会规范"代码"（code）的一个片段，在其获得的社会规定性之外，并没有明确的目的指向性与价值倾向性。但这也无疑将技术看做一个静态的存在，在突出技术体系中人的主体性地位的同时分裂了手段、目的与价值的统一，而在现代社会中，技术与技术的价值已无法完全区分。

对技术中性论的介绍以及反思，有助于我们正确界定数字出版技术价值的内涵和外延，廓清数字出版技术的内在功能价值以及外在目的价值，分析数字出版技术的正价值和负价值，研究数字出版技术所负荷的政治、文化、经济、教育等价值。

2. 技术价值论

技术中性论认为，技术本身是不负荷价值的，技术只有应用才会负荷价值。技术价值论则认为，技术本身是负荷价值的，技术研发过程本身蕴含着一定的价值倾向，技术应用过程则会出现正价值、负价值、价值异化等结果。技术价值论主要表现为社会建构论

---

①　Andrew F. Critical Theory of Technology[M]. Oxford：Oxford University Press，1991：5-6.

②　吴致远. 有关技术中性论的三个问题[J]. 自然辩证法通讯，2013，35（6）：116-121，128.

（Social Constructivism）和技术决定论（Technological Determinism）两种观点。

社会建构论对技术本质的理解是技术是一种社会文化实践。首先表现在技术作为社会文化实践同样意味着对技术中包含人类行动的强调；其次，技术应被理解为一个社会过程，社会因素全面渗入技术中，从而打破了技术与社会的边界，形成了技术与社会的"无缝之网"（seamless Web）。① 从社会建构论出发，技术是社会的技术，技术与社会相互嵌入形成了一张"无缝之网"，这张"无缝之网"包含着技术主体利益、文化选择、价值取向等社会因素。因此，技术成为社会利益和文化价值倾向等社会因素共同建构的产物，在技术与社会的互动整合中自然也形成了技术的价值负载。这些负载不仅体现了技术价值判断，也彰显了更广泛的社会价值和技术主体的利益。社会建构论的技术观可概述为技术及其价值是在社会和技术的交织中产生，其公式可表述为：

$$S(V_1, V_2), \ T_1(V_3, V_4) \rightarrow T_2(V_1, V_3, \cdots, V_n) \tag{2}$$

技术决定论则把技术视为一股独立于社会和人的自我发展的力量，即"技术已经成为一种自主的技术"，② "技术构成了一种新的文化体系，这种文化体系又构建了整个社会"。③ 技术决定论认为技术是一种自律的力量，它按照自己的逻辑前进并支配着社会和文化的发展；技术因此有着自身的独立的意志与目的，负载着独立于人的客观存在的价值。技术决定论的支持者在面对技术统治社会所带来的后果时表现出了积极和消极两种不同理解，即乐观主义和悲观主义的技术决定论。其中，乐观主义的技术决定论认为技术进步是人性进化的标准，一切由于技术进步所带来的负面影响最终会由更大的技术进步所克服，科技发展最终将带来更高的效率。美国著名的未来学家阿尔文·托夫勒即是代表，其在代表性著作《第三次浪潮》中就对科学技术的积极作用展开了美好的推测和想象。而悲观主义的技术决定论则认为技术在本质上有一种非人道的价值取向，技术已经控制了人类并使人类世界其他非技术方式的内在价值和意义受到遮蔽，前述所提及的海德格尔便是代表。技术决定论的技术规则可以表述为：

$$T(V) \rightarrow S \tag{3}$$

虽然社会建构论和技术决定论对技术所负载的价值看法不同，但它们分别从两个方面揭示了技术的价值负载：一方面，技术是包括科技文化传统在内的整体社会文化发展的产物，技术的发展速度、规模和方向，不仅取决于客观规律，还动态地体现了现实的社会利益格局和价值取向。其次，技术又具有相对的价值独立性，这种相对独立性既表现在技术对客观自然规律的遵循上，也表现在技术活动对可操作性、有效性、效率等特定价值取向的追求，而这些独特的价值取向对社会文化价值取向具有动态的重构作用。将这两个互补的方面加以综合，可以发现技术的价值负载，实质就是内化于技术中的社会文化价值取向、权力利益格局和内在于技术中的独特价值取向互动整合的结果。④

---

① 邢怀滨. 社会建构论的技术观[D]. 沈阳：东北大学，2002.

② Andrew F. Critical Theory of Technology[M]. Oxford：Oxford University Press，1991：14.

③ Langdon W. Autonomous Technology[M]. Cambridge：MIT Press，1977：17.

④ 段伟文. 技术的价值负载与伦理反思[J]. 自然辩证法研究，2000（8）：30-33，54.

技术价值论视角的数字出版技术价值理论，在本章第五节将深入讲述。这里，我们先从内在价值或曰功能论的视角，来简述数字出版技术正价值和负价值在出版业的体现：从正价值的角度来看，数字技术所起到的正面、积极、推动性的作用包括主要有：（1）多维展示功能。除了线下、实物、静态展示以外，更多体现于线上、虚拟、动态地展示出版物内容，如线上展示、线上线下一体化展示、基于 AR 技术的增强现实的展示，基于 VR 技术的虚拟现实展示等。（2）知识增值功能。基于数字技术所开展的知识服务、融合出版物等，除拥有图书知识内容之外，还包括图书之外的超链接、可穿戴设备所指向的扩展性音频、视频、3D 模型的增值知识。（3）知识发现功能。基于大数据技术的数据出版、出版大数据、知识图谱等产品，除向用户展示显性知识外，还额外提供了数据背后的数据、知识背后的知识，即具有知识发现的新功能。（4）数字传播功能。数字出版产品服务大多具备线上传播、即时性传播、交互式传播、可面向超级海量用户同步传播的功能，较之传统出版物点对点传播、延时性传播、单向性传播、同一时段面向单一用户传播的传播功能，有了新的、飞跃性的革新和进步。（5）优化体验功能。数字技术作用于出版，所形成的数字出版产品服务，为用户所提供的或是增强现实的体验，或是对现实虚拟的体验，或是交互沉浸的体验，或是调动综合感官的体验，其体验范围、体验程度、体验观感、体验深度等都是传统出版所无法比拟的。（6）流程再造功能。前述五点多从数字技术对出版产品服务功能的角度出发来阐述，或曰数字技术对出版外部功能的体现，而数字技术对出版内部流程再造、重塑的功能，则是数字技术作用于出版内部生产管理流程的结果。内部流程再造功能可具体分解为基于群体智能理念的选题策划，由人向机器转变的内容创作，以数字化、自动化、协同化为主要特征的智能编校排，"绿色化、数字化、智能化、融合化"发展的智能印刷，大数据、区块链、5G 视听技术综合作用的智能营销等；一言以蔽之，即数字技术对出版选题策划、编校印发各环节均赋予了新的内涵、强化了新的功能、拓展了新的空间。从负价值的角度来看，数字技术还会起到负面、消极、反推性的技术异化作用：一如大数据技术应用于出版业潜在带来的数据隐私泄露、数据安全侵犯、过度依赖数据等负面性，再如区块链技术所带来的计算资源、电子资源的浪费以及 51% 算力以上篡改威胁，三如虚拟仿真、深度学习等新技术应用带来的"深度伪造"（声音伪造、肖像伪造等）。坚持正确的技术价值观，坚持以人民为中心的技术应用立场，使得数字技术应用服从于实现人的全面发展、服从于人彻底的自由解放、服从于人与自然的和谐，是克服数字技术负价值、放大数字技术正价值的必然遵循。

3. 技术社会互动论

技术社会互动论认为技术与社会是一种互动关系，即技术与社会是相互影响、相互作用、相互制约的，它们之间不存在谁决定谁、谁主导谁的主次关系。技术发展常常发生一些环境的、社会的后果，超越了技术设备和实际应用本身的直接目的，而同一技术在不同文化环境和社会条件下被采用可有完全不同的结果。技术社会互动论包含三个假定：（1）

技术与社会是分立的；（2）技术构成社会，即技术对社会产生影响；（3）社会构成技术，即社会对技术能够起到某种建构作用。

1985年，美国佐治亚工学院教授梅尔文·克兰兹伯格（Melvin Kranzberg）从技术史角度提出了技术与社会关系的"克兰兹伯格规律"（Kranzberg's Laws）：规律Ⅰ从总体上论述技术与社会的相互作用，并表明了技术的正负价值蕴涵；规律Ⅱ、Ⅲ、Ⅴ以技术史为基础论述了技术与社会的相互作用；规律Ⅳ、Ⅵ则表明在技术与社会的相互作用中，社会文化因素、特别是人的因素具有优先地位。[①] 1996年，美国社会学家、技术社会互动论的代表人物曼纽尔·卡斯特（Manuel Castells）在其《信息时代三部曲：经济、社会和文化》中的第一部，《网络社会的崛起》中提到，"技术并未决定社会。社会也没有编写技术变迁进程的剧本，因为许多因素——包括个人的创造发明与企业的冒险进取——干预了科学发现，技术创新与社会应用的过程，因此最后结局如何要看复杂的互动模式而定"。[②] 因此，从技术和社会各自发展的历史来看，技术与社会的发展都有各自的内在逻辑，有影响自己进步的主导要素。同时，技术与社会之间也存在相互影响和制约的因子，其公式可表示为：

$$T_1 \rightarrow S_1 \rightarrow T_2 \rightarrow S_2 \rightarrow \cdots \tag{4}$$

4. 技术社会整体论

社会技术整体论则把技术社会这种复杂现象看作一个整体来加以理解，认为这个整体处于不断的演进过程。社会技术整体发展的解释不再包含任何技术或者社会的还原主义概念，而是坚持一种"普遍化的对称原则"，即人与非人要素可以置于同一概念框架下来加以分析。其意义在于解构了技术与社会的二元论方法，不仅可以解释前现代技术无法脱离社会来加以说明的特殊历史情形，也能对后现代复杂的社会技术现象进行整体的理论解释。[③] 美国技术史专家托马斯·休斯（Thomas P. Hughes）便认为技术原本就不是社会之外的另一极，它同科学、政治、文化等诸因素是不可分割的，必须采用整体主义的"格式塔"（Gestalt）方式加以分析，并提出了"技术系统"理论：技术已经成为一个包括人工制品、科学家、工程师以及各种社会组织机构、规章制度等在内的巨大系统，单向度的或者类似于实验室研究的"纯粹技术"已经不复存在了。在当今社会，任何一项新的技术，不仅其内部关联到众多相关领域的具体子技术系统，而且从其外部来看，也涉及社会的政治、文化和经济等各个方面。技术系统理论在技术与社会关系的论述上与社会建构论具有一定相似性，因此也常常被列入弱社会建构论（mild social constructivism）之中。整体而言，在技术

---

①　Kranzberg M. Technology and History："Kranzberg's Laws"[J]. Technology and Culture, 1986, 27(3)：544-560.

②　曼纽尔·卡斯特. 网络社会的崛起[M]. 夏铸九，王志弘，等译. 北京：社会科学文献出版社，2001：5-6.

③　赵国庆，张菲菲. 论教育技术与教育的互动机制[J]. 现代教育技术，2008(7)：9-13.

社会整体论中，技术与社会的关系可表述为：

$$(S_1，T_1)\rightarrow(S_2，T_2) \tag{5}$$

虽然社会建构论、技术决定论、技术社会互动论等技术观都曾在马克思或马克思主义中找到了深刻的思想来源，技术决定论者甚至一向把马克思奉为鼻祖。但有学者在深入分析马克思的技术思想后，认为马克思或者马克思主义技术观中关于技术与社会的认知为"更为精致的社会技术整体论"[①]，其核心思想为：其一，社会与技术是一个整体；其二，社会与技术保持着各自的相对自主性，同时又存在着双向的互动影响和作用；其三，社会与技术之间的互动作用促使社会技术整体处于经济、政治、文化、社会和物理要素的永恒流动和进化之中。技术与社会的关系可进一步表述如下，其中的双向箭头表示技术现象与社会现象之间相互联系、相互影响、共同发展。

$$(S_1\leftrightarrow T_1)\rightarrow(S_2\leftrightarrow T_2) \tag{6}$$

第四节 数字出版技术研究方法

研究方法是指为了获取研究对象的知识，建立与发展科学理论应该遵循的程序以及采用的途径、手段、工具、方式等。科学史表明，科学与方法同生共长、形影相随，任何一门科学的理论研究只有应用科学的方法才能揭示事物的内在联系和规律。因此，科学的研究方法是研究质量和研究成果的保证，研究方法的突破也成为一门学科向新的高度发展的先导。对数字出版技术研究而言，数字出版技术研究方法既是数字出版技术研究学者认识和研究数字出版技术的基本工具，也是数字出版技术研究的重要内容之一，即数字出版技术方法论研究。

然而，科学研究中使用的具体方法种类繁多，并不是一切社会科学或自然科学所运用的方法都是科学方法论的研究对象。按科学研究方法的普遍性程度和适用范围，科学研究一般可以分为三个层次：第一层次是适用于自然科学、社会科学和思维科学的，也是最具有普遍意义的哲学研究方法；第二层次是各门科学中的一般科学研究方法，即从各门学科的特殊方法中概括和抽象出来的方法；第三层次是各门科学中的一些特殊的研究方法，即各门科学中解决具体问题所采用的专门科学研究方法。在科学方法论中，哲学研究方法、一般研究方法、专门科学研究方法这三者之间存在着"一般—特殊—个别"的哲学范畴关系。毛泽东早在1934年就曾指出："我们不但要提出任务，而且要解决完成任务的方法问题。我们的任务是过河，但是没有桥或没有船就不能过，不解决桥或船的问题，过河就是一句空话。不解决方法问题，任务也只是瞎说一顿。"[②]为了"解决桥或船

---

① 李三虎. 技术决定还是社会决定：冲突和一致——走向一种马克思主义的技术社会理论[J]. 探求，2003(1)：37-45.

② 毛泽东. 毛泽东选集 第1卷[M]. 北京：人民出版社，1991：139.

的问题"，首先需要掌握和运用唯物辩证法建立正确的基本思路，架构良好的总体设计等，这就属于第一层次的哲学研究方法；与桥或船有关的带有共性的技术理论属于第二层次的一般科学研究方法；而具体关于桥或船的工程和施工操作则属于第三层次的专门科学研究方法。

　　具体到数字出版技术方法论的建构，其既可以吸收作为上位学科，如出版学、数字出版学的方法精髓，也可以借鉴图书馆学、新闻传播学等邻近学科的方法经验，但其核心仍是形成自身的专门科学方法体系。值得注意的是，科学研究方法的三个层次不代表各类方法可以被明确地归纳三个类别，事实上，三层次之间仍存在紧密的关联。哲学研究方法是一切科学方法的基础，一般科学研究方法和专门科学研究方法都是哲学方法的具体体现；专门科学研究方法又以哲学研究方法为指导，是一般科学研究方法的具体化。①

一、哲学方法

　　哲学方法是普遍存在于自然界、人类社会和人们思维中的方式，以解决思维和存在这个基本问题为特征，是最高层次的方法。数字出版技术方法论中的"哲学方法"，主要指马克思主义哲学方法，包含辩证法、认识论和辩证逻辑，也包括主客观相统一的方法、矛盾分析法、因果关系分析法等具体方法，"是与马克思主义世界观相统一的方法论，它是指导我们正确认识和改造世界的根本思想方法和工作方法"。② 马克思主义方法处于数字出版技术方法论的最高层次，是数字出版技术方法论的基础和前提。其通常不是以一种具体方法的形式直接应用于数字出版技术研究，更多的是以一种指导思想贯穿于数字出版技术研究，具有高度概括性、普遍适用性和整体指导性，如其发展的观点、辩证的观点、矛盾的观点都是数字出版技术研究的重要指导原则。

　　随着马克思和马克思主义技术观在技术哲学、技术社会学中重要性愈加突出，其在意识形态领域指导地位的确立，所以作为意识形态主阵地和前沿阵地的出版领域中的数字出版技术，更需要学术共同体以马克思主义的立场、观点和方法去开展研究和指导实践。

　　坚持用马克思主义方法研究数字出版技术，要用客观的、全面的、发展的观点去观察问题、分析问题和解决问题，尽量避免以主观的、片面的、静止的态度去分析和研究，唯其如此，才能通过科学研究，更加深刻、正确地认知数字出版技术的研究内容和研究范围，逐步探索和找寻数字出版技术活动的规律所在、真理所在。

　　坚持用马克思主义方法研究数字出版技术，要坚持理论联系实际的原则，掌握实事求是的思想方法。只有坚持注重调查研究，从不断变化的实践出发，从日新月异的技术

---

① 金胜勇，王彦芝. 图书情报学研究方法概念体系概说[J]. 图书与情报，2013(4)：39-43，144.
② 习近平. 深入学习中国特色社会主义理论体系 努力掌握马克思主义立场观点方法[EB/OL].[2010-04-01]. http://www.gov.cn/ldhd/2010-04/01/content_1570917.htm.

变革视角去分析和看待数字出版技术的发展，不断解放思想，打破陈旧的观念、做法和体制的束缚，才能使我们的认知接近客观实际，继而制定出前瞻、合理、务实的发展战略，从而推进数字出版技术的产业实践和学术研究处于健康、稳步、可持续、高质量的运行状态。

坚持用马克思主义方法研究数字出版技术，需注意不能以马克思主义一般原理来代替或否定出版学或数字出版学研究方法，不能机械套用马克思主义的辩证唯物主义、历史唯物主义概念来解释数字出版技术现象、分析数字出版技术问题，只有在充分、全面、占有资料的基础上、在深入调研的前提下，用马克思主义的立场、观点和方法进行认真分析和研究，才有对问题的发言权。

二、一般科学方法

一般科学方法，是有关各类科学研究的一般方法的理论，是关于科学研究活动的程序、途径、手段、工具及技术的理论体系。一般科学方法，是比哲学方法低一个层次的方法体系，又是高于专门研究方法的方法体系，它不是某学科所特有的，是在各学科专门方法的基础上提炼和总结出来的、普遍适用于各学科的方法，是各学科研究中不可或缺的方法。

从方法论上看，数字出版技术研究的一般科学方法包括实证分析和规范分析两大类。其中，实证分析大多是同事实相关的分析，关注的问题为描绘出"是什么""怎么样""如何"；规范分析则和价值有关，解决的问题在于回答"应当是什么""怎么办"。两者之间存在"是"和"应该是"之间的区分，事实和价值判断之间的区分，思想中的关于世界的客观性论述和对世界的带有主观性的叙述之间的区分，这些共同组成了判别实证分析与规范分析的条件。① 据此，数字出版技术研究的实证分析强调客观描述数字出版技术是什么，数字出版技术及其活动是如何运行的；数字出版技术的规范分析则涉及数字出版技术的价值取向、其活动运行是否符合社会文化的发展需要等，体现出实然和应然的差别。

在具体的方法层面，数字出版技术方法又可进一步分为逻辑方法、经验方法和横断学科方法等②。

逻辑方法，是指根据逻辑学规则、规律形成概念、做出判断、进行推理和组织论证的方法。适用于数字出版技术的逻辑方法主要包括形式逻辑方法和辩证逻辑方法两大类，前者如比较方法、分类方法、类比方法、证明与反驳等，后者如归纳和演绎相统一、分析和综合相统一、从抽象到具体、逻辑和历史相统一等。

经验方法，是指以经验知识为依据和手段来分析认识事物的方法，主要包括观察方法、实验方法、调查方法、统计方法、"假说、悖论与理论"方法等。

---

① 张宇燕. 经济发展与制度选择 对制度的经济分析[M]. 北京：中国人民大学出版社，1992：49.

② 张守文. 经济法理论的重构[M]. 北京：人民出版社，2004：9.

横断学科，又叫横向学科，是以自然界、社会和人类思维特定的"共同点""横断面"、共同方面、共同属性作为研究对象的学科。横断学科的方法主要包括"老三论"和"新三论"，在应用于数字出版技术研究时需遵循整体性、动态性、有序性、最优化、模型化等原则，其核心内容、方法论意义和适用的研究情境如表 1-3 所示。

表 1-3　横断学科方法及其方法论意义、适用情境

横断学科方法		概述	方法论意义	适用情景
老三论	信息论	由克劳德·香农（Claude Shannon）创建，是基于对信息量、信源、信道、噪声等的研究，揭示各种编码和解码规律，从而以数学方法研究通信中信息传输和变换规律的理论	任何系统一旦能转换成信息系统，就可以仿照信息论模型进行处理	数字出版技术的扩散路径、作用机理；信息在数字技术活动中的作用等
	系统论	由路德维希·冯·贝塔朗菲（Ludeig von Bertalanffy）提出，其基本思想是以系统、要素、结构、功能为核心概念，把系统视为由若干要素以一定结构形式构成的具有特定功能的有机整体，认为整体性、要素关联性、层次结构性、动态平衡性、时序性等是所有系统的共同基本特征，任何系统内的要素都相互关联且具有层次结构，并维持系统动态平衡	能够通过分析系统的结构和功能，探究系统、要素、环境三者的相互关系和变动规律，以促进系统优化	数字出版技术系统的要素、结构、功能，及相互之间的关系、规律探索；数字出版技术系统与出版及数字出版系统，文化、经济等系统之间的关系思考
	控制论	始于罗伯特·维纳（Norbert Wiener），旨在揭示不同系统的共同控制规律，其研究对象是控制系统，这类系统的特点是要根据周围环境的某些变化来决定和调整系统运动，而系统与环境之间及系统内部的信息流传递则是实现系统控制之基础。控制论的核心概念是控制和反馈，基本原理是扰动控制、负反馈控制和复合控制	在研究实践中逐渐形成了一个由黑箱、灰箱和白箱方法相互补充的方法群，认为"行为"是系统内部状态和对外反应方式的综合体现，只有通过研究"行为"这一综合性现象才有可能认识系统整体	数字出版技术与出版活动之间的反馈机制、控制原理；基于数字出版技术及其活动的反馈结果调整、优化数字出版技术系统等

横断学科方法		概述	方法论意义	适用情景
新三论	耗散结构论	由伊里亚·普里戈金(Ilya Prigogine)创立,意指一个远离平衡态的开放系统通过不断地与外界交换物质和能量,在外界环境对系统的影响达到特定阈值时所形成的一种新的有序结构,即耗散结构。作为一个动态的稳定有序结构和"活"结构,具备开放性、非平衡性、非线性、涨落4个条件。可以从一种耗散结构向另一种新的耗散结构跃迁	体现了唯物辩证法的基本精神,把必然性与偶然性、生物学与物理学、自然科学与人文科学重新融为一体,适宜讨论一个复杂系统的演化	研究数字出版技术系统演化过程中发生突变的行为;基于数字出版技术革新而促进出版系统耗散结构的跃进等
	协同论	由赫尔曼·哈肯(Hermann Haken)提出,主要理论内核则是一个与外界物质、能量和信息交换的开放系统,其内部子系统之间通过相互作用,而产生协同作用和相关效应,并形成从无规则混乱状态变为宏观有序状态,从低级有序向高级有序发展,以及从有序转化为混沌的机理和共同规律,包括协同效应、伺服原理、自组织原理等基本内容	揭示了一个系统内部的各种组成要素,以及如何实现协同与合作,从而使系统实现组织有序的机制	数字与出版的协同问题;数字出版技术与出版活动的深度融合问题;数字出版技术内部系统及与外部系统的协作性、动态性等问题
	突变论	由勒内·托姆(René Thom)提出,旨在研究客观世界非连续性突然变化现象,即量变的积累是如何引起质变的。而突变过程是系统由一个稳定状态经不稳定状态向新的稳定状态跃迁的过程,随控制参量的个数不同,突变类型也会发生变化	能够用形象而精确的数学模型来描述、预测并控制事物连续性中断、飞跃的质变过程	数字出版技术如何从量变积累到质变飞跃;数字出版技术推动出版高质量发展的质变节点、因素等

"老三论"与"新三论"虽然起源于数理学科,但其对世界科学图景的改观、人类思维方式的变革和当代哲学观念的深化都起到了至关重要的作用。尤其是其错综复杂的关系、互相渗透的趋势、高度综合的特点既具有深刻的方法论意义,也成为社会科学中不可或缺

的理论基础。而协同论是以系统论、信息论、控制论、突变论等为基础，吸取了耗散论的大量营养，并采用统计学和动力学相结合的方法建立了一整套的数学模型和处理方案，能够从微观到宏观的过程中描述各种系统和现象从无序到有序转变的共同规律。对数字出版技术而言，出版系统与技术系统的融合发展问题始终是数字出版技术理论体系和实践活动的核心命题，协同论无疑能从宏观层面提供系统指导。

鉴于协同论在出版高质量发展、数字出版、数字出版技术中有着广泛而深刻的应用，本书对协同论及其应用做出较为详细的介绍。

协同论（Synergetics）是 20 世纪 70 年代以来在多学科研究基础上逐渐形成和发展起来的一门综合性学科，也是系统科学的重要分支理论。协同论的创立者是德国物理学家赫尔曼·哈肯，其基本假设是：在无生命物质中，新的、井然有序的结构也会从混沌中产生出来，并随着恒定的能量供应而得以维持。[①] 协同论的主要理论内核则是"一个与外界物质、能量和信息交换的开放系统，其内部子系统之间通过相互作用，而产生协同作用和相关效应，并形成从无规则混乱状态变为宏观有序状态，从低级有序向高级有序发展，以及从有序转化为混沌的机理和共同规律"，[②] 其主要内容可概括为以下几个方面：

协同效应。协同效应是指由于协同作用而产生的结果，是指复杂开放系统中大量子系统相互作用而产生的整体效应或集体效应。对千差万别的自然系统或社会系统而言，其都存在着协同作用，也是系统有序结构形成的内驱力。当在外来能量的作用下或物质的聚集态达到某种临界值时，任何复杂系统的子系统之间就会产生协同作用。这种协同作用能使系统在临界点发生质变、产生协同效应，使系统从无序变为有序、从混沌中产生某种稳定结构。协同效应的基本原理是协同效应在任意复杂系统中都一定存在的一种自组织能力，也是产生系统有序结构的内部作用力。从协同效应原理中可以看出，系统内部各要素或子系统产生协同效应，是使得复杂系统变成一个有序结构的关键。为了实现此目标，就需要对系统内部各要素或子系统及其各自独立运动的特征进行分析，发现它们中的非线性作用关系，然后利用特定的方式方法来加强它们之间的运动关联，并且使其逐渐成为系统内部运动的主导力量及主要表现形式，由此产生协同效应，使复杂系统变成一个新的有序结构。

序参量原理。"序参量"概念，最早是物理学家朗道引入的一个概念工具，用来指示新结构出现、判别连续相变和某些相变有序结构的类型及有序程度，是一个物理学概念。哈肯将其从物理学中借用，指出"我们将遇到一种为所有自组织现象共有的对自然规律的非常惊人的一致性。我们将认识到，系统内部的子系统好像由一只无形之手促成的那样自形安排起来，但相反正是这些单个组元通过它们的协作才转而创造出这只无形之手。我们称

---

① 赫尔曼·哈肯. 协同学：大自然的构成的奥秘[M]. 凌复华，译. 上海：上海人民出版社，2005：1.

② 祁芬中. 协同论[J]. 社联通讯，1988(6)：65-68.

这只使一切事物有条不紊地组织起来的无形之手为序参数"。他所说的序参数即序参量，①也就是说，如果有某一参量在系统演化进程中从无到有的变化，同时可以指示并反映出新结构的形成和有序程度，它就是序参量。② 当系统逼近临近点时，通过子系统的合作和协同，导致序参量出现，而序参量一旦形成就成为主宰整个系统演化发展过程的力量。实际上，"序参数是系统相变前后所发生的质的飞跃的最突出标志，它是所有子系统对协同运动的贡献总和，是子系统介入协同运动程度的集中体现。其旨趣在于描述系统在时间进程中会处于什么样的有序状态、具有什么样的有序结构和性能、运行于什么样的模式之中、以什么样的模式存在和变化等"。③ 可以说，序参数由各个子系统的协作而产生，序参数又反过来支配各个子系统，使系统形成了新的有序状态。值得注意的是，序参量在不同的运行系统中有不同的指向。例如，在激光系统中，光场强度是序参量；在化学反应中，序参量则为可取浓度或粒子数。

伺服原理。伺服原理又被称为支配原理，简言之，伺服原理即快变量服从慢变量、序参量支配子系统行为。伺服原理的实质在于规定了临界点上系统的简化原则，即系统在接近不稳定点或临界点时系统的动力学和凸显结构通常由少数几个集体变量即序参量决定，而系统其他变量的行为则由这些序参量支配或规定。其中，在系统变化过程中，大多数参变量会试图推动系统回到原有的稳定状态，起到临界阻尼作用，即阻止系统演变；少数参变量总是积极促进系统离开原有稳定状态，推动系统向新的有序状态发展演变，这部分少数的参变量即为序参量。④ "序参数是系统相变前后所发生的质的飞跃的最突出标志，它是所有子系统对协同运动的贡献总和，是子系统介入协同运动程度的集中体现。其旨趣在于描述系统在时间进程中会处于什么样的有序状态、具有什么样的有序结构和性能、运行于什么样的模式之中、以什么样的模式存在和变化等。"⑤可以说，序参数由各个子系统的协作而产生，序参数又反过来支配各个子系统，使系统形成了新的有序状态。要义在于系统内部的子系统、参量、因素的性质对系统的影响呈现出差异化、不平衡的特点，这种"差异化、不平衡"远离临近点时不体现出来；然而在逼近临界点时，则会暴露出来。并且，是慢变量而非快变量主宰着演化进程，新的有序结构的形成是由少数的缓慢增加的变量决定的，其他子系统、参量、因素均受其支配。

自组织原理。哈肯认为，从组织的进化形式来看，可以把它分为两类：他组织和自组织。如果一个系统靠外部指令而形成组织，就是他组织；如果不存在外部指令，系统按照相互默契的某种规则，各尽其责而又协调地自动地形成有序结构，就是自组织。从静态角

---

① 谭长贵. 社会发展—动态平衡态势论[J]. 湖南社会科学，2001（2）：21-25.

② 赫尔曼·哈肯. 协同学[M]. 徐锡申，译. 北京：原子能出版社，1984：20.

③ 王贵友. 从混沌到有序——协同学简介[M]. 武汉：湖北人民出版社，1987：69-75.

④ 张新新，钟惠婷. 出版业高质量发展的战略协同机制思考——基于协同论的视角[J]. 出版广角，2022（9）：60-66.

⑤ 王贵友. 从混沌到有序——协同学简介[M]. 武汉：湖北人民出版社，1987：69-75.

度看，自组织指的是开放系统在子系统的协同下出现的宏观新结构；从动态的角度看，自组织是指系统从无序状态转变为有序状态，或者从旧的有序状态转变为新的有序状态。具体而言，在一个开放系统中，各个组成部分不断地相互探索新的位置、新的运动过程或者新的反应过程，在外界不断有能量输入的情况下，甚至是有一种新的物质加入的影响下，一种或几种集体的运动或反应过程压倒了其他过程，并通过不断的自我加强最终支配了所有其他运动形式，从而形成一种新的宏观结构。①

协同论在包含数字出版技术的出版业这个复杂系统的适配性如下：

首先，出版业系统符合协同论确定的"系统"，即与外界进行物质、能量、信息交换的开放系统。出版业本身就是个开放系统，是一个在发展过程中，不断地和国民经济各行业相互作用，以出版物的形式反映和体现国民经济各行业最新研究成果、最新发展知识的系统，而且源源不断地和文化、科技、创意、旅游、轻工业（造纸业）等其他子系统交换物质、能量、信息、知识和数据。

其次，出版业发展，是指出版业内部的专业出版、教育出版、大众出版、学术出版等子系统之间，出版业的编辑、校对、印制、发行各环节之间，出版业本体的文化子系统、经济子系统、技术子系统之间，通过相互协同作用和产生相干效应，逐步变为宏观有序状态。

再次，协同论的自组织、协同效益、"不稳定原理、支配原理和序参量原理"②等基本原理适用于出版业发展。其一，支配原理，出版业系统的发展过程中，主导其演化进程的三个子系统，即"文化子系统、经济子系统、技术子系统"三个慢变量对于出版业高质量发展的影响是有差异的、不平衡的，其中文化子系统居于主导性地位，文化子系统主导支配经济子系统和技术子系统。其二，序参量原理，是指前述文化子系统、经济子系统、技术子系统三个序参数是作为复杂系统的出版业系统之中的序参量集合，呈现出阶段性、集成性和层次性关系，而其中，文化子系统居于最顶层，是主导整个出版业高质量发展的序参量。其三，自组织及协同效应，出版业内部的要素、文化、经济、技术等子系统相互之间独立运动以及协同运动，基于协同作用或非线性的相干效应（融合效应，不是简单的线性相加的效应，如文化子系统和科技子系统的深度融合），自动形成从无序到有序的结构，以及从低级有序到高级有序的高质量发展结构。由此，协同论原理和方法适用于出版业发展，适用于数字出版技术，运用协同论方法来研究数字出版技术发展的演化进程，识别其中的序参量集合，并厘清序参量之间的逻辑关系，对于理解出版业高质量发展的"文化—经济—技术"三维协同模型具有特别重要的意义。

三、专门科学方法

数字出版技术的专门研究方法，是指数字出版技术研究所专有的研究方法，主要应用

---

① 李汉卿. 协同治理理论探析［J］. 理论月刊，2014（1）：138-142.

② 宋泽海. 基于协同论的冶金企业技术创新整合机制研究［D］. 天津：天津大学，2006.

于数字出版技术领域并具有数字出版技术研究的特点。从整个方法体系上看，数字出版技术的专门研究方法是以对数字出版技术规律的认识为基础，以数字出版技术理论为依据而形成的具有描述性、规范性、指导性和预测性功能的研究方法。其是哲学方法、一般科学方法在数字出版技术研究应用的过程中所产生和形成的，因此与哲学方法、一般科学方法相互联系、不可分割；同时，其专门研究方法又在产生和形成的过程中凸显了学科自身的研究特色和研究内容，具有相对独立于哲学方法和一般科学方法的特征。在研究方法的具体选择上，则要综合考虑特定的研究目的、研究对象，研究方法的可实现性、可操作性，数据的可获取性等因素。

立足于数字出版技术的理论探究和实践发展，数字出版技术的专门研究方法包括数字技术研究法、数字出版技术关系研究法、数字出版技术实践研究法、数字出版技术评估研究法等。

1. 数字技术研究法

数字技术研究法，是将人工智能、5G、区块链等数字技术视为研究对象，探究各类数字技术与出版活动之间联系，并深入挖掘数字技术价值的研究方法，也是一个包含方法理论、方法工具和方法技术在内的方法体系。数字技术研究方法既是数字出版技术研究的专门研究方法，也是数字出版技术研究与其他领域，包括社会学、信息学、传播学、计算机科学等领域实现沟通的桥梁。其研究方法不仅能够帮助出版主体系统了解、熟悉数字技术的发展面貌、功能特征和发展趋势，还能够有效捕捉数字技术与出版活动、社会经济文化发展的联系与相互作用方式，为数字出版技术的识别与获取、学习与跨越、应用与创新奠定基础。常见的数字技术研究方法包括数字技术志（Digital technography）和数据追踪（Trace data）、类型学研究（Typologies）等。

数字技术志。数字技术志是结合民族志、话语分析、内容分析等方法的一种综合性研究方法，能够帮助研究人员理解"技术如何动态地与人类行为者一起创造和维护我们生活的世界"，而不只是依赖于"将设备、机器本身视为死道具（dead props）的一种技术方法"。① 数字技术志的基本认知前提是数字技术，而非人处于活动的中心，人（社会）与数字技术之间的关系虽然错综复杂，但其关系却能够借助网络记录下来。尤其是对于新兴的数字技术，该方法不仅能够展现新兴数字技术自身能够为出版业提供的解决方案，还能够识别、解释已有的出版现象或问题，甚至还会延伸出新的出版现象或问题。数字技术志的特点在于其首先将数字技术视为出版活动的参与者，并不断询问其需要怎么做才能实质融入出版活动之中并产生积极的数字技术赋能效果，以达到出版发展的最终效果。数字技术志的核心概念，也是方法应用的三个核心环节分别为规范、价值化和预期。② （1）对数字

---

① Kien G. Technography = technology + ethnography: An introduction[J]. Qualitative Inquiry, 2008, 14 (7): 1101-1109.

② Berg M. Digital Technography: A Methodology for Interrogating Emerging Digital Technologies and Their Futures[J]. Qualitative Inquiry, 2022: 107.

技术本身的规范探索，即对数字技术的基本特点和新兴特点进行探索。探索内容包括数字技术的基本实施流程，所需的资源基础，可能产生的数据、信息和知识；从数字技术的视角探索其在社会活动中是如何被理解和概念化的，由此勾勒出数字技术的特征体系和运行所需的环境轮廓。(2)数字技术对出版活动的价值探索，即探讨数字技术可能对出版产生的显在的与隐藏的正价值和负价值。探索内容包括数字技术被引入出版系统后能够为出版带来什么价值、能够满足或更好满足哪些出版需求、是否可能会产生潜在的技术隐患等。(3)数字技术与出版预期的探索，即描述数字技术如何以及为什么能够为出版活动带来变化。重点探索内容包括预计数字技术将沿着何种路径改变目前的出版活动、出版目标用户对数字技术应用的接受度如何等。

　　数据追踪。数据追踪一直是研究数字技术最常见的方法之一，社会学家长期以来也一直借助计算机媒介产生的网络数据来研究数字技术与社会的接触与互动。[1] 随着网络数据的数量和类型的爆发式增长，在大数据和计算科学的"扶持"下，数据追踪也日益受到数字技术研究者的关注。数据追踪方法的基本特点在于通过追踪社交媒体、在线社区、官网网站等数字渠道的用户痕迹与数字痕迹，记录利益相关主体与数字技术之间的"互动行为"，如追踪用户群体认为出版企业应该如何应用或改进数字技术，技术服务商对数字技术的部署已发展到何种阶段等。数据追踪适用于有效捕捉数字技术的发展趋势，了解出版用户的数字技术需求、态度感知，基于大数据的数字技术引进或创新等研究场景。从数据追踪方式来看，则可采用：(1)数据爬取。数据爬取主要是使用自动的计算机脚本爬取各类行为数据，其优势在于能够快速获取用户及其发布的各类信息，但也存在网站"使用条款"、数据伦理等限制。同时，研究者核心关注的数字技术信息也不一定会在目标网站、网页或平台中得到发布，也就是说，目标爬取平台决定了能够检索到的数据规模和数据质量。(2) API。即在目标平台创建 API(Application Program Interface，应用程序性能接口)，当目标用户在使用这些应用程序时就能获取用户的个人信息及其发布内容，该方法局限性就在于需说服用户使用应用程序。如研究者可在微信平台接入在线小程序，并在小程序上追踪数字技术相关的所有动态与信息。(3)与技术服务商或平台公司合作。技术合作或数据资源合作的方式能够从源头获取数据资源，在保证数据完整性、全面性的同时避免了数据爬取或 API 接入的壁垒，适合大规模数据追踪的研究需要，其相应的资金投入成本也较高。

　　类型学。数字技术的类型学研究是基于思维的逻辑规律把握不同数字技术之间的辩证联系，在总结人们对数字技术及其所产生的社会文化现象分类经验的基础上，而形成的一种专门研究方法。因此，数字技术的类型学研究方法是面对大量数字技术，并充分掌握数字技术的事实材料后所进行的。其核心步骤包括三步，首先是基于一定的研究视角(如用户群体、技术应用领域等)分析各类数字技术的异同，从而将不同类别的数字技术区分开

---

　　① Rice R E. Computer-mediated communication system network data: Theoretical concerns and empirical examples[J]. International Journal of Man-Machine Studies，1990，32(6)：627-647.

来，并将相同类的数字技术集合归并为同一类型；其次，是对不同类型的数字技术的特性和相同类型的数字技术的共性进行深入研究，以揭示数字技术的本质特征；最后，将不同类别的数字技术与出版进行匹配，以探讨不同类别数字技术与出版融合的可能性、所需条件或要点等。

此外，数字技术研究方法也包含其他内容，如虚拟民族志（virtual ethnography），即以网络空间为虚拟田野，通过研究者在线参与或观察的方式探讨由数字技术所产生的社会、文化现象；在线调查（Online Surveys），即以在线抽样的方式招募参与者回答提前预设的关于数字技术的相关问题，以针对性获取目标信息；等等。

数字技术研究法可应用于数字出版技术有以下研究：（1）与出版相关的数字技术追踪研究，如对潜在可能与出版结合的数字技术进行观察、分析，探讨数字技术被引入出版领域的可能路径、可能步骤和可能价值等；（2）出版与数字技术的关系研究，如出版系统中技术子系统的发展是否与经济社会中的技术系统发展一致，数字技术的发展将在哪些方面对出版产生影响，出版如何适应数字技术的发展节奏等；（3）基于出版用户视角的数字技术发展研究，如结合出版用户对数字技术与出版融合的态度、评价、建议等信息，从出版产业链的下游用户的反馈评估上游出版主体的数字技术行为，提供数字出版技术发展的新思路和新视野。

2. 数字出版技术关系研究法

数字出版技术关系研究法，是指对数字出版技术与数字出版技术主体、行为、客体、效应之间相互作用、相互影响的状态进行分析的研究方法。数字出版技术关系研究法可涵盖出版活动中的各个要素、环节和利益相关主体，既适用于规范性研究也适用于实证性分析。数字出版技术关系研究法在于将数字出版技术作为自变量、因变量或调节变量，探讨数字出版技术与其他要素之间的关系。具体而言，数字出版技术关系研究法又可进一步分为因果关系、功能关系、条件关系等。

因果关系分析。即分析数字出版技术与其他因素之间前后相继、相互影响的关系，如探讨数字出版技术应用与图书销量之间是否存在正相关。一般而言，数字出版技术与目标分析变量之间存在直接因果、间接因果、互为因果、虚假因果、待定因果、调节因果等表现形式，如图1-4所示。其中，直接因果关系是指数字出版技术（作为自变量）对目标分析因素（作为因变量）存在直接的影响关系；间接因果关系是数字出版技术通过另一个因素对目标分析因素产生作用；互为因果关系指两个因素间存在相互的因果影响；虚假因果关系是两个因素相关，但是这种相关性的存在完全因为另一个因素的存在，即两个因素不存在真正的因果关系；待定因果关系是两个因素相关，但是这种关联的来源并没有得到确认；调节因果关系两个因素间的关系是变动的，这种变动取决于第三个因素。

功能关系分析。功能分析旨在探讨数字出版技术与目标分析因素之间的相互作用关系，如探讨数字出版技术对目标分析因素（或者说目标分析因素对数字出版技术）是发挥了

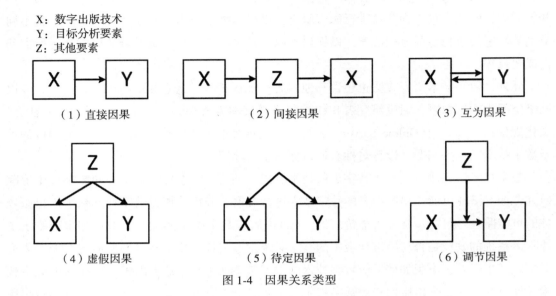

图 1-4　因果关系类型

积极的推动作用还是相对消极的阻碍作用，是起到了直接还是间接的影响作用。功能关系分析能够揭示多种因素相互作用的情形及其作用的不同层次与效应，在具体的分析中，只分析在某一层次的或某两个要素之间的功能关系是不够的，需从多层次、多要素的维度探讨数字出版技术与其他要素之间的功能关系，才能系统架构起数字出版技术的功能网络结构。同时，在功能关系分析中，需注意要素的位置与作用、要素与要素之间的功能关系也并非永恒不变的，而是处于一种动态的、具有张力的网络结构中，因此尤其需要对数字出版技术功能关系的背景或发展阶段进行界定。

条件关系分析。条件关系分析主要探讨数字出版技术与其他要素之间的相互依存关系，以揭示数字出版技术识别与获取、学习与跨越、应用与创新等发展所需的诸多条件。一般而言，条件分析包括出版内部条件分析和出版外部条件分析两个维度。其中，出版内部条件分析是指对开展数字出版技术活动的内部出版要素进行考察，如出版企业的人力、物力、财力、技术基础、出版理念等。出版外部条件分析则涉及微观层面的技术供应商、出版用户需求、其他同类出版机构的技术发展阶段等，以及宏观层面的经济环境、科技环境、社会环境、文化环境等。

数字出版技术关系研究法可应用于数字出版技术有以下研究：（1）数字出版技术与出版主体关系的研究，如出版主体对数字出版技术的认知度、接受度与战略发展规划、数字出版技术发展之间的关系探讨；（2）数字出版技术与出版内外部环境关系的研究，如出版的内外部环境在多大程度上影响或决定某类数字出版技术的采纳进度；（3）数字出版技术与出版行为关系的研究，如出版的调控、调节、科研行为如何影响数字出版技术的发展等；（4）数字出版技术与出版效益关系的研究，如探讨数字出版技术的应用是否产生了相应的经济效益、社会效益等；(5)数字出版技术与其他要素的综合关系研究，如探讨数字出版技术与出版主体、出版内外部环境、出版行为、出版效益等要素之间相互作用的关系与规律等。

3. 数字出版技术实践研究法

数字出版技术是一门实践性很强的学科，实践性也是其重要特征之一，其理论的发展离不开数字出版技术的实践探索。因此，深入数字出版技术实践，观察、剖析、模拟数字出版技术的实践活动并对其进行学理性分析，进而发现数字出版技术的实践规律并将其融入理论体系，也是数字出版技术研究的专门研究方法之一。

数字出版技术案例研究法。数字出版技术研究是通过利用历史数据、档案材料、访谈、观察等方式对数字出版技术或数字出版技术部署情境进行深入分析，进而得出具有普遍性结论的研究方法。基于不同案例研究方法的功能，数字出版技术案例研究又可分为探索性案例研究、描述性案例研究和解释性案例研究三类：(1)探索性案例研究是在未确定研究问题和研究假说之前，研究者凭借直觉线索在数字出版技术活动现场了解情况、收集资料并形成案例，再结合收集的数据资料来确定研究问题和理论假说。(2)描述性案例研究是通过对数字出版技术的活动主体、技术应用过程、技术部署效果等进行深度描述，以丰富的经验事实为支撑来形成主要的理论观点或者检验理论假说。(3)解释性案例研究则是通过分析具有代表性的数字出版技术活动案例，对数字出版技术背后的要素关系、事件逻辑进行分析和阐述。在具体操作上，数字出版技术案例研究遵循建立基础理论、选择案例、收集数据、分析资料、提出发现或结论(撰写报告)的基本模式。[①] 案例研究的优势在于能够对数字出版技术现象及其背后的原因进行翔实的描述，有利于在研究过程中发现真实的关联要素、特殊现象、突发现象，从而补充或完善已有的研究或理论。但其缺点则在于较为耗时耗力，对研究结果的信度和效度都有更高的要求，如在进行多案例研究时，不同出版组织之间的数字出版技术实践特征差异较大，会造成对案例归纳效度或信度不足等问题。

数字出版技术访谈研究法。数字出版技术访谈研究法是通过直接与出版机构、出版人、出版管理机构、出版用户等利益相关者主体直接交流和互动的方式获取数字出版技术实践一手资料的研究方法。基于研究者对访谈问题的控制程度，访谈研究法包括：(1)结构化访谈。结构化访谈是一种标准格式的访谈，即研究者提前确定数字出版技术的研究主题和研究问题，以固定的访谈提纲对所有的访谈对象进行统一访谈。(2)非结构化访谈。即研究者只有具体的研究主题，没有特定的研究问题，访谈对象可围绕主题进行完全自由的、开放的、深入的论述与交流。(3)半结构化访谈。即研究者在访谈之前提前设计好访谈提纲，在访谈时按照访谈提纲和访谈对象交流并允许其延伸回应，研究者根据访谈对象

---

① 孙海法，朱莹楚. 案例研究法的理论与应用[J]. 科学管理研究，2004(1)：116-120.

的回应随时准备扩展研究问题或深入某一问题进行交流。结构化访谈一般应用于数字出版技术的描述性或探索性研究，非结构化和半结构化访谈则主要应用于探索型的问题研究。数字出版技术访谈研究法的核心流程包括确定访谈主题和访谈对象、把握访谈主题和访谈对象的背景资料、起草访谈提纲或访谈问题、与访谈对象预约访谈时间、访谈工具（如录音设备、录屏设备等）的准备和调试、访谈、整理访谈信息、编写访谈报告、征求访谈对象的反馈意见等。数字出版技术访谈研究法的优点在于可以和访谈对象进行深入细致的交谈，深层次了解访谈对象关于数字出版技术的观点、态度或实践行为，能够真实反映数字出版技术的实践现状和存在问题。其局限性则在于时间和资金投入成本较高，因此难以抽取大量的样本进行调查；同时，访谈效果也十分依赖研究者的素质、经验和知识积累，从而容易造成研究过程与结果的不稳定性。

数字出版技术实验研究法。数字出版技术实验研究法是指运用必要的、合适的人为手段主动干预数字出版技术活动中的自变量并控制干扰变量，实现探索特定数字出版技术对象规律、揭示因果关系的研究方法。数字出版技术实验研究法包括实验室实验和网络实验两大类。其中，（1）实验室实验（Laboratory Experimentation）是指一种在实验室情境下有计划地操纵自变量、控制噪声和干扰因素，以检验因变量变化的实验类型，主要用于探究用户对数字出版技术应用成果的感知、认知、态度、偏好、决策和行为。如探究用户对 VR/AR 出版物及其功能的使用体验和满意度，研究不同环境下数字出版技术应用的效果差异，以进一步完善数字出版技术的部署与应用。（2）网络实验（Online Experimentation）是指将互联网视为科学实验的新的数字平台，通过运用其他信息技术工具构建实验环境以测量数字出版技术与其他变量关系的研究方法，具有条件控制力强、样本代表性强、环境仿真度高和可重复实验等特点。如研究者可以通过记录受试者在阅读增强出版物时的鼠标运动和点击轨迹探讨增强出版技术所部署功能是否符合用户使用习惯、是否促进用户对出版内容的阅读与理解等。实验研究法的实施一般分为七个步骤：提出研究假设、选择实验类型或实验平台、设计实验方案、编写实验程序、受试者获取与分组、实验实施与管理、测量结果分析等。[①] 数字出版技术实验研究法的优点在于能够直接、动态地跟踪数字出版技术活动，是揭示、确立数字出版技术与其他要素因果关系的最佳方法；同时，其可实时控制的特点也能够使这个研究过程的灵活度较高。其不足在于招募实验对象、搭建实验环境（无论是线上还是线下）难度都较大；实验对象也容易产生实验者效应，如实验对象迎合研究者愿望或研究者错误地解释了实验结果以符合研究假设等。[②]

数字出版技术实践研究法可应用于数字出版技术有以下研究：（1）对出版企业或组织部门的数字出版技术活动现状调研，挖掘代表性案例、总结具有推广意义的经验与规律等；（2）关于数字出版技术活动过程的研究，包括数字出版技术识别与获取、学习与跨越、

① 罗俊. 计算·模拟·实验：计算社会科学的三大研究方法[J]. 学术论坛，2020，43（1）：35-49.
② 李达顺，陈有进，孙宏安. 社会科学方法研究[M]. 北京：中国国际广播出版社，1991：72-74.

60

应用与创新等过程的研究；（3）数字出版技术设计研究，如技术应用原理、技术开发设计流程、技术优化方向等；（4）数字出版技术活动中的出版机构、用户群体研究，如利益相关主体关于数字出版技术活动的态度、行为、障碍、意见等方面的调查研究；（5）数字出版技术项目研究等。

4. 数字出版技术评估研究法

数字出版技术评估研究法主要是对数字出版技术项目计划、数字出版技术活动开展、数字出版技术发展方向、数字出版技术效益等进行研究和判断，试图以出版的发展计划、发展方向、运行状况和最终效益来测量或评估数字出版技术的实践效果或价值。从技术操作层面看，数字出版技术评估方法可分为三类，分别为定性评估方法、定量评估方法和综合评估方法。

数字出版技术定性评估方法。定性评估方法是指依靠出版从业者、出版及技术领域专家的经验，在主观层面对数字出版技术进行判断和评价，其特点以专业的权威意见为基础保障评估结果的可靠性。具体又可以访谈、问卷、实地调研、德尔菲法（Delphi）等形式展开。其中，德尔菲法是指按照规定的程序征询专家对数字出版技术问题的意见或判断，然后进行预测或评价的反馈匿名函询法。经典的德尔菲法主要借助统计学方法对专家意见进行整理，再匿名反馈给专家，经过反复的征询、汇总、修改，使专家的意见趋于集中，最终获得具有统计学意义的结果，从而做出科学、公正、合理的评估和预测。在数字出版技术的评估活动中，可借助德尔菲法设计数字出版技术评估的指标体系及指标权重。数字出版技术定性评估方法能够充分利用专家的经验、知识和判断，但也存在结果具有主观片面性的可能。

数字出版技术定量评估方法。定量评估方法是通过量化评估指标，结合数学、统计学、经济学、运筹学等理论方法对数字出版技术对象做出量化判断的方法。适用于数字出版技术领域的量化评估方法包括：（1）技术就绪度（Technology Readiness Level）评价是将一项数字出版技术、产品或系统的研发流程划分阶段，并为各阶段制定明确标准，据此来量化评定技术、产品或系统成熟程度的方法；（2）主成分分析（Principal Component Analysis，PCA）方法旨在利用降维的思想，从众多指标中筛选出主要指标，即将多指标转化为少数主成分以充分反映原始指标信息，从而降低系统多指标分析的复杂性；（3）成本效益分析法（Cost-benefit Analysis，CBA）用于比较数字出版技术方案、计划或项目所消耗的资源成本与实践所带来的社会、经济效益的研究方法，适用于数字出版技术开发或技术产业化应用的评估研究。与此相似的还有成本效果分析法（Cost-effectiveness Analysis，CEA）、成本效用分析法（Cost-utility Analysis，CUA）等。数字出版技术定量评估方法虽然已有较多的理论模型，但数据收集的困难也在一定程度上增加了方法使用的难度。

数字出版技术综合评估方法。综合评估方法则是研究者同时采用各种定性、定量的分析方法，进而对数字出版技术评估对象做出全局性、整体性评价的研究方法。如：（1）层次分析法(Analytic Hierarchy Process，AHP)可以通过将数字出版技术的评估因素分解为目标、指标、方案等若干层次，并构造成对的比较矩阵，在此基础上结合专家的经验判断和数学方法进行权重计算和评估的研究方法；(2)杠杆分析法(Benchmarking)，即将目标评估的数字出版技术活动与出版领域的最佳实践进行比较，以发现已有实践的优势与不足，可用的杠杆包括出版内部标杆、竞争对手标杆、国内同行标杆、其他行业标杆、国际组织标杆等。除此之外，综合评估方法也可根据特定的研究目标合理组合定性和定量评估研究方法，以达到科学评估数字出版技术的目的。

数字出版技术评估研究法可应用于数字出版技术有以下研究：(1)数字出版技术需求评估研究，如对包括出版机构、出版用户等主体的技术开发或技术服务需求进行评估；(2)数字出版技术活动过程评估研究，包括数字出版技术活动前期评估、计划评估、实施评估、结果评估等；(3)数字出版技术价值评估研究，如对数字出版技术自身的工具性价值、目的性价值，数字出版技术应用后产生的经济价值、社会价值进行评估等；(4)数字出版技术风险评估研究，如评估数字出版技术部署可能产生的数据管理风险、隐私风险、技术与出版融合不当风险等。

在上述数字出版技术研究方法的基础上，以数字出版技术为主题的研究又可在借鉴和吸收巴斯德象限模型①的基础上，将其相关研究内容划分为四个模块，即数字出版技术基础科学研究、数字出版技术工程科学研究、数字出版技术科学研究和数字出版技术探索性研究，如图1-5所示。其中，数字出版技术的技术科学研究起到了承接数字出版技术基础科学研究和数字出版技术工程科学研究的桥梁作用，其一方面通过数字出版技术的技术储

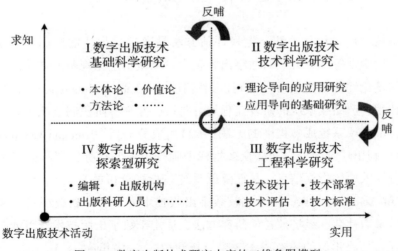

图1-5 数字出版技术研究内容的二维象限模型

---

① D. E. 司托克斯. 基础科学与技术创新：巴斯德象限[M]. 周春彦，谷春立，译. 北京：科学出版社，1999：63.

备与潜在创新推动数字出版技术基础科学研究的发展，另一方面又以前沿的基础理论引领促进出版领域对数字出版技术的引进、消化、吸收和再创新，进而又间接使数字出版技术探索型研究的研究内容得以更新。

数字出版技术基础科学研究。数字出版技术基础科学研究主要进行纯基础科学、基础理论的探讨。其研究内容一是要从本体论层面对数字出版技术基本概念、基本理论、基本范畴等方面的内容进行钻研，对数字出版技术研究的研究对象的性质、内在联系及规律作出科学的阐述，即要回答数字出版技术"是什么"这一基本问题。二是要从价值论的层面对数字出版技术研究的意义和作用进行深入考究，厘清数字出版技术研究的基本价值观、基本原则、哲学立场等，即要回答数字出版技术研究"为什么"存在这一基本问题。三是从方法论层面总结和提炼数字出版技术研究的规范体系，拓新和抽象出数字出版技术领域中的哲学方法、一般科学方法、专门科学方法等，进而明晰如何运用数字出版技术研究科学的理论、方法开展数字出版技术的基础研究、应用研究、复合型研究等，回答的是"怎么做"这一基本问题。

数字出版技术工程科学研究。数字出版技术工程科学研究是针对某一具体的、实际数字出版技术应用目标而进行的科学实验或技术研究，其主要研究内容包括：一是数字出版技术设计研究，强调对数字出版技术内在技术结构的探讨，如关于数字出版技术原理、开发设计、优化升级、自主创新等方面的研究。二是数字出版技术部署研究，侧重数字出版技术在出版领域的应用研究，如关于出版机构识别与获取、学习与跨越、应用与创新数字出版技术的流程、现状、问题、对策等方面的研究。三是数字出版技术评估研究，旨在借助数字出版技术的技术赋能功能更好地实现出版的经济效益和社会效益，如关于数字出版技术的评估流程、标准研究，数字出版技术的效益评估研究，数字技术引进或数字出版技术选择的评估研究等。四是数字出版技术标准研究，关注数字出版技术在出版领域的标准化，以更好地规范数字出版技术在产业的应用，具体从类别上可涵盖数字出版技术行业标准、国家标准和国际标准的研究，在内容上又可以以某一个或某一类数字出版技术为主题开展标准研究。

数字出版技术科学研究。数字出版技术科学研究即是兼具数字出版技术认知扩展和应用目的研究，其研究内容包括两大块，分别是理论导向的应用研究和应用导向的基础研究。首先，理论导向的应用研究强调从数字出版技术理论到数字出版技术活动优化或创新，旨在借助数字出版技术理论或相邻领域成熟的理论基础指导数字出版技术活动实践，发现已有活动实践之不足并提出改善的策略、方案或意见。如基于技术哲学视角开展对数字出版技术实践活动中技术异化现象的探讨，以预防数字技术应用致使的技术风险，基于横断科学方法中的系统论、信息论、协调论等探讨数字出版技术系统的内在结构和运行机制并加以优化等。其次，应用导向的基础研究强调从数字出版技术活动实践上升至数字出版技术理论，即总结、探寻并揭示数字出版技术活动实践中的活动规律，并将其融入学理化、科学化、规范化的数字出版技术理论体系中。如通过总结数字出版技术识别与获取、学习与跨越、应用与创新等过程中的影响因素和作用机制，形成数字出版技术创新模型、数字出版技术影响因素模型、数字出版技术赋能模型等。其中，尤其需要立足中国数字出版技术实践、以中国数字出版技术发展的现实需要为关照，在谋求数字出版技术研究科学理论与中国特色社会主义数字出版技术活动实践一致性的基础上，形成中国自主的数字出版技术知识体系。

数字出版技术探索型研究。数字出版技术探索型研究则是对具体的、技术经验层面的数字出版技术活动进行探索与阐述。具体又可包括编辑层面的数字出版技术经验、技能、素养等内容的总结与归纳，出版机构层面的数字出版技术活动案例描述、项目经验整理等，出版科研人员层面的研究技巧、研究旨趣等内容的剖析。

第五节　数字出版技术价值

一、数字出版技术价值的理论渊源

"价值"是价值理论中最基本的概念，而"技术价值"是将价值理论引入数字出版技术研究中的一个基本议题。对数字出版技术价值的探讨，首先要回到价值和技术价值这两个基本概念上来。只有厘清价值和技术价值的概念与内涵，才能为数字出版技术价值及相关议题的深入阐述提供一个恰当的研究基点。

1. 价值及其本质

基于词源学考察，古汉语中的"价"为价格之意，"值"则有相当之意，"价值"连用主要指物品所相当之钱物，又可以表示工钱、工费，常用于社会生活和经济政策等方面。近现代以来，随着西方哲学中关于价值论述的引入，"价值"一词逐渐从生活用语转向哲学用语，如在《重编国语词典》中就有"凡是促进道德的善和以真善美作为衡量的准绳都可以视作价值"一说，其转向既丰富价值在道德及超道德层面的含义同时也成为当下我们认识"价值"的重要起点。[①] 事实上，西方关于"价值"的认识也经历了较长的时间演变。西方所述的价值，对应于英语 Value，法语 Valeur，德语 Wert，马克思曾对上述词汇的词源进行考证，发现上述语言中的"价值"一词与古代梵文和拉丁文中"掩盖""保护""加固"这些词义有渊源关系，是在这些词义所派生出来的"尊敬""敬仰""喜爱"等意思的基础上形成的。价值的本体论意义则最早可以追溯到苏格拉底、柏拉图和亚里士多德等人对善（good）的看法。而关于价值的一般含义，可谓是仁者见仁、智者见智。目前相对全面且较为集中地归纳价值的用法及含义的，是美国哲学家富兰克纳（Willian Claas Frankena）。他认为，价值被用作抽象名词时，狭义上指可以用"善""可取"和"值得"等词语来表达的东西，广义上

---

① 吴祖松. 中国学术思想语境中的"价值"考论［J］. 当代中国价值观研究，2019，4（6）：15-23.

则包括正当、义务、美德、美、真和神圣之意；作为一个具体名词时，则一是用来指被评价或判断为有价值的、最好的东西，二是用来指各种有价值的东西、各种好的东西；被用作动词时，价值则通常出现在"评价""作出评价"和"被评价"等词组中。

作为范畴，价值最初系经济范畴，指凝结在商品中的一般的无差别的人类劳动，是商品的社会属性，体现着商品生产者之间的社会关系。如马克思在政治经济学中所揭示的一般意义的价值指"人们所利用的并表现了对人的需要的关系的物的属性"。后来这一范畴泛化到哲学、伦理学、社会学、美学等各种学科并产生了不同的内涵。如西方社会学家将价值看作是一种受到社会制约的愿望的不易获得的目的的物，它分配不平均，有不同等级区别，并认为价值对于每一个人来说是给定的数据，而且迫使社会行为指向价值；在美学、伦理学、认识论中，价值常与功利联系在一起，指能带给人们的某种实际功效或利益；哲学所探讨的价值则是一般价值，它存在于个别价值之中。① 本书主要采用哲学的价值范畴视角对技术价值及数字出版技术价值进行分析与探讨。

现代哲学中"价值"主要包含本体论和主客关系两个层面的含义，前者意味着使某个东西具有值得欲求的性质或属性，后者则被认为是主客体之间的某种关系。在具有代表性的价值概念阐述中，李德顺认为"在主客体相互关系中，客体是否按照主体的尺度满足主体需要，是否对主体的发展具有肯定作用，这种作用或关系的表现就成为价值"。② 王玉樑则从价值存在和价值本质的视角出发，认为"从价值的发生来看，价值发生于主体与客体的相互作用，发生于主客体相互作用时产生的客体对主体的作用。从价值的存在来看，价值存在于主客体相互作用产生的客体对主体的作用和影响中。客体对主体产生作用和影响就有价值，无作用影响就无价值。客体对主体的作用和影响，就是客体对主体的效应。客体对主体的积极效应是正价值，消极效应是负价值"。③ 因此，价值是主体与客体相互作用的产物，在这种相互作用中，主体作用于客体，使主体的本质力量对象化或曰主体客体化，生成新的价值客体，这就是价值创造的过程；而客体作用于主体，对主体产生一定的影响或效应，促使客体为主体服务或曰客体主体化，这是价值实现的过程。基于此，我们认为，价值的本质可视为是主体客体化与客体主体化，亦即主体本质力量的对象化和客体对主体的效应的统一。

2. 技术价值及其价值形态

关于技术与价值的关系，本书在介绍技术中性论、社会建构论、技术决定论等技术价值论的基本理念的时候已经有所涉及。其中，技术中性论认为技术作为一种手段本身并无价值负荷，所谓技术价值都是人基于一定目的而附加的；而技术价值论则认为技术是有价

---

① 王树松. 技术价值论[M]. 哈尔滨：东北林业大学出版社，2004：14.

② 李德顺. 价值论[M]. 北京：中国人民大学出版社，1978：108.

③ 王玉樑. 论价值本质与价值标准[J]. 学术研究，2002(10)：18-24.

值负荷的，其不只是人达到某种目的的手段、工具与方法，还体现着伦理、政治、经济、文化等价值因素，也彰显着技术主体的价值观念、价值取向和文化选择等。从技术的发展来看，技术本身早已不是作为一种纯粹的手段、工具和方法的形式存在。事实上，技术已置身于人对自然、社会、文化等方面的建构或重构的宏大背景之中，对技术价值的形成和实现都产生了深远的影响。

基于价值是主体本质力量对象化和客体对主体效应的统一的价值本质观，技术价值被视为是技术在与主体和客体以及主客体所在环境系统之间相互联系、相互适应、相互依存、相互作用的互动关系中所产生的效应。[1] 而技术的价值既存在于设计之中，也存在于技术使用和技术体系之中，具有内在价值和现实价值，亦可称为潜在价值和外在价值两种技术价值存在形态。所谓的内在价值，是指决定着客体自然属性的，具有产生某种效应的性能、功能或能量，是客体具有的作用于主体产生某种效应的内在的可能性；而现实价值决定着客体的社会属性，指现实社会条件下客体作用于主体对主体产生的实际效应。[2] 基于此，可对技术的内在价值与现实价值作进一步阐述。

技术的内在价值是基于技术本体层面的对技术价值的探讨，指技术本身所具有的内在能够产生某种功能或效用的可能性，规定着技术所表现出来的自然特征。从技术，尤其是数字技术的形成来看，技术内在价值的形成通常发生在技术的发明、设计阶段，这些技术的初始过程蕴含着主体的期望与目的。这也意味着技术内在价值的存在并不以这种内在价值的实现与否或怎样实现为依据，而是技术之所以成为其本身的内在规定。如数字技术自身的可分析性、可计算性、可操作性等价值目的和标准都是数字技术得以产生并实现应用的潜在指向，而这些价值是数字技术形成之初便已负荷的，并不是说将之束之高阁其自身的内在价值就会不复存在。

技术的现实价值是技术在一定社会制度或社会环境下所起的效用，是技术的内在价值得以表达，并经实践转换所形成的。因此，技术现实价值的形成则主要发生在技术的应用阶段，并呈现以下特征：其一，技术的现实价值具有一定的价值倾向性，这种价值倾向性取决于一定社会制度或环境对技术的规范、调整和制约，蕴涵着人的价值取向和价值判断。如在已有的社会建制下，原子弹即便没有被引爆也对敌方形成了核威胁或核抗衡，因此它具有现实价值的倾向性，并以核威胁或核抗衡方式表现着它的现实价值。其二，这进一步衍生出技术现实价值的第二个特征，即技术的现实价值受到社会建制或社会条件的导向或限制，社会、价值取向、技术伦理、政治发展需要等都会对技术现实价值的实现进行引导或规制。其三，技术现实价值的实现方式和表现形态是多样的。基于主体应用技术的具体方式或目标的差异，技术的潜在价值能够转换为多种现实价值得以变现，诸如 VR 技术既能应用于童书出版而增添阅读的交互性和趣味性，也能应用于教育出版而为学习者创

---

① 巨乃岐. 技术价值论[M]. 北京：国防大学出版社，2012：29.

② 王玉樑. 价值哲学新探[M]. 西安：陕西人民教育出版社，1993：127-141.

造全新的沉浸式学习环境。

二、数字出版技术价值的概念与特征

基于价值、技术价值的探讨，我们可以进一步对数字出版技术的概念与特征进行描述与勾勒。

1. 数字出版技术价值的概念与内涵

一言以蔽之，数字出版技术价值是在一定自然与社会条件下，数字出版技术与主客体之间相互作用而产生的效应，蕴含内在价值与现实价值两种价值形态。其内涵可进一步揭示如下。

首先，数字出版技术价值的生成与实现受一定的自然条件与社会条件的制约。在自然条件方面，数字出版技术的设计虽然不直接依赖于不可再生的自然资源，但其设计与应用过程却受到自然生态理念的影响。同时，地理环境也会作用于数字出版技术价值的生成与实现，这一点可从不同国家、地区的数字技术发展水平中可见一斑。在数字技术发展落后，甚至是处于传统原始部落的地区，如亚马逊雨林等地既缺乏数字出版技术价值生成的环境，也不利于数字出版技术价值的实现与传播。另外，自然资源的有限性、稀缺性也推动着人类数字技术活动的发展，对数字出版技术价值的生成与实现具有历时性的影响。在社会条件方面，数字出版技术价值的生成与实现则受到政治、经济、文化、技术等社会环境的影响，其中：

一是政治环境对数字出版技术价值的制约主要体现在政府对数字出版技术及数字技术发展的支持和引导力度，国家对整个技术产业及出版业做出的长远战略规划等，以及法律、法规、标准等对数字出版技术的监管和评估，都直接影响着数字出版技术价值的价值导向与价值标准。

二是经济环境对数字出版技术价值的制约既体现在数字出版技术设计环节，即数字出版技术价值的生成需要相对应的资金投入，在资金投入的同时也受到经济投入产出比效益的评估影响，又体现在数字出版技术应用环节，即数字出版技术价值的实现蕴含着经济价值实现这一价值目标。

三是文化环境对数字出版技术价值的影响则更为深远，出版是一种文化传播与传承活动，数字出版技术作为服务出版发展的技术手段与途径，其价值的生成与实现自然受文化传播与传承这一文化目标的指引和制约。一方面，由各类文化资源组成的出版机构和出版物是数字出版技术价值创造和附着的主体和对象，其既限定了数字出版技术价值作用的场域，即主要在出版活动中发挥效用；也在相当程度上决定了数字出版技术价值作用的范围与程度，即已有的文化资源规定了数字出版技术价值作用的基础。另一方面，无论数字出版技术价值的主体与客体如何，数字出版技术价值仍需以文化传承、文化传播、文化交流等文化价值的实现为导向。同时，我国出版业"双效统一"的原则要求出版业将社会效益放在首位、实现社会效益和经济效益相统一，以确保社会主义先进文化的前进方向。因此，当数字出版技术价值中的经济价值与社会价值发生冲突时，数字出版技术价值仍应以文化环境、条件的价值导向与标准为首要考量因素。

四是技术环境对数字出版技术价值的影响则主要体现在数字出版技术体系作为社会技术子系统的一个组成部分，将受到技术子系统发展水平的制约与影响。出版业作为文化产业的重要组成部分，自身的技术积累与研发能力还处于起步阶段，尤其是在数字出版技术的设计阶段，还需借助外部的力量实现数字出版技术价值的生成。具体而言，技术子系统中数字技术的发展水平直接影响着外引型数字出版技术价值的生成与实现，间接影响着内生型数字出版技术价值的效应。从外引型数字出版技术的概念可知，外引型数字出版技术是出版主体有计划、有步骤地从其他领域引入数字技术并内化吸收为出版活动中的一部分的相关技术，没有增强现实、虚拟现实、大数据、人工智能等数字技术的发展，自然也无法促进形成增强现实、虚拟现实、大数据、人工智能赋能出版发展的价值路径。而整个技术系统中的数字技术基础设施、资源储备、素养培养体系等内容则是内生型数字出版技术价值的生成与实现的重要前置条件。

其次，数字出版技术价值是数字出版技术与主客体相互关系的体现。数字出版技术价值与数字出版技术价值主体的关系为，主体作用于数字出版技术，并使主体的本质力量对象化而生成数字出版技术客体。数字出版技术价值主体是包括出版人、出版机构、读者等在内的所有与数字出版技术活动有关的利益主体，涉及个体主体、群体主体、社会主体等。数字出版技术价值主体既是数字出版技术价值生成和实现的实践主体，也是对数字出版技术价值效应进行判断的评估主体。从这个意义上说，数字出版技术价值主体贯穿于数字出版技术价值活动的始终，如主体的需要构成了数字出版技术价值生成的前提，对数字出版技术的研究与设计开发生成了数字出版技术的内在价值，对数字出版技术的应用则实现了内在价值向现实价值的转换。而对数字出版技术价值效应的评估则形成了正价值、负价值等价值观念，并进一步影响对数字出版技术的价值需求，由此形成数字出版技术价值流动的闭环，具有数字出版技术价值主体客体化的特征。而数字出版技术价值与数字出版技术价值客体的关系为，数字出版技术作用于客体，使之产生一定的影响与效应，并促使其为主体服务而形成新的数字出版技术价值。数字出版技术价值客体则是数字出版技术价值的承载者和作用对象，其既可以是物，也可以是人或人的行为。当数字出版技术价值客体指向物的时候，主要是指承载数字出版技术价值的出版资源、出版物、出版平台等出版产品。离开了出版产品，数字出版技术也就没有了附着的载体，更遑论数字出版技术价值的实现。当数字出版技术价值客体指向人或人的行为时，主要指受数字出版技术价值影响的出版活动、出版主体和出版用户。其中，对出版活动的作用则体现在，数字出版技术的价值理念与价值导向将融入出版的选题策划、编辑加工、复制印刷、营销发行等各个环节；对出版主体的作用主要体现在，数字出版技术价值作为出版价值中的一部分，其价值效应无疑将影响出版价值的实现；对出版用户的作用体现在数字出版技术对用户需要的满足上。作为客体的出版主体与出版用户对数字出版技术价值效用的评价将对下一轮数字出版技术价值活动产生影响，由此显现出数字出版技术价值客体主体化的特征。

最后，数字出版技术价值蕴含内在价值和现实价值两种价值形态。数字出版技术的内在价值指数字出版技术本身所具有的内在属性、特征、功能等所有能够潜在作用于主客体并产生某种价值的现实可能性。而数字出版技术的现实价值则指数字出版技术作用于主客体并产生的某种效应，当这种效应能够满足主客体需要并产生积极影响时便为正价值，与之相反，产生消极效应时则是负价值。对数字出版技术价值这两种价值形态的功能与定位，我们可以以更宏观的视角来进行理解：如果将数字出版技术系统视为出版系统乃至整个社会运转系统中的一个子系统，数字出版技术系统自身的"自组织原理"即是以技术内在价值的实现为驱动力而形成的不断发展的运动结构，若缺少了内在价值亦便缺少了数字出版技术系统的发展内核。而现实价值便是数字出版技术系统对外部各子系统，如文化、经济等子系统的功能输出，服务于出版系统、进而对整个社会系统产生效用。

2. 数字出版技术价值的特征

数字出版技术价值的特征包括自主性、主体性、迁延性、二重性，其在彰显技术价值一般特征的同时也融入了数字出版技术所特有的价值特征。

（1）自主性

数字出版技术价值的自主性是出版技术自主性的延伸。所谓的"自主"是指数字出版技术在某种程度上摆脱了人和社会的"控制"和"操纵"而呈现出的自身发展的独立性。数字出版技术系统作为一个置身于文化、经济、政治等复杂环境下的子系统，在形成与发展过程中，其系统内部的要素、结构、功能及其整个系统都在不断地调整优化，以在实现系统内部发展同时与系统外部的其他子系统保持协同，是数字出版技术系统自我决定、自我发展和自我完善的自组织发展逻辑的体现，具有弗里德里希·拉普（Friedrich Rapp）所说的"累积"（accumulation）和"自我强化"（self-reforcement）的特征。表现在价值层面，数字出版技术也不单单是受制于价值主体和价值环境的工具手段，相反，其能将自身的技术价值渗透至出版活动的方方面面，支配和影响着参与数字出版技术活动中的主体、内容、客体与效应，并要求各类要素以一种符合数字出版技术内在价值的方式或结构进行运转，甚至还要求整个出版系统发展出与数字出版技术内在价值相匹配的出版价值或出版目标。

（2）主体性

数字出版技术价值的主体性是指数字出版技术价值主体对数字出版技术价值所表现出来的质的规定性，是出版主体、出版机构、出版用户等利益相关主体在数字出版技术价值系统中所发挥出来的自觉、能动、创造等特点，是与数字出版技术价值自主性相辩证统一的一个范畴。具体而言，价值主体对数字出版技术价值的主体性主要表现在三个方面：

第一，体现在价值主体对数字出版技术价值能动的主体性，在数字出版技术的认识过程中，主体性即价值主体能够自觉、积极、主动地认识数字出版技术价值及其可能产生的效应；在数字出版技术的实践过程中，主体性则以数字出版技术调控和治理的方式对其价值进行引导、规范和制约。

第二，体现在价值主体对数字出版技术价值选择的主体性，即主体可以根据自我的价值需要选择数字出版技术价值是否生成、实现与增值，这对出版主体、出版机构而言决定是否要引入或创新数字出版技术，对出版用户而言则是否且接受并消费附着数字出版技术价值的出版产品。

第三，体现在价值主体对数字出版技术价值创造的主体性，在数字出版技术价值的生成阶段，价值主体通过数字出版技术内在结构的优化、创新，也就是我们所说的数字出版技术创新，赋予数字出版技术内在价值更多或更强的属性、特征和功能；在数字出版技术价值的实现阶段，价值主体通过数字出版技术与出版的创新性融合推动数字出版技术现实价值的创造性实现。

（3）迁延性

数字出版技术价值的迁延性是指数字出版技术价值并不是一次性生成或实现的，是一个随时间推进而不断积累与展现的过程，也是在与出版系统价值的耦合中不断实现并强化的。数字出版技术价值的迁延性具体表现在时效性、拓展性、积累性三个方面。

数字出版技术价值的时效性是指数字出版技术价值的效用将随着数字技术的进步与技术主体需要的更迭而发生价值递增或价值递减，是由一定的出版发展阶段和数字技术发展阶段所共同决定的。如早期的文字输入排版技术对当时的传统出版业而言具有重大的应用价值，而随着数字出版技术的不断更迭，文字输入排版技术对当前整个数字出版技术价值系统或整个出版价值系统来说，其价值的显示度从之前的关键技术价值逐步过渡为基础技术价值了。可以说，在不同的历史条件下，人们对数字出版技术价值有着不尽相同的认识，甚至是完全相反的判断。

数字出版技术价值的拓展性是说某个时间或空间节点的数字出版技术价值可能会随着出版业的发展而发挥更为深远的效用，这也是数字出版技术价值"蝴蝶效应"的体现。当前出版业的数字化转型、数字出版业态的出现，传统出版与数字出版的融合发展无不是电子化、复制化等阶段数字出版技术价值实现所产生的深远影响。

数字出版技术价值的积累性是随着其拓展性的体现而引起的数字出版技术价值的"量"的积累，并由此可能进一步催生"质"的变化，从而驱动出版业转向新的发展阶段。对出版业来说，不同类型、不同效用数字出版技术价值的积累，不仅为出版业创新和健全数字出版技术体系提供了动力源泉和资源基础，其技术价值的积累也推动着数字出版技术朝着赋能出版发展的方向前进，是实现出版及数字出版高质量发展的重要前提。

（4）二重性

在前文中，我们已简单提到数字出版技术能够同时产生具有积极效应的正价值和具有消极效应的负价值，这两个相互对立的价值特点构成了数字出版技术价值的二重性。当然，数字出版技术的正负价值是相对而言的，受特定的价值观念和价值标准的影响。因此，辩证地看，也不存在绝对的正价值和绝对的负价值，数字出版技术价值的正负属性在一定条件下也可以实现相互转化。明确数字出版技术价值的二重性后，就可以对数字出版技术在怎样意义上载荷着价值、如何推动数字出版技术正价值的实现、如何削弱数字出版技术负价值的效应做进一步的讨论了。虽然数字出版技术的内在价值也具有潜在的正价值和负价值的倾向，但考虑到数字出版技术为出版所服务的价值目的，我们这里更多地从现实价值的维度探讨数字出版技术的正负价值。

三、数字出版技术的正价值及其价值实现

随着数字出版技术在出版业内容资源出版流程、生产方式、商业模式和传播渠道等方面的深度应用，无论是出版领域的研究者还是从业者都普遍看到了数字出版技术为出版业带来的正价值效应，对数字出版技术充满着热切的期待，数字出版技术的乐观主义也是当前出版业主流的技术价值观。

1. 数字出版技术的正价值

数字出版技术的正价值的发挥是数字出版技术赋能出版发展的内在要求，整体而言，数字出版技术对出版发展的积极推动作用可以从出版活动主体、出版产业和出版效益层次逻辑展开，三个层次层层递进、互为前提，共同推动数字出版技术正价值的深入实现与功能发挥。

首先，在主体层面，数字出版技术的正价值主要体现在满足了出版人、出版用户、作者、出版管理机构等出版活动主体的显在和潜在的需要。对出版人而言，智能排版系统、内容自动审校技术、文本结构识别技术等自动化、智能化、一体化的数字出版技术逐渐取代了传统手工、机械化的出版技术，在推动编辑生产力解放的同时大大地提高了整个出版工作流程的工作效率和工作质量。对出版用户而言，数字时代的到来，出版用户对出版物内容、形态、互动、阅读等方面的需求日益增长，不再仅限于满足传统规模化、标准化的出版产品和服务，数字出版技术的应用则有效地拉近了出版输出与用户需求之间的契合度，以出版用户画像、出版内容智能推荐、出版服务创新开发与升级等方式有效满足出版用户的个性化、多样化的精神需要和价值倾向。对作者而言，数字出版技术打破了大众参与文学创作的门槛与障碍，每个人都拥有了自主内容创作的平台与机会，网络文学与用户生成内容(User Generated Content，UGC)便是典型，其在激发个体创作激情与创作潜力的同时也进一步丰富了出版业的出版业态，区块链等数字出版技术的应用更是推进了作者作品数字版权保护的进程。对出版管理机构而言，数字出版技术则为其出版调控的展开提供了便捷工具，使其对出版企业、出版市场的数字治理、数字监管成为可能。

其次，在产业层次，数字出版技术的正价值体现在对出版业生产体系、经营体系、服务体系的赋能和重构上。一是在数字出版技术赋能出版业生产体系重构方面，数字出版技术通过融入出版产品策划、资源组织、产品设计、内容审校、加工制作、产品发布、运营

维护等各个环节，实现了传统出版流程的数字化升级，并创造了数字化编辑、数字化印刷、数字化发行等全新的数字出版生产流程。在此过程中，数字出版技术价值蕴含于出版活动，尤其是数字出版活动的方方面面，带动整个出版生产体系中生产要素的集约整合和优化配置，也由此孵化了新的出版产品形态和出版业态，如 AR 出版物、出版知识服务平台等出版产品，AR 出版、智能出版、大数据出版等新型出版业态都是 AR、人工智能、大数据等数字出版技术价值融入出版业生产体系的结果。二是在数字出版技术价值赋能出版业经营体系重构方面，数字出版技术凭借其完备的信息搜集与整合能力、科学的出版经营与决策能力、强大的内容传播与扩散能力，实现了出版业出版产品营销模式、商业模式、传播模式的创新。其中，数字出版技术对出版营销模式的效用体现在其对出版营销理念、营销渠道、营销能力、营销策略的数字化创新，提高了出版产品供需双方的匹配度。数字出版技术对出版商业模式的效用即为出版业提供了新的盈利点与盈利模式，使传统出版业以图书为核心的一元经营结构转向以数据、信息、知识为经营内容的多元经营结构，出版经营体系也由此形成了出版机构对用户（Business To Customer，B2C）、出版机构对其他机构（Business To Business，B2B）、出版机构对政府机构（Business To Government，B2G）、线上到线下（Online To Offline，O2O）等多元的商业模式。数字出版技术对传播模式的效用则更多表现在出版传播力与影响力的提升上，通过数字出版技术与网络空间，尤其是社交空间的链接，出版机构一方面能够以文字、图片、音视频等多模态展现形式增强传播内容的可读性与吸引力，另一方面则借助网络空间跨域传播、"病毒式"传播等传播机制实现出版品牌塑造、文化内容传输等出版目的。三是在数字出版技术价值赋能出版业服务体系重构方面，数字出版技术则实现了出版服务功能、服务场景、服务路径、服务体验等方面的延伸与演变。对出版业而言，数字出版技术最显著的价值效用体现在出版的服务形态遵循着从数据（Data）到信息（Information）、知识（Knowledge）、智能（Intelligence）、智慧（Wisdom）的演变，由此延伸出信息服务、知识服务、智能服务、智慧服务等多类服务模式，这些服务形态与服务模式的出现自然离不开数字出版技术在出版资源获取、整合、组织、关联、计算、可视化等资源挖掘与建设上的作用。

最后，在出版效益层面，数字出版技术的正价值主要体现在对出版社会效益和经济效益的实现与增值上。数字出版技术对出版社会效益的正价值，是数字出版技术赋能出版意识形态正价值、教育正价值、文化正价值和科学正价值实现的集中体现。而数字出版技术对出版经济效益的正价值，则是数字出版技术赋能出版经济利益增长、投入产出比率降低等商业正价值实现的现实反映。而其价值实现的路径及数字出版技术的作用方式，从数字出版技术价值迁延性特征上看，是数字出版技术价值在"人"和"产业"层次正价值积累的结果，因此不在此复述。不过，数字出版技术的正价值除了单独作用于出版社会效益和经济效益之外，对出版社会效益和经济效益的统一实现也具有积极意义。一方面，数字出版技术能够借助算法、算力的支持提供出版业实现双效统一的可实践方案和模拟场景，如借助数字孪生技术孪生出版系统以在虚拟空间中仿真、模拟、评估、预测出版系统社会效益与经济效益的实现。另一方面，数字出版技术在出版业的普及应用也让各类用户数据、内容数据、交互数据变得有迹可循，为出版社会效益与经济效益评价体系的构建与运行提供了可具化、可量化的科学指标，以及具有操作性的数字评估工具，其评估结果和解决方案将为出版业调整自身的发展战术和战略提供可资借鉴的现实依据。

2. 数字出版技术正价值的实现

数字出版技术正价值贯穿于主体、产业、效益三个层次，而其正价值的实现则可从对数字出版技术价值的科学认识出发，在技术设计阶段创造数字出版技术正向的内在价值并在技术应用阶段促进现实价值正价值发挥的最大化。

首先，在数字出版技术的认识阶段，要发挥出版科研人员、出版编辑等出版利益相关主体的主体性，在理论认识层面和实践认识层面加强对数字出版技术价值的认知和理解，为数字出版技术正价值的实现奠定认识基础。从技术认识论的理论视角出发，国内外学者已提出了许多技术认识模型，如荷兰代夫特理工大学的彼特·克罗斯（Peter Kroes）教授提出的技术功能认识模式，旨在通过对技术内在结构的"白箱"描述与外部功能的"黑箱"描述实现对技术的认识①。美国技术哲学家约瑟夫·C. 皮特（Joseph C. Pitt）在《技术反思：论技术哲学的基础》中提出了技术模式（Model of Technology，MT），将技术的认识过程概括为决定、转换和评估三个转换阶段，并通过反馈机制对已有的技术方案进行修正以实现预期目标②。陈文华等人则在哲学认识的一般过程及其作用机制的基础上，提出了技术认识过程及其运行模式，通过反思人对技术的认识问题、人对人与技术关系的评价问题、人自身的存在与发展问题以实现人与技术的协调发展。③ 杨德荣基于科学研究过程和技术开发过程提出了现代技术认识的动态反馈模式，旨在通过动态把握技术认识环节之间的辩证关系以指导技术的研究和开发活动。④ 结合不同技术认识理论模型的特点，对数字出版技术价值的认识也可从理论认识和实践认识两个层面出发，其认识路径如图 1-6 所示。第一条认识路径是对数字出版技术价值的理论认识，也是从科学研究出发到正价值实现的认识路径。该路径即通过数字出版技术价值的基础科学研究、技术科学研究、应用科学研究和探索型研究，在理论层次达到对数字出版技术价值及其作用场景的充分探索与认识，从而形成系统的数字出版技术价值理论和合理的数字出版技术价值实现方案，为数字出版技术正价值的发挥奠定科学基础。第二条认识路径是对数字出版技术价值的实践认识，也是从

① Kroes P. Technological explanations：the relation between structure and function of technological objects [J]. Society for Philosophy and Technology Quarterly Electronic Journal，1998，3(3)：124-134.

② Jones W B. Book Review：Thinking About Technology：Foundations Of The Philosophy Of Technology [J]. Bulletin of Science，Technology & Society，2000，20(5)：405-408.

③ 刘则渊，王续琨. 工程·技术·哲学 2002 年卷中国技术哲学研究年鉴[M]. 大连：大连理工大学出版社，2002：109-119.

④ 杨德荣. 科学技术论研究[M]. 成都：西南交通大学出版社，2004：265.

数字出版技术价值的实际作用效果出发回溯至上游环节以强化数字出版技术正价值认识的阶段。该阶段即是通过对内生型与外引型数字出版技术活动过程的认识，观察、比较、评估、反思数字出版技术价值的作用方式、过程、路径、效果等方面的实际情况并不断反馈至上游环节，以达到上游环节对数字出版技术价值认识的优化，以校准后续的数字出版技术活动从而发挥更多的数字出版技术正价值。

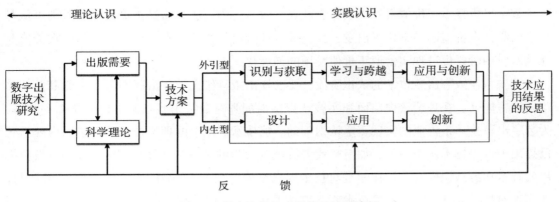

图 1-6　数字出版技术价值的认识路径

其次，在数字出版技术的设计层面，则要加强数字出版技术的研发与创新，实现数字出版技术内在价值的优化与突破。在实现对数字出版技术价值科学认识的基础上，则要结合数字出版技术科学理论和出版的实际发展需要，设计符合数字出版技术价值标准，并能实质推动出版高质量发展的技术，而其关键点便在于提高数字出版技术的性能（内在价值）。整体而言，数字出版技术的设计包括渐进性创新设计、突破性创新设计和破坏性创新设计三类。其中：（1）数字出版技术渐进性创新设计旨在以内在价值优化为目标渐进、连续地改进已有的数字出版技术结构及功能的一类创新。该类技术创新的特点在于强化原有数字出版技术在某一个或某几个方面的作用力度、作用广度或作用深度，是对原有内在价值的延续和强化。（2）基于突破性创新的特征，[1] 数字出版技术的突破性创新设计至少满足以下一个条件：一是设计全新的数字出版技术，二是强化原有的数字出版技术性能至少五倍，三是数字出版技术的应用成本至少缩减30%。该类技术创新能够改变原有数字出版技术价值作用路径或方式，其生成的数字出版技术及其应用则将成为出版业主导的技术范式，影响整个出版业的技术赋能实现。（3）数字出版技术破坏性创新设计则是通过改变数字出版技术的价值衡量标准，以相对更低价值的数字出版技术取代当前在出版业具有主导性地位的技术，以新的数字出版技术创造简单的、规则化的出版产品或服务以满足潜在

---

[1] Leifer R，McDermott C M，O'connor G C，et al. Radical innovation：How mature companies can outsmart upstarts[M]. Boston：Harvard Business Press，2000.

出版用户的需求。一般来说，数字出版技术破坏性创新设计的难度不一定大，也不一定需要完全自主创新，其更多是以一种新的方式将已有数字出版技术的结构和功能进行重新组装，从而生成新的内在价值进而影响现实价值的作用路径。在具体的操作层面，数字出版技术的自主研发与创新首先要对出版市场的数字需求进行识别，发现数字出版技术的创新机遇；其次，则是对该技术创新机遇进行分析，确定拟研发或创新的数字出版技术的结构、功能、价值赋能原理及潜在的应用价值；最后，则是通过汇聚相应的技术、资金、人力等资源开展数字出版技术的开发、实验与迭代完善。

最后，在数字出版技术的应用层面，须推进数字出版技术与出版的深度融合，推动数字出版技术现实价值的价值实现与价值增值。数字出版技术现实价值实现与增值的基本逻辑是将数字出版技术作为出版业的关键生产要素，在与传统出版技术融合共生的同时，推动传统出版业数字化转型并与数字出版融合发展，赋能出版向更高级别、更有序的高质量发展状态演进。如果说数字出版技术的设计是为出版业提供需求满足的工具的话，数字出版技术的应用则是要找到其价值实现的场景，不断实现数字出版技术自身的价值增值效应。从这个意义上说，推动数字出版技术价值实现并增值可围绕以下三个核心步骤展开。其一，挖掘数字出版技术的潜在价值与出版活动的潜在需求。在数字出版技术的认识和设计阶段，数字出版技术活动主体对数字出版技术的内在价值及其价值效用有了一定的认识，但鉴于数字出版技术价值迁延性的特点与出版需求的动态变化，数字出版技术活动主体仍需不断挖掘数字出版技术的潜在价值、跟踪出版需求的更迭情况，以扩充数字出版技术的应用场景与应用范畴。其挖掘路径既可从出版需求出发，通过数字出版技术属性、功能对比，为新的出版需求"找到"合适的数字出版技术；也可以从数字出版技术出发，通过与未满足或可优化满足的出版需求的"匹配"，实现数字出版技术的价值增值。其二，明晰数字出版技术价值链，实现数字出版技术价值链的横向拓展与纵向延伸。数字出版技术价值的实现与增值是一个复杂的技术应用过程，构架数字出版技术价值链能够帮助数字出版技术活动主体流程化管理数字出版技术的价值实现过程。而数字出版技术价值链是推动数字出版技术价值生成和转化等的一系列活动的集合。其中，数字出版技术价值链的横向拓展是指在确保数字出版技术在出版领域的价值实现后，以数字出版技术的价值功能为核心向多产业、多领域进行扩张，从而培育数字出版技术新的价值增长点，并实现出版领域文化及价值内涵的传递。数字出版技术价值链的纵向延伸则是采取纵向一体化的延伸方式将数字出版技术价值附着于出版活动中的各类出版环节、出版产品上，从而实现数字出版技术价值在出版领域内的价值流动与价值交换，扩大数字出版技术价值的作用空间。其三，数字出版技术价值链的疏通与管理。即数字出版活动技术主体在横向拓展与纵向延伸数字出版价值链的同时，也要优化价值链中的各环节活动，尽可能削减不增加价值或价值增值不明显的环节，提高数字出版技术价值实现或价值增值明显环节的运作效率，随时准备优化或重构整个数字出版技术价值链，最终实现数字出版技术价值链价值实现的最大化。

四、数字出版技术的负价值及其价值消解

在论述数字出版技术价值的二重性的时候，我们已明晰数字出版技术正价值与负价值之间的辩证关系，相对来说，数字出版技术负价值的产生是伴随数字出版技术的设计与应用，在数字出版技术价值的产生、实现、增值的过程中同时产生的价值现象。虽然许多人认为当前数字出版技术产生的问题只是因为技术本身还未发展至高阶段，现下已有的负面效果会随着技术的进步而逐渐得到解决，但数字出版技术的进步与发展也伴随着技术风险的同步增长，正如雅克·埃吕尔所说，"技术进步本身的性质是模糊的，不能评判技术进步本身是好或是坏，每一次技术进步在给生活世界带来福利的同时总伴随着新风险的生成"①，而马克思则将技术比喻为"巴尔贝斯、拉丝拜尔和布朗基诸位公民更危险万分的革命家"。

1. 数字出版技术的负价值

从负价值的角度来看，数字出版技术还会起到负面、消极、反推性的技术异化作用。对数字出版技术负价值的阐述，可以从人本、出版、技术三个层次出发进行探讨。

（1）数字出版技术对人本的异化

数字出版技术对人本的异化是指由于数字出版技术应用而对作者、编辑、出版用户等数字出版技术活动主体产生的负面效应，具体表现在人的思维异化、劳动异化和主体性异化三个方面。

数字出版技术的思想异化主要指由技术幻觉导致的技术崇拜。数字出版技术兴起与应用的发展历程并不久远，出版活动主体在普及使用数字出版技术的时候已经感受到技术对出版发展的强大赋能作用，却较少反思其带来的负面影响，这就产生了一种主体无视关联性（Connected ness）的技术幻觉。这种幻觉掩盖了数字出版技术活动的负价值的生成，从而助长了一种盲目的技术崇拜——即对数字出版技术及其背后隐藏的算力、算法的信任。为此，数字出版技术活动主体一方面不断努力尝试将出版活动中的所有相关要素转化为"0"和"1"，将现实物质层面的出版系统打造为一个庞大而精密的"符号世界"；另一方面又将数字出版技术背后的技术理念、算法逻辑、因果关系简单嵌套至出版活动中的方方面面，数字出版技术成为衡量出版发展速度与发展质量的一种"标尺"。正如美国学者尼古拉斯·卡尔（Nicholas G. Carr）所说的，"万维网诞生之初，人类就对其怀有一种近似宗教崇拜的情怀"。② 这种技术崇拜是出版数字拜物教出现的前提与数字出版技术在人思维方面异化的重要表现。所谓的数字拜物教是马克思在《资本论》中所说的"商品拜物教"

---

① Jacques E. The Technological Order, in Philosophy and technology: Readings in the philosophical problems of technology, edited by Carl Mitcham and Robert Mackey[M]. New York: The Free Press, 1983: 86.

② 尼古拉斯·卡尔. 数字乌托邦：一部数字时代的尖锐反思史[M]. 姜忠伟，译. 北京：中信出版社，2018：3.

（commodity fetishism）的一个延伸概念，指即任何出版活动或出版对象都可以通过数字出版技术加以定义和衡量，而出版场域中的主体更多关注出版产品的数字化属性而非出版产品本身。

数字出版技术的劳动异化指滋生了以数字出版技术为生产资料的数字劳动并呈现出对编辑、作者、出版用户等数字劳动者的掌控、剥削和支配。马克思曾提出异化劳动的观点，认为"人同自己的劳动产品、自己的生命活动、自己的类本质相异化的直接结果就是人同人相异化"。① 随着数字出版技术与出版活动主体生产生活的紧密结合，其不仅成为释放生产力和提高出版工作效率的工具手段，也成为出版活动主体的"掌控者""剥夺者"和"支配者"。克里斯蒂安·福克斯（Christian Fuchs）运用马克思劳动异化理论对数字劳动现象进行了考察，提出数字劳动是异化的劳动包含着数字劳动者与工具异化、与劳动对象异化、与劳动产品异化、与自身异化的四重异化。② 表现在数字出版技术与出版活动主体上，出版活动主体与工具的异化，指出版活动主体在使用数字出版技术的时候逐渐掌控数字出版技术的原理与应用，但随着数字出版技术在出版活动中的普及应用，出版活动主体对数字出版技术的依赖性不断增强，出版活动主体反而成为被控制的对象。如在传统出版业数字化转型的发展趋势下，出版机构无论愿意与否都会采纳数字出版技术对自身的业务进行的重组与改造。出版活动主体与劳动对象的异化，指数字出版技术吸引出版用户参与数字化出版活动时所产生的个人信息、行为数据不归自己所完全掌握，而是被技术所采集与利用并作为新的劳动资料加以"利用"。出版活动主体与出版产品的异化，主要指出版活动者创作出的出版产品被资本家（媒体公司）所拥有，创作得越多反而失去得越多，出版活动者与自己创作的出版产品成为异己关系并反过来对出版活动主体进行隐形控制。最明显的便是网络文学作者对自身创作作品版权归属与利益归属的不可控，由此造成了作者、网络文学平台和读者之间难以调和的利益冲突。而出版活动主体与自身的异化，则是上述三种异化共同作用的结果，即出版活动主体都围绕在由数字出版技术所构建的符号世界中，其出版活动与行为变成了异化的出版活动与行为，其个人也成为异化的人，由此造成数字出版技术在人本层面的最后一层异化——主体性异化。

数字出版技术的主体性异化，则表现为数字出版技术活动主体自觉、能动、创造活力的弱化。法国哲学家贝尔纳·斯蒂格勒（Bernard Stiegler）认为，人类在大数据时代是完全可计算的、普遍自动化的、远程控制的数字化技术裹挟，以致丧失知识、思维能力与主体创造性，沦为"知识无产阶级"，其本质是人类获取理论知识能力被褫夺，最终走向"系统性愚昧"（Systemic Stupidity）。③ 从数字出版技术的发展趋势来看，智能化、智慧化是未来

① 马克思，恩格斯. 马克思恩格斯选集（第1卷）［M］. 北京：人民出版社，2012：58.

② Fuchs C. Theorising and analysing digital labour：From global value chains to modes of production［J］. The Political Economy of Communication，2014，1（2）.

③ Stiegler B. States of Shock：Stupidity and Knowledge in the 21st Century［M］. New York：John Wiley & Sons，2015：129.

数字出版技术发展的重要趋势，在数据挖掘、人工智能、机器学习等数字技术日益更迭完善的背景下，数字出版技术对出版活动智能决策、智能服务、智能预测将逐渐取代出版活动主体的部分脑力活动，由此造成了数字出版技术活动主体自身主体性的削弱。

（2）数字出版技术对出版的异化

数字出版技术对出版异化更多体现在数字出版技术对出版商业和精神文化正价值实现的偏离。

数字出版技术对出版商业正价值实现的偏离。出版的商业价值是出版业通过出版活动、出版产品销售所创造的直接价值，也是出版精神文化价值传播与推广的手段与载体。① 数字出版技术对出版经营体系的赋能与重构也造成了出版商业价值实现的偏离。首先，数字出版技术的创新与发展推动了出版数字经济的发展，通过出版用户数据的采集、分析和预测实现了出版产品的动态定价和库存的数字化管理，并对出版用户进行"宰制"，逐渐诱导出版用户进入消费主义的陷阱。数字出版技术比出版用户自身更清楚他们需要哪类出版产品，并会出于商业价值实现的目的开展精准的市场布局与需求满足活动。然而，数字出版技术并不是满足了出版用户的需求就产生了正价值，对出版用户"低俗化浅阅读、泛娱乐化享受性阅读、碎片化标题式阅读"等阅读需要②的满足虽然促进了出版商业价值的"繁荣"，但无益于出版社会效益的实现。在资本逻辑与技术逻辑的双重裹挟下，数字出版技术的应用培育并重塑了出版用户的阅读习惯和消费习惯，其中一些负面的阅读习惯和消费习惯将对整个社会的精神面貌与文化发展水平产生消极作用，从而偏离出版利用商业手段实现精神文化价值目的的初衷。

数字出版技术对出版精神文化正价值实现的偏离。出版精神文化价值是出版业通过出版活动创造的间接价值，表现为出版产品对读者或社会的影响，至少包括意识形态价值、教育价值、文化价值和科学价值四个方面的内容。③ 一是数字出版技术对出版意识形态正价值实现的偏离。数字出版技术的"技术赋权"使每一个出版用户都可以以低门槛、低成本的方式参与甚至主导出版产品的创作、传播、评论，并随着数字媒介社交性、互动性属性的强化而产生不可小觑的传播影响力。在此过程中，由于出版监管或者说数字监管的不足或缺失，以及社交自身的强大传播机制，也极有可能产生非主流思想的出版产品、出版行为及出版活动，造成出版意识形态价值的偏离。二是数字出版技术对出版教育正价值实现的偏离。数字出版技术在教育出版的应用推动着教育资源、教育产品、教育方式、教育场景的革新，试图全面推动出版对人（尤其是青少年）成长成才的积极效用。然而，对教育出版产品及其资源的数字化却造成了一种潜在的教育不公，即出版通过为不同用户提供差异化的出版教育资源，拉大了出版用户在数字出版技术"享有"和"使用"的差距，也在一定

---

① 方卿，徐丽芳，许洁等. 出版价值引导研究［M］. 北京：商务印书馆，2018：19.

② 王涵，方卿. 社会临场理论下社会化阅读内容"三俗化"问题研究［J］. 现代出版，2017（3）：16-19.

③ 方卿，徐丽芳，许洁等. 出版价值引导研究［M］. 北京：商务印书馆，2018：23-32.

程度上导致了"信息有者"(信息富人)和"信息无者"(信息穷人)之间的"教育数字鸿沟"。从这个层面上来说,出版教育价值不是集中体现在无差异化地服务所有读者的"成才"和"成人"教育,而是更多地服务"信息有者"的"成才"和"成人"教育。三是数字出版技术对出版文化正价值实现的偏离。出版文化正价值的实现主要表现在服务文化传承、传播和交流上,但部分数字出版技术的隐蔽性可能会对出版文化价值产生"侵蚀",如利用数字出版技术控制目标出版产品、出版信息的传播与流动,利用数字技术的算法逻辑将出版用户推入"信息茧房",进而对文化安全产生一定威胁。此外,当对数字出版技术的技术崇拜及数字出版技术负价值主导的出版文化价值实现同时出现时,还会引致出版市场的泛娱乐化和出版用户精神追求旨趣的模糊,出版产品在数字技术、数字资本的引导下越加趋向庸俗化、贫瘠化和趋同化,不仅无法满足人民群众日益增长的精神文化需要,还会对出版业的核心竞争力和可持续发展构成严重威胁。四是数字出版技术对出版科学正价值实现的偏离。出版科学正价值的实现主要体现在服务研究成果发布、认证和科学评价上。近年来数字出版技术对出版科学价值实现最大的影响可以说是推动了开放获取(Open Access, OA)和开放科学(Open Science)的发展,实现了科学出版物的无障碍获取、传播与利用,极大促进了科学的进步与发展。然而,与之同时兴起的掠夺性期刊(Predatory Journal)或欺诈型期刊(Fraud Journal)则以牺牲科学价值为代价,为收取文章处理费(Article Processing Charges, APC)而发布具有虚假或误导性的科学出版物,偏离了出版科学价值实现的实践目标;而通过非法采集并集成开放获取资源的盗版网站和学术社会网络则进一步损害了学术共同体、出版机构的知识产权及相关利益。

(3)数字出版技术对技术的异化

数字出版技术对技术本身的异化体现在数字出版技术自身难以令人察觉的技术偏见,致使对数字出版技术价值作用客体产生价值歧视,赫伯特·马尔库塞(Herbert Marcuse)将之成为"技术嵌入多层次规则后所产生的一个带有偏见的运行体系"①的社会现象。马克斯·韦伯(Max Weber)则将技术的倾向性划分为实质的和形式的技术价值偏向两类。②

数字出版技术实质的价值倾向着眼于数字出版技术活动的内容和目的,是资本逻辑作用于算法逻辑,出版商业价值实现超越精神文化价值实现的结果。简言之,数字出版技术实质的技术价值倾向在于以商业价值的实现为遵循强化数字出版技术中的推荐算法,为出版用户推送其感兴趣的内容与产品并传递相应的价值取向。在反复的推荐中,出版用户的精神文化世界逐渐变得单一和了无生气,出版用户不再成为需求满足的对象,而成为数字出版技术商业价值实现的"中介"。

数字出版技术形式的价值倾向是数字出版技术自身在形式和手段上的偏向,其本质是

---

① Marcuse H. One—Dimensional Man: Studies in the Ideology of Advanced Industrial Society [M]. Boston: Beacon Press, 1991: 3-10

② 韦妙,何舟洋. 本体、认识与价值:智能教育的技术伦理风险隐忧与治理进路[J]. 现代远距离教育, 2022(1): 75-82.

指在时间、地点和由相对中性要素组成的系统等方面的引入方式上具有偏向的选择。① 数字出版技术形式的价值倾向是由数字出版技术系统所表现的满足出版用户差异化、个性化需要而暗含的价值偏见。如出版机构对出版用户的分类标识、行为特征刻画、兴趣偏好识别等用户画像的过程便暗含着数字出版技术的刻板价值偏向；同样，数字出版技术的价值偏向也蕴含在作者画像、出版产品画像，以及出版产品与出版用户的"个性推荐""个性匹配"之中。

2. 数字出版技术负价值的消解

数字出版技术的正价值与负价值是相伴相生的，因此，数字出版技术的负价值无法达到归零的状态，但是能够采取一定的措施进行消解，以弱化负价值的效能。对数字出版技术负价值的消解首先要建立在对负价值的正确认识上，为此，通过充分发挥出版活动主体的主体性，在理论层次以及实践层次科学发现并认识数字出版技术的负价值是实现数字出版技术负价值消解的前提。其认识路径和思路与对数字出版技术正价值的认识是一致的，只是认识的侧重点有点不同，出版活动主体完全可以遵循"理论认识"和"实践认识"这两条道路辩证地看待、分析并挖掘数字出版技术的正价值和负价值。在科学认识数字出版技术负价值的基础上，数字出版技术负价值的消解可包括伦理消解和制度消解等路径。

（1）数字出版技术负价值的伦理消解

数字出版技术负价值的伦理消解是指借助伦理对技术发展的伴随机制，即通过伦理对技术发展全过程的介入与伴随，以审慎地塑造并引导技术的发展，由此实现对技术负价值的消解。其中，数字出版技术的伦理包含坚持正确的技术价值观，坚持以人民为中心的技术应用立场，使得数字出版技术的设计与应用服从于实现人的全面发展、服从于人的自由解放、服从于人与自然的和谐等核心内涵。结合数字出版技术价值的发展过程，伦理伴随机制可在数字出版技术的设计与应用阶段得到推进。

在数字出版技术的设计阶段，通过能力方法（Capability Approach）和价值敏感性设计（Value Sensitive Design）来规避数字出版技术负价值的生成。能力方法旨在从功能和能力的角度考量隐藏在数字技术背后的权力，通过评估数字技术背后的正向与负向的功能以达到技术设计阶段内在负价值生成以及未来现实负价值的作用。② 价值敏感性设计是一种在技术设计过程中对价值进行系统而全面的考虑的技术设计方法，强调在设计过程中以价值为原则、体现人在价值设计中的道德作用，也是将道德与正价值嵌入技术开发产品中的钥匙。③

---

① Feenberg A. Critical Theory of Technology：A Companion to the Philosophy of Technology［M］. New York：John Wiley & Sons，2009：90-106.

② Oosterlaken I，Van den Hoven J. ICT and the capability approach［J］. Ethics and Information Technology，2011，13(2)：65-67.

③ Friedman B，Hendry D G，Huldtgren A，et al. Charting the next decade for value sensitive design［J］. Aarhus Series on Human Centered Computing，2015，1(1)：4.

荷兰代尔夫特理工大学教授杰罗恩·范·登·霍温(Jeroen van den Hoven)则进一步提出将能力方法和价值敏感性设计方法融合，通过信息通信技术正向的伦理设计来减少技术负价值的影响。将能力方法与价值敏感性设计融入数字出版技术的设计阶段则需达到两个要求：一是对数字出版技术涉及的所有价值进行评估，不仅要关注数字出版技术的接受度、实用性、可拓展性等常规的技术价值衡量指标，还要侧重评估数字出版技术在人本、出版及技术本身可能产生的负面价值，并采取相应手段进行优化处理，以降低或削弱数字出版技术负价值的效应。二是要开展负责任的数字出版技术创新设计活动。负责任创新设计是指数字出版技术设计主体"有责任，或者可以被追究责任或被要求承担责任的语境"①并具有责任意识地将数字出版技术融入出版活动之中。

据此，霍温进一步提出了技术开发设计者的六种责任，② 可为数字出版技术设计主体提供重要的参考：(1)道德责任(Moral responsibility)，即不恶意重用免费代码或粗心忽略数字出版技术的设计伦理规范；(2)角色责任(Role responsibility)，即确保其设计的数字出版技术是安全、可靠和可行的；(3)因果责任(Causal responsibility)，即技术设计主体对自身的行为及疏忽负有因果责任；(4)法律责任(Legal responsibility，即如果合同规定技术设计主体对数字出版技术应用造成的影响或损害承担法律责任，当损害造成时，即须承担相应的法律责任；(5)元任务责任(Meta-task responsibility)，即当其他主体在使用数字出版技术时，因为技术设计者本身的技术设计权限或设计恶意导致产生负面影响时，应追溯至技术设计者这个元主体；(6)社会责任(Social responsibility)，即在数字出版技术设计时考虑其应用可能产生的社会影响，对社会负责。

在数字出版技术的应用阶段，可通过技术调节(technological mediation)消解数字出版技术的负价值的实现。能力方法和价值敏感性设计主要在数字出版技术应用前，有预见性地设计并消解数字出版技术应用后可能出现的负价值，但这种方式无法完全避免负价值的产生，在负价值出现后，则可利用技术调节进行补救。技术调节提供了一种内在的伦理学进路，它不是在猜测数字出版技术可能产生哪些负面影响，而是从具体的数字出版技术应用实践出发，探讨数字出版技术与人之间关系，考察数字出版技术价值的发挥情况。维贝克(Verbeek Peter-Paul)基于技术调节理论提出"技术伴随"(Accompanying technology)的伦理概念。技术伴随是一种通过技术手段规范人的不良行为、规遁负价值产生的技术方式，③ 其关键问题不是要在人与数字出版技术之间划出边界，而是清晰地表达人与数字出

① Van den Hoven J. Value sensitive design and responsible innovation [C]// Richaed O, John B. Responsible innovation: Managing the responsible emergence of science and innovation in society. New York: John Wiley & Sons, 2013: 75-83.

② Ahmed M A, van den Hoven J. Agents of responsibility—freelance web developers in web applications development[J]. Information Systems Frontiers, 2010, 12(4): 415-424.

③ Verbeek P P. Accompanying technology: philosophy of technology after the ethical turn[J]. Techné: Research in Philosophy and Technology, 2010, 14(1): 49-54.

版技术之间的关系。通过伴随性技术的使用和社会嵌入，能够数字出版技术的使用者、政策制定者制定一个合乎伦理的技术框架，以此理解、预测和评估数字出版技术所产生的价值效应，并推动数字出版技术利益相关主体能够根据该技术框架进行利害评估，从而自主避免技术负价值的影响。

（2）数字出版技术负价值的制度消解

数字出版技术负价值的制度消解是通过建立制度化的约束机制或防范机制，从制度层面削弱数字出版技术产生的负面影响并强化其正价值实现的消解体制机制。

一是在个体层面，形成数字出版技术风险防控的利益主体协调机制。数字出版技术负价值的作用与影响对象涉及出版机构、出版用户、出版管理部门等多类利益相关主体，对其负价值的消解也有必要从不同利益相关主体出发。事实上，人们对数字出版技术负价值的认知受社会、文化、政治等复杂因素的影响，个体参与的社会活动、文化和政治过程也会影响其对数字出版技术价值的判断。因此，数字出版技术负价值的制度消解首先要通过利益相关主体之间的协调机制形成合力，通过有机联结出版人、出版机构、出版技术服务商、出版监管机构等利益相关主体，打通其在数字出版技术活动各个环节中的联系，全面实现对数字出版技术风险的感知与预控。

二是在出版机构层面，建立数字出版技术的风险评估、防范与应对机制。具体来说，首先要在出版机构内部建立一个专门技术风险应对组织或部门，该部门负责制定出版机构内部的数字出版技术安全制度、数字出版技术风险防范目标，并组织其他相关部门进行数字出版技术风险的识别、评估、防范、监控与应对工作。其次，在技术风险应对部门的领导和协调下，建立数字出版技术识别与评估的资源列表，对出版业内部的应用程序、系统软件、网络系统、数字化出版资源、数字出版技术人员、已有的技术防范措施与制度进行分类评估。在数字出版技术风险评估结果的基础上，基于专家意见或以往的经验判断采取相应的防范与应对策略，以避免、降低或转移数字出版技术的负价值效用。最后，将数字出版技术风险的评估、防范和应对经验与已有出版机构已有的机制相对比，对已有的机制内容进行相应的补充、完善或删减，以完善整个机制作用流程。

三是在国家层面，建立数字出版技术的风险防控和监管规则。数字出版技术的风险防控和监管规则至少应该包括：数字出版技术的安全优先规则，即数字出版技术活动主体需在数字出版技术的设计、应用、运维中坚守技术安全底线；数字出版技术风险评估规则，内容涉及数字出版技术信息搜集整理、技术风险点确认、技术风险原因查找、报告和反馈评估结果等具体流程的要求与规范；数字出版技术系统弹性规则，即数字出版技术活动主体需预先为数字出版技术风险预留弹性空间，通过相应的容错机制、错误纠正机制、数据备份机制等方式提高对技术风险的适应能力，从而减少数字出版技术负价值的损害。

第二章　数字出版技术发展简史

---

* 本章知识点提要

  1. 数字出版技术的发展阶段
  2. 不同数字出版技术发展阶段的出版物及其特征
  3. 数字出版技术发展变迁的历史启示

* 本章术语

  数字电子技术　电子出版　电子出版物　网络出版　网络出版物　网络出版服务
  手机出版　手机出版物　数字化　碎片化　数据化　智能化　技术向善

数字出版技术经过数十年发展，先后走过电子出版、网络出版和手机出版阶段，并在"基建数字化、资源数字化、平台数字化"——中央文化企业数字化转型升级项目的支持下，完成了数字化、碎片化、数据化的发展，目前正基于人工智能、区块链、大数据、5G技术等新型智能技术走向智能化发展阶段，从而不断为读者提供个性化、高品质、沉浸式的阅读体验，不断推进数字出版业更高质量、更有效率、更加公平、更可持续、更为安全地发展。

第一节　电子出版阶段

数字出版技术萌芽阶段即电子出版阶段，可以追溯到 1951 年美国麻省理工学院的 P. R. Bagley 对利用计算机检索代码做文摘进行的可行性研究。[1] 这一路的研究和尝试导致了所谓"电子出版物雏形"的诞生，如 1954 年美国海军兵器中心研制和应用基于 IBM701 计算机的信息检索系统，1959 年美国匹兹堡大学卫生法律中心建立的全文法律信息检索系统，1961 年美国化学文摘服务社用计算机编制的《化学题录》等。这种电子文献的经营很快走上了商业化道路，[2] 电子出版物很快走向市场。美国的 DIALOG 系统于 20 世纪 70 年

---

[1]　谢新洲. 数字出版技术[M]. 北京：北京大学出版社，2022：12.

[2]　徐丽芳. 数字出版：概念与形态[J]. 出版发行研究，2005(7)：5-12.

代末开始向公众提供联机全文数据库检索服务。20 世纪 80 年代初个人电子计算机问世以后，以软磁盘(FD)为载体的电子出版物曾经盛极一时。我国第一部正式发行的电子出版物是 1991 年，由武汉大学图书情报学院和武汉大学出版社于 1991 年合作出版的《国共两党关系通史》。

关于电子出版物的概念界定，1997 年 12 月 30 日颁布的《电子出版物管理规定》指出，电子出版物"是指以数字代码的方式将图文声像等信息编辑加工后存储在磁、光、电介质上，通过计算机或者具有类似功能的设备读取使用，用以表达思想、普及知识和积累文化，并可复制发行的大众传播媒体。包括软磁盘(FD)、只读光盘(CD-ROM)、交互式光盘(CD-I)、照片光盘(Photo-CD)、高密度只读光盘(DVD-ROM)、集成电路卡(ICCard)等"。2008 年 4 月 15 日起实施的《电子出版物出版管理规定》定义电子出版物为"以数字代码方式，将有知识性、思想性内容的信息编辑加工后存储在固定物理形态的磁、光、电等介质上，通过电子阅读、显示、播放设备读取使用的大众传播媒体，包括只读光盘(CD-ROM、DVD-ROM 等)、一次性写入光盘(CD-R、DVD-R 等)、可擦写光盘(CD-RW、DVD-RW 等)、软磁盘、硬磁盘、集成电路卡等"。两次规定没有本质区别，只不过第二次界定所提出的概念更为准确，在强调数字代码方式的基础上，一方面突出了所编辑加工信息的知识性和思想性；另一方面对读取设备由之前的"计算机或类似功能设备"修改为"电子阅读、显示、播放设备"，扩大了读取设备的范围。此外，对设备类型进行了与时俱进的规定，删除了交互式光盘、照片光盘、高密度只读光盘，增加了只读光盘的类型，增加了一次性光盘、可擦写光盘、硬磁盘等类型。

尽管在早期，电子出版物运用的是模拟电子技术，如激光视盘(LCD)，是运用电子技术制作的电子出版物，但记录的是模拟信号；但是，随着电子技术的进一步发展，尤其是当下，电子出版物所依托的技术准确地说是数字电子技术，而非模拟电子技术，因此，把电子出版分为"模拟电子出版"和"数字电子出版"是不准确的。[①]　正是在这个意义上，武汉大学信息管理学院徐丽芳教授认为"当前模拟电子出版已经基本上退出历史舞台，因此无论从内涵还是外延来看，电子出版和数字出版的概念都几乎是吻合的。"[②]

一般而言，电子出版物主要由以下几个部分组成：[③]（1）记录信息的载体，如前述光盘、软磁盘、硬磁盘、U 盘等；（2）运行载体的外部设备，包括载体读取设备、输出设备、输入设备以及中心控制设备；（3）控制外部设备和出版信息活动的可执行数据，如软件等。

电子出版物的主要特征包括：（1）信息载体是磁性或光学信息存储介质；（2）使用方式是借助电子计算机或其他播放设备，应用检索软件和其他编辑软件；（3）发行方式一般为单机版销售，或通过服务器直接对信息的浏览、复制、打印、下载等。关于是否符合

①　孙艳华，任元军. 数字出版与电子出版、网络出版关系的再认识[J]. 青岛科技大学学报，2018(3)：100-103.

②　徐丽芳. 数字出版：概念与形态[J]. 出版发行研究，2005(7)：5-12.

③　谢新洲，数字出版技术[M]. 北京：北京大学出版社，2022：13-15.

"传播渠道网络化",电子出版物的特征并未给予明确界定,或者说并没有提出特殊要求。

综上,电子出版物最为本质的表述是基于数字电子技术的出版物,而这一点,也恰恰符合本书对于数字出版的概念界定——"数字出版是指以数字技术将作品编辑加工后,经过复制进行传播的新型出版",[①] 符合数字出版的基本特征——数字技术应用于出版的任一环节或整个环节,都可称之为数字出版。

但是在世界范围内,伴随着 1990 年个人多媒体计算机标准(Multimedia Personal Computer Level 1,MPCI)的诞生,只读光盘(CD、CD-ROM)开始逐步取代软磁盘而成为封装型电子出版的主流载体。几年以后,专门的电子书——手持式阅读器也如雨后春笋在国内外纷纷涌现。但是近 30 年来的发展证明,尽管电子出版物作为一种出版产品,仍然客观地存在于各出版机构的业务范围之中,但是只读光盘等作为过渡性电子出版物,其出版数量、规模和发行范围越来越收缩,已不再是数字出版产品的主体;随之而来的手机出版物、网络出版物、数字图书馆、专题知识库等数字出版物纷纷登场并保持着较为旺盛的生命力。

第二节　网络出版阶段

网络出版又称"互联网出版"。2002 年,原国家新闻出版总署、信息产业部出台了《互联网出版管理暂行规定》(已废止)指出:"互联网出版指互联网信息服务提供者将自己创作或他人创作的作品,经过选择、编辑、加工,登载在互联网上或者通过互联网发送到用户端,供公众浏览、阅读、使用或者下载的在线传播行为。"值得一提的是,同一年,谢新洲教授的《数字出版技术》一书于国内率先提出数字出版的概念,指出"所谓数字出版,是指在整个出版过程中,从编辑、制作到发行,所有信息都以统一的二进制代码的数字化形式存储于光、磁介质中,信息的处理与传递必须借助计算机或类似设备来进行的一种出版形式"。同时,谢教授在定义数字出版概念的同时,提出一种观点:"电子出版是数字出版的另一种提法,两者在本质上是一致的"。

2016 年 2 月 4 日,原国家新闻出版广电总局、工信部出台了《网络出版服务管理规定》,[②] 指出网络出版服务,是指"通过信息网络向公众提供网络出版物";网络出版物,是指"通过信息网络向公众提供的,具有编辑、制作、加工等出版特征的数字化作品"。并进一步指出网络出版物的范围包括:"(一)文学、艺术、科学等领域内具有知识性、思想性的文字、图片、地图、游戏、动漫、音视频读物等原创数字化作品;(二)与已出版的图书、报纸、期刊、音像制品、电子出版物等内容相一致的数字化作品;(三)将上述作品通过选择、编排、汇集等方式形成的网络文献数据库等数字化作品;(四)国家新闻出版广电

---

① 张新新.数字出版概念述评与新解——数字出版概念 20 年综述与思考[J].科技与出版,2020(7):43-56.

② 该《规定》自 2016 年 3 月 10 日起施行。原国家新闻出版总署、信息产业部 2002 年 6 月 27 日颁布的《互联网出版管理暂行规定》同时废止。

总局认定的其他类型的数字化作品。"

网络出版物的主要特征包括：（1）图片、文字、声音、图像、影像、游戏、AR作品、VR作品等都以数字化形式存储在光、磁介质上。（2）具备出版物的编辑、制作、加工等特征，遵循出版物内容审核责任制度、责任编辑制度以及责任校对制度等管理制度，符合出版物制作流程和网络出版物质量要求。（3）通过信息网络传播，这也是网络出版物较之电子出版物等单机版出版物的最大特点。这里的信息网络，包括互联网、移动互联网、有线电视网、卫星互联网等，是指由计算机或者其他信息终端及相关设备组成的按照一定的规则和程序对信息进行收集、存储、传输、交换、处理的系统。

网络出版服务，本质上是出版服务在网络上的延伸与发展，应当遵守宪法和有关法律、法规，坚持为人民服务、为社会主义服务的方向，坚持社会主义先进文化的前进方向，弘扬社会主义核心价值观，传播和积累一切有益于提高民族素质、推动经济发展、促进社会进步的思想道德、科学技术和文化知识，满足人民群众日益增长的精神文化需要。

网络出版物的服务提供商，须依法经过出版行政主管部门批准，取得《网络出版服务许可证》。未经许可，不得从事网络出版业务；同时，网络出版服务单位应当按照批准的业务范围从事网络出版服务，不得超出批准的业务范围从事网络出版服务。

书报刊、音像电子等出版单位提供网络出版服务，应该具备以下条件：（1）有确定的从事网络出版业务的网站域名、智能终端应用程序等出版平台；（2）有确定的网络出版服务范围；（3）有从事网络出版服务所需的必要的技术设备，相关服务器和存储设备必须存放在中华人民共和国境内。

非出版单位从事网络出版服务，除满足上述条件外，还需要：（1）有确定的、不与其他出版单位相重复的，从事网络出版服务主体的名称及章程；（2）有符合国家规定的法定代表人和主要负责人，法定代表人必须是在境内长久居住的具有完全行为能力的中国公民，法定代表人和主要负责人至少1人应当具有中级以上出版专业技术人员职业资格；（3）除法定代表人和主要负责人外，有适应网络出版服务范围需要的8名以上具有国家新闻出版广电总局认可的出版及相关专业技术职业资格的专职编辑出版人员，其中具有中级以上职业资格的人员不得少于3名；（4）有从事网络出版服务所需的内容审校制度；（5）有固定的工作场所；（6）法律、行政法规和出版行政主管部门规定的其他条件。

此外，中外合资经营、中外合作经营和外资经营的单位不得从事网络出版服务。网络出版服务单位与境内中外合资经营、中外合作经营、外资经营企业或境外组织及个人进行网络出版服务业务的项目合作，应当事前报出版行政主管部门审批。

网络出版物的主要形态包括原创型网络出版物、转化型网络出版物、数据库型网络出版物以及其他网络出版物。

（1）原创型网络出版物

原创型网络出版物，是指不依托于传统出版，直接采用网络出版加工制作流程生产的网络出版产品。其特征是：电子书的生产与纸质图书生产过程同步化，或者电子书的生产先于纸质图书的生产，抑或直接进行网络出版而不采取纸质图书出版的方式。原创型网络出版物主要是指文艺、科学等领域具有知识性、思想性的文字、图片、地图、游戏、动漫、音视频读物等原创数字化作品。

（2）转化型网络出版物

转化型网络出版物，是指依托于传统出版，在纸质书报刊的基础上加以转化而产生的网络出版产品，也指与已出版音像制品、电子出版物内容相一致的数字化作品。其特征是：该类产品是对已有纸质图书加工处理后得到的电子版本，内容与书报刊、音像出版物、电子出版物完全一致；没有单独的基于数字内容的选题策划，没有内容方面的创新或增删；该类电子书是书报刊、音像出版物、电子出版物的一种衍生品，在产生时间顺序上，在具体的数字产品运营实践中，有的企业电子书滞后于纸质书报刊、音像出版物、电子出版物发行，也有的和纸质书报刊、音像出版物、电子出版物同步发行或者是提前发行。

（3）数据库型网络出版物

数据库型网络出版物，是指将原创型网络出版物、转化型网络出版通过选择、编排、汇集等方式形成的网络文献数据库等数字化作品。数据库型网络出版物的主要特征包括海量的数字资源集聚、体系化的知识编排以及具有较强的查询检索功能，能够为用户提供便捷、快速的知识查询和阅读服务。

第三节　手机出版阶段

手机出版几乎和网络出版同时出现，创造了数字出版发展历程中的一段辉煌岁月。据称"中国首部手机短信连载小说"的作品名为《城外》，这篇一共 4200 字的小说，将被分割为 60 章节、每篇 70 个字，发送给手机订户。2004 年 8 月，《城外》的版权已经被电信运营商华友世纪通讯公司以 18 万元人民币的价格买断。① 而今，通过手机来阅读小说、诗歌、散文等网络文学已经成为一种普遍化的现象。2010 年 1 月，中国移动手机阅读业务进入商用阶段，网络阅读从 PC 端转移到手机端，这标志着中国网络文学进入移动阅读新时代。2010—2014 年，手机阅读处于成长壮大期，其间大量的国有出版单位纷纷布局手机出版业务，手机阅读呈现高速增长态势，成为数字出版领域一道靓丽的风景线，也由此推动了手机设备、移动通信网络技术在数字出版领域的应用。截至 2021 年 3 月，前身为中国手机阅读基地的咪咕阅读平台截至 2021 年 3 月，咪咕阅读汇聚了超 60 万册精品正版图书内容，涵盖出版图书、原创小说、杂志、听书等多种内容形态，平台汇聚了多部优秀图书，月活跃用户突破 1.6 亿。②

---

① 匡文波. 手机出版：21 世纪出版业的新机遇［J］. 陕西师范大学学报（哲学社会科学版），2005（1）：119-124.

② 高丽凤，帖洪宇. 咪咕阅读多维营销的渠道建构［J］. 传媒，2021（17）：68-69.

手机出版是以手机为载体的数字出版形态，广义上包含手机铃声、彩信、彩铃、图片、动漫、手机游戏、手机图书杂志等；狭义的手机出版物仅指手机图书、杂志等手机阅读产品。

手机出版，是指以手机为媒介的出版方式，某种意义来讲，是网络出版在手机设备上的延伸，是网络出版在移动互联网领域的创新和应用。而手机出版物，就是以手机为载体的出版形态，是指手机出版服务提供者使用文字、图片、音频、视频等表现形式，将自己创作或他人创作的作品经过选择和编辑加工制作成数字化出版物，通过无线网络、有线互联网络或内嵌在手机载体上，供用户利用手机或类似的移动终端阅读、使用或者下载的传播行为。

手机出版物的主要特点如下：

第一，移动性、便携性。这是内容的载体——手机所决定的。手机出版物的普及和受欢迎程度可从一个很小的事例中得到印证：以前人们在地铁、公交车上还会翻阅报纸或者书籍，后来人们捧着各式各样的平板电脑，再到现在人手一个手机，或者是看手机书，或者是看新闻资讯，或者是看微博微信，或者是看手机视频。

第二，节省成本，零库存，传播范围广。随着 5G 技术的普及，无线上网速度得到很大的提升，不仅是阅读图书，观看视频的速度也有了质的提升。手机出版不仅可以节省传统出版中的附加费用，还可以降低因市场预期不足带来的库存风险。网络覆盖到哪儿，受众就会定位到哪儿，传播不受地理空间的影响。

第三，价格低廉，付费便捷。受众可以通过话费、微信、支付宝或其他支付方式实现订阅，随时随地可实现费用支付，享受数字出版所带来的乐趣；付费方式的低廉性和便捷性，加之超大规模的手机用户群体，使得手机出版物是目前我国数字出版业态中唯一一种能够在 B2C 盈利模式下取得大规模、高增长盈利的数字出版产品。

第四，互动性强，更新速度快，信息容量灵活。手机出版不受篇幅、长度限制，内容可以随时修改调整，实时更新，例如以自出版形态出现的微博、微信等。手机出版促成了读者和作者之间的互动，打通了两者之间长期存在的鸿沟，每一部手机都是出版体系中的一环，从而能够实现对出版物销售跟踪、意见反馈等多方面的功能，对读者和出版企业都提供了更便捷的服务，实现了广泛、迅速的互动。

国有出版单位曾经一度联手手机阅读服务提供商，推动着图书的手机出版业务发展，但随着数字版权意识的增强、稀缺资源价值认知度的提升以及数字出版发展的自主可控趋势日臻明显，网络文学等原创作品的手机出版成为经久不衰的出版形式，而基于图书转化的手机出版业务则逐渐收缩，不再是出版单位的主营数字出版业务。须知，"内容为王"仍然是数字出版发展的基本遵循，出版社在数字时代竞争的根本武器是内容资源，是优质的内容资源；一旦某出版社的内容资源在网络上到处都是，失去了资源的唯一性和独有性优势，出版社就失去了在"互联网+"时代的竞争筹码。

第四节 数字化阶段

2009 年，开启了日本的电子书元年；2010 年，被誉为中国的电子书元年。彼时中国的电子书市场处于方兴未艾的阶段，无论是以终端阅读为代表的电子书产品，还是以数字图书馆为代表的在线电子书均展示出了强劲的市场前景，数字出版数字化阶段的代表性产品形态——数字图书从那时起开始发力。

对习惯于传统出版的出版人而言，当初以电子书(数字图书)、数字期刊、数字报纸为代表的数字出版，是个新生事物，面对这个新生事物，编辑们存在着以下几种态度：质疑、观望、恐慌。旗帜鲜明地支持的并不多；明确反对的，也不多，各个出版社皆如此。传统出版的编辑能够认清数字出版是未来方向，是不可逆转的大趋势。但是，基于情感或者利益的束缚，往往不能主动地实现转型。

数字出版的数字化阶段，其主要特征有：

首先，数字图书、数字期刊、数字报纸是数字出版的主要产品形态，表现形式多样化。以数字图书为例，其表现形式可能为手持终端式电子书，例如汉王阅读器；可能为电子图书馆，如方正阿帕比的中华数字书苑；可能为专业性的数字图书馆，如法律出版社的法官电子图书馆、法学院电子图书馆。

其次，功能强大，使用便捷，极大地提高了阅读和使用的效率。相对于传统图书而言，阅读、使用电子书，可以通过复制、粘贴、全文检索等功能，很快地实现资料检阅、研究查询，很大程度上方便了阅读、学习和研究的需要。

最后，浅阅读和功利性阅读趋势加强，深阅读和全面阅读的比例下降。相对于纸质阅读而言，电子书阅读一方面体现出功利性特征：基于特定查询、研究、引用的需要，为了提高效率而广泛使用电子书；另一方面体现出浅阅读特征：阅读电子书进行深入思考并进行系统整理和标记的用户相对较少，大部分用户基于娱乐、休闲而选择阅读电子书，形象的说法是"快餐式"阅读。

随着人们阅读需求的不断提高，电子书的用户体验已经不能够完全满足人们的使用需要，在这种情况下，受到境外出版集团、民营信息服务商的启发，诸多出版社纷纷试水数据库产品，还有的出版社开展了以片段化、碎片化为主要特征的网络文学业务，数字出版步入了以数据库产品为代表的碎片化发展阶段。

第五节 碎片化阶段

2010—2013 年，众多出版社尝试进入数据库市场，纷纷打造专业领域的数据产品，力图在数据库市场分一杯羹，取得自己的一席之地。在数字出版碎片化发展阶段，各新闻出版企业侧重于将数字产品向数据库方向过渡和转型，一方面立足于将作为存量资源的传统图书进行碎片化加工，拆分到章节甚至是段落；另一方面，重视在制资源和增量数字资源的引入和加工，力图扩充所属领域数据库的数量和质量。

在碎片化阶段，民营信息提供商往往走在了出版社的前面，例如在法律领域，北大法律信息网所提供的北大法宝数据库、同方知网所提供的法律数据库、北大法意所提供的法意数据库、超星公司暗中打造的法源搜索引擎等；在建筑领域，正保教育集团所打造的建设工程教育网。同时，汤森路透、励德爱思维尔(现已更名为励讯集团)等境外出版传媒集团也纷纷在法律、医疗、金融等领域推出自己的数据库产品，不断开拓我国的个人和机构用户市场。应该说，无论是民营企业，还是境外企业，他们的数据库产品技术功能、市场占有率远远超过我国传统的出版单位，有所不同的是，民营企业占据的是我们的企业用户、事业单位用户和政府机关用户市场，而境外企业多是在企业用户、事业单位用户市场占有优势，政府机关用户市场并没有较为成功地打开和突破。

如果说传统纸质图书、电子图书传递的是一个一个"知识孤岛"，那么数据库产品传递的是个性化、定制化的知识碎片，这些知识碎片往往更能够满足用户特定方面的知识需求，同时能够以性价比更高的方式实现产品运营和信息服务。这是传统出版单位纷纷进军数据库市场的最深层次的驱动因素。这方面走在前列的例如人民卫生出版社人民医学网所推出的医学教学素材库、健康数据库、人民医学百科数据库等系列数据库产品；人民出版社投入大量人、财、物资源所倾力打造的中国共产党思想理论资源数据库；法律出版社联合香港中华法律网打造的法律门数据库，等等。

出版企业所着力打造的数据库产品，和民营企业、境外出版商相比有以下几个方面的特征：

其一，在内容质量方面，更加专业和权威。我国出版社的成立方式及经营体制，决定了每家出版社，尤其是专业性出版社，在特定行业、特定领域积累了庞大、丰富和权威的专业知识和专业资源；这些专业资源是民营信息服务商、境外出版商都无法获取的，资源的专业性和权威性是保障出版单位的数据库产品立足市场、打开市场的决定性因素。

其二，在目标价值层面，围绕用户的知识问题，以提供知识解决方案为主。专业性强的数据库产品，都在以提供特定专业、特定领域的问题解决方案为目标，并尽可能梳理出各个行业领域的知识解决方案体系。例如，地质社所打造的"国土悦读"移动知识服务平台，所提供的资讯、舆情均围绕着国土地质领域的专业用户而精心设计；社科文献出版社所提研发的"皮书数据库"产品，旨在为社会科学各行业提供科研的智库和决策参考。

其三，在技术应用层面，打破传统静态数据库的设计，力图融合领域本体要素。传统的数据库产品，民营企业或境外出版商所研发和在销的各种专业性数据库，都属于静态数据库，条目与条目之间、子库与子库之间并没有实现知识关联，原因在于其数据库底层设计没有考虑知识元、知识关联、知识图谱的因素，没有将领域本体的构建作为终极目标；而随着大数据、云计算、语义标引技术的逐步被重视，多家出版社已经开始考虑重构数据库的形态，以知识体系为核心构建动态、互通、可自动成长的数据库，例如人民社所打造的中国共产党思想理论资源数据库，就做了大量的知识标引工作，研发了概念关联系统，实现了知识标引和关联的预期效果，并且聘请了顶尖专家进行把关和审核。

碎片化阶段的数字出版，已经孕育了数据化发展的因素，部分出版社布局动态数据库的做法，也预示着数据化阶段的数字出版即将到来；而在政府调控层面，2014年，原新闻出版广电总局、财政部文资办联合推动了特色资源库项目，2015年初，原新闻出版广电总总局数字出版司发起了专业数字资源知识服务模式试点工作，这便在改策引导方面，鼓励着新闻出版企业向着以知识体系为内核，以知识发现、知识图谱构建为目标的数字出版体系化发展阶段迈进。

第六节　数据化阶段

2013—2015年，数字出版发展步入数据化发展阶段，其主要特征有：以知识体系为逻辑内核，以知识服务为新的产品（服务）形态，以大数据、云计算、语义分析、移动互联网为技术支撑，以存量资源、在制资源、增量资源为服务基础，出版业态呈现出数据化出版和智慧化出版的态势，呈现出内在逻辑清晰、外化形态合理、服务提供全面、知识自动成长的生态圈特征。

数字出版数据化发展阶段以知识体系为逻辑内核，这意味着，数字出版产业链的四环节——内容提供、技术支持、市场运营和衍生服务，均围绕着知识体系的嵌入、融入、延伸而展开。数字产品的研发需要围绕知识元的建设与应用、知识层级体系建立、知识交叉关联规则确立等方面来组织文字、图片、音视频等知识素材；数字出版技术的应用，需要以实现知识发现、知识自动成长和知识服务为最终目标；数字出版的市场运营，更是需要针对不同领域的目标用户，从知识体系出发，提供个性化、定制化、交互式的知识服务。在知识体系研发方面，2016年，地质出版社研发出23个学科、8个层级、38000多条的知识点所构成的地质学知识体系，并将该知识体系作为标引依据，形成了3000多万条知识关联关系，构建了中国地质专业大数据知识服务平台。

数字出版的数据化发展阶段以知识服务为最终产品（服务）形态。知识服务具备以下几个特征：用户驱动服务模式产生、问题导向出发提供知识解决方案、直联直供直销的即时响应方案、综合运用多种高新技术、注重知识增值服务，等等。

数字出版的数据化发展阶段，是以大数据、云计算、语义分析、移动互联网等高新技术为支撑的阶段。知识标引技术是数字出版体系化发展阶段的标志性技术，云计算技术是知识服务开展的关键性技术，大数据平台是知识服务外化的最佳表现形式，移动互联网技术的应用最容易产生弯道超车的跨越式发展效果。

数字出版的数据化发展阶段，极有可能催生出数据出版新业态。数据出版，是指以数据作为生产要素，把文字、图片、音视频、游戏动漫都当作数据的一种表现形式，围绕数据的挖掘、采集、标引、存储、计算开展出版工作，通过数据模型的建构，最终上升到数据应用和数据服务的层面。在数据采集和挖掘层面，可能需要用到特定的挖掘采集工作；在数据标引层面，需要用到知识标引技术；在数据计算层面，需要用到离线计算、分布式计算等多种计算方法；在数据模型建构层面，需要结合特定专业的知识解决方案，将专业与大数据技术相结合，建构一定的数据模型；在数据服务层面，针对个人用户、机构用户的不同需求，提供在线和离线的多种形式的数据知识服务。在数据出版领域，值得借鉴和思考的是，出版业之外的其他行业已经先行，甚至是产生了较为显著的成果，例如，福建省高级人民法院所研发的福建法院司法大数据分析平台，已经将全省自中华人民共和国成立以来的数百万的案件输入了大数据平台，并能够随时做出案由、时间、地点、趋势等多方方面的数据分析报告。

第七节　智能化阶段

2016 年以来，随着人工智能元年的到来，随着大数据、深度学习、云计算等关键领域的突破，人工智能、5G、区块链、元宇宙等新兴技术高速发展，推动我国新闻出版业由数字化、碎片化、数据化逐步向智能化过渡。

所谓智能出版，是数字出版发展的高级阶段，是将智能化的数字技术应用于出版产业链的结果，是以智能化的数字技术作用于编辑、复制、加工、传播等环节的新型出版，是出版业内部流程和外部产品(服务)都呈现出自动化、自主化、智能化特点的出版新模式、新阶段与新业态。

智能出版的未来场景是以 5G、区块链、人工智能、元宇宙等技术为支撑，建立健全众智众创、协同创新的生产管理流程，提高数字内容生产、流程管控、发行传播的智能化水平，研发、应用和推广支持智能选题策划、智能审校、智能排版、智能印刷、智能发行等的技术工具集，研发支持战略研判、决策的智能化管理集成平台，研发面向用户提供智能化服务的集成平台，提供智能化的精神文化产品和服务，全面提升新闻出版业的数字化、数据化和智能化水平。

智能化阶段的特征主要有：(1)技术支撑为智能技术体系，以 5G 技术、区块链技术、人工智能技术为主体。其中人工智能技术又是一个"大数据和深度学习为两大基石，以数据算法和算力为三要素，由增强现实、虚拟仿真、智能机器人、机器撰稿、智能助理、机器视觉"等多项综合技术所组成的技术生态体系。(2)产品形态以智能化出版产品服务为主，旨在为用户提供沉浸交互、智慧便捷、安全可靠的学习阅读服务，如 AR 出版物、VR 出版物、智能知识服务、智能阅读机器人、5G 出版产品、版权区块链等多元化、融合化、智慧化的产品服务。(3)出版流程在时间戳技术、群体智能技术、智能编校排技术等支撑下，可以实现传统出版和新兴出版生产管理流程的"一体化、协同化、同步化"，进而可优化出版要素配置，提高出版业生产效率。(4)技术赋能达到智慧赋能程度，一方面可基于出版创新型智库，调用出版系统内外部的创意资源和智力成果，辅助治理决策和推动产业发展；另一方面，可基于智能化技术，推动出版流程和产品的自动化、自主化、绿色化和适人化，推动出版业更高质量、更好效益、更加智能地发展。智能化阶段的产品服务数不胜数，每年推出的数字出版精品项目、有声读物精品项目大部分都是智能化出版产品服务。

2017 年发布的《新闻出版广播影视"十三五"发展规划》指出，"研发应用人工智能技术，包括基于深度学习、类脑智能的机器写作、机器翻译、机器智能选题策划、智能内容分发的关键技术"；"推动印刷产业向绿色化、数字化、智能化、融合化方向发展"；"提高发行流通的信息化、智能化、标准化、集约化水平"，侧重强调出版业数字化转型的全面推进与产业化的总体布局。2021 年 12 月，国家新闻出版署正式下发《出版业"十四五"时期发展规划》（以下简称《规划》）。《规划》明确提出实施数字化战略并指出"壮大数字出版产业""大力提升智能化水平""产业数字化水平迈上新台阶"。由此可以窥见，两次出版业五年规划对出版业数字化转型、融合发展、深度融合的指导与规划呈递进式发展。智能出版将成为促进出版业市场化、规模化、产业化发展的关键所在。

2016 年以来的数字出版技术应用，可谓更加精彩纷呈，值得大书特书。尽管没有取得特别明显的成效，但是开辟了"AI+出版""5G+出版""区块链+出版""元宇宙出版"等数字出版的新业态、新模式和新生态。

人工智能是能够自主感知、决策、执行和控制的计算机软件程序或硬件设备，人工智能的三要素分别是数据、算力和算法。作为数字出版三大数字技术之一的人工智能，其实是一个技术体系，涵盖了增强现实、虚拟仿真、知识服务、大数据、群体智能、深度学习、内容推荐、机器撰稿、智能机器人等多项技术。整个"十三五"期间，人工智能作用于出版一则，对内部分实现了出版流程智能再造，这一点可从方正电子的协编系统、知产社的中知编校智能编校排系统，可见一斑；另一方面，就是对外提供了很多智能化的产品服务，如机器新闻、AR 出版物、VR 出版产品、新闻出版大数据、新闻出版知识服务等产品服务形态。

——增强现实技术：在产品研发层面，中信出版社、江苏凤凰教育出版社、山东教育出版社、中国法制出版社等一大批出版社分别出版发行了自己的 AR 图书，掀起了一股 AR 图书热潮。在技术原理层面，"3D 模型库、AR 编辑器、输出展示系统"成为 AR 技术应用于出版业的基本原理，多家 AR 技术公司积极融入出版业，大力推广 AR、VR 技术在出版业的应用，随处可见他们活跃于出版圈的身影，其先后与北京理工大学出版社、东北财经大学出版社、新加坡 September 21、牛津大学出版社马来西亚公司、泛亚出版社马来西亚公司等多家国际出版商合作；在标准层面，《出版物 AR 技术应用规范》行业标准自 2019 年 7 月 1 日正式实施以后，AR 出版物产业链在数字出版实践中日趋成熟和完善，逐步形成了由"选题策划、媒体制作、内容集成、输出展示、审核测试、发布推广和运营维护"所组成的 AR 出版物的生产制作流程。

——虚拟现实技术：VR 技术应用于新闻出版业的场景可以包括：历史人物、场景的再现与宣传；优秀传统文化的挖掘与呈现；出版业的展会论坛、展览展示；教育出版领域的在线教育、智能教育、研学旅行、实验课程等；专业出版涉及道路桥梁、地质灾害、文物古迹、水利水电、工业仿真等场景。2018 年关于 VR 技术与新闻出版相结合的两场盛会分别是：2018 年 9 月底，国际虚拟现实创新大会在青岛召开；2018 年 10 月，2018 世界 VR 产业大会在江西南昌开幕。新闻出版企业、科研单位分别在两个会上进行演讲，同时布置了新闻出版 VR 的展览展示。

　　——新闻出版大数据：第三代人工智能的两大基石分别是大数据和深度学习。数据是人工智能的基石，有大量的数据资源，人工智能才可能有好的发展。现代出版业，数据，是生产资料，是生产要素，如石油、矿产一样，是"能源"，图书、图片、条目、知识库、数据库，都是数据。"十三五"期间，出版大数据建设取得了不错的成效：在技术原理层面，大数据构建的数据采集、数据加工、数据存储、数据标引、数据计算、数据建模、二次数据、数据服务等基本流程环节已基本确定；在数据类型层面，条数据与块数据；内容数据、用户数据与交互数据的应用范围不断扩大；在行业案例层面，2018 年 5 月 28 日，首届(2018)中国新闻出版大数据高峰论坛在贵阳如期举行。会上公布了融智库"大数据分库"的首批专家，发布了首批中国新闻出版业大数据平台创新成果奖。贵州出版集团大数据、海关出版社、人民法院出版社法信大数据、地质出版社自然资源知识服务大数据、知识产权出版社的 DI Inspiro 大数据、重庆出版集团文化教育大数据等大数据产品矩阵正加速形成。

　　格外值得重视的是，2019 年 8 月，科技部等六部门印发了《关于促进文化和科技深度融合的指导意见》的通知，将"加强文化大数据体系建设"作为重点任务加以规定，指出："贯彻国家大数据战略，加强顶层设计，加快国家文化大数据体系建设。构建文化大数据应用生态体系，加强文化大数据公共服务支撑。加快文化数据采集、存储、清洗、分析发掘、可视化、标准化、版权保护、安全与隐私保护等领域关键技术攻关。"2020 年 5 月，中宣部文改办下发了《关于做好国家文化大数据体系建设工作通知》，其中规定了"中国文化遗产标本库建设""中华文化素材库建设""国家文化大数据云平台建设"等八大重点任务，并指出要"健全工作协调机制，制定工作计划，用足用活政策，多渠道筹措建设资金，努力开创工作局面"。2020 年 8 月，《财政部办公厅关于编制 2021 年中央文化企业国有资本经营预算的通知》首次把"推动国家文化大数据体系建设"作为四个重点之一，指出"支持中央文化企业将已建成数据库同中国文化遗产标本库、中华民族文化基因库、中华文化素材库对接，巩固和提升数字化转型升级成果，结合国家数字复合出版系统工程推广工作，创建数字化文化生产线，开发文化大数据，创作生产适应现代化网络传播的文化体验产品"。

　　——知识服务技术："十三五"期间，知识资源的采集、标引、计算、发布等关键技术已经成熟，信息服务、知识产品和知识解决方案的三层次知识服务逻辑已达成共识，扩展性知识服务和定制化知识服务模式已在实践中得到大范围应用。2016 年，继续推出 67 家数字化转型升级软件技术服务商，面向全行业、全国范围提供转型升级技术支持和知识服务。知识服务持续发展，推向纵深，政策驱动型知识服务、产品驱动知识服务、技术驱动型知识服务、信息驱动型知识服务、智慧驱动知识服务在不同的领域绽放不同的光芒，可谓大放异彩：首先，在调控层面，2018 年 6 月 1 日，中国新闻出版研究院发布了知识服务模式(综合类)试点单位遴选结果公告。55 家第三批知识服务模式试点单位的公布，标志着共计三批 110 家知识服务模式试点单位正式形成国家知识服务体系方阵，在政策信息、技术开发、产品体系、资源建设、人才队伍等领域已经具备相当规模，在国家级知识服务中心建设方面又迈出了实质性的步伐。2019 年 8 月，中国出版业知识服务大会在京召开，会议梳理了 82 家知识服务模式试点单位的案例，正式发布了知识服务标准体系表和包含17 家专业库的国家知识服务门户网站。其次，在市场方面，新闻出版企业开展知识服务已经由单学科专业型、应用型知识库建设，逐步过渡到多学科综合型知识库研发。单学科知识库向多学科知识库、专业型知识库向综合型知识库的过渡与升级。由中新金桥发起的"可知"知识服务平台，自 2018 年上线以来，已经接入 70 余家国内出版机构，上架电子书超 10 万种，面向全国高校图书馆提供包括电子书、有声书、知识视频在内的多媒体知识服务，并召开了多场次"出版社+图书馆"研讨论坛。专业类出版社在知识服务领域的表现也可圈可点，中国农业科技出版社已将渠道下沉至乡镇一级的农机站，中国林业出版社在布局将智能机器人与林业数字阅读相结合以开展林业科普，海洋出版社将 VR 技术应用于海洋生态文明知识服务，等等。

——5G 技术应用：2019 年，先进技术应用于数字出版最典型便是 5G 技术。2019 年，是 5G 元年，工信部向中国移动、中国联通、中国电信、中国广电四家企业颁发了 5G 牌照，标志着中国正式步入 5G 时代和 5G 商用正式揭开大幕。5G 技术超高速、低延迟、宽覆盖、低功耗、大容量、高可靠等性能优点，注定了其将重塑数字出版产业链的内容策划、生产制作、传播运营等环节，也对政府监管提出了更高的要求，提高监管意识、提升监管技术、确保意识形态阵地的领导权将成为 5G 监管的重中之重。同时，5G 所带来的增强移动带宽将极大改善 AR 出版、VR 出版的用户体验，为增强现实和虚拟仿真产业的发展带来一次重要机遇；5G 将对移动互联网知识服务进行重塑，行走的数字图书馆将变成现实；电视数字图书馆等基于广播电视网络的数字出版产品将得到跨越式发展；知识短视频、视频直播等数字视听产品将获得第二次腾飞和繁荣。随着 5G 时代的到来，超密集网络异构技术有助于提高数据流量，解决同频干扰；移动云计算技术有助于提升移动互联网端的数据计算能力，为大数据二次数据的产生提供技术支撑；软件定义网络技术的控制平面可以获取、监控用户数据，有助于用户数据的采集、分析和挖掘。[①] 由此，出版领域的5G 技术应用原理和应用场景等配套标准将在未来占有一席之地。

——区块链技术：狭义来讲，区块链是一种按照时间顺序将数据区块以链条的方式组合成特定数据结构，并以密码学方式保证的不可篡改和不可伪造的去中心化共享总账

---

① 张新新. 新闻出版业 5G 技术应用原理与场景展望[J]. 中国出版，2019(18)：10-13.

（Decentralized shared ledger），能够安全简单存储的、有先后关系的、能在系统内验证的数据。① 区块链的特征主要包括去中心化、时序数据、广泛参与性、安全可靠性、可编程等。出版业的区块链技术应用架构包括基础层（数据层、网络层）、驱动层（共识层、激励层、合约层）、应用层等，并以"标准层"贯穿始终。区块链在出版业的七个应用场景：内容溯源、版权保护、选题策划、编校印发、知识服务、出版大数据和出版智库建设。值得欣慰的是，2017 年 5 月，中国区块链技术和产业发展论坛发布了国内首个区块链标准——《区块链参考架构》，系列国家标准《信息技术 区块链和分布式账本技术 参考框架》《信息技术 区块链和分布式记账技术 智能合约实施规范》《信息技术 区块链和分布式记账技术 存证应用指南》等也纷纷获批并步入研制阶段。2020 年 6 月，《区块链技术在版权保护中的应用技术要求—文学、图片作品》行业标准，作为第一项新闻出版领域的区块链行业标准也正式获批立项。

——元宇宙技术生态。2021 年，是元宇宙元年，元宇宙成为新的现象级事件，成为大众话题和专业话题的聚焦点之一。元宇宙"新互联网说""数字社会说""数字世界说"三类元宇宙概念成果阐述，在此基础上本书提出"数字时空说"，即"元宇宙是指基于数字技术进行建构，以促进人的自由全面发展为价值皈依，以系统完备的数字文明为最终目标，蕴含数字人、资本、信息、数据、知识等要素，由虚拟文化、经济、政治、社会以及自然生态系统所构成的数字时空总和"，从而回答了"元宇宙是什么"这一问题。元宇宙的特有属性即为数字时空属性，本质属性是数字文明属性，本质特征为时空拓展性，基本特征包括系统性、数字化、文化性、融合性、交互性等。元宇宙系统是由虚拟文化、政治、经济、社会、自然生态等子系统及其功能形成的相对稳定的结构方式，元宇宙的协同发展机制是以"要素协同、子系统协同、元宇宙与本宇宙协同"为基本内容、以动力和反馈机制为制衡机制。元宇宙价值论包括形式价值、目的价值与价值标准。最后，在出版与元宇宙的耦合机理的基础上，基于远景视角，出版的未来可包括"融合出版 4.0——虚实融合出版、面向元宇宙的出版标准化、元宇宙与出版科研、元宇宙与媒介革命、元宇宙与出版技术革命、元宇宙与出版话语体系构建、出版产业链重构、出版价值链重构和出版数字技术赋能"等内容。

第八节　数字出版技术变迁的历史启示

一、技术进步对出版发展的促进作用

出版发展史，也是一部出版技术发展史，是一部出版技术不断创新与迭代的历史。"出版的发展史是积极应用科技成果的历史，以区块链技术、大数据技术、人工智能技术

---

① 袁勇，王飞跃. 区块链技术发展现状与展望［J］. 自动化学报，2016，42（4）：481-494.

等为代表的信息技术应用是当前中国出版业高质量发展面临的新机遇"。① 出版，从手抄、手工印刷向机械复制的演进，从"铅与火"向"光与电"升级，再向"数与网"的高质量发展，这个古老的产业，每一次的跨越式发展、大踏步前进，都是借助技术之翼，都是吸收了最新的科技生产力。

纵观历史，造纸术的发明，突破了几千年来人类基于自然物质进行书写的方法，创造了造价低廉、书写方便、易写到易保存的理想书写载体，至今在人类社会的文化传播中都起着至关重要的作用。雕版印刷术的出现，提高了图书生产效率，提升了出版物质量，克服了手工抄写费时费力、容易错漏、规模不大、质量不高等缺点，促进了中华文化的国际传播。活字印刷术的发明，缩短了印刷制版时间，加快了出版物生产速度，推动了图书大量复制生产，终结了手工抄写出版时代，使得出版业发生了革命性的变化。机器印刷，提高了印刷速度、效率和质量，使得印刷业走向了工业化的发展道路。新中国成立以来，印刷领域的颠覆性、革命性技术莫过于王选院士发明的汉字激光照排系统。汉字激光照排技术解决了汉字输入、输出问题，有效提升了印刷效率，也在一定程度上减少了能源消耗、铅毒污染问题，使得国内出版行业发展历程大幅度缩短。可以说，汉字激光照排和电子出版系统，开启了中国印刷技术的第二次革命，使中国出版业告别了"铅与火"，迎来了"光与电"的时代。汉字激光照排系统的大范围应用，在降低能耗、铅毒污染的同时，推动"出版周期由 300 天至 500 天缩短到 100 天左右"，② 实质性提高了出版业生产力。

而最新的增强现实、虚拟现实、大数据、人工智能等技术和出版业的深度融合，持续变革着知识生产方式，推动专业机构生产内容、用户生产内容甚至是 AI 生产内容；不断革新知识呈现方式，在文字、图片的基本方式之上，声音、影像、3D 模型等知识呈现方式越来越多地在出版物中出现；不断优化用户体验，使得单向、单一的知识灌输和传递，转为双向、交互的知识互动与反馈，通过及时改进产品功能，不断提升用户体验，提高产品的友好感、舒适感和可接受度。

因此，数字技术创新、技术超越、技术依赖的理念已经和数字出版的实践、制度紧密结合，技术赋能、技术加持、技术使能成为推进传统出版和新兴出版有机融合、推动数字出版高质量发展的必然选择。

二、数字技术成为出版系统的内生要素

出版业客观存在着文化子系统、经济子系统和技术子系统三个子系统，这三个子系统的独立运动以及相互作用、协同作用产生非线性的相干（融合）效应，进而推动着出版业从低级有序的低质量发展、一般性发展走向高级有序的高质量发展。而今，数字技术要素已

---

① 黄先蓉，常嘉玲. 融合发展背景下出版领域知识服务研究新进展：现状、模式、技术与路径[J]. 出版科学，2020，28（1）：11-21.

② 李南. 告别铅与火的新技术——汉字激光照排系统[J]. 激光杂志，2020，31（4）：56.

然成为数字出版系统的内生要素，数字技术子系统已然变成数字出版系统的不可或缺的子系统。

数字出版的发展从无到有、从小到大，是技术要素赋能的过程，是技术要素转移至出版产业的过程，也是信息要素、数据要素、技术要素与知识生产、传播深度融合的过程。数字技术进步之所以是出版业高质量发展最重要的内生动力，是因为：第一，技术进步所带来的增长是效率型增长，不是要继续增加要素的投入型增长。第二，技术进步推动出版业经济增长是创新驱动的增长，不是主要依靠要素、投资驱动的增长。第三，出版业系统吸收内化技术子系统的新要素所引起的出版新质态——数字出版、融合出版，是落实文化产业数字化战略的主攻方向，是出版业新的增长点、绿色增长点的重要标志。历史也证明，王选先生激光照排的发明和推广，实质性地推动了我国出版业由"铅与火"走向"光与电"，是效率型增长的典型范例。

出版业高质量发展、高质量增长要重视和强化技术要素的运用，要重视数字技术子系统功能的充分发挥，可从以下几个方面着手：（1）转变思想观念，转换动力机制，由主要依靠内容资源的比较优势驱动增长转换为依靠科技创新推动增长；（2）高度重视技术赋能价值，对内基于智能技术实现出版流程再造，对外提供数字化、数据化、智能化的出版产品服务；（3）推进财政治理现代化，继续推进重大项目驱动战略，支持出版业数字化新基建的深入实施，发挥示范效应和引领作用，解决技术创新的资金投入问题；（4）培育技术要素市场，以研发出版业自主技术为核心，加快数字技术在出版业应用的探索步伐，完善技术要素由市场评价贡献的价格机制；（5）建立出版科技协同创新体系，充分用好出版系统内外创意资源，发挥出版智库的作用，构建"出版企业—高等院校—技术企业"的产学研一体化机制，推动出版业科技研发与应用的开放创新和协同创新；（6）贯彻落实以增加知识价值为导向的收入分配政策，充分体现技术、知识、数据等要素的价值，充分尊重并用好科研型、技术型、创新型、全媒体型出版人；（7）坚定不移、全面贯彻出版业数字化战略，以数字出版和融合出版为重要抓手，以提高国有出版企业数字出版收入为重点，不断提高数字化收入在出版业产业中的贡献度，进而提高出版业全要素生产率。

三、技术原理和应用场景的耦合程度是技术赋能出版的直接因素

耦合指两个或两个以上的体系或两种运动形式之间通过各种交互作用而彼此影响，从而联合起来产生增力，协同完成特定任务的现象。数字技术作为陌生的新系统要和出版系统进行触碰、融合，直至合二为一、融为一体，直接成因在于数字技术原理能够应用于出版系统，在于数字技术能够在出版系统找寻到合适的场景，在于数字技术原理和出版应用场景是否耦合以及是否良好耦合。能够实现数字技术原理和出版场景的良好耦合，就能够充分发挥数字技术赋能出版业高质量发展的预期目标和价值。

在数字出版发展的过程中，数字出版共同体积极探寻数字技术在出版业的应用场景，不断深化对数字技术原理的认知。如在 AR 出版物技术原理中，把握住"3D 模型库、AR

编辑器、输出展示系统"这三个关键的环节，便可从整体上把握 AR 出版物等的研发制作流程，也可从总体上把握 AR 出版物的用户体验成败。3D 模型库解决的是三维模型研发问题，是增强现实的基础和源头；AR 编辑器解决的是知识点和三维模型的匹配、关联问题，是增强现实出版的纽带和桥梁；而输出展示系统，解决的则是用户体验问题，能否取得顺畅、流利、友好、如现实一般的用户体验感，其关键和落地环节就是输出展示系统。而 AR 技术应用于出版业的场景则主要为"很难为肉眼所见的物体或是永远也不能见到的物体或者生物，人们只能通过想象在脑海中加以呈现"。① 再如，VR 技术的应用原理在于如何将"沉浸式"的内容素材和出版物的知识点进行关联、输出和体验，实现数字化虚拟环境、VR 编辑器和输出展示系统的有机关联；而 VR 出版的应用场景是多元化的，可以涵盖常规出版的各领域，如教育出版的教学实验、专业出版的地质灾害、大众出版的历史与自然场景再现等，但无论如何多元，始终归结于现实世界很不可触、不可及或很难触及的场景。

四、坚持技术向善，坚守技术理性主义

鉴于数字技术应用的"两面性"问题，每种智能数字技术应用于出版业，往往都是正反面的结合体，而如何把握技术安全、如何守护文化安全、如何确保意识形态阵地的可管可控，就成为智能出版产品服务的策划、研发、推广全过程都需要考虑的因素。例如出版大数据在带来便捷的同时，有无考虑到隐私权保护、版权保护和数据安全问题；"AR+LBS"模式潜在的社会安全问题；区块链技术应用所带来的"51%以上算力篡改威胁""效率问题"和"资源浪费问题"；基于深度学习的深度伪造问题，等等。

仅就数字出版技术安全而言，如何治理、如何构建数字出版安全治理体系是重中之重。数字出版技术安全治理是以网信主管部门为主导采取软硬结合的治理手段对数字出版安全出版活动中涉及的技术安全部分进行调整、规制的治理方法、行为和措施的总和。基于技术自身的外延，数字出版技术安全治理分为数字出版宏观技术安全治理、数字出版中观技术安全治理、数字出版微观技术安全治理。数字出版宏观技术安全治理包括数字出版硬件技术安全治理和数字出版软件技术安全治理；数字出版中观技术安全治理是指针对具体数字出版技术进行安全管理和服务，包括数字出版 AR 技术安全治理、数字出版 VR 技术安全治理、数字出版区块链技术安全治理、数字出版人工智能技术安全治理等；数字出版微观技术安全治理包括数字出版电子书格式技术安全治理、数字出版智能编辑技术安全治理、数字出版内容推荐技术安全治理等。② 同时，基于技术的横向运作过程，数字出版技术安全治理包括数字出版技术规划安全治理、研发安全治理、评测安全治理、应用安全治理以及运维安全治理等。其中，数字出版技术规划安全治理侧重于技术路线的总体布局

① 张新新. AR 出版物产业化发展关键点剖析[J]. 中国出版，2018(8)：7-11.

② 张新新. 论数字出版的性质[J]. 出版与印刷，2021(2)：27-34.

安全，出版单位可根据实际情况选择适用技术外包、技术合作或技术自主的技术路线。①数字出版研发安全治理，是指在研发、引进数字出版技术过程中，要考虑技术与数据、用户的匹配，以及与出版单位总体技术能力的适配，确保数字出版技术自主可控。数字出版技术评测安全治理侧重于通过出台相关技术标准来提高技术与数字出版的适配程度。数字出版技术应用安全治理侧重于技术的应用场景安全以及日常安全管理和监督。数字出版运维安全治理，是指在数字出版技术运维过程中，要及时吸收用户意见反馈，及时发现存在的安全隐患和风险，并采取措施尽快处理，以确保数字出版技术应用处于稳定、可持续的安全状态。

对数字技术抱以过高期望，只了解其正面性价值的认知是非理性的。对数字技术在赋能出版转型、推动数字出版发展方面的价值认知的同时，要认识到其存在的负面性效应，要坚持以主流价值导向驾驭算法应用，让技术"流意识形态的指导下、在社会主义核心价值观的引导下发挥作用和功能"，② 加快建构由出版业信息安全、数据安全、内容安全、文化安全、技术应用安全、意识形态安全等所构成的安全封控体系，以守好和筑牢出版业高质量发展的底线。

---

① 张新新."十四五"教育出版落实文化产业数字化战略思考——基于发展与治理向度[J].出版广角，2021(24)：32-39.

② 张新新，龙星竹.数字出版价值论(下)：价值定位到价值实现[J].出版科学，2022(2)：24-31.

第三章　数字出版技术采纳过程

---

* 本章知识点提要

  1. 数字出版技术采纳的概念
  2. 数字出版技术采纳的理论基础
  3. 数字出版技术采纳的意义
  4. 数字出版技术采纳的内在动机和外在动机
  5. 数字出版技术采纳的流程

* 本章术语

  数字出版技术采纳　创新采纳过程理论　TOE 框架理论　技术结构化理论　资源理论　组织学习理论　数字出版技术资源　数字出版技术识别　数字出版技术获取　数字出版技术学习　数字出版技术能力　数字出版技术跨越　数字出版技术商业化　数字出版技术创新实现

数字出版技术采纳是数字出版技术的基础理论之一，对于理解出版机构采纳数字出版技术的关键过程及其内在机理具有重要作用。当作为突破性技术资源的一项新数字技术出现时，出版单位如何识别、获取、学习该项技术，并在此基础上进行商业化应用，直至最终实现技术创新的预期效果？出版单位技术采纳可借鉴和参考哪些理论？技术采纳的基本过程有哪些环节？这是本章欲解决的基本问题。为此，本章从数字出版技术的概念出发，对技术采纳的相关理论、数字出版技术采纳的意义和动机进行介绍，进而围绕数字出版技术识别与获取、学习与跨越、商业化与创新实现，对数字出版技术的采纳过程进行具体阐述。

第一节　数字出版技术采纳概述

在探讨数字出版技术采纳过程之前，首先需要厘清数字出版技术采纳的相关概念和理论基础，以明确数字出版技术采纳的基本范式以及其对出版发展的影响。

一、数字出版技术采纳概念界定

一般而言，采纳是指个体与组织对新技术的认识和执行的过程。创新采纳就是接受和持续使用一种创新。Damanpour首次基于企业层面提出创新采纳概念，认为创新采纳是一种组织为适应环境变化和提升或保持自身竞争优势而采取的组织运行手段。尽管不同定义存在一定的差异，但学者普遍都将创新采纳视为一种过程，并根据相应的过程，将创新采纳分为采纳意愿、采纳决策、采纳拒绝、采纳后使用等不同阶段。朱丽献综合国内外学者的观点提出，企业技术创新采纳是企业做出使用一项技术创新并实现市场化目标的复杂决策过程。[①]

综合以上对创新采纳等相关概念界定，我们将数字出版技术采纳定义为出版机构接受并使用数字出版技术，以期实现市场化目标的复杂决策和管理过程。需要指出的是，根据过往的研究表明，组织创新采纳理论一般针对信息技术（系统）采纳行为，围绕数字出版技术的研究相对较少。区别于一般的信息技术采纳，数字出版技术采纳有其特殊性。首先，所采纳的技术资源须为突破性技术资源。所谓突破性技术资源，是指与出版业具有良好耦合度的异质资源，能够有效提升出版业发展质量和效益。突破性技术资源往往随着出版业数字技术赋能阶段的演进而演化，如前述数字化阶段的电子书、手机阅读、数字图书馆技术；碎片化阶段的数据库、数据加工技术；数据化阶段的知识服务技术、大数据分析技术；智能化阶段的增强现实、虚拟仿真、5G技术、区块链技术、大数据、深度学习技术和元宇宙；等等。其次，数字出版技术采纳是在传媒等相关产业融合背景下出现的企业创新行为，与产业分立格局下主要局限于提高企业生产效率的技术行为存在明显的不同，其行为更多涉及对企业创新策略、商业逻辑的全面调整，具有明显的战略性。最后，由于数字出版技术采纳本身带有开拓新业务的内在诉求，客观上对企业传统业务存在一定的颠覆性，因此，相应研究的重点更多集中在探索如何在不确定的商业环境下，发挥新技术的潜在价值。当然，尽管与传统信息技术采纳行为相比，数字出版技术采纳在其方式与内涵都上发生了重大变化，但这并没有改变出版企业主要作为技术采纳者的角色定位。根据Dampour和Wischnevsky的研究，创新组织可以分为创新生成者（Innovation-generating Organization，IGO）与创新采纳者（Innovation-adopting Organization，IAO），前者是技术创新的供给方，其创新的结果是产生新的产品、服务或技术，后者是技术创新的接受方，其创新的结果是吸收新的产品、服务或技术，并使其与企业相互融合。[②] 根据出版企业的创新方式，可以看到出版企业的主要职能是利用新技术来实现信息和内容服务的商业目标，而非创造技术本身，因此，将其界定为技术采纳者具有较为充分的合理性。此外，考虑到技

①　朱丽献. 企业技术创新采纳研究［D］. 沈阳：东北大学，2008.

②　Damanpour F, Wischnevsky J D. Research on innovation in organizations：Distinguishing innovation-generating from innovation-adopting organizations［J］. Journal of Engineering and Technology Management，2006，23(4)：269-291.

术创新采纳从属于技术创新的范畴界定，数字出版技术采纳从广义上可以被视为是一种数字出版创新活动，主要表现为出版企业开展新媒体或数字出版创新业务。

二、技术采纳相关理论

有关组织层面的技术创新采纳研究起始于20世纪六七十年代，直到20世纪90年代，对于创新采纳的主体研究才逐渐从社会和个体层面转移到单个企业层面。① 由于我们所关注的新媒体技术属于技术创新范畴，因此这里主要围绕组织层面的技术创新采纳梳理相关理论成果。研究对象方面，早期组织创新采纳研究以制造类企业为主，此后随着信息技术在各行业的渗透，围绕金融机构、旅游机构等服务业部门以及中小企业的创新采纳问题逐渐受到研究者的重视。研究范式方面，该领域研究大体可分为过程研究与行为影响因素研究两种范式，前者是将创新采纳过程分为一系列连续阶段，分析组织是如何采纳新技术并最终实现组织与技术之间的融合，许多研究者为此提出不同的阶段模型；后者则着重于分析影响组织采纳新技术的各种复杂因素，其目的是揭示哪些因素影响创新的采纳，以及不同因素的影响程度，如不少研究者从技术特征、组织特性与环境因素提出相关的影响因素。两种范式在研究方法上各有所长，能够有效解释组织创新采纳中的一些现象，并可相互补充。② 当然，无论是过程范式，还是因素范式，组织创新采纳问题的复杂性决定了对其开展研究的过程中，必然会涉及与不同理论的交叉融合。除了由组织创新采纳问题内生的相关理论，如组织创新采纳过程理论、TOE框架模型等，更多的研究会引入多学科理论视角，如资源理论、组织学习理论、社会资本理论等。尽管不同理论各自着眼点不同，但相互之间具有较好的互补性。

1. 创新采纳过程理论

组织创新采纳过程研究的基础来自创新扩散理论。该理论创始人罗杰斯认为，创新决策作为一个过程需要经历五个阶段，具体包括认知、说服、决策、实施和确认阶段。③ 之后他又针对组织层面的创新扩散提出五阶段模型，包括问题设定阶段（Agenda setting）、匹配阶段（Matching）、问题再定义阶段（Redefining/Restructuring）、确认阶段（Clarifying）与常规化阶段（Routinizing）。④ 其中前两个阶段是创新扩散的启动阶段，主要是发现组织自身的技术需求，并寻找到合适的技术，后三个阶段则是技术的实施阶段，最终实现技术与组织之间的适配。

Nolan则以美国企业IT应用为例，提出企业信息化建设的四阶段模型，具体包括初

---

① 朱丽献，李兆友. 企业技术创新采纳的国外研究综述[J]. 东北大学学报，2008，10(6)：484-488.

② 徐峰. 基于整合TOE框架与UTAUT模型的组织信息系统采纳研究[D]. 济南：山东大学，2012.

③ ［美］埃弗雷特·M. 罗杰斯. 创新的扩散[M]. 辛欣，译. 北京：中央编译出版社，2002：145.

④ ［美］埃弗雷特·M. 罗杰斯. 创新的扩散[M]. 辛欣，译. 北京：中央编译出版社，2002：380.

始、传播、控制和集成阶段。① 随着信息技术的发展，四阶段模型已无法完整解释企业技术应用，Nolan 又进一步提出六阶段模型和世代模型。其中所谓的"世代"是指企业在经历信息技术领域每一次重大技术变革之后所展开的一个新的学习循环。在每个学习循环之中，企业的 IT 开支，或者组织学习成长过程变化都会呈现出一条有规律的 S 形曲线。Wolfe 在对诸多学者观点汇总的基础上，综合梳理出组织创新阶段模式（见表3-1）。② 虽然不同学者采取的研究视角和分析方法不同，但对企业技术采纳阶段的分析存在一定的共通之处。如果将采纳决策作为分界线，基本都可分为采纳前和采纳后两个阶段，而不少实证研究也证实这两个阶段的影响因素存在一定的差异。

表 3-1　组织创新采纳阶段模式总结

作者 ＼ 阶段	1	2	3	4	5	6	7	8	9	10
Zaltman, Duncan & Holbek（1973）		知觉/意识	态度形成			决策	开始/执行		持续/执行	
Daft（1978）	概念				计划	采用/拒绝	执行			
Ettlie（1980）		知觉	评估	试验		采用/拒绝	执行			
Tornatsky 等（1983）		知觉	适配/选择			采用/拒绝	执行		常规化/承诺	
Rogers（1983）		知识			说服	决策	执行	确认		
Meyer & Goes（1988）		知识/知觉	评估/选择			采用	执行		扩张	
Coope & Zmud（1990）		开始				采用	改良/发展/安装	承诺/习惯	合并/常规化	注入
综合意见	概念	知觉	适配	评估	说服	采用	执行	确认	常规化	注入

① Nolan, R. L. Managing the Computer Resource：A Stage Hypothesis［J］. Conmmnications of the ACM, 1973, 16(7)：399-405.

② Wolfe. Organizational Innovation：Review, Critique and Suggested Research Directions［J］. Journal of Management Studies, 1994, 31(3)：407-431.

2. TOE 框架模型

企业技术采纳决策不仅是一个技术过程，更是一个社会过程，其最终结果会受到多种因素的影响。传统的信息技术采纳影响因素研究建立在创新扩散理论的基础上，该理论主要从技术本身特性的角度进行分析，认为影响技术创新扩散的主要因素是技术的相对优势、兼容性、复杂性、可试验性与可观察性。由 Davids 提出的技术接受模型（Technology Acceptance Model，TAM）被认为是信息技术采纳领域最有影响力的理论之一。由于该理论主要是基于个人用户层面，因此在延伸到组织技术采纳研究的过程中，也主要围绕企业员工，以及管理者个人意志对组织行为影响较大的中小企业①展开。

随着技术的发展，技术的采纳和应用已经超越个人用户的范畴，在实施过程中组织协同性愈加重要。在这样的背景下，TAM 模型的局限性凸显出来，面对组织级的大型信息系统和创新技术，必须综合企业内外部因素共同探讨影响技术采纳的原因，这是 TAM 模型所不具备的。尽管迄今为止，组织层面的技术采纳研究尚没有形成如 TAM 一样被广泛认可的理论模型，但相关研究已经大规模展开。通过对 1992—2003 年基于个人层面和组织层面信息技术采纳的实证研究文献进行梳理，Jeyaraj 等人鉴别出 135 个自变量，8 个因变量，以及 505 对自变量与因变量之间的关系，结果发现高管支持、外部压力、信息部门的专业性，以及外部信息来源是组织技术采纳的关键影响因素。②

相比于个人用户接受，影响企业技术采纳的因素更为复杂，Tornatzky 与 Fleischer 在综合吸收创新扩散模型的基础上，提出了一个较为全面的框架模型，即 T（技术）-O（组织）-E（环境）模型（见图 3-1）。③ TOE 模型认为，一个组织在技术采纳过程中会受到技术本身、组织以及外部环境三类因素的影响，其中技术因素主要吸收了创新扩散的相关理论，如技术的兼容性和相对优势等，组织因素关注到组织规模、高层主管态度、员工 IT 知识存量等，环境因素则涉及政府政策、行业竞争压力等因素。

借助 TOE 模型，学者们对组织技术采纳展开了较为深入的研究，其研究对象包括跨组织系统、电子商务、电子数据交换以及开放式系统等；应用领域涵盖制造业、医疗、零售和金融服务业等行业。TOE 模型作为一个通用型的理论框架，能够使研究者根据实际的研究情境而调整相关的影响因素，但这同时也是人们对它存在争议的地方。理论的最大意义是对一类现象的解释，而 TOE 模型作为一种分析框架，本身对技术采纳缺乏深入的理

① 张楠，郭讯华，陈国青. 行为建模角度信息技术采纳研究综述[J]. 科学管理研究，2009，27(4)：13-19.

② Jeyaraj A，Rottman J W，Lacity M C. A review of the predictors，linkages，and biases in IT innovation adoption research[J]. Journal of Information Technology，2006，21(1)：1-23.

③ Tornatzky L G，Fleischer M. The processes of technological innovation [M]. Lexington，MA：Lexington Books.

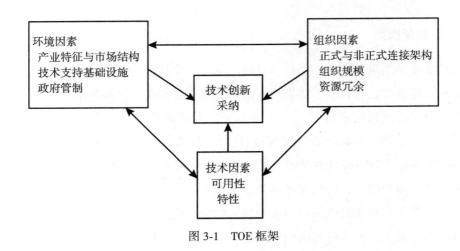

图 3-1 TOE 框架

论阐释，而且对动态过程观照不足，需要借助其他理论进行充实。但必须指出的是，尽管 TOE 模型存在上述缺陷，但面对不同领域持续涌现的创新技术，该模型依然能为研究者和实践者提供较为全面的认识框架。

3. 技术结构化理论

技术结构化理论来源于对传统两类理论视角的批判性借鉴。20 世纪 60 年代，西方社会理论陷入到方法论的二元纷争之中，一方是强调结构的制度主义和功能主义视角，另一方则是强调个体的理性主义视角。① 两种视角的差异体现在对结构与能动者之间关系的认识上，前者认为社会结构作为一种客观存在，决定能动者的行动，后者认为能动者的行为决定了社会结构，表现出明显的唯意志论。② 正是在这样的背景下，Giddens 提出结构化理论，强调结构的二重性(Duality)，为克服二元论的困境提供了可能性。他指出，社会结构既是由能动者的行动所建构，又是行动得以发生的中介。③ 该理论中，结构作为一种通用概念，体现了社会体系的结构性质，它是由规则与资源两个要素组成。规则指的是行动者进行社会实践、参与社会互动过程的方法性程序，体现在行动者的话语知识和实践中，可分为规范和意义两类。规范是互动中行动的模板，是经验的惯例化，而意义是行动者所使用的解释框架。除了规则，结构组成要素中还有资源，资源可分为配置型资源(Allocative Resource)与权威型资源(Authoritative Resource)。配置型资源主要指权力生成过程中所需的物质资源，权威型资源则体现为权力生成过程中的非物质资源。

---

① 李红专. 当代西方社会理论的实践论转向——吉登斯结构化理论的深度审视[J]. 哲学动态，2004(11)：7-13.

② 徐峰. 基于整合 TOE 框架与 UTAUT 模型的组织信息系统采纳研究[D]. 济南：山东大学，2012.

③ Giddens A. Central problems in social theory：Action，structure，and contradiction in social analysis [M]. California：University of California Press，1979.

虽然 Giddens 没有在其结构化理论中直接讨论技术问题，但许多学者已经将其引入技术采纳研究中来，包括技术引起的组织变革、[①] 群体决策支持系统采用，[②] 其中具有代表性的应用就是由 Orlikowski 提出的技术结构化理论。[③] 该理论分析了能动者、技术与组织制度属性三者相互作用的路径，基本可总结为四条路径(见图 3-2)。

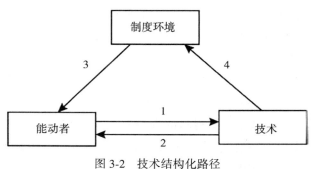

图 3-2　技术结构化路径

(1)技术作为行动者的产物

技术需求来自组织活动，组织对技术的采纳往往是一种理性选择，需要组织具备相应的技术能力和配置性资源。

(2)技术作为能动者行为的中介

技术作为一种行动的中介，对采纳行为存在促进或阻碍作用，需要与组织现有的资源相互匹配。

(3)行动者与技术交互的制度条件

制度环境会对组织技术采纳产生影响，组织技术采纳的结果受到外部因素的影响，包括竞争压力、规范压力等。

(4)行动者与技术交互的反作用

行动者与技术之间的交互作用也可能对外部环境产生影响，通过增强或改变组织间关系的规则，实现新的竞争优势。

根据 Orlikowski 的技术结构化模型，组织技术采纳过程中需要具备相应的配置型资源和权威型资源，同时受到外部制度压力的影响。

①　Barley S R. The alignment of technology and structure through roles and networks[J]. Administrative science quarterly, 1990, 35(1): 61-103.

②　DeSanctis G, Poole M S. Capturing the complexity in advanced technology use: Adaptive structuration theory[J]. Organization science, 1994: 121-147.

③　Orlikowski W J. The Duality of Technology: Rethinking the Concept of Technology in Organizations[J]. Management of Technology, 1992, 3(3): 398-427.

4. 资源理论

20 世纪 80 年代，针对企业战略管理的研究大致围绕两个方向展开：一个是以迈克尔·波特为代表，从产业与市场结构的视角分析企业的竞争优势与行为；另一个则是以 Penrose 等学者为代表，从企业内部的资源与能力角度审视企业的竞争优势。由于受古典经济学范式的影响，在波特的竞争理论中，企业被视为同质的，也即"同质技术上的投入产出系统，企业资源可以自由流动，并且在投入与产出之间存在相对确切的技术关系"。① 正因为如此，该理论无法很好地解释为何"产业内部利润率的分散程度要比产业间的分散程度更大"。② 与此相反，资源理论打破企业作为"黑箱"的假设，强调从企业内部资源、能力探寻企业的竞争优势与创新行为。

早在 20 世纪 50 年代，基于资源视角的理论观点就已经初显端倪，Selznick 在针对管理中领导行为的分析中提出"独特能力"（Distinctive Competence）的概念，强调一个组织之所以比其他组织表现更好，是因为组织所具有的独特能力。③ Penrose 则在《企业成长理论》一书中提出了"组织不均衡成长理论"，认为企业成长总是来自企业内部资源的不平衡的驱动，区别于传统的规模经济思路，Penrose 提出了成长经济的概念，成长经济来自企业所能获得的独一无二的生产性服务的集合，从而使其具备了向市场投放新产品与提高原产品质量的独特优势。④ 资源基础理论真正获得学界的重视是在 1980 年代，Wernerfelt 发表了名为《基于资源的企业观》（A Resource-based View of the Firm）的论文，首次提出"资源基础观念"（Resource-based View）。他将企业视作一系列有形与无形资源的组合，包括品牌、内部技术知识、高技能雇员、高效流程与资本等，凭借独特的资源整合方式与持续获取能力，企业可以提升相应的资源定位门槛，从而形成较强的竞争优势。Grant 进一步提出"资源基础理论"（Resource-Based Theory），⑤ 再次强调内部资源和能力对企业战略的重要性，认为它们既是企业战略方向的源泉，也是企业可持续盈利的首要保障。综合相关学者的观点，资源基础理论的核心内容主要是三点：（1）独特的异质性资源是企业竞争优势的源泉；（2）由于资源辨识度、时效性以及模仿成本的存在，使得基于资源的竞争优势具有持续性；（3）企业可以借助组织学习、知识管理和建立外部网络等多种方式获取并管理特殊的资源。这其中尤其需要强调资源的异质性，以及资源在企业之间的"非完全流动性"。对组织创新采纳来说，企业无疑是要利用自身的异质性资源和能力优势，从而达到

---

① 黄旭，陈林林. 西方资源基础理论评析[J]. 财经科学，2005(3)：94-99.

② Rumelt R P." Towards a strategic theory of the firm", in B. Lamb (ed.). Competitive strategic management[M]. Englewood Cliffs, NJ：Prentice Hall, 1984：556-570.

③ Selznick P. Leadership in Administration：A Sociological Interpretation, Row, Peterson and Company [M]. New York ：Free Press, 1957：42.

④ [英]伊迪斯·彭罗斯. 企业成长理论[M]. 赵晓，译. 上海：上海人民出版社，2007：116.

⑤ Grant R M. The resource-based theory of competitive advantage[M]. California Management Review, University of California at Berkeley, 1991.

技术采纳的目标，也即获得可持续的竞争优势。相关研究结果发现，IT 能力因素对企业采纳信息技术具有正向影响。①② 从技术资源的视角来看，就出版单位而言，出版企业获取的异质性突破性技术资源要适配出版领域、出版内容以及出版所蕴含的文化特质；技术发现、技术鉴别和技术吸收的标准在于服务出版物内容质量、内容创新和内容表达；经过路径转换式创新的出版业发展，是更加彰显文化自信、助推高质量增长、强化技术赋能的三位一体协同创新的高质量发展。

随着知识经济时代的到来，知识成为企业发展所倚仗的重要资源，因此有学者在 RBT 理论的基础上提出"知识基础理论"（Knowledge-based View，KBV）。③ 该理论认为企业是一个知识集合体，既包括企业专利、人员、知识库等，也包括价值观、企业文化等无形知识。从知识基础视角看，企业采纳创新技术同时也是一个组织学习和知识壁垒不断降低的过程④，只有具备一定知识基础的企业才有能力发现和识别技术所带来的潜在机会，并结合企业自身特点加以部署和实施。

值得注意的是，尽管资源基础理论更多地着眼于企业内部资源和能力的挖掘，但其实并未完全排斥从外部获取战略资源——"对于构建独特的资源定位优势，如果能够以相对低的成本购买到合适的资源，无疑是最好的"。⑤ 相比于资源基础理论更进一步的，资源依赖理论（Resource Depedence Perspective，RDP）则主要关注组织与其所处的环境进行交换以获取资源。Pfeffer 指出，企业之间的依赖关系是资源拥有方对资源需求方的一种权力关系。⑥ 由于企业无法自己为自己提供全部所需的资源，因此企业之间的依赖关系必然存在，企业可以通过合作或联盟的方式获取战略所需的重要资源。⑦

5. 组织学习理论

尽管资源理论视角关注到了企业发挥和利用企业内外部知识基础与核心能力，但整体而言，它仍是一种偏向静态的战略思维，对资源或能力如何创造的过程并没有予以明确说明。组织创新采纳不仅反映企业的一种状态，同时也是一个动态过程，组织学习视角有助

---

① Chwelos P, Benasat I, Dexter A S. Research Report：Empirical Test of an EDI Adoption Model［J］. Information System Research，2002，12(3)：304-321.

② Ramamurthy K G, Premkumar M, Crum R. Organizational and Interorganizational Determinants of EDI Diffusion and Organizational Performance：A Causal Model［J］. Journal of Organizational Computing and Electronic Commerce，1999，9(4)：253-285.

③ Grant R M. Toward a knowledge-based theory of the firm［J］. Strategic management，1996，17(special issue)：109-122.

④ 陈文波. 基于知识视角的组织复杂信息技术吸收研究［D］. 复旦大学，2006.

⑤ Wernerfelt. A resource-based view of the firm［J］. Strategic Management Journal，1984，5(2)：171-180.

⑥ Pfeffer J, Salancik G R. The external control of organizations：A Resource Dependence Perspective［M］. New York：Harper & Row，1978：45.

⑦ 黄旭，陈林林. 西方资源基础理论评析［J］. 财经科学，2005(3)：94-99.

于弥补资源理论视角的不足。

　　组织学习的概念最早由 Argris 与 Schon① 于 1978 年提出，其后该思想受到国内外学术界的广泛重视。用"学习"来描述组织行为，实际上是借用了个人行为的一种类比，体现出整体性学习的特征。组织理论认为，组织学习是企业在特定的行为与文化下建立起完善组织的知识和常规，通过不断采用相关工具与技能来加强企业适应性与竞争力的方式。② 根据学习的深度不同，组织学习可分为单回路学习、双回路学习和三回路学习（见图 3-3）。③其中单回路学习是一种最基本的学习，是在既定假设前提下，发现组织行为错误，对其进行纠正，从而使组织运行符合组织的既定规范。双回路学习也可视为创造性学习，是对组织既定的目标进行修正，以应对环境的变化。相比于单回路学习，双回路学习的实施难度较大，一般是应用在组织面临严峻的竞争态势，准备开发新的资源领域，需要通过学习来提高竞争能力。三回路学习则是组织深入探讨过去的学习方式，找到阻碍组织学习的关键因素，通过建立起新的心智模式来影响组织成果。

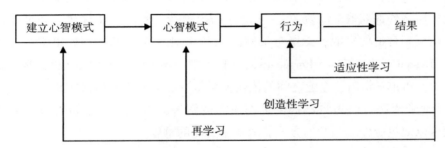

图 3-3　三种组织学习比较

　　在出版企业技术采纳实践中，知产社对于光盘出版、数据库出版、网络出版、按需印刷等技术的学习和探索，属于典型的探索型学习能力；法院社也在其发展历程中经历了对知识服务、大数据技术和智能检索等技术的持续探索和跟进学习。2021 年所发布的《提升全民数字素养与技能行动纲要》则明确了数字社会中的出版组织和成员，应掌握和具备"数字获取、制作、使用、评价、交互、分享、创新、安全保障、伦理道德等一系列素质与能力的集合"。④ 探索型学习能力是出版组织和个人进行技术跨越、实现技术蛙跳的首要能力，也是技术跨越动力体系的逻辑起点和前提。

　　① ［美］克里斯·阿吉里斯. 组织学习（第二版）［M］. 张莉，李萍，译. 北京：中国人民大学出版社，2004.

　　② 陈国权，马萌. 组织学习——现状与展望［J］. 中国管理科学，2000，8（1）：66-74.

　　③ 杨智. 国外组织学习研究综述［J］. 外国经济与管理，2004，26（12）：15-20.

　　④ 中央网络安全和信息化委员会. 提升全民数字素养与技能行动纲要［EB/OL］. ［2022-02-21］. http://www.cac.gov.cn/2021-11/05/c_1637708867754305.htm.

三、数字出版技术采纳过程范式

本书将数字出版技术采纳视作一个复杂的决策、实施与管理过程。依据组织创新采纳的过程理论，企业采纳新技术是企业主体受到内生动力与外部环境驱动，发现自身的技术需求，产生采纳新技术的动机，并在一定条件下形成创新采纳决策，然后依照决策方案进行相应的创新投入，并对实施过程开展有效的管理和控制。纵观整个过程，出版机构对数字出版技术采纳大致包含技术资源与采纳动机形成、技术识别与获取、技术学习与跨越，以及技术商业化与创新实现等。出版机构最终利用技术的效果取决于采纳各个过程的实现情况。

其中针对技术资源与采纳动机形成阶段，主要关注出版企业为技术创新储备相关技术资源，以及技术采纳的内外部动机；针对技术识别与获取阶段，重点关注出版企业如何辨识、整合和分析技术机会，并从内外部获取关键技术的过程；针对技术学习与跨越阶段，主要探索出版企业有效学习显性和隐性数字出版技术知识，培养形成技术能力，并实现技术积累和跨越的过程；针对技术商业化与创新实现阶段，主要关注如何实现技术创新的商业设计与价值变现。

四、数字出版技术采纳的意义

信息与新媒体技术的迅猛发展，使得出版业步入新的历史时期，出版与技术之间的内在平衡受到冲击，传统的商业模式面临深刻调整，出版企业已经到了再也无法回避新技术应用的发展阶段。数字出版技术采纳对出版产业与出版企业创新发展具有重要意义。

一是有助于推动我国出版企业数字化创新。尽管在国家宏观利好政策驱动下，我国出版企业数字化转型取得了一定的成绩，但依然处于艰难的探索阶段，企业创新面临着诸多问题和挑战，应通过有效加强数字出版技术采纳，推动传统出版企业数字化转型升级，助力数字化创新发展。

二是有助于推动出版业数字化战略实施与融合发展创新。2021年12月，国家新闻出版署印发的《出版业"十四五"时期发展规划》明确提出，实施数字化战略，推进出版产业数字化和数字产业化，大力提升行业数字化数据化智能化水平，系统推进出版深度融合发展。2022年4月，中共中央宣传部印发《关于推动出版深度融合发展的实施意见》，围绕加快推动出版深度融合发展，构建数字时代新型出版传播体系，制定相应的实施意见。数字出版技术采纳本质上是通过强化新一代信息技术支撑引领作用，引导出版单位深化认识、系统谋划，有效整合各种资源要素，创新出版业态、传播方式和运营模式，助力推动出版业数字化战略实施与融合发展创新。

三是有助于加强国家科技创新体系建设。2022年10月，党的二十大报告明确提出，完善科技创新体系，坚持创新在我国现代化建设全局中的核心地位。出版业作为国家科技创新体系的重要组成，对扩大国际科技交流合作、提高科技成果转化与产业化水平具有积极推动作用。数字出版技术采纳有助于提升以出版为代表的知识生产与传播机构的运行效能，从而推进创新知识成果高效转化和利用，推动国家科技创新体系建设。

第二节　数字出版技术资源与采纳动机

一、数字出版技术资源的形成

在数字出版活动中，资源是主要的加工处理对象，所有的数字出版活动都以资源为中心而展开。一直以来，技术变迁都在影响着出版的发展，数字出版的本质属性就是数字技术属性，数字出版技术资源的形成是保证数字出版活动顺利开展的基础。通常认为，数字出版技术资源是数字出版企业拥有的改变资源组织形式、传递模式等能力与技术的集合。[①] 技术资源不仅决定着数字内容被加工的复杂程度，也决定着数字内容呈现的形式和质量。同时，技术资源间的相互交流还能增加数字出版企业的技术运用能力，为数字出版企业的发展提供持续的后备保障。

随着信息科学技术的快速发展，数字出版技术资源的形成方式也变得多种多样。从狭义上来说，数字出版技术资源的形成依赖于数字技术的形成，它是指借助一定的设备将各种信息，包括：图、文、声、像等，转化为电子计算机能识别的二进制数字"0"和"1"后进行运算、加工、存储、传送、传播、还原的技术。[②]《新闻出版业科技"十三五"时期发展规划》指出：鼓励其他领域高新技术在新闻出版行业的应用研究。随着数字技术的飞速发展，将数字技术应用于出版业的现象正在呈规模化出现。所以从广义上来说，数字出版技术资源是借助现代通信工具、计算机设备、移动互联网等技术资源，为出版内容资源的统筹、汇集、流通、展示提供技术支撑的资源。

本书第一章所提及的内生型数字出版技术、外引型数字出版技术都可构成这里的数字出版技术资源。具体而言，包括但不限于如智能编校排版技术应用于出版业，提升出版生产流程的工作效率；人工智能技术应用于出版业，衍生出智能选题策划与协作撰稿功能；区块链技术应用于出版产业，创新出版权保护、版权溯源等众多新业态；VR、AR 技术应用于出版业，催生出一系列虚拟现实与增强现实等具有交互性的场景化出版物。

数字出版技术资源的形成对于数字出版活动的影响体现在以下三个方面，首先，数字出版技术资源的形成改变了数字出版的加工与获取方式。与传统"编—印—发"的出版流程不同，技术资源因其通用性、可编辑性与可扩展性，很大程度上能使数字出版内容资源被自由地加工与利用，不仅专业的数字出版从业者，就连新兴的自媒体平台，甚至是用户都可对其进行加工、分发与利用，极大提升了信息流转的效率。其次，数字出版技术资源的

---

① 殷克涛. 数字出版生态链研究[D]. 武汉：武汉大学，2016.

② 房国志. 数字电子技术[M]. 北京：高等教育出版社，2019.

形成改变了数字出版物的呈现形式。在信息浩如烟海的网络世界里，纯文本的传播形态早已不能满足受众的期待，数字出版技术资源的运用，可以让内容的呈现形式集趣味性与功能性于一体，达到丰富用户体验感的效果。最后，数字出版技术资源的形成拓宽了数字出版产品的价值。传统的出版物因受载体化及传播范围的限制，导致其价值开发不够，资源浪费严重，数字出版技术资源的形成使数字出版摆脱了现有约束，对其进行裂变式开发，可以让其传播圈层规模化扩大，也能利用其潜在内容价值与其他行业进行跨界合作，使数字出版的价值得到充分体现。

二、数字出版技术资源的采纳动机

数字出版技术资源的形成对于出版企业来说，已然成为其重要的竞争性资源之一。一方面，依靠技术赋能，出版企业在立足现有资源的基础上，拥有了更多的技术机会去拓展其产业边界，从而有更大的可能性为出版企业发展带来丰富的回报。另一方面，在技术持续迭代的背景下，技术资源领域的激烈竞争给出版企业带来更多的压力，也有助推出版企业走出舒适圈，去探索更多的商业机会。由此可以看出，一系列诱发出版企业技术采纳的因素构成了出版企业应用新技术的驱动力，即出版企业数字出版技术的采纳动机。[①] 一般来说，出版企业技术采纳的动机包括两个方面，一是来自出版企业内部的动机，二是来自出版企业所面临的外部环境。相对而言，内生动机的推动直接决定着出版企业技术采纳行为的有无和成败，它是出版企业技术采纳行为产生的基础和根源，贯穿于技术采纳活动的始终，发挥着永恒的动力作用。而外部动机更像是一种辅助动机，在某些必要的时刻会推动出版企业技术采纳向前发展，外部动机通过内部动机而起作用。总的来说，不同采纳动机和强度对出版企业调动资源和能力的需求存在较大差异。

1. 技术采纳内在动机

（1）出版企业内生发展动力

在技术革新给企业结构带来颠覆性变化的大环境之下，出版企业出于对技术采纳活动的收益预期与成功概率预期，会主动积极地开展技术采纳活动。通常，出版企业在进行技术采纳活动的前期，除了会对采纳工作后的净收益和创新收益的滞后期进行大致预测，也会对技术采纳过程中的可能遭受的风险和自身能力进行评估，只有能在预期范围内取得较高预期收益，且风险适度、能有较大成功概率的技术采纳活动，才会在企业内部产生技术采纳的动力。出版企业内生力量对数字出版技术的重视是促进出版企业技术采纳的关键动机，这种动机所引导的相关行动一般是沿着"管理者—组织—个人"的链条由上至下逐步推进的。

第一，出版企业管理者对数字化的态度决定了企业是否开展技术采纳业务。管理者支

---

① 丛挺. 我国出版企业新媒体技术采纳研究［D］. 武汉：武汉大学，2014.

持是指高层管理者对出版企业采纳新媒体技术的反应，以及管理者为促进项目成功提供必要资源和权威的意愿。同时，管理者支持是企业将外部竞争压力转化为内部创新发展动力的关键环节①。首先，管理者支持有利于从宏观上明确制度和规则为企业技术创新发展指明方向。对于国内大部分出版企业来说，由于新技术采纳业务基本处在探索阶段，在运作流程、资源分配、人员绩效等方面缺乏相应的规范，在这个过程中必然需要得到高层管理者的支持与协调。其次，出版企业在技术创新采纳工作流程中承担着格式转换等服务成本，这也需要管理者统筹规划分账方式，从而实现资源的合理配置。最后，管理者支持也是实现颠覆性创新的有效途径。在企业家精神中，创新精神是其中的首要因素，出版企业在技术创新采纳过程充满了不确定性和可能性，这些未知性问题能否转化成为现实，需要企业家进行认识和评价，继而捕捉到可行的技术创新目标，带动出版企业完成进一步升级发展。

第二，出版企业内部组织是将技术采纳业务进行宏观分解的主要推动力。企业家创新精神在技术创新采纳的过程中会通过各个阶段的创新活动，将其观念文化传递给企业其他群体。② 在数字出版生产活动过程中，每一个环节都需要团队协作配合完成，这种通过有效配置内部资源，为实现业务目标，按照一定的规则、程序所构成的一种权责结构安排和人事安排所形成的关系群体称为出版企业内部组织。出版企业技术创新采纳过程中，由于管理层下达的宏观性目标约束，出版企业内部组织因凝聚力和向心力都会形成组织层面上的企业自主能动性的选择行为，这种自主能动性和统一性是企业技术创新采纳得以顺利实现的根本保障。

第三，出版企业技术采纳行为落实到执行层上是靠企业中的每一个个体推进完成的。出版企业中每一个人均有各自对技术创新采纳的认知、需求、动机等，企业中个体对于技术创新采纳不同态度，也能在不同程度上激发出版企业技术采纳行为的产生。③ 出版企业作为一种典型的知识密集型产业，人才资源在其中发挥的作用是不可忽视的。随着技术在知识创新产业的应用，数字出版活动的开展也在其各个流程里体现着出版企业个体对于技术采纳的积极性。比如，数字出版内容提供者运用企业内部资源整合技术完成资料收集；数字出版内容加工者采用数据库、语义库来处理原有内容；数字出版内容分发者利用自建或者他建的内容传递渠道传递数字出版物给企业或个人；数字出版服务者提供技术、管理等服务，解决数字出版产品应用过程中产生的各方面的难题，来提高数字出版的效率。

（2）出版物的内容创新和表达需要

"文化-经济-技术"三维子系统理论是研究出版技术创新的基础。其中，文化维度决定着出版业技术创新的方向，即服务于文化创新，坚定文化自信；经济维度表征着出版业技

①　丛挺. 我国出版企业新媒体技术采纳研究[D]. 武汉：武汉大学，2014.
②　朱丽献. 企业技术创新采纳研究[D]. 沈阳：东北大学，2008.
③　朱丽献. 企业技术创新采纳的内生动力与行为研究[J]. 辽东学院学报（社会科学版），2010，12（2）：38-42.

术创新的成果，即提高全要素生产率，推动出版效益高质量增长；技术维度显示出版业技术创新的质变，即区别于以往出版业传统技术的异质化技术变革，以推动出版业效率变革和质量变革。[①] 所以，出版企业对于采纳的技术要根据出版物本身所蕴含的文化特质进行适配性应用，从而来更好地服务出版内容创新和内容表达，提高全要素生产率。

随着5G、大数据、人工智能等新兴技术的快速发展，硬件技术与软件技术共同赋能出版行业催生出数字出版物的新型产品形态，在其中，最具有代表性的是交互类图书。它是指一种结合了传感器、机器视觉、图像处理、计算机图形学等技术并将其应用于图书内容上从而达到人机交互效果的图书。华中师范大学美术学院数字媒体艺术专业师生创建的武汉乐达互动工作室是国内互动类图书APP制作的先驱，其代表作品是彩绘类互动APP《慢先生》系列。这类图书积极采纳数字出版相关技术，完成了教育性与娱乐性的深度融合，在很大程度上使出版物的内容创新和内容表达迈上了一个新的台阶。

但是在目前，出版企业对纸质图书资源进行的数字化加工大多还停留在简单的图文排版、界面设计上，对其细颗粒度的挖掘还有待加强。在出版市场中，数字内容的呈现方式日渐丰富，受众获取信息的渠道和终端趋向多元化，出版企业所需要攻克的难题是通过对技术的采纳来丰富出版物的呈现形式，从而争夺终端受众的时间和注意力。如今，各种媒介渠道已然相互流动，内容与载体呈现一种分离趋势，如何将出版物内容放置在其合适的容器里，使其内容的核心价值得以彰显，更好地满足个性化阅读需求，这都需要强化出版与技术的深度融合，也对出版企业技术采纳提出了新的要求。

2. 技术采纳外在动机

（1）国内外重大发展形势压力

近年来，国内外重大发展形势变化给予出版市场环境的巨大压力正在倒逼出版企业转型升级，具体而言，体现在政策支持、市场需求不确定性和科技发展等方面。

首先，国内外相关政策的推行会助力出版企业进行技术采纳。政府支持是指政府部门为管理和促进出版企业数字化转型为实现一定的目标而制定的方针、措施和行为准则，同时提供必要的资金支持。[②] 2021年12月，国家新闻出版署印发《出版业"十四五"时期发展规划》，指出要"实施数字化战略，强化新一代信息技术支撑引领作用，引导出版单位深化认识、系统谋划，有效整合各种资源要素，健全完善数字出版科技创新体系。突出科技创新在推动出版业数字化转型升级、实现深度融合发展中的重要作用，大力推动5G、大数据、云计算、人工智能、区块链、物联网、虚拟现实和增强现实等技术在出版领域的应用，推动国家出版发行信息公共服务平台的应用"。在媒介融合的背景下，政府的政策支持有效推动着出版企业技术采纳创新的主动性。

---

①　张新新. 技术赋能出版业高质量发展：技术蛙跳双案例研究[J]. 出版与印刷. 2022(3)：30-43.

②　丛挺. 我国出版企业新媒体技术采纳研究[D]. 武汉：武汉大学，2014.

其次，市场需求的不确定性促使出版企业在进行技术采纳创新时必须考虑国内外市场经济的运转规律。出版企业进行技术创新采纳时，除了受企业自身经济能力的约束，要对技术设备投资的购买、技术人才的引进等必要支出进行合理分配，也要思考相关投入之后，在激烈的市场经济条件下，出版企业能在其中获取多大的经济效益。出版企业未来的发展前景与整个经济体系的发展现状呈现一种很强的共生关系。经济大环境形势欣欣向荣，那么出版企业技术创新采纳的资金链流转也就更为顺畅。经济大环境形势消沉低迷，那么出版企业技术创新采纳有可能会陷入停滞状态。因此，出版企业在进行技术创新采纳时，必须综合分析当前经济发展状态，从而决定投入多少时间与精力去找到适配于自身企业产业规模大小的技术采纳程度，以免不必要的成本支出与资源浪费。

最后，科技进步是触发技术采纳的重要外部动因。美国马奎斯（Marquis D.）等人的研究表明，在 567 项技术创新案例中，20% 左右的情况归因于科学技术的推动。[①] 科技突破创新是推动社会经济发展最强动力，往往可以直接影响行业的发展走向。如若仅有市场需求，没有科学技术为依托，技术创新是无法实现的。科技发展同样也是推动出版企业技术创新的决定性力量。

（2）国内外同行业竞争压力

竞争压力与战略合作竞争与合作一直是贯穿出版企业经营活动的两个重要主题。所谓竞合战略泛指通过与其他企业合作来获得企业竞争优势或战略价值的战略，即竞争中求合作，合作中有竞争。[②] 相关研究表明，企业的合作竞争战略对创新能力提升和创新绩效具有显著的积极影响，竞争压力方面，尽管学者普遍认同竞争有助于出版企业创新，但这是有相应的前提条件的，即这种竞争必须是可持续的良性竞争。

例如，成立于 1986 年的人民法院出版社，在 2008 年前后，随着信息化建设的深入推动，传统纸质出版的服务能力、方式和水平都已不能适应法院系统信息化发展的需求，一方面，来自国外的汤森路透万律（Westlaw China）、律商联讯（Lexis Nexis）等法律信息服务集团拟通过向法院社购买中国法院案例资源的合作形式，打开中国法律信息服务市场；另一方面，国内的北大法宝、北大法意等法律数据库公司纷纷抢占法院机构服务市场，并占据了优势市场份额。在这个阶段，法院社领导班子经过密集调研、周密部署，决定推行数字化发展战略，将外部的竞争压力转化为自身技术创新的动力，并尝试与上海市法院系统开展合作来推动自身的数字资源建设，同时持续跟踪法律信息服务市场的技术应用和商业模式发展状况，并不断予以评估和反馈。截至 2022 年，法院社的数字产品个人注册用户数达到 141 万、数字化收入达 4700 万元、利润达 2200 万元，其中，法信平台的营业收入占全社收入 25%、利润占全社利润 50% 以上，相当于再造了一个线上法院社。

---

① S. Myers，D. Marquis. Successful Industrial Innovation［C］. Washington，DC：National Science Foundation，1969：278-296.

② 丛挺. 我国出版企业新媒体技术采纳研究［D］. 武汉：武汉大学，2014.

从某种意义上来说，国内外同行业竞争压力相当于出版企业进行技术创新采纳的助推器，它促使出版企业比竞争对手更快、更好地进行技术创新采纳活动，从而抢占市场先机。一般来讲，同行业竞争对出版企业技术创新采纳的促进作用主要表现在三个方面。第一，竞争促使出版企业能及时把握采纳时机与内容。激烈的竞争压力将迫使出版企业收集情报资料，根据市场信息进行战略布局，为技术开发做好前期准备，从而更好地捕捉到进行技术创新采纳的时机和内容。第二，激烈的同行业竞争也提升了出版企业技术创新采纳的成功率。竞争越激烈出版企业就会越重视市场变化的趋势，并尽可能地通过提高产品性能、丰富产品种类来满足市场需求，因而也相应地提高了采纳的成功率。除此之外，同行业的竞争压力也会从宏观层面蔓延到微观层面，出版企业相关人员会因外部压力而产生危机感，进而树立起技术创新意识，这也为出版企业创新人才培养奠定基础。

第三节　数字出版技术识别与获取

一、数字出版技术识别

伴随着信息技术的飞速发展，政府对数字出版提出了科技创新的政策鼓励，出版企业对技术创新活动的推动程度已经成为了出版企业市场竞争中的主要衡量标准。在这种情况之下，出版企业必须结合自身发展现状，全面综合地收集相关信息，洞察技术机会，为企业未来走向制定出合理可行的技术创新采纳战略。然而，技术机会往往并不以特定的形式存在，而是需要运用一定的方法挖掘，识别新兴技术就成为了数字出版企业进行转型升级的重要基础。近年来，技术识别的方法不断向着多元化的方向发展，出版企业相关技术人员需要结合新兴技术的本身特征以及与市场环境、用户需求等其他因素，探索或改进新兴技术识别方法，尽可能全面、准确地识别新兴技术，将其更好地应用于数字出版领域，从而捕捉到技术发展契机和可能的变化趋势。

1. 数字出版技术识别概念

技术的全球化给出版企业带来了大量的技术机会，但因出版企业自身搜索能力的异质性与技术信息扩散的差异性，技术机会并不是以预先包装好的形式出现，它需要出版企业基于对技术的感知能力进行挖掘进而达到识别利用的目的。从本质上来讲，数字出版技术创新采纳其实是一个对技术机会的认识和实现的过程。通常，数字出版技术识别是建立在对技术机会的识别基础上的，它是指出版企业通过扫描活动，以期从企业内外部环境中获取相关技术溢出信息，进而对其进行辨识、整合和分析，从而为出版企业的可持续发展创造新的利润。对于不同的出版企业来讲，其开展数字出版技术识别的能力强弱也有所区别，技术识别的过程与企业所拥有的关于技术信息的显性知识和隐性知识有关，一般情况下，企业为了更好地进行识别活动，需要组建专门机构进行技术扫描活动，这在一方面不仅可以增强出版企业对技术资源的搜索组织能力，另一方面，也能助力出版企业做出正确的技术识别决策，提高技术创新效率。

因技术本身的发展会受到主客观条件和科技环境水平的限制，所以出版企业在数字出版技术识别的过程中也会呈现以下特点。（1）限制性。出版企业管理者由于技术敏感性、认知学习能力的不同，在进行数字出版技术识别时，不同的管理者对于同一个事件会做出不同的判断和选择，从而会导致不同的技术识别决策结果。（2）常新性。技术的发展是一个不断更迭的过程，科学技术的不断提升也会使得出版企业创新主体对技术的认识不断更新，进而相关主体会从企业战略出发，瞄准合适的时机，选择最新且在当下能与企业发展情况最为耦合的技术进行识别。（3）共时性。共时性反映的是特定时间点上我国或某一区域的技术创新识别的状况及运行程度，[①] 它规定了出版企业解决特定技术问题时所依据的技术期望、工艺知识、现有技术水平及资源利用模式等，尤其是对当前普遍关注的人工智能、虚拟现实等新兴技术的识别，都需要与当下技术发展水平相适应。（4）累积性。出版企业在进行数字出版技术识别时，会从自己相对熟悉的技术渠道出发，由近及远地进行技术识别，每发现一种新的技术识别机会都是建立在先前已有经验上的，这种默会知识根植于出版企业相关主体的行为当中，成为出版企业核心能力和持久竞争优势的最根本源泉，且这样的企业默会知识对技术识别的选择也具有企业独有的特点。

2. 数字出版技术识别方法

新兴技术因自身的创新性与不断更新性，识别其的方法多种多样，且呈现一种流动并不断发展的状态。出版企业可以将其引入数字出版领域，形成企业独有的数字出版技术识别方法。数字出版技术识别方法经历了从早期的专家评分法、形态分析法到近年来更常见的文本挖掘、文献计量等多种方法，而在实际运用中，出版企业往往倾向于将多种方法融合应用于数字出版，达到尽可能全面、准确地识别出新兴技术的效果。在本书中，将主要介绍以下六种数字出版技术识别方法。

（1）基于专家判断的数字出版技术识别方法

基于专家判断的数字出版技术识别方法是指，在出版企业拟采纳某一项新技术应用于数字出版各流程中之前，出版企业相关管理者会邀请一批有关领域的专家对这项技术采纳活动进行识别评估，以期预测该采纳行动的可行性及潜在效益。具体操作上，一般是专家从自身的经验及知识出发对数字出版技术采纳活动进行定性分析，最后以打分方式做出定量评价，出版企业管理者可以根据专家给出的结果考虑其后续决策动向。此种方法由于主观性较强，人工依赖程度较高，所以出版企业常常将基于专家判断的数字出版技术识别方法与其他方法融合起来进行运用，来保证识别结果的可靠性。

实践中，在中央文化企业数字化转型升级工程启动期间（2013—2015 年），经常有出

---

①　张妍. 从技术机会的观点看技术创新过程[J]. 开发研究，2009(5)：146-149.

版社就字典 APP 产品研发、数字图书馆产品研发或是专题知识库产品研发召开专家论证会，在吸收专家建议和意见的基础上，来制定数字出版技术应用方案，研发数字出版产品，确立合理的数字出版商业模式。

（2）基于形态分析的数字出版技术识别方法

形态分析在技术预测方面上的应用方法最早是由 Wissema 提出的，① 将其应用于数字出版领域的技术识别预测，主要是指将主题基础属性的可能值进行排列组合，识别出已出现的排列组合，如若发现未出现的排列组合，即可将其作为应被出版企业采纳的新兴技术。形态分析方法是一种多维分析方法，维数没有限制，取决于具体的技术对象和分析目标，有很大的灵活性，该识别方法经常和其他方法结合使用。

（3）基于文献计量的数字出版技术识别方法

基于文献计量的数字出版技术识别方法如今常常被用于数字出版产品专利质量评估、数字出版技术识别预测等出版实践活动中。它作为定量的技术识别方法，在很大程度上能提高技术预测的准确性。目前，基于文献计量的数字出版技术识别方法大多依靠构建评估指标来完成，且随着技术层次性不断叠加，其构建的指标体系维度越来越丰富。新兴技术的出现一般也预示着科技文本相应的文献计量学特征的出现，但该方法只是对科技文本外部属性进行统计分析，还没有深入到内容层面，且这种方法因科技文本属性繁多、指标计算复杂，并且对指标的权重等的设定仍然需要专家参与建议，因此也存在一定局限。

（4）基于社会网络分析的数字出版技术识别方法

社会网络分析是一种基于图谱的定量分析方法，通过研究网络中的各种结构关系，能反映节点间的社会关系。② 根据网络构建方法的不同，可以将基于社会网络分析的数字出版技术识别方法分为引文网络识别和共现网络识别。其中，引文网络包括直接引用（科技文本间直接引用关系）、共引（两篇文本同时被另一篇文本引用）和耦合网络（两文本同时引用了同一文本）；共现网络包括关键词共现（两篇或多篇文本中共同出现的关键词）和类别共现（两篇或多篇文本中共同出现的专利分类号）等类型。这种数字出版技术识别方法可以为汇聚技术情报、进行聚类分析，确定技术主题提供帮助，也能跟踪技术发展动态、识别技术领域前沿热点。但出版企业在采用这种方法去识别新兴技术时，仍然要依靠一些主观上的判断，同时，这种方法无法揭示关键词或主题词之间的细粒度语义关系。

（5）基于科学计量图谱分析的数字出版技术识别方法

基于科学计量图谱分析的数字出版技术识别方法是指在地图上对科技活动、社会结构和地理区域进行可视化展示，并按照时间切片进行迭代识别，它主要包括两类：专利技术地图识别和技术路线图识别。专利技术地图是一种静态的分析识别方法，其常被用于技术

---

① WISSEMA J G. Morphological analysis：its application to a company TF investigation［J］. Futures，1976，8（2）：146-453.

② 王培英. 社会网络中的社区发现及协同过滤推荐技术研究［D］. 北京：北京交通大学，2016.

预测研究，它通过分析专利个体与竞争者之间的技术功效从而对技术进行分解，制作成二维状的技术功效布局矩阵，通过技术空白点解构来发现新的技术机会，强调某一时刻的专利布局情况。技术路线图分析识别也称技术路径分析识别，指基于技术生命周期发展规律，制定技术发展路线，预测技术发展趋势的动态，它展示了某项技术随着时间动态发展演变的轨迹，通过分析技术路径变化规律预测未来可能的发展方向，可以帮助出版企业来识别拟采纳新兴技术的发展潜能。这种识别方法能从全局上观测到新兴技术的涌现态势，从而在最大程度上预防出版企业的技术开发风险，但在具体应用时要注意在数据源的选择上尽可能做到大而全，以提高预测结果的准确性。

（6）基于文本挖掘的数字出版技术识别方法

文本挖掘具有良好的资料收集、信息分析、挖掘能力，已被越来越多地用于数字出版技术识别预测中，它的使用显著提高了传统内容分析方法的效率。在以前，文本挖掘用于数字出版技术识别分析主要是运用关键词分析方法，但是这种基于关键词的识别方法也存在一些弱点，比如：主题词或关键词只是概念的泛化表达，无法揭示关键词之间的细粒度语义关系。随着相关研究的不断深入，一些学者基于关键词识别提出了 TF-IDF 函数优化关键词提取算法、[1] 基于 Subject-Action-Object（SAO）结构的专利文本语义分析方法，[2] 这些技术识别方法的应用能使分析层次更为深入，从而提高数字出版技术识别的效率。

二、数字出版技术获取

出版企业想要在激烈的市场竞争中持续赢得优势，就得紧跟国内外技术更新的速度，在对相关技术进行甄别并识别过后，要思考如何将它进行转换利用从而获取成为能为自身发展的助推器。在持续的技术变革过程中，以技术学习为手段，有效利用外部技术知识，并与内部技术知识结合创造新知识，从而生产数字出版产品或服务的累积性知识、技能和经验形成了数字出版企业技术获取的过程。技术作为一种特殊的知识，由于其编码化、可传授、复杂化、技术年龄、被转移的次数反复等特征会影响技术知识的转移进度，所以数字出版技术的获取过程也相应地呈现出默然性、复杂性、专用性。在进行数字出版技术获取的过程里，出版企业必须时刻关注技术应用后的市场发展走向。

1. 数字出版技术获取概念

技术的发展日新月异，它在带给出版企业带来机遇的同时，也要求出版企业对其进行识别评估后，针对拟采纳的新兴技术进行学习获取。关于技术获取的概念，不同学者从不同角度对其进行了界定，比如从组织的角度看，Roger 认为技术获取就是一个组织的创新

---

① 李欣，王静静，杨梓，黄鲁成. 基于 SAO 结构语义分析的新兴技术识别研究[J]. 情报杂志，2016，35（3）：80-84.

② Yoon J，Kim K. Identifying rapidly evolving technological trends for R&D planning using SAO-based semantic patent networks[J]. Scientometrics，2011，88（1）：213-228.

被另一组织所获取并商业化的过程;① 从知识的角度看，Smilor 认为技术获取是知识的一种应用，是任何新知识在人与人、组织与组织、群体与群体之间的移动等。② 结合相关研究，本书将技术获取的概念引入到数字出版领域，将数字出版技术获取采用广义和狭义两种方法来定义。狭义上，数字出版技术获取是指技术资源所有者将一个技术权益通过买卖转移给技术采纳者后，技术者采纳者对技术进行学习并完成习得的过程，这一过程往往与信息产权、商业机密及专利等知识产权相关。广义的数字出版技术获取则是在狭义的基础上，包含了出版企业基于自身内部资源进行的技术再次研发与学习过程。出版企业引进了技术，并不意味着就拥有了技术能力。出版企业如果没有完成技术学习的过程，那也只能落得"有产权，无知识；有技术，无能力"的困境。③ 因此，数字出版技术获取过程中，必须完成对引进技术的学习步骤。

一般来讲，数字出版技术获取受技术形成过程的编码性、高程序化及专指性影响从而呈现出以下三个特征。（1）默然性。数字出版技术获取常常是以一种不易明示或无法诉诸文字的形式表达，它经常通过代码承载大量的隐性知识，高度依赖个人或组织的认知，具有"只可意会不可言传"的特质，这也导致出版企业在技术获取过程中不容易与同行业相关技术主体进行交流与共享。通常，数字出版技术获取的默然性越高，就越不利于出版企业技术能力的发展。（2）复杂性。数字出版技术获取过程是一个高度依靠技术及其部分之间的相互合作的过程，它在运作过程中需要依赖其他互补性知识或资源的程度，了解某项单一要素的技术工作原理并不能保证可以完全理解整个系统的运行机理与过程，复杂性愈高，数字出版技术获取的学习消化吸收的难度越大。（3）专用性。出版企业开展数字出版技术获取的活动时，通常是针对某个环节特别配置的，因此会为其专门投入某些财力资产、人力资源等，这项技术获得之后也会有目的性地投入某项生产，很难将之移作其他业务流程达到通用效果，所以专用性越强，数字出版技术获取的过程会越垂直。

2. 数字出版技术获取方式

在开放式创新的全球化大背景之下，出版企业获取技术资源的渠道也变得越宽越广，通过充分利用外部资源和挖掘内部隐性资源，出版企业可以不断更新其技术使用能力，这也为出版物产品的制作与呈现带来新的可能。随着科技创新不断推动着出版企业体制变革，出版企业也逐步开始尝试利用多种手段吸收新媒体技术，其中包括与 IT 企业成立合资公司，或者多家机构单位成立的创新联盟等。按照目前数字出版技术获取方式的现状，本书将数字出版技术获取方式具体分为路径依赖获取、路径转换获取、技术联盟获取三种

① Rogers Everett M. Key Concepts and Models, in Solo and Rogers, Inducing Technological Change for Economic Growth and Development[M]. Michigan State University Press, 1972: 95 .

② Smilor R W, Gibson D V. Technology Transfer in Multi-organizational Environment: the Case of R&D Consortia[J]. IEEE Transactions on Engineering Management, 1991, 38(1): 3-13.

③ 陈清泰. 促进企业自主创新的政策思考[J]. 管理世界, 2006(7): 1-3, 52.

方式。

（1）基于出版企业内部资源的路径依赖获取

出版企业作为数字出版技术获取的主体，在察觉到技术可能给行业带来颠覆性影响之时，首先会基于自身所掌握的相关认识，对企业内现存的技术资源进行梳理思考，其所拥有的独特的异质性资源相应也会成为出版企业竞争优势的源泉之一。所谓基于出版企业内部资源的路径依赖获取是指，出版企业以技术追赶为目标，通过对现有技术改善、调整、改进来实现技术创新的数字出版技术获取方式，它体现着对原有技术路径的持续改进。一般而言，这种技术获取的方式常以两种方式实行。其一是内部研发。是指出版企业利用其自有的人力、资金和知识，独自开发某种新技术的过程。其二是内部整合。是指出版企业利用已有的技术组合成一种综合技术，或把应用于某一领域的技术转移到其他领域中去。基于出版企业内部资源的路径依赖获取的数字出版技术获取方式尤为强调企业利用自身的力量，从内部挖掘技术潜力从而实现应用。如出版单位就数字图书馆、专题知识库、自助出版平台进行 1.0、2.0、3.0 版本的迭代研发，持续进行数字图书馆或知识库技术的跟进优化，就属于典型的路径依赖式获取技术资源。

（2）基于出版企业外部资源的路径转换获取

在产业融合的大背景之下，出版企业的边界是模糊可渗透的，企业外部的各种技术资源通过人才流动、知识迁移、专利转让等方式会融入到出版企业发展流程中，数字出版技术获取方式也对应变得丰富多样。基于出版企业外部资源的路径转换获取是指，出版企业以技术跳跃为目标，通过新技术加持、新能力构建或新市场开拓来实现技术创新，它是对异质性技术的吸收和运用，对原有技术路径的"突破、替代和超越"。就传统出版而言，突破性技术资源通常源于企业外部。如知识产权出版社的专利文献光盘技术、数据库技术、按需印刷技术等，人民法院出版社的知识体系构建技术、知识图谱技术和大数据平台技术等，都不是出版社自主研发，而是通过外部购买、置换等方式来获取。① 出版业要实现高质量发展，往往更倾向于运用路径转换的技术获取方式来进行，通过不断储备和积累新技术应用能力，开拓和维护出版新产品市场，进而实现出版全流程的数字化转型升级和企业提质增效。

（3）基于出版企业合作资源的技术联盟获取

出版企业在进行数字出版技术获取时，除了通过技术外包与技术收购等方式之外，运用最多的方式还是基于出版企业的合作资源，进行技术联盟获取，这种方式可以结合联盟双方的资源优势，达到互补增长的效果，它不仅能为出版企业节约研发成本、缩短研发周期、规避独自研发失败的巨大风险，还能构建资源互补共享的平台，大大提高创新效率。具体来说，它是指，出版企业与一个或一个以上的联盟伙伴通过贡献不同的资源，以期共同努力达到某项互补目标的数字出版技术获取方式。其中最常见的两种技术联盟体是技术

① 张新新. 技术赋能出版业高质量发展：技术蛙跳双案例研究［J］. 出版与印刷，2022（3）：30-43.

战略联盟与产学研联盟。① 前者一般是企业与企业间的合作，通过各种股权或非股权联盟，合作协议而结成的优势相长、风险共担、要素水平式双向或多向流动的松散型网络组织。后者从本质上看，是企业、高校研究所和政府等三类技术创新主体，三者共同开展技术创新，逐步实现科研、产品、市场和科研的良性循环的一种形式。

3. 数字出版技术获取方式的影响因素

数字出版技术获取方式多种多样，其以技术为载体连接起了技术转让方与技术接受方，每一种获取方式都会受技术自身特性、技术受让企业双方的发展状况以及大环境背景的影响，这些相关因子的集合构成了数字出版技术获取方式的影响因素。

第一，从技术特性上看，它主要通过技术的生命周期、技术的研发成本、技术的不确定性三者共同影响数字出版技术获取方式。

(1)技术的生命周期。在一项新兴技术诞生的初期，因其没有被广泛应用，出版企业对其进行采纳后的收益预期没有参考预估，这个时候对技术获取的态度一般较为保守，大多会基于出版企业的合作资源，采用数字出版技术联盟获取的方式。当技术处于生命周期的后期，意味着该技术已经相当成熟，此时出版企业基于出版企业外部资源，进行路径转换获取是一种比较适宜的技术获取方式。

(2)技术的研发成本。出版企业进行数字出版技术获取的最终目的是提高经营效益，所以当拟获取的新兴技术的引进或研发成本过高时，出版企业会对其开展战略衡量，一般来讲，获取技术所需的成本越高，基于出版企业的合作资源，采用技术联盟获取的数字出版技术获取方式可能性越大。

(3)技术的不确定性。技术的不确定性主要是指技术赋能出版企业后带来的商业成功的可能性。不确定性越高，也就意味着技术的风险越大，这也会影响到企业对技术获取方式的选择。

第二，从技术受让企业双方的发展特性上看，它主要通过技术转让企业拥有的技术资源强度、技术受让企业双方间的相容性水平、技术采纳企业对技术的需求迫切度、技术采纳企业以往的技术获取经验四个方面来影响数字出版技术获取方式。

(1)技术转让企业拥有的技术资源强度。技术转让企业拥有出版企业经营发展所必需的关键性资源，其所拥有的技术资源复杂强度越高，出版企业拟采取的获取方式会更加偏向于技术联盟获取或路径转换获取。

(2)技术受让企业双方间的相容性水平。互动成本可以确切地表达企业间的交易关系，互动成本既包括了资金交易成本，也包括了企业间的信息交换成本，企业会采取互动成本最小的方式达到自己的目标。② 技术受让企业双方间的相容性越高，则企业间互动成本就

---

① 柯昌清. 企业技术获取模式及选择的研究[D]. 武汉：华中科技大学，2010.

② Hagel J，Singer M. Unbundling the corpo ration[J]. Harv ard Business Review，1999，77(2)：133-141.

会较低，进而会影响数字出版技术获取方式。

（3）技术采纳企业对技术的需求迫切度。出版企业对新技术的采纳需求越迫切，时间性就会显得尤为重要，基于出版企业内部资源的路径依赖获取和基于出版企业合作资源的技术联盟获取在时间上没有确定性，相对来讲，基于外部资源的路径转换获取模式更为高效，满足出版企业对新技术的强烈需求。

（4）技术采纳企业以往的技术获取经验。技术获取经验的累积对于出版企业的技术获取方式选择有着非常积极的影响，通常，出版企业倾向于采用和过往相同的技术获取方式。因为这种方式会使得出版企业中相关员工掌握的隐性知识得到再次利用，形成了人力资本的专用性，会进一步降低出版企业技术获取方式的交易成本。

第三，从大环境的发展特性上看，市场竞争强度与政府相关政策是影响数字出版技术获取方式的主要因素。

（1）市场竞争强度。市场竞争强度是指出版企业所面临的外部环境敌意，以及出版企业因为资源有限在面对环境敌意时所可能会面临的生存威胁。市场竞争越激烈，出版企业则会越重视其拥有的核心技术，并且希望其核心竞争力不被外界所拥有，在这种情况下，出版企业就会更加倾向于选择基于其内部资源的路径依赖方式。

（2）政府相关政策。政府的相关政策支持某一技术获取方式，则会给该技术获取方式提供更多的资源扶持，这也会给采取此种技术获取方式的出版企业带来额外收益，出版企业也就会越倾向该种技术获取方式。

第四节　数字出版技术学习与跨越

一、数字出版技术学习

实践是认识的来源，也是认识发展的动力和目的。技术识别和技术获取为出版企业创新提供了前提，但技术能否真正被出版企业所掌握，必须经过技术学习的环节，最终成功的标志是实现技术的升级与跨越。因此，出版企业只有充分吸收并整合利用各种出版技术资源，推动技术学习与能力提升，努力实现自主创新，才能有效提升企业竞争力。

1. 数字出版技术学习概念

作为组织学习的重要方式，技术学习是出版企业围绕数字出版技术知识的获取、消化和运用而展开的学习。一般而言，数字出版技术学习是有意识的活动，需要相关出版技术条件的支持，伴随着出版技术知识的积累，最终结果是出版技术能力的提升。

在数字出版活动中，企业的技术学习来源包括内部学习和外部学习两种。内部学习的获取来源可以包括出版企业的内生发展、实验途径、生产途径、失败教训、项目途径等；外部学习的获取来源可以包括出版企业的供应商、主要用户、竞争者等。

具体来看，数字出版技术学习的特征主要包括以下三个方面。

第一，技术学习的真实性。一般来说，技术学习是企业有意识和有目标的行为，而非自发地或被动地接受。不同出版企业在建立数字出版业务的过程中，都会经历不同的学习过程，这就意味着，在同一时期内，采纳同样技术的出版企业，其学习效果也会具备一定差异性。因此，真实性特点强调了企业技术学习是一个积极的、持续的过程，因为技术学习本身是"一个过程"，而非一蹴而就。在出版企业内部设立技术研发机构、开展技术研发活动、开展职工技术培训、开展在职技术培训等都是增强出版企业技术学习能力的重要手段。

第二，技术学习的路径依赖性。路径依赖性体现在出版企业会通过发展符合组织管理的流程来应对各种不确定因素，并根据最新行业信息、总结相应经验以及模仿其他企业来进行相应的调整，企业内部会因此形成处理事务的惯例或约定俗成的潜规则。当企业员工逐渐习惯了这些学习流程和规则之后，就很难做出改变，所以他们更倾向于去选择原有程序去解决学习问题，而不接纳新方法且不再考虑新的学习程序。

第三，技术学习的外部关联性。具体来说，出版企业的技术学习是企业与技术供应商、竞争者以及用户的关系所推动出版企业与外在行业的企业、技术机构、外延服务、协会、培训机构等机构的密切联系。该特征表明，出版企业技术学习是建立在一个广泛的关系网络之上的，这种关系网络可以让技术学习活动的所有参与者都受益，即使是企业的竞争者也会从中受益。

2. 数字出版技术学习模式

借鉴国内外企业技术学习的模式研究，目前可对数字出版领域技术学习模式进行如下整理归纳，分类标准为技术的学习性质、创新程度和学习过程①。

（1）按照学习性质划分

根据出版企业技术学习的直接性和间接性划分，主要有两分法和三分法。两分法主要是将技术学习划分为经验学习和借鉴学习。经验学习是指出版企业通过研发活动直接积累经验，并从一手资料和数据中创造前沿知识；借鉴学习强调企业从外部的二手经验进行获取学习，对目标企业在技术领域的经验进行学习。三分法主要是将技术学习划分为实证性学习、模仿式学习和获取性学习。实证性学习是指企业通过"干中学、用中学、错中学"的方式来形成新知识；模仿式学习是指获取外界已有的知识，通过对客户、供应商、竞争者的模仿，来吸收和完善知识；获取性学习是指企业通过招聘外部员工、购买信息和技术、合作研发等方式来获取知识。

（2）按照创新程度划分

按照出版企业技术学习创新程度划分，可分为利用式学习和探索式学习。利用式学习

---

① 毛蕴诗，黄程亮. 企业研发网络与技术学习模式选择：一个文献综述［J］. 学术研究，2017（5）：73-78.

是指以"提炼、效率、选择、执行"等为特征的学习行为，建立在已有知识、技术的基础上展开的，本质是企业对现有能力、技术和模式的精炼和扩展，旨在全面充分利用当前已掌握的知识和技术。而探索式学习则是指以"搜索、冒险、试验、创新"等为特征的学习行为，倾向于摆脱当前的技术范围束缚，旨在探索开创全新的技术知识领域。这两种学习方式也可以发生转换，比如当企业仅采取利用式学习模式时，既有已习得的知识往往因为技术更新而过时，单纯利用旧有经验反而会降低企业的绩效，以至于企业内部产生对利用旧知识的不满，从而导致企业转变成探索式学习模式。因此，两者的根本区别在于出版企业对已有知识和技术的不同态度。

(3)按照学习过程划分

根据出版企业技术学习的过程划分，可划分为"引进—吸收—创新"三个阶段。技术引进、消化吸收与自主创新的重要性体现在四个方面：第一，引进以设备为载体的先进技术是出版企业发展的有效途径；第二，出版企业达成从技术引进向创新飞跃的关键是技术消化吸收后的自主创新；第三，消化吸收与企业创新可以缓解相关技术引进中的软硬件比例失调问题；第四，做好消化吸收与企业创新工作可以有效降低技术引进的重复率。

二、数字出版技术能力

1. 数字出版技术能力概念

出版企业所处的生存环境包含企业间竞争等不确定因素，因此企业必须重视对市场环境的适应和对顾客需求的快速响应，优化企业策略并不再局限于现有的产品与市场的结构，要求企业掌握并提升技术能力。技术能力是企业竞争优势的重要来源，正是由于企业技术能力的差异，导致了企业之间的异质性。

结合技术学习与技术能力的关系，我们认为，数字出版技术能力是出版企业在持续的技术学习中，选择、获取、消化吸收、改进和创造技术并使之与其他资源相整合的能力。从技术能力的内涵上看，技术能力不仅是多种技术资源的集合，而且是技术经验累积的集合。作为企业能力的一种，技术能力本质上是企业关于技术资源运用的知识存量总和。出版企业技术能力的差异不仅体现在企业技术资源的数量和质量的不同，也涉及技术资源整合的不同。因此，如何高效分配技术资源是出版企业技术能力的关键问题所在。

出版企业技术能力的特征主要表现在三个方面。第一，技术能力的内部关联性，技术能力的养成是出版企业内许多组织和个人相互作用而产生的。第二，技术能力的依存性，技术能力是企业技术特殊历史进程的产物，影响着企业未来的行为和战略选择，因而必然对技术学习路径具有依赖性。第三，技术能力的积累性，技术能力是通过企业自身的技术学习积累起来的，而非直接获得。

2. 数字出版技术能力类型

出版企业的技术学习能力对企业保持可持续竞争优势有着重要作用。出版企业的学习能力越高，那么企业的绩效和可持续竞争力就越强。参考现有技术学习能力分类①，可将数字出版技术能力分为发现、发明、选择、执行、推广、反思等多种类型。

（1）发现能力

发现能力指出版企业监测内外环境变化的能力以及评估环境变化带给企业发展机遇和挑战的能力，具体表现为企业能够及早准确地发现内外各种新变化和新动向，各种新机会以及各种潜在的问题、挑战和危险。

（2）发明能力

发明能力指出版企业提出应对内外环境变化各种新措施和方案的能力，具体表现为企业能针对内外各种变化构思出新的应对措施，并善于提出新点子和有创意的举措。

（3）选择能力

选择能力指出版企业面对、应对内外环境变化、各种新措施和方案进行优化选择的能力，具体表现为企业在面临多个解决方案的时候，能够做出正确、高效且合适的选择。

（4）执行能力

执行能力指出版企业将优化选择出的新措施和方案付诸行动的能力，具体表现在企业能将经营管理上的想法或目标转化为具体行动，并有计划地贯彻执行，最终变成现实。

（5）推广能力

推广能力指出版企业在其内部将知识和经验从局部传播推广至内部更广范围来共享的能力，具体表现在三个方面。第一，企业能将自己局部的一些成功的做法在企业内推广并获益；第二，企业能用局部的失误教训告诫大家，使类似失误不再重复发生；第三，企业能有效建立自身范围内分享其知识和经验的方法和系统。

（6）反思能力

反思能力指出版企业对过去发生的事情进行总结归纳形成规律和知识的能力，具体表现在企业具有总结和反思的习惯，并善于对以前的工作进行经验或教训的总结以及探索出规律性的东西。

（7）获取知识能力

获取知识能力指出版企业根据自身发展需要对外部知识进行辨识、获取和吸收的能力，具体表现在企业善于通过各种渠道（如书、刊物、网站等）获取知识并从外部获取知识、经验以及各种指导与咨询意见。

（8）输出知识能力

输出知识能力指出版企业根据自身发展需要向外部输出自身知识和经验的能力，具体表现在企业能通过沟通、文章等途径向外界传播自身的理念、知识和经验，并形成自己的影响力。

---

① 陈国权. 组织学习和学习型组织：概念、能力模型、测量及对绩效的影响［J］. 管理评论，2009，21（1）：107-116.

（9）建立知识库能力

建立知识库能力指出版企业在其内部对知识进行积累、分类、整理和存取的能力，具体表现在企业能将知识和经验采用文档或电子化方法进行管理，并且平时注意记录和积累各种琐碎的想法、知识和经验。

3. 数字出版技术能力提升方式

出版企业技术能力的提升重点在于创新能力的突破，需要根据出版企业发展的新形势、新需求做出调整。根据科技部和财政部印发的《企业技术创新能力提升行动方案（2022—2023 年）》相关内容，可以明确的是，企业自身需要重视攻关关键核心技术、加强前瞻布局基础前沿研究和加大科技人才集聚力度等问题①。作为集群环境中的企业，还需要加强企业间的学习交流和沟通协作②，达成企业间互利共赢的共识，从而形成企业集群的创新意识。这里从出版企业自身角度出发，具体陈述提升出版企业技术创新能力的方式和途径。

一是建立和完善出版企业创新体系和长效机制。出版企业需要将增强自主创新能力作为其核心战略之一，并纳入出版企业的长期发展规划当中，从而有效支持技术创新实践。围绕创新体系建设，出版企业不能固守传统技术学习模式，需要采取包括融通创新、开放式创新在内的多元创新模式，提升技术创新能力。此外，出版企业要建立有利于创新能力建设和保障研发投入的制度体系，通过制度保障，提升企业技术创新能力。

二是加强以出版企业研发中心为主体的创新平台建设。出版企业创新能力的提高被依赖于平台的承载、出版企业的持续发展和市场竞争力的增强，更多的还是依赖于出版企业的研发中心的建设。研究开发中心的建设一方面有利于促进出版企业技术创新主体地位，促进出版企业技术创新能力的提升；另一方面有利于加快科技与经济的融合，推动科技成果转化，增加技术储备，从而增强出版企业发展活力③。

三是优化出版企业技术驱动绩效评价，提高经济效益。借鉴企业数字化转型的相关研究，数字化转型可划分为起步建设、单项覆盖、集成提升、创新突破和高质量发展五个阶段。对应到出版企业，主要表现为从信息化建设到数字化融合的发展过程。信息化建设阶段，出版企业以整合提升现有出版流程效率为核心目标，而数字化融合阶段，则是以技术重构组织架构和流程再造为核心导向，相应的绩效评价也有所不同，需要根据不同阶段不同特点予以精准客观评价，从而更好引领数字出版技术能力提升。

---

① 科技部 财政部关于印发《企业技术创新能力提升行动方案（2022-2023 年）》的通知［EB/OL］. ［2022-11-29］. https://www.gov.cn/zhengce/zhengceku/2022-08/15/content_5705464.html.

② 周建基. 集群环境下中小企业技术创新能力提升途径的研究［J］. 中外企业家，2020（9）：78.

③ 李伟. 浅议企业技术创新能力提升的途径［J］. 现代经济信息，2015（3）：70，105.

三、数字出版技术跨越

1. 数字出版技术跨越概念

技术跨越是指企业作为跨越主体进行技术积累和技术创新的一种重要能力，也是企业从低效率技术形态跨越技术发展的特定阶段，直接跃入更高效率技术形态的技术更新活动。相比于传统的技术发展方式，技术跨越是以企业为主体的技术"跃迁"，能使企业的技术水平快速提升，缩短与先进技术的距离，内部和外部环境的多种因素共同影响着企业技术跨越的进程。数字出版技术跨越是指出版企业沿着领先企业的技术轨迹展开跳跃式发展或者是线性加速发展、另辟蹊径的技术快速追赶的过程和方式。

数字出版技术跨越具有如下特征：一是技术创新的内生性。技术创新的内生性是由创新知识与能力支撑所决定的。技术跨越所需要的知识和能力来源于企业内部，技术创新作为技术跨越的一种驱动力，离不开本企业技术研发部门人员的科研成果或重大技术突破。二是带动技术和市场的率先性。率先动机是企业实现自主超越的标志，是企业达成技术跨越所要达到的目的。实现技术跨越的出版企业，不仅是率先进行新技术注册的专利拥有者，也是率先成为其他欲求创新的企业的模仿者；出版企业把握不间断的机遇，从而达到更高水平的自主创新，其结果必然会带动市场和技术跟进的率先性。

2. 数字出版技术跨越策略

根据对知识产权出版社和人民法院出版社的双案例分析，整理归纳出版企业实现数字出版技术跨越的策略机枢。

一是制定数字化发展战略，锚定战略目标，保持战略定力和韧性。知识产权出版社早在 1992 年便研制了中国第一张专利文献 CD-ROM（只读光盘），这标志着知产社进入电子出版时代。此后随着互联网的发展，1999 年知产社创建中国知识产权网，中国全部专利文献可通过互联网进行出版发行。自此，知产社不仅具备了复合出版能力，还建成了"国内第一条专利文献数字化 OCR 生产流水线"。法院社面对复杂多变的市场环境进而外界竞争压力，主动出击将其内化为自身技术创新的动力，积极推行数字化发展战略，并及时根据市场最新发展状况进行评估和反馈。由此可见，制定数字化发展战略，关键在于出版企业的决策层。"出版业数字化战略是一项系统工程"，① 出版企业集体意志的统一能够帮助战略决策的实施和推进，并最终实现数字技术跨越。

二是提供可持续的财务承诺，确保及时、足够、不间断的研发投入。财务承诺，是指"企业能持续地价格财务资源投入具有不确定性地创新投资中，并且倾向于把创新回报再

---

① 张新新. 基于出版业数字化战略视角的"十四五"数字出版发展刍议[J]. 科技与出版，2021(1)：65-76.

投入新的创新过程"。① 持续稳定的财务承诺能够为企业技术研发工作提供可靠的财力保障。譬如知识产权出版社在积极推动企业数字化发展的同时，还积极争取国家财政支持，主动开拓项目驱动发展和创新发展的新道路。法院社在"法信平台"的项目研发过程中，从研发起步到产品上线，长达 5 年之久，累计投入了 8000 多万人民币，其中企业自筹投入占比 50%。这种耐久性投资、长期性财务承诺的举措是国内大部分出版企业很难做到的。

除此以外，企业具有较高数字素养的出版人才团队、拥有比较优势的内容资源、持续推进产品研发活动以及建立适应数字化发展的激励与约束制度等，也是实现出版企业数字技术跨越的重要因素②。

3. 数字出版技术跨越动力体系

出版企业要实现技术跨越，就要解决好数字技术与传统出版企业组织文化之间的矛盾，促进数字技术与出版企业组织文化的有效结合，这就要求出版企业在组织学习能力、组织文化、组织流程和动态适应性等方面全面提升，形成技术跨越动力体系。

一是探索型学习能力。探索型学习是组织学习的模式之一，不仅是出版企业实现技术跨越的重要手段，而且是技术跨越动力体系的逻辑起点与先决条件。出版企业要实现技术创新的路径转化，就需要对新知识、新能力、新技术、新范式进行学习和尝试。典型的探索型学习包括对于光盘出版、数据库出版、网络出版、按需印刷、知识服务、大数据、智能搜索等技术的探索和学习。

二是创新型组织文化。在不完全市场竞争的条件下，中等规模的出版企业更容易形成技术跨越的动力，并通过技术创新脱颖而出。通过多年的战略规划、决策部署和价值导向，出版企业在创新引领、追求创新、鼓励创新、包容创新的基础上，会形成创新型组织文化。一旦形成创新型组织文化，就成为更基本、更深层、更广泛的精神力量，它对组织的学习行为起到了指导和激励作用，推动着积极型组织流程的重塑，并最终指向出版企业动态化调适能力的形成。

三是积极型组织流程。许多企业技术革新的实践证明，组织流程的僵化是导致大多数企业路径转换失败的主要原因。将以传统出版为基础的僵化、静态的组织流程转变为灵活、积极、动态的出版企业流程，是实现出版企业技术跨越的题中之义。出版企业必须在决策、经营、管理、项目等方面对现有的组织流程进行调整，以适应和融合数字技术发展的规律，并逐渐形成适应技术进步的组织流程；而技术创新又会促使企业内部的生产过程发生变化，例如法院使用 15 天时间完成了由 AI 创作的《智慧办案手册》初稿，推动出版社由传统的"编校印发"流程向"创编教印发"流程变革①。目前大多数出版企业正在积极地进

①　贾根良，李家瑞. 国有企业的创新优势——基于演化经济学的分析[J]. 山东大学学报（哲学社会科学版），2018（4）：1-11.

②　张新新. 技术赋能出版业高质量发展：技术蛙跳双案例研究[J]. 出版与印刷，2022（3）：30-43.

行组织流程革新与探索，这种态势依然"在路上"。

四是动态化调适能力。动态化调适能力是指企业在面对环境变化时，整合、构建和再分配内部和外部竞争的能力。在技术创新的背景下，出版企业的动态调适能力是指通过动态的方式，调配内部和外部资源，优化配置各种生产要素，使之适应不断变化的动态发展。出版企业要以探索型学习为根本，以创新型组织文化的渗透与引导，完善与调整出版经营管理过程，充分调动内外资源，优化配置各种生产要素，形成战略决策、要素配置、资源调度、创新研发、全媒体营销等动态化调适能力。动态调适的能力实质上是一种自我调整、自我修复和自我扬弃的企业能力，它涉及到传统媒体与新兴媒体、成熟流程与新兴技术的关系。

第五节　数字出版技术商业化与创新实现

一、数字出版技术商业化

1. 数字出版技术商业化内涵

在数字经济时代，数字出版技术可以促进数据共享，有效管理资源，扩大资料来源，提高创新和创业的便捷性，从而减少新产品和服务的试错成本，最终加快技术商业化进程。在复杂多变的市场环境中，技术商业化进程会遇到很多挑战，如果企业不能及时调整，很可能会在数字经济浪潮中迷失发展方向。

商业化是指将产品推向市场，使其具有商业价值和市场价值，因此商业化也是市场化的、以盈利为基本要义的行为。技术商业化的成功关键在于将新技术转化为具有市场价值的产品。数字出版语境下的技术商业化，反映的是出版企业将相关技术或想法快速转化为出版产品或数字服务以获得市场认可的关键能力，体现了出版企业进行技术概念开发，以获得与顾客需求相匹配的市场化产品或服务的程度。

技术商业化的特征表现在三个方面，分别是利益驱动性、长期性和应用场景化。①

第一，技术商业化具有利益驱动性。具体表现在出版企业追求自身利益而表现出的行为倾向与趋势，并形成达到企业目标的行为动力。有了追求经济利益目标的驱动力，投资者和科研人员都会进行与技术商业化有关的活动，以寻求商业上的成功。

第二，技术商业化是一个长期的、多阶段的过程。这里提供新技术商业化会经历的五个阶段作为参考：（1）概念阶段，技术产品仅是构想且尚未成型；（2）初始阶段，出版企业已完成产品原型设计并制订具体商业化项目的经营计划，但并未上市；（3）成长阶段，

---

① Vijay K Jolly. 新技术的商业化——从创意到市场[M]. 张作义，等译. 北京：清华大学出版社，2001.

出版企业已有一定的市场基础和营销渠道，但还需开发更大竞争力来扩大市场；（4）扩张阶段，技术产品已经有相当的市场占有率，已具备行业规模；（5）成熟阶段，技术商业化达到初衷，新技术进入成熟期。

第三，技术商业化需要与应用场景相结合。技术商业化是技术与市场的结合，实现方式必须借助于载体，可以是有形的产品或无形的服务。例如，二维码作为一种数字技术，具体应用到出版市场的方式可以是结合出版物落实到客户，客户进行图书消费，通过扫描具体内容所附的二维码来进一步获取相关音频或视频讲解从而获得无形的数字化服务。

2. 数字出版技术商业化影响因素

数字出版企业实现技术商业化的目标是将技术由概念化走向市场化，其中，客户的参与、技术知识的共享和企业数字化程度构成了技术商业化的影响因素。[①]

一是客户参与。客户参与是数字出版技术商业化的重要外部因素。客户参与是指企业通过宣发活动等方式将客户引入产品的商业化进程中，使客户参与产品的设计、开发、测试等各个环节的行为。技术商业化的重点在于把技术理念转变为被市场接受的产品或者服务，客户的参与和认同对于技术商业化的成功至关重要。其重要性体现在三个方面：第一，客户作为消费角色，既是企业的利益相关者，也是企业产品和服务口碑的传播者，在具体技术商业化进程中，客户的积极参与能够帮助企业将他们的创意和想法在产品的研发中得到实现。第二，客户作为产品使用者，其参与可以帮助企业获取用户的使用习惯和喜好，从而降低产品研发的风险，促进新产品的研发和销售。第三，客户参与可以为企业提供专业的市场知识和产品知识，减少人力资本的投入，同时也能降低技术商业化的成本。

二是知识共享。知识共享是数字出版技术商业化的重要内部因素。知识共享是指企业内部员工将经验、信息、技能等信息交换和整合的过程。知识共享既可以促进企业知识向个体知识转变，也可以促进个体知识向企业知识转变。知识共享是企业知识管理的重要组成部分，它的目的在于提高企业的知识使用率。其重要性主要体现在以下三个方面：第一，知识共享是一种个体提升认知的过程，它可以激发员工进行深刻的思考与学习，提高员工的问题解决能力，进而提高个人和企业的创造能力；第二，知识共享是企业知识库的广度和深度不断提高的过程；第三，知识共享是企业内部员工之间进行深度沟通并产生新知识的过程。

三是数字化水平程度。数字化程度是数字出版技术商业化的重要情景变量。数字化程度是指企业通过数字化技术在现有研发、生产、运营等方面实现数字化转型的程度，对数据收集与处理、决策形成具有重大影响。数字技术可以为客户提供平台支撑，为客户参与技术商业化过程提供便利。以移动社交平台为载体，引导客户积极参与到企业创新活动

---

① 杜小民，单标安，闫双慧，马力. 数字经济背景下顾客参与、知识共享对科技型新创企业技术商业化能力的影响[J]. 科技进步与对策，2022，40(13)：71-80.

中，已是一种必然的发展趋势。利用数字技术优化客户参与效果可以提高企业技术商业化的成功率，这主要体现在两个方面：一是数字化促进了新的互动机制，使客户和企业之间的社会关系得到重构；二是在价值网络中，客户可以根据自己的意愿参加新产品的研发和设计。

3. 数字出版技术商业策略与商业模式

企业发展策略是指企业在发展方向、速度和质量、发展点和发展能力的重大选择、规划和战略。数字出版企业技术商业化策略能够引导出版企业的长期发展，明确发展目标，指出关键发展问题，从而促进企业持续健康发展。以下提供三种策略选择作为参考，分别是开放竞争策略、利基策略和合作联盟策略。[①]

（1）开放竞争策略

开放竞争策略是指采用新技术的新企业进入新的市场，采用与既有企业的竞争策略，并重新定位市场领导地位。例如，亚马逊公司作为是互联网的早期开拓者，通过新技术提高了图书发行和销售的竞争优势，并通过网络支付、物流配送、售后服务等新技术，对传统图书行业的巴诺书店等既有企业构成了威胁。但是，技术机会具备有效的时效性，新技术在刚起步的时候，很容易被既有企业所仿效，从而使其价值下降。因此，出版企业需要具备更加完备的技术协同发展能力和保密措施，才能保证在开放竞争环境下不处于被动地位。

（2）利基策略

利基策略是指出版企业通过专业化经营抢占市场以获得最大利益的策略。市场利基的关键因素是专业化，通过专业化来体现集中化，可供市场利基者选择的专业化定位包括用户专业化、产品专业化和服务专业化等。出版企业实现用户专业化，可以通过网络口碑营销传播方式获得目标消费者，让消费者通过自媒体或社交网络自发促销产品，如豆瓣书评和淘宝上的图书买家评价，以此来影响消费者的最终决策。

（3）合作联盟策略

合作联盟策略是指出版企业为实现自己的战略目标，与其他企业建立起伙伴关系，进行战略上的合作，形成能达到共同目标、获得最大限度利润的一种松散的网络式联盟。最常见的形式是企业间的技术合作，包括共同研究开发、交叉成人和共享专利等。其他合作方式包括产品生产和供应方面的合作、营业业务上的合作等。

在商业模式方面，经过多年的摸爬滚打，出版企业基本形成了适合自身发展实际情况的商业模式，主要包括：

（1）采取 B2B、B2G 等面向机构客户的商业模式，通过服务行业主管部门、科研院所、企事业单位来推广和营销自身的技术创新型产品，进而在比较短的时间周期内取得相对可

---

① 田莉. 机会导向型的新技术企业商业化战略选择——基于技术属性与产业环境匹配的视角[J]. 经济管理，2008(Z1)：40-43.

观的经营收入甚至是营业利润。这方面知产、法院两社都是以机构服务型商业模式作为主要收入来源，其中法院社以其全国 30 多个省份全覆盖、3000 多家法院全部安装的 B2G 全渠道模式，成功抓住了技术跨越的机会窗口；其他的专业出版、教育出版机构数字化产品的营销也大多采取这种模式。

（2）由 B2B 模式向 B2C 模式过渡和升级，是出版企业技术跨越，推进规模化发展和产业化繁荣的必经之路。这一点也在法院社的技术跨越历程中得到了验证，从上线之初的 30 万注册用户到 2021 年底的 141 万注册用户，法院社的 B2C 商业模式无疑也取得了成功。

（3）出版社也存在着以 B2C 模式面向个人用户进行市场营销并大获成功的出版案例。截至 2022 年 3 月，商务印书馆的《新华字典》APP 产品，历经十几次技术迭代，面向不特定的公众用户进行推广运营，已实现累计用户超过 6000 万次、日活跃用户超过 50 万、付费用户超过 50 万、单品种收入 2000 多万元的卓越市场表现。

二、数字出版技术创新实现

1. 数字出版技术创新实现概念

党的二十大报告中，围绕"创新"对完善科技创新体系和加快实施创新驱动发展战略提出了新的指导要义，包括坚持创新在我国现代化建设全局中的核心地位，形成具有全球竞争力的开放创新生态，加强企业主导的产学研深度融合，提高科技成果转化和产业化水平，以及强化企业科技创新主体地位，推动"创新链、产业链、资金链、人才链"深度融合。根据《出版业"十四五"时期发展规划》中对于健全完善数字出版科技创新体系建设的新要求，将科技创新体系建设提升至新高度，包括促进科技成果高效转化、强化出版企业创新主体地位、形成技术创新体系、构建出版行业数据服务体系等。

在宏观政策指导下，出版企业如何更好实现技术创新，需要厘清企业技术创新的内涵。"创新"概念于熊彼特的《经济发展理论》一书中被首次提出，熊彼特认为，创新就是要"建立一种新的生产函数"，即"生产要素的重新组合"。国内学者傅家骥将企业技术创新定义为："技术创新是企业家抓住市场的潜在盈利机会，以获取商业利益为目标，重新组织生产条件和要素，建立起效能更强、效率更高和费用更低的生产经营系统，从而推出新的产品、新的生产方法、开辟新的市场、获得新的原材料或建立企业的新组织，它是包括科技、组织、商业和金融等一系列活动的综合过程。"[①]

借鉴技术创新定义，我们可整理概念为：数字出版技术创新实现是指出版企业应用创新的知识和新技术、新工艺，采用新的生产方式和经营管理模式，提高出版物质量，提供新的数字化服务，并占据市场从而实现市场价值的过程。

数字出版技术创新实现对于出版企业、出版产业以及国家经济社会发展有着重要价值

---

① 傅家骥. 技术创新学［M］. 北京：清华大学出版社，1998.

和意义，下面将从这三个层面进行展开陈述。

在企业层面，出版技术创新的根本价值是出版企业竞争力的提升。出版企业在竞争中需要依靠良好的出版产品质量和企业形象作为支撑，而出版产品质量的升级需要先进技术的支持，科技含量决定着价值含量。技术创新能够为企业带来更大的利润，从而在市场竞争中取得额外的利益，而企业竞争力就是在市场竞争中，通过独特的竞争手段，有效地争夺市场份额、挑战竞争对手、寻找有利地位、扩张经营领域、实现经营效益等方面中所表现出的一种状态与能力。所以，技术创新对于提高出版企业的核心竞争力具有决定性的影响。

在产业层面，出版技术创新有利于出版产业结构的调整和升级，具体表现在如下方面。第一，有利于丰富出版产业发展结构。技术创新赋予产品或服务的提供者根据客户需求更好生产特定内容，从而促使传统出版业采取一定的改革措施来提升竞争力。第二，有利于提升出版产业发展质量。一方面，利用技术创新提高产品和服务的生产效率，减少经济运行的费用，就能自然而然地消除非正规的市场主体和行为，从而提高产品和服务的品质；另一方面，通过科技创新，可以使有关的经济监督机构进行更加科学有效的监督，提高对不合理的市场行为的监督力度。第三，有利于提升出版产业发展驱动力。例如，"互联网+"技术创新方式的推广与应用促进了"互联网+出版业"的发展，极大地提升了我国出版产业经济发展的动力系统。

在国家层面，出版技术创新有利于促进我国经济增长方式的转变。创新是国家和民族发展进步的灵魂和不竭动力。要做好新时代的出版工作，坚持守正创新，推动出版高质量发展。出版建设对于国家层面的意义表现在如下方面：一是有利于深化我国当前的供给侧结构性改革，以达到优化配置资源的作用，使社会主义市场经济具有更大的弹性。二是有利于催生新生行业和需求。例如出版业与科技产业的融合，催生人工智能出版、元宇宙出版等新业态的出现，为国家文化科技发展提供新的增长点。三是有利于提升我国经济社会稳定发展。出版产业在社会发展中具有重要的推动力量，由于技术创新而形成的新兴产业在创造需求、吸引劳动力就业等方面起着重要的作用，有助于稳定我国经济社会健康发展。

2. 数字出版技术创新实现模式

价值实现是指企业创造的价值被市场认可并接受，从而完成了要素投入到要素产出的转化。立足于企业价值、产业价值和国家价值实现模式三方面，更好阐述数字出版技术创新实现模式。

（1）企业层面价值实现模式

一是强化出版企业可持续发展能力。增强出版企业的可持续发展能力，需要综合考量企业的核心竞争能力、抵御风险能力、偿债能力和增值能力等。形成企业的营业额、市场占有率、技术水平和客户需求等因素构成的综合竞争能力，是强化企业可持续发展能力的重要内容。此外，企业需要在投资活动中完成风险性与收益性的最佳平衡，提升资产管理能力来实现资源分配的最优级，并在企业形象上提升与偿债能力相关的企业信用水平，这样才能将企业价值最大化。

二是创造长效收益。创造长期的企业收益，对出版企业价值实现具有重要意义。具体来说，出版企业需要从合理投资、提高产品生产能力、优化利润分配制度等方面着手，制定科学合理的投资方案，全面考量投资资金的投入和回收的时间性从而提升投资的经济效率。出版企业除了应当扩大销售额以外，也需要考虑出版企业的成本费用，因此，在出版企业营销战略上寻求降低成本费用的方法和途径就显得尤为重要。

三是优化资本结构，降低资本成本。为降低成本费用，出版企业需要认真分析研究市场经济条件下的经济形势，采取优化资本结构的企业决策。具体来说，出版企业需要把握经济周期的客观环境下市场的竞争环境，结合出版企业内部组织对待外部潜在风险的态度，稳中求进地提升出版企业的获利能力。[①]

（2）产业层面价值实现模式

一是塑造技术创新宏观环境。塑造技术创新宏观环境需要政府加强对科技创新的引导和加强，采取一系列优惠政策和措施引导市场主体参与到具体的科技创新活动中来。比如，对于科技企业的发展，可以通过税收、金融等方面的政策扶持，给予部分科技型企业减税、资金、资源等方面的政策倾斜，从而将更多的资源用于科技创新的发展。同时，要确保技术创新成果的安全，例如对出版企业的科研成果进行法律上的保护，避免其合法利益受到侵害。

二是培养科技创新型人才。培养科研人才，能够为科技创新企业提供高智力的投入。国内开设出版专业的高等院校和科研院所需要重视对科技创新型人才的培养和提升，为出版企业提供新的后备力量。另外，同时鼓励"产学研"相结合的人才培养模式，更好融入社会发展实际中进行调查研究，根据社会发展的情况来针对性地进行科技研究与创新，避免闭门造车，才能更好缩短科技创新周期，提升科技创新时效，节约科技创新成本。

三是促使技术创新常态化。政府与市场主体应积极探索，促进科技创新能力与工作常态化推进。首先，要培育科技创新队伍，提高其规模、持久性；其次，要增强科技创新的开放性，科学是没有国界的，科技创新工作不仅要依靠本国的创新人才，还要重视与国外先进的技术创新组织的交流与合作；最后，要坚持创新，创新是一项全新的活动，它具有很大的风险和不确定性，并非每一项都能取得预期的结果，我们要鼓励各行各业不断积累和提高自身的创新能力，同时，也要针对失败的创新项目进行经验教训的总结和分析。[②]

（3）国家层面价值实现模式

一是把握出版高质量发展的时代主题。推动出版高质量发展，需要强化出版的政治意识，坚持为人民服务、为社会主义服务的方针，践行社会主义核心价值观，更好地反映中

---

①　张素蓉. 企业价值最大化及其实现途径研究［D］. 天津：天津大学，2004.

②　朱蕾. 科技创新在产业经济发展中的价值［J］. 农村经济与科技，2017，28（8）：166-167.

华优秀传统文化和社会主义的先进文化。一方面，出版应坚守初心，聚焦社会主义文化的建构与传承，传播社会主义正能量；另一方面，出版应坚守正确的效益观，正确处理社会效益和经济效益的关系，将其置于中华民族伟大复兴的大格局发展态势中考量，这样才能更好地保持正确的出版定力，实现出版企业的高质量发展。

二是明确出版高质量发展的主攻方向。把握出版高质量发展的前进方向，需要聚焦出版供给侧体系。针对高质量发展阶段，采取相应措施包括：一是要增强发展优势，实现"拓展产品数量"向"追赶产品质量"的转变；二是要实现要素的优化配置，实现"扩张产业规模"向"升级产业结构"的转变；三是提高全要素生产率，实现"消极性要素驱动"向"积极性创新驱动"的转变。同时，增强出版产品的原创性、规范性，真正实现出版供给与读者需求的精准对接。

三是树立"人才是关键要素"的发展理念。人才是实现高质量发展的根本。出版业要坚持以"人才是第一要素"为核心的发展理念，采取积极的应对策略，建设高素质的出版人才队伍。首先，要加强编辑工作的专业化，包括内容质量、编校质量、编校质量、编校质量等专业化指标。其次，要构建复合型人才体系，形成包括战略，管理，内容，技术等全要素的协同化的人才体系，培养国际化的人才；另外，还需要立足于国际和国内市场资源，努力培育具有国际内容生产组织、国际营销传播能力的专业人才，不断增强我国出版事业的国际话语权和国际传播能力。①

---

① 周玉波. 在新时代，出版业如何实现高质量发展［EB/OL］.［2022-11-29］. http://theory.people.com.cn/n1/2020/0918/c40531-31867027.html.

第四章　数字出版技术制度

---

* 本章知识点提要

　　1. 出版业数字化战略的内涵

　　2. 出版科技创新体系的内涵

　　3. 数字出版技术路线布局

　　4. 数字出版技术管理制度

　　5. 数字出版技术人才制度

* 本章术语

　　数字出版技术制度　数字化战略　科技创新体系　技术外包　技术委托开发

　　技术自主　数字出版技术管理制度　数字出版技术人才制度

　　制度是人类社会为资源、权力、价值和利益分配而形成的各种规则总和，一般包括正式和非正式的制度。正式制度指有意识创造出来并通过国家、机构或团体等正式确立的各类成文规则；非正式制度则指人们在长期社会交往中逐步形成、得到社会认可的一系列约束性规则，包括价值信念、伦理道德、文化传统、风俗习惯、意识形态等。

　　本书将数字出版技术制度定义为：确保数字出版技术得以正常应用的规则和规范的总和，包括正式和非正式制度。正式的数字出版技术制度主要指国家、行业或企业正式发布的数字出版技术相关的文件，如《出版业"十四五"时期发展规划》、《关于推动传统出版和新兴出版融合发展的指导意见》等文件有关数字出版技术的内容；非正式的主要指出版行业在数字出版转型的过程中，逐步形成的共识，如出版企业关于自身数字出版技术路线选择的相关策略，其不具有强制性，但在出版行业普遍应用。

　　数字出版技术制度的具体内容包括：国家数字出版管理部门为促进技术应用和行业健康发展发布的相关文件，出版机构为了推动和保障新技术应用而制定的相关制度、规范和方案，以及出版业有关数字出版技术的共识。

　　依据数字出版技术在出版行业规划、设计、实施的应用过程，本章从四个方面展开介绍：数字出版技术相关规划文件、数字出版技术路线选择、数字出版技术管理制度以及数字出版技术人才发展相关制度。

第一节　数字出版技术相关规划文件

规划，指组织制订的全面长远的发展计划，是对未来整体性、长期性、基本性问题的思考和考量，是对未来整套行动方案的设计。按内容性质分为总体规划和专业规划。从规划制定的主体可分为：国家规划、行业（或产业）规划、企业规划等。

对于从事数字出版技术工作的人员来说，了解、学习出版相关的规划文件，一方面可以更好地把握发展的大方向、大趋势和热点，顺势而为从而事半功倍；另一方面可以借鉴相关文件的框架结构、要点内容以及用语用词，从而初步掌握编制相关规划文件的基本思路和方法。

一、国家级规划

2006 年，"数字出版"首次出现在国家级五年发展规划之中，开启了成为支持战略性新兴产业发展历程。国家《"十一五"规划》指出："发展现代出版发行业，积极发展数字出版，重视网络媒体建设。大力推广普通话"。第二次出现是在 2016 年，国家《"十三五"规划》指出："要加快发展数字出版等新兴产业，推动出版发行等传统产业实现转型升级"。

2021 年 3 月，国家《"十四五"规划》第三次对数字出版进行了规定，指出"实施文化产业数字化战略，加快发展新型文化企业、文化业态、文化消费模式，壮大数字创意、网络视听、数字出版、数字娱乐、线上演播等产业。"

2022 年 10 月，党的二十大报告公布，在"八、推进文化自信自强，铸就社会主义文化新辉煌"中提到"实施国家文化数字化战略，健全现代公共文化服务体系，创新实施文化惠民工程。"健全现代文化产业体系和市场体系，实施重大文化产业项目带动战略。"

上述国家级文件尽管没有直接提及数字出版技术，但是指出"数字出版"、"数字化战略"等关键词，也就是规定了数字出版技术的上位概念。同时，数字化战略也蕴含着数字技术要素，实施国家文化数字化战略也蕴含着以数字技术为生产要素、重视数字技术、发挥数字技术赋能的作用。

出版业数字化战略，是指"在新一代数字科技支撑和引领下，以数据为关键要素，以数据赋能为主线，以价值释放和创造为核心，对产业链上下游的全要素数字化转型、升级、重塑和再造的战略"。① 该概念囊括了几个关键词：

关键词一，数字科技：以人工智能、5G 技术、区块链技术为主体的数字技术赋能出版产业链各环节、赋能出版业产品和服务，是出版产业数字化战略的题中之义。数字技术的本质在于借助特定的设备，将各种信息转换为二进制数字"0"和"1"后，进行运算、加

---

① 张新新. 基于出版业数字化战略视角的"十四五"数字出版发展刍议[J]. 科技与出版，2021(1)：65-76.

工、存储、传播和还原。数字技术赋能传统产业的过程，便开始了数字化的进程，其中涵盖"3个层次、5个方面"——"3个层次：编辑转型、编辑室（分社）转型、出版机构转型；5个方面：出版产品转型、技术运用、流程再造、营销转型、制度重塑"。①

关键词二，数据：以数据为视角，以数据为生产要素，出版业的数据类型大致可分为"内容数据、用户数据、交互数据"或者"条数据"与"块数据"，按照数据建设流程，数据采集、存储、标引、关联、计算、可视化、二次数据的形成，组成了出版业大数据建构的基本原理。

关键词三，价值：出版业数字化战略的初衷和使命在于实现价值释放、价值创造、价值增值、价值链重塑等。出版业数字化战略的核心在于通过数字化、网络化、智能化的内部流程再造和外部产品（服务）升级，来实现传统的、线下的流程、产品、渠道的价值扩充、价值进一步释放，进而对内提高出版质量、对外提升出版效益。

关键词四，产业链：数字化战略要涵盖出版产业链的每一环节，实现全环节的战略传导和战略转型，无论是选题策划、编辑加工，抑或校对设计、印制发行，这将是一个长期、持续的、思想解放的过程。

关键词五，要素：要实现出版业数字化战略，需充分将信息、数据、知识、技术、人才、标准等新要素进行充分配置，发挥要素驱动的功能，实现出版业的质量、效率和动力变革。

关键词六，战略：出版企业制定数字化战略要形成涵盖战略制定、战略实施、战略评估、战略反馈、战略修订等在内的完整的战略闭环。从功能定位来看，应将数字化战略作为长策大略，作为未来很长时间内出版业高质量发展的重要抓手加以对待，作为出版企业制定长期规划、中期规划和短期规划的主体战略予以考量，保持战略自信、战略耐心和战略定力。

出版产业数字化战略的两个主要方向：数字出版与融合发展，前者是出版企业独立的经济增长点所在，是自2010年以来一直处于蓬勃发展期的出版新业态；后者是媒体融合战略落地到出版产业的结果，是传统出版和新兴出版在内容、技术、运维、平台、管理、人才等多方面交融、互融、通融的结果。

值得注意的是，为准确理解出版业数字化战略，切不可将"数字化转型升级"等同于"数字化战略"，前者侧重于基础设施、资源、平台的数字化，后者强调提质增效、强调发展的质量和效益，是更高水平、更严标准、更为宏观的战略性考量。

二、出版行业规划

行业（产业）规划文件方面，应当了解、学习出版业主管部门牵头编制的《出版业"十四五"时期发展规划》以及其他有关融合发展指导意见的文件精神。另外，其他主管部门牵

---

① 张新新. 出版转型的体系性思考与理论建构[J]. 中国编辑，2020（9）：54-59.

头编制的与科技相关的《"十四五"数字经济发展规划》《国家中长期科学和技术发展规划纲要(2006—2020年)》等文件也可以参考学习。

2021年12月,国家新闻出版署印发《出版业"十四五"时期发展规划》(国新出发〔2021〕20号),指出"实施数字化战略,强化新一代信息技术支撑引领作用,引导出版单位深化认识、系统谋划,有效整合各种资源要素,创新出版业态、传播方式和运营模式,推进出版产业数字化和数字产业化,大力提升行业数字化数据化智能化水平,系统推进出版深度融合发展,壮大出版发展新引擎"。在"健全完善数字出版科技创新体系"部分指出"突出科技创新在推动出版业数字化转型升级、实现深度融合发展中的重要作用,大力推动5G、大数据、云计算、人工智能、区块链、物联网、虚拟现实和增强现实等技术在出版领域的应用"。

2022年4月,《关于推动出版深度融合发展的实施意见》(中宣发〔2022〕13号)规定:"7.加强前沿技术探索应用。紧盯技术发展前沿,用好信息技术革命成果,强化大数据、云计算、人工智能、区块链等技术应用,创新驱动出版深度融合发展。鼓励出版单位与高等院校、科研机构、科技企业等加强合作,搭建支撑出版融合发展的技术型高水平实验室,提升实验室建设效能,促进相关科技成果高效转化,为推动出版融合发展提供更大动能。","8.促进成熟技术应用推广。着眼适合管用,充分挖掘满足出版融合发展业务需要的各类适配技术,促进数字出版内容的多介质、多角度延伸,打造出版融合发展新产品、新服务、新模式。建立科技工作与标准化工作联动机制,及时将科技创新成果融入相关标准,重点支持出版新型业态和融合技术等领域的标准研制,以高质量标准促进技术成果产业化应用。","9.健全科技创新应用体系。强化出版企业创新主体地位,有效对接出版融合发展技术需求,促进各类创新要素整合集聚,形成以企业为主体、市场为导向、产学研用相衔接的技术创新体系。以出版业科技与标准创新项目为抓手,评选确定一批出版技术研发应用、标准研制推广等方面的优秀成果,推动科技创新有效赋能出版融合发展"。

出版业行业规划不约而同地强调"出版科技创新体系""科技创新应用体系"等,足见出版科技创新体系的必要性、重要性和迫切性,那么出版科技创新体系是如何引领和支撑出版全面创新体系形成的?出版科技创新体系引领和带动出版全面创新体系的形成过程,是出版业高质量发展核心动力体系的塑造过程,也是数字技术创新和出版业全过程、各领域、各环节的全方位、深层次、多角度、立体化的融合过程和协同作用。具体来讲:

出版科技创新引领产品创新,是指技术创新和内容创新的融合、协同,引导和催化出版产品创新、生产和制作高质量出版物的过程。内容创新,即出版所蕴含的文化要素的创新,包含几个层次:一是创作者根据时代发展和现实需要,持续进行信息、数据和知识的推陈出新,为出版业提供新观点、新思想、新理论和新作品;二是编辑在文化选择和文化建构的过程中,对作者提交的作品素材进行"去粗取精,去伪存真,由此及彼,由表及里"地编辑和加工;三是以先进科技为引领和支撑,推动出版业承载内容的创新,推动文化的创新性发展、创造性转化和创新性表达。由此,内容创新是出版创新体系的灵魂,指引和规制着技术创新的方向，为技术创新提供目标归宿和价值遵循；技术创新为内容创新提供新工具、新表达、新对象，二者的深度融合体现在创新型的出版产品之中。

出版科技创新引领营销创新，是指通过数字技术的创新性应用，充分发挥其支撑引领作用，一方面对传统出版的营销渠道进行创新性发展，赋予图书发行渠道以新的内涵和功能；另一方面构建基于数字技术的新渠道，建立健全原创的、独立的数字出版产品营销渠道。在此基础上，进一步推进传统渠道和数字渠道、线上渠道和线下渠道一体化、融合化发展，并充分运用短视频、网红直播、出版专业直播、新媒体矩阵等创新型营销方式，切实提高出版物、出版业的营销效能。

出版科技创新引领模式创新，是指在先进科技的引领和支撑下，创新商业模式和消费模式，由过去 B2B、B2C 为主的线下实体模式，转为更多依赖数字经济，发展和壮大移动支付、智能消费、无接触消费等线上消费模式，丰富和扩展 B2G、B2F、O2O 等多元化、多维度的商业模式，激发和增强出版业发展的数字新动能。

出版科技创新引领服务创新，是指出版业以先进科技为引领和支撑，由基于内容制造业的内容提供商、图书产品提供商转型为基于服务业的知识服务提供商，[①] 由提供单一的图书产品转型为提供信息服务、知识产品、知识解决方案三位一体的综合性知识服务，由提供纸介质为主的图书产品转向提供多样化介质的图书、电子书、知识库、融合出版物等多种创新型出版产品，由服务"读者"转型为服务"用户"，为用户提供全方位、立体化、多层次、线上线下一体化的出版服务和阅读服务等，以不断满足广大用户的美好精神文化生活需要。

出版科技创新引领制度创新，是指坚持制度创新和技术创新等量齐观，建立健全创新导向的制度体系和治理体系：在产业维度，推动以创新为导向、以协同为特征的出版治理体系完善，推进出版产业规划产业政策、出版财政产业政策、出版税收产业政策、出版安全产业政策等政策制度的完善和优化，逐步建设和完善引导创新、鼓励创新、支持创新的出版业治理格局；在企业维度，建立创新试错容错机制，坚持制度引导创新、鼓励创新、支持创新和保护创新，不断健全创新导向的经营管理制度体系，制度范畴包括但不限于战略规律、出版管理、运营管理、项目管理、人才培养、版权保护、资本运营、风险防控和激励约束制度等。

出版科技创新引领管理创新，是指要坚持创新导向的治理能力现代化，形成行政管理、社会治理、企业行业自律三位一体的创新治理体系，综合运用智库治理、数字治理、应急治理、网信治理等创新型治理手段，切实发挥数字技术在内容审核、网络安全、算法管理、直播营销等方面的自动化、智能化管理作用，切实提升出版治理的数字化、科技化和现代化水平。

出版科技创新引领业态创新，是指通过数字技术赋能出版业，引导和推动出版业态向

---

① 方卿，王一鸣. 论出版的知识服务属性与出版转型路径[J]. 出版科学，2020(1)：22-29.

着更加优化、更加健康、更为协调、更为平衡、更可持续、更高质量的方向发展。数字技术赋能出版，深刻变革着出版业态格局，催生了数字出版、融合出版、数据出版、智能出版等出版新业态，形成了一系列的出版业态"二元结构"，包括："传统出版—新兴出版"二元结构、"图书出版—数字出版"二元结构、"出版数字化转型—作为独立业态的数字出版"二元结构、"数字出版—出版融合发展"二元结构，等等。

第二节　数字出版技术路线布局

数字出版技术路线选择，指出版单位为达到预期的数字出版业务目标或效果，选择获得所需技术条件或能力的方式或策略。出版单位可根据工作需要和自身不同发展阶段的实际情况选择适用技术外包、技术合作或技术自主的路线。

数字出版技术路线，某种程度上，是数字出版技术的顶层设计，是指包括战略定位、发展模式、业务体系、项目支持、人才布局等在内的系统性规划，是实现传统出版向现代出版转型升级的战略性技术统筹，是指围绕着数字出版社会效益和经济效益的实现而做出的全方位、多层次、立体化的技术设计和制度安排。

一、技术外包（采购）

技术外包（采购）指技术需求单位专注于自己的核心业务，将自身所需技术的全部或部分外包给专业的技术供给单位。该方式主要适用于以下几种情况：（1）出版单位对技术只有使用权需求，而无知识产权要求；（2）外部技术条件满足出版单位业务需求和预期效果；（3）外部技术条件可以有效供给，不存在"卡脖子"情况；（4）外部技术条件专业、成熟、稳定、可靠，运行风险低；（5）外部技术条件比自身构建技术条件的综合性价比更优。以清华大学出版社为例，技术外包（采购）方式多用于电子书、数字内容资源（课件、视频、音频等）的技术加工，以及机房、服务器、存储、安全等信息基础设施。

技术外包（采购）方式的优势在于符合社会化分工"术业有专攻"的规律，由专业的群体负责专业的事宜，利于出版单位专注内容资源、产品渠道等方面的布局和实施。其不足则体现在：一方面，技术企业成熟的技术成果大多程式化、固定化，缺少个性化、定制化服务。技术企业基于成本收益的考量，不会根据出版机构用户的实际情况做出变化和革新，即使出版单位得到了软件系统，也会因为适配性差而搁置不用。另一方面，技术企业的核心技术一般并不对外输出或共享产权，而是采用授权使用的方式。因此，出版单位在推广基于这些核心技术构建的数字出版成果时，将面临技术供给单位的诸多限制。比如，要求只能自用，不能为第三方提供服务，限制成果推广；或允许为第三方服务，但需要第三方同样支付核心技术的授权使用费等。

二、技术委托（合作）开发

技术委托（合作）开发，指技术需求单位将自身所需开发的技术工作，通过委托或合作的方式，全部或部分交由外部专业技术供给单位承担。与技术外包(采购)方式的区别是：技术外包方式中，技术知识产权仍归技术供给方所有；而技术委托(合作)开发方式中，技术需求单位将获得全部或部分技术知识产权。具体而言，通过技术委托开发方式，甲方(出版单位)获得全部技术版权，但需要承担全部开发费用和风险；在技术合作开发方式下，各方提供所擅长的要素或条件，除相关方特殊约定外，共担风险、共同拥有技术成果知识产权。

在委托(合作)开发模式下，出版单位一方面因为"术业有专攻"、"优势互补、强强联合"而获得性价比相对较高的预期技术成果；另一方面，由于具备了技术开发主导权以及技术成果产权，可以进行个性化定制开发，以适配自身业务实际；并且在数字出版成果推广方面，减少限制，提高效益。然而，这一模式也存在不足之处：与技术外包(采购)方式相比，需要更多的资金投入；与技术自主研发方式相比，会受到技术供给方的制约或限制，诸如进度、质量等控制力度不足等。此外，该模式存在诸多风险，即使技术开发成功，有可能因为开发周期过长而错失市场机会，或因技术陈旧而缺乏竞争力。

技术委托(合作)开发方式可操作性强，在实践中得到广泛应用。以清华大学出版社为例，在应用人工智能、大数据等新兴技术探索实现创新应用场景方面，清华社近年来依托国家新闻出版署"教育领域融合出版知识挖掘与服务重点实验室"平台，与清华大学人工智能科技成果转化单位智谱华章等开展技术合作，在智能制造知识服务领域的"知识图谱"、"科技趋势分析"以及"智能问答机器人"等方面进行了创新探索，取得了较好的成绩。

三、技术自主

技术自主指出版机构自主研发和集成应用数字出版相关技术，尤其是自主研发数字出版核心技术，以及集成应用数字出版前沿性技术。相比前述两种方式，技术自主方式具有最大的自主性，受外部技术条件的约束和限制最小，且抵御外部技术风险的能力最强。一旦成功，随着后期技术成果推广的规模化，前期研发投入边际成本降低，最终取得的综合性价比也最高。可以说，技术自主是大型单体出版社和大型出版集团发展数字出版、实现业务数字化转型升级的必由之路。不过，在三种技术路线中，技术自主方式的实现难度最大，对出版单位自身能力的要求最高，具体体现以下几方面：

在理念上，出版单位要具备技术自主可控的意识，从内容提供商转变为技术提供商。知识服务时代，出版社要想提供层次鲜明的信息服务、知识产品、知识解决方案，技术自主是前提。而技术自主的第一要素便是在战略定位中将内容提供商向技术提供商的转变做出明确规定。国内外大型的出版机构、出版集团无不兼具内容优势和技术优势，如励德爱思唯尔的数字决策工具系统即为自主研发、知识产权出版社积极布局大数据公司和专利文献知识服务技术。

在资金上，具备充足的项目资金和自有资金支撑技术研发，以跨越基础研究和商业应用之间的"死亡之谷"。目前各级财政部门均将文化产业作为重要的扶持方向和投入方向，规模大、实力强的出版社每年可获得数千万元的财政项目支持。这些财政项目除了要完成预期的项目目标，还需承担出版社技术自主的任务目标。此外，出版社本身还需投入一定的资金用于研发核心技术，培养骨干技术团队，以最终形成自身的数字出版前沿技术。

在人才队伍上，通过引进技术核心团队，采取项目带动、反向工程等措施培养自主技术队伍。技术自主艰巨任务的实现，离不开技术领头人和技术骨干团队。而出版社要想在短期内培养出能做事、能做成事、能做大事的核心技术团队，就需要运用项目带动和反向工程等措施。一方面，通过财政项目的实施，由数字出版技术人才与相应的技术乙方紧密合作，在合作的过程中理解和掌握相关技术的研发、应用原理和程序；另一方面，采取反向工程的手段，通过技术手段对从公开渠道取得的产品进行拆卸、测绘、分析等，进而获得有关的技术信息。

出版单位自主研发的数字出版技术不仅能够实现技术自主，而且可以对外供给服务。如清华社自主研发的"文泉学堂"平台与 25 家大学出版社展开合作，且基于"文泉云盘"的图书二维码纸数融合解决方案，已被北京交通大学出版社、民航出版社等采用；SciOpen 科技期刊国际化数字出版平台作为"中国科技期刊卓越行动计划"国际化数字出版服务平台的三大支撑平台之一，至今已上线 30 多种英文期刊。

第三节　数字出版技术管理相关制度

在出版企业从事数字出版技术工作的人员，应当学习、遵守企业相关的管理制度。在实际出版工作中，数字出版技术人员要参与这些制度文件的编制或者修订，因此，需对管理相关制度进行了解、学习。

数字出版技术管理相关制度，主要有数字项目管理、数字内容制作、平台技术开发、技术运维和安全等四个方面。本书提供部分来自国内出版社的制度文件纲要样例，供读者借鉴。

一、数字项目管理相关制度

1. 数字化项目管理

需包含制定项目管理的目的、预期目标或效果、适用的数字化项目范围、项目资金的预算、使用及其决策过程等管理办法、项目成果的奖励规则、项目的立项、预算的申请、审批流程的一般规定。另外，对不同类型项目的立项、预算的申请、审批流程的规定、项目实施及资金使用、项目验收、结项等也需做出相关规定。

2. 数字化项目管理委员会工作章程

章程一般包括数字化项目管理委员会的定位、预期目的、职责、候选委员来源的规定、日常办事机构、人员设置的规定、具体项目评审专家组形成流程程序的规定、具体项目评审专家组成员资格条件的规定、具体项目评审专家组议事、决议规则的规定、关于专家咨询费的规定等。

二、数字内容制作相关管理制度

出版社常见数字内容制作有常见的授课 PPT、微课视频、直播视频录制等。此外还会涉及音视频课程上架、质量检测等方面问题，针对不同的内容资源有不同的管理制度。

（1）授课 PPT 建设规范。需对文件名称、内容规范、技术规范、外链视频文件技术规范等做出规定。

（2）微课视频建设规范。需从视频名称、内容规范、技术规范等方面做出规定。

（3）直播视频录制规范。规定一般包括声音及画面要求、具体内容要求、以及其他注意事项。

（4）音视频课程上架流程规范。一般包含如下内容：选题策划、内容来源（自主开发或引进合作）、选题论证（论证课程内容、形式是否适合音视频形式课程）、合同签订、音视频制作、审核、分发上架等相关规定。

三、平台技术开发相关管理制度

1. 需求说明文档规范

（1）需求名称
对应平台名称+需求功能描述。
（2）需求内容
一般需要描述功能需求和非功能需求。功能需求内容描述可包含以下几部分：
①原型页面（原型对应页面的地址+页面截图）；
②UI 设计图（设计图地址+设计图截图）；
③功能说明（功能+功能说明，新增类功能需包含此部分说明）；
④字段名称+限制条件说明（输入框类：是否必填+字段长度限制+字符类型限制+默认提示；设置项类：是否必选、类型分类、分类区分说明、默认选项）；
⑤功能区分说明（功能点+区分的模块，功能在不同使用场景下可用功能不一致时需包含此部分说明）；
⑥交互说明（页面上每个功能的点击效果、去往地址、判断条件）；
⑦错误/成功提示规则说明（触发条件+提示文字，涉及到判断的功能需包含此部分说明）。

非功能性需求一般是对系统设计和实现提出的限制条件，比如需要满足用户规模、响应时间等性能要求、质量标准，或者是必须满足电脑和手机应用等设计限制等内容。

（3）需求编写标注相关内容

①迭代版本；

②所属模块；

③测试重点；

④功能开发人员；

⑤抄送人（需添加对应项目的产品负责人、需求提出者、部门领导）；

⑥预计开始时间（根据开发计划编注）；

⑦预计截止时间（根据开发计划编注）。

2. 软件开发实现规范

（1）软件实现的实施与要求

①对每个程序模块用所选定的程序设计语言进行编码，写出的程序应该结构良好、清晰易读且与设计一致，符合公司编码规范；

②单元测试，研发人员按单元测试计划对自己编写的程序进行测试；

③自动化测试，服务端接口开发完成后，发布到开发环境应通过接口自动化程序测试后，方可进行接口对接；

④对编程及单元测试过程进行版本管理；

⑤采用版本控制工具进行代码版本管理；

⑥开发人员从功能分支上切出自己的分支进行开发；

⑦开发人员自行单元测试通过后方可提交合并申请。

（2）过程管理审批要求

①所有文档必须提交给数字技术中心主任审核确认；

②开发人员提交合并申请后，通过流水线工具对代码进行静态扫描，代码必须通过敏感信息检测、依赖包漏洞检测、源码漏洞检测；

③开发人员提交合并申请后，技术经理组织代码评审，评审通过后方可合并。

3. 研发测试规范

一般包含组装测试实施程序、组装测试工作要求、确认测试实施程序、确认测试工作要求等。

除以上相关内容外，还涉及软件版本管理、软件上线发布等过程的管理规定。

4. 技术运维和安全相关管理制度

技术运维和安全相关管理制度包括资产介质管理制度、网络安全管理制度、系统安全管理制度、日常运维应急响应制度等。图4-1是出版社日常运维应急响应处置流程。

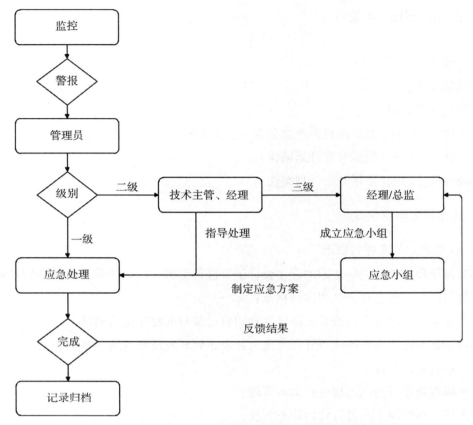

图 4-1　出版社日常运维应急响应处置流程图

第四节　数字出版技术人才制度

对从事数字出版技术工作的人员而言，了解自身职业发展密切相关的出版业人才发展宏观政策、专业技术资格（或职称）评价相关制度等，掌握不同机遇或岗位对人才资格的要求，有助于提前规划并提升个人相关能力和资格，对个人发展具有重要意义。但需要注意以下几点：

第一，职称制度持续改革中，各地不同时期关于"编辑"职称的名称和定义不尽相同。国家新闻出版署 2021 年发布的最新文件中使用的是"出版专业技术人员职称制度"（初级、中级、副高级、正高级的职称名称分别为助理编辑、编辑、副编审、编审）和"新闻专业技术人员职称制度"（分为记者和编辑两个专业类别，其中，编辑的初级、中级、副高级、正高级职称名称分别为助理编辑、编辑、主任编辑、高级编辑）。

目前，仅有北京市新闻出版局设有"数字编辑"相关职称。2015 年《北京市新闻系列（数字编辑）专业技术资格评价试行办法》中规定有"北京市新闻系列（数字编辑）专业包括数字新闻编辑、数字出版编辑、数字视听编辑三个领域"，其中"数字出版编辑包括数字出版内容编辑、数字出版技术编辑、数字出版运维编辑等专业"，又规定"各级别专业技术资格名称分别为：高级编辑、主任编辑、编辑、助理编辑。"由此，数字出版技术编辑可以包括数字出版高级技术编辑、数字出版主任技术编辑、数字出版中级技术编辑以及数字出版初级技术编辑等四种类型、四种职称序列。

第二，不同文件关于职称评价方式的规定不尽相同。目前包括个人自主申报、用人单位的初评推荐、考试评级、专家评审等方式。以北京市新闻系列（数字编辑）专业技术资格评价为例，2016—2020 年间，初级、中级职称采用考试评级方式，但从 2021 年开始，数字编辑专业各层级职称评价均以专家评审方式开展。

第三，获得相应的职称（专业技术人员职业资格），仅表明具备资格，是否能够任职对应级别的岗位或职位，由用人单位的聘用、考核、晋升等用人制度决定。

因此，从业人员需要依据个人、所在用人单位以及所在地区的最新实际政策和制度来谋划和实现个人职业发展。限于篇幅，本书仅涉及出版业人才发展宏观政策、国家出版专业技术人员职称制度、北京市数字编辑专业职称评价制度等有关文件重点内容，供读者参考和借鉴。

一、数字出版技术人才的宏观政策

近年来，国家高度重视数字出版技术人才发展，出台了一系列政策引导和支持数字出版技术人才队伍的培养与建设，为数字出版技术人才创造了良好的发展环境。

2021 年，《出版业"十四五"时期发展规划》（以下简称"十四五"）围绕出版人才的能水平、评价体系、职称制度改革等方面对出版人才的培养与建设作出了全面指导。"十四五"指出要深入开展马克思主义新闻出版观教育，推进增强"四力"教育实践工作，发挥高层次人才工程作用，加强出版人才队伍建设；加强创新型、应用型、复合型人才培养，建设新时代出版人才矩阵；提高编辑、审核队伍对网络出版物的把关能力和水平；健全以创新能力、质量、实效、贡献为导向的出版人才评价体系，构建充分体现知识、技术等创新要素价值的激励机制；深化出版专业技术人员职称制度改革，健全完善继续教育培训和职称评定的长效机制；加强出版学学科建设和专业人才培养，构建中国特色社会主义出版学学科体系。同时，在规划文件"专栏 10 出版业高质量发展保障工程"中发布了"出版领域青年人才能力提升计划"和"编辑记者队伍建设提升计划"，针对性地提出对青年人才与编辑记者队伍的培养意见。

2022 年 4 月印发的《关于推动出版深度融合发展的实施意见》（以下简称《意见》），围绕建强出版融合发展人才队伍，对出版融合发展人才的理论素养、能力要求、人才类型、培养途径、激励措施等方面做出了系统、全面、深刻的阐释。《意见》指出要夯实人才培养基础，发挥高校人才培养重要作用，在出版学科中加强融合发展理论与实践人才培养；通过专门的培训班、研修班，重点围绕融合发展新趋势、新理念、新技能，着力培养"一专多能"的出版融合发展人才;实施出版融合发展优秀人才的遴选培养计划,打造"思想政治素质"、"创新创造能力"、"引领发展表现"三位一体的出版融合发展人才;实施专项培养计划,在策划、内容、技术、运营等方面培养骨干人才、青年英才、业务新秀等不同层次的出版融合发展人才。此外,《意见》制定出版融合发展优秀人才遴选培养计划,旨在重点遴选培养一批思想政治素质过硬、创新创造能力突出、引领发展表现出色的出版融合发展复合型人才。

2022 年 9 月,《中华人民共和国职业分类大典(2022 年版)》(以下简称《职业大典》)正式发布,在"编辑"职业中,共规定了包括文字编辑、美术编辑、技术编辑、数字出版编辑 S、网络编辑 S、电子音乐编辑在内的六类职业。其中,标注为"S",为数字职业,共计 97 个,而编辑职业就有数字出版编辑和网络编辑入选。应该说,数字出版编辑入选国家《职业大典》,既是社会数字化发展的需要,也是遵循社会职业发展规律,推动其高质量发展的结果。

数字出版编辑,简而言之,是指专门从事数字出版编辑工作的人员,即运用数字技术从事编辑、复制和发行的专业人员。数字出版编辑主要包括数字出版内容编辑、数字出版技术编辑以及数字出版运维编辑三种类型;从职称的角度划分,北京市职称设置了初级编辑、中级编辑、主任编辑和高级编辑,全国出版职称设置了数字副编审和数字编审。

二、国家出版专业技术人员职称制度

2001 年 8 月,人事部和新闻出版总署印发《出版专业技术人员职业资格考试暂行规定》和《出版专业技术人员职业资格考试实施办法》,2002 年 6 月,新闻出版总署印发《出版专业技术人员职业资格管理暂行规定》,全国实行出版专业职业资格考试。国家建立出版专业技术人员职业资格制度,对出版专业技术人员实行资格考试,明确出版专业技术人员必须通过考试具有国家统一认证的职业资格证书,要求出版单位强化从业资格考试,加强出版行业人才队伍的建设,实现了出版专业技术人员管理方式的重大变革,这是深化人事制度改革的重要举措。

出版专业技术人员职业资格考试(简称"出版专业职业资格考试")分初级和中级两个级别,均设两个科目,分别是"出版专业基础"和"出版专业实务",其中,"出版专业基础"的主要内容是基础理论知识和与出版工作相关的学科基础知识,"出版专业实务"的主要内容是有关理论在实际工作中的应用。考试每年举行一次,由国家统一组织、统一试题、统一标准、统一证书。教材自 2002 年初版以来,本着与时代同步的原则,经过 5 次修订,目前使用的是 2015 年版的教材。自 2002 年 9 月首次举行出版专业职业资格考试至今,出版单位以参加考试获得从业资格作为选拔人才和任用人才的门槛和基本标准,为出版行业人才队伍建设作出了突出贡献。

2021 年 2 月,人社部发布《关于深化出版专业技术人员职称制度改革的指导意见》(以下简称《意见》),对职称制度改革的最新变化作出说明。《意见》指出出版专业技术人员统一职称名称，初级、中级、副高级、正高级的名称分别为助理编辑、编辑、副编审、编审；出版专业技术人员初级、中级实行以考代评的方式，不再进行相应的职称评审或认定，副高级和正高级一般采取评审方式；出版单位应当结合用人需求，根据职称评价结果合理使用出版专业技术人员，实现职称评价结果与出版专业技术人员聘用、考核、晋升等用人制度紧密结合、有效衔接；发挥用人主体在职称评审中的主导作用，科学界定、合理下放职称评审权限，逐步将高级职称评审权下放到符合条件的出版单位、行业社会组织或地市。

三、北京市数字编辑专业职称评价制度

北京市首开数字编辑职称的先河，此举也是全国第一次为数字出版从业者所定身量制的职称考试，标志着广大数字传播产业的编辑们将首次拥有权威的身份认证。2016年1月初，北京市人力资源和社会保障局与北京市新闻出版广电局联合出台了《北京市新闻系列（数字编辑）专业技术资格评价试行办法》，并正式启动了数字新闻、数字出版、数字视听等数字编辑专业领域职称评价工作。2016年3月初，北京市完成了首次数字编辑初级（助理级）、中级职称评审报名审核工作，并于2016年5月14日进行了第一次初级（助理级）、中级专业技术资格考试，于2016年6月开展了首次数字编辑副高、正高职称评审工作，于2017年9月开展了第二次数字编辑副高、正高职称的评审工作。2017年6月，原国家新闻出版广电总局在出版专业职称评审的通知中，也将数字副编审、数字编审正式纳入了职称评审范围。北京市首开数字编辑职称的先河，为全国数字出版从业者带来了政策利好和职业福音，创新性地安排了主任编辑的职称称谓，首次实现了数字编辑职务与职称相匹配，在全国范围内第一次为数字出版从业者提供了权威的身份认证和评价指标体系。

数字编辑职称首创了"三横三纵"的职称体系："三横"指的是数字新闻、数字出版、数字视听，这三个领域构成是数字传播产业的主体和核心；"三纵"指的是内容、技术、运维，这三个方面贯穿了数字传播产业链的内容、技术和运维全部环节。"三横三纵"体系共计确立了数字编辑职称的九个细分方向——数字新闻内容编辑、数字出版内容编辑、数字视听内容编辑；数字新闻技术编辑、数字出版技术编辑、数字视听技术编辑；数字新闻运维编辑、数字出版运维编辑、数字视听运维编辑。"三横三纵"职称体系首次对我国对数字传播产业的主体领域、产业链环节进行了梳理和概括，也是第一次以官方的身份认可了数字传播从业者的具体工作构成和业务环节。

需要说明的是，该文件中有关资格考试的规定，在2016—2020年间得到了执行，但从2021年开始，有关各层级职称评价均以专家评审方式开展，不再组织考试了。另外，随着2022年7月《北京市深化新闻专业技术人员职称制度改革实施办法》的发布，有关职称的名称也有所改变。不过，该文件开创性探索了"数字编辑"专业技术资格评价这一新领域，顺应了产业、职业的新变化、新情况，为相关从业者的职业发展做出了一定贡献，具有一定的参考借鉴价值。有关文件的精神和思路，在未来职称制度改革中，并不排除被重新启用，或被其他地方新闻出版局参考借鉴的可能性。

第五章　数字出版技术标准

---

* 本章知识点提要

  1. 数字出版标准治理现状
  2. 数字出版标准面临的困境
  3. 数字出版标准的破局路径
  4. 国内外数字出版技术标准制度体系

* 本章术语

  数字出版技术标准　数字出版标准治理　制标机制　推广机制　监督评定机制
数字出版技术标准体系

随着5G、大数据、元宇宙、人工智能等技术迅猛发展，数字出版作为科技与文化深度融合的一种新业态，其业务范围涵盖了电子图书、数字期刊、网络动漫、数字音乐、手机出版、数据库、知识服务、元宇宙+出版等领域，数字出版物的内容形式不断丰富、产业融合不断深化，对数字出版标准治理研究的需求不断增加，针对出版行业层出不断的问题，出台相关标准、加强标准治理的呼声也不断提升。

数字出版标准治理是通过数字出版领域的推荐性或强制性标准规范的研制、宣传、培训和落实，来管理和服务数字出版活动的治理方法、行为和措施的总和。在"十四五"时期，数字出版标准治理的研究有利于促进出版业数字化转型、推动数字出版与传统出版的融合发展、为数字出版工作提供重要指导，最终实现数字出版行业高质量发展。

应该说，几乎所有的数字出版标准，都对数字出版技术进行了相应规定，无论是对数字出版技术的应用原理和应用场景规定，还是对基于数字出版技术的产品、服务和运营的规定，抑或对基于数字素养的数字出版人才的规范，但相关规定的标准并不一致。为此，本书有必须先介绍一下我国数字出版标准的相关情况，而后就单独的数字出版技术标准加以阐述。

第一节　数字出版标准概述

我国数字出版的发展过程，也是数字出版标准化工作不断推进的过程，是一系列数字出版标准研制、发布、宣传和落地的过程。由此，对数字出版标准的学习和研究，是中国特色数字出版学的重要内容之一。

一、数字出版标准概念与特征

数字出版标准化，是指为了在既定范围内获得最佳秩序，促进共同效益，对数字出版现实问题或潜在问题确立共同使用和重复使用的条款以及编制、发布和应用文件的活动。数字出版标准，是指通过标准化活动，按照规定的程序经协商一致制定，为数字出版各种活动或其结果提供规则、指南或特性，供共同使用和重复使用的文件。

数字出版标准既具有标准的一般性特征，也具有专属于数字出版的特殊性特征，具体而言，数字出版标准的主要特征如下：

其一，以数字出版为标准化对象。以数字出版的特定主题为标准化对象，以一组相关的数字出版标准化对象为数字出版标准化领域，以数字出版这个客观存在为标准化本体。数字出版标准以数字出版的特定主题，如数字出版产品、数字出版流程、数字出版管理、知识服务、数字出版人才等为标准化对象；一组相关的数字出版标准化对象构成了数字出版标准化领域，如知识服务之中的知识资源建设、知识关联、知识计算、知识资源应用等；而所有的数字出版标准化领域则构成了数字出版标准化的本体，即数字出版标准化这个整体客观存在。数字出版标准化可采用"产品、过程或服务"这一表述来从广义上囊括标准化对象，宜等同地理解为包括如数字出版材料、原件、设备、系统、接口、协议、程序、功能、方法或活动等；[1] 同时，数字出版标准化可以限定在任何对象的特定方面，如数字出版产品的 AR 出版物、VR 出版物或数字出版流程、数字出版人才等。

其二，科学性。数字出版标准以数字出版科学、技术和经验的综合成果为基础。数字出版标准宜反映一定时期内的最新数字出版技术水平，即基于数字出版领域的科学、技术和经验综合成果的产品、过程或服务相应技术能力所达到的高度。数字出版基础标准、术语标准等应吸收数字出版科学最新研究成果，尤其是基础理论研究成果，以确保标准的科学性、通用性以及合理性。数字出版技术标准须包含大多数代表性专家公认的最新技术水平的技术条款，以作为公认的技术规则。数字出版产品、过程或服务类标准，同时要吸收最新的数字出版实践经验，以确保标准的指导性、可复制性以及可操作性。正是因为以数字出版科学、技术和经验成果为基础，数字出版标准的科学性、合理性、指导性、时效性才能够从根本上得到保证，进而发挥应有的秩序和效率价值。

其三，层次性。数字出版标准呈现出较为清晰的层次性特征，可具体分为国际标准、国家标准、区域标准、地方标准、行业标准、团体标准、企业标准等。数字出版国际标

---

① ．全国标准化原理与方法标准化技术委员会. 标准化工作指南 第 1 部分：标准化和相关活动的通用术语：GB/T 20000. 1-2014 [S]. 中华人民共和国国家质量监督检验检疫总局，中国国家标准化管理委员会发布，2014.

准，是指由国际标准化组织或国际标准组织通过并公开发布的数字出版相关标准；数字出版国家标准，是指由我国国家标准机构通过并公开发布的数字出版相关标准；数字出版区域标准，是指由区域标准化组织或区域标准组织通过并公开发布的数字出版相关标准；数字出版行业标准，是指由行业机构通过并公开发布的数字出版相关标准；数字出版地方标准，是指由我国某个地区通过并公开发布的数字出版相关标准；数字出版企业标准，是指由企业通过并供该企业使用的数字出版相关标准；数字出版团体标准，是指由依法成立的社会团体为满足市场和创新需要，协调相关市场主体通过并在团体内使用的标准。根据"国标更强，行标更专，团标更活，企标更高"的标准化原则，数字出版国家标准、行业标准、团体标准、企业标准的侧重点不同，国家标准要求更强，可以与国际标准或与其他国家的数字出版国家标准并跑，甚至领跑其他国家的标准或国际标准；行业标准侧重专业化，体现数字出版行业性特征、专业性特征、专属性特征，能够有效区隔数字出版行业与其他行业；团体标准更加灵活，建立在数字出版一定团体范围共识和行动的基础之上，旨在在数字出版一定的范围内获得最佳秩序，促进共同效益，使团体能够共同或重复使用该标准以解决现实或潜在问题；企业标准要求更高，是指所制定的数字出版企业标准水平更高，能够反映数字出版机理规律，代表最前沿技术水平、最新成功经验或最新数字出版模式路径等。

其四，权威性。数字出版标准的批准发布主体具有很高的权威性，尤其是国家标准和行业标准。数字出版国家标准的发布机构为国务院标准化行政主管部门——国家市场监督管理总局、国家标准化管理委员会发布。数字出版行业标准的批准发布机构为出版业行政主管部门——国家新闻出版署，可由全国新闻出版标准化技术委员会、全国新闻出版信息标准化技术委员会、全国出版物发行标准化技术委员会、全国印刷标准化技术委员会、全国版权标准化技术委员会等根据标准化具体对象的不同进行行业标准的归口提案。

二、数字出版标准类型

根据常见的分类方法，标准大致可分为基础标准、术语标准、符号标准、分类标准、试验标准、规范标准、规程标准、指南标准、产品标准、过程标准、服务标准、接口标准、数据待定标准等。从目前数字出版已有的国家标准、行业标准和企业标准来看，数字出版基础标准、术语标准、指南标准、产品标准、规范标准、服务标准等，均是常见的标准类型，较多地出现在国标、行标和企标之中。

数字出版基础类标准，是指在数字出版领域具有广泛的适用范围或者包含数字出版特定领域通用条款的标准，前者如《数字出版业务流程与管理规范》行业标准，后者如各种数字出版标准体系中的"标准体系表"。实践中，数字出版基础标准，一方面可直接加以应用，指导数字出版活动的开展，例如专业数字内容资源知识服务模式试点工作项目标准的《知识服务标准体系表》、国家数字符合出版系统工程标准的《工程标准体系表》、《出版融合发展人才建设标准体系表》等；另一方面，数字出版基础标准也构成了其他标准的基础，是相同领域的数字出版具体标准的源头和依据。如前述《知识服务标准体系表》规定了知识服务试点项目的标准的知识资源建设与服务工作指南、基础术语、知识资源通用类型、知识关联通用规则、主题分类词表描述与建设规范、知识元描述通用规范、知识应用单元描述通用规范等 7 项标准规范，同时还规定了数量更多的中、低优先级标准规范。值得注意的是，数字出版基础标准的身份是相对的，在不同的语境中可以相互转化，如前述《基础术语》标准，在知识服务试点项目标准体系中属于术语标准，但是相对于后续的新闻出版知识服务具体领域的术语标准而言又属于基础标准。

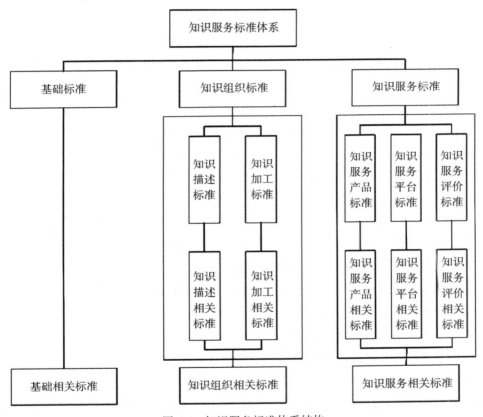

图 5-1　知识服务标准体系结构

数字出版术语类标准，是指在数字出版领域或数字出版学科中使用的概念指称及其定义的标准。作为日新月异和飞速发展的产业，数字出版源源不断地产生各种新技术、新业态和新模式，由此，其术语构成也处于剧烈变化期，不断地丰富和完善，直至形成最终相对稳定、成熟的术语体系。近年来数字出版术语在标准中的体现，一方面为独立的数字出版术语标准不断出现，规定着数字出版细分领域的概念和定义，如《新闻出版—知识服务—知识资源建设与服务基础术语》、《国家数字复合出版系统工程标准 工程术语》等。另一方面，在数字出版标准中，经常也会出现数字出版术语条款，以反映数字出版的新技术、新业态和新模式。如《出版物 AR 技术应用规范》行业标准所规定的术语 3.1 AR 出版物，是指应用三维(3D)模型等数字媒体与印刷图文及图文中的坐标点、空间位置等信息关联，满足用户增强现实体验需求的报纸、期刊、图书、网络出版物等。《出版物 VR 技术应用要求》术语 3.2 所规定的 VR 出版物，是指应用 VR 技术以满足用户在数字化环境身临其境感受和体验需求的出版物。数字出版术语类标准，对推动数字出版核心知识的概念化和范畴化，及时将新技术、业态和模式中的成形知识点进行固化和凝练，推动数字出版学科范畴完善和学科范式创新具有着不可或缺的重要意义和价值。

值得注意的是，数字出版术语标准通常包含术语及其定义，有时还会附有相关的注释、示例或示意图等。如《中国标准关联标识符(ISLI)》术语 2.1 实体：能够被唯一标识的对象。注 1：实体包括实物、内容的电子表现形式、抽象事物(如时间、地点)、参与方(自然人及法人)以及任何可以被唯一标识的对象。注 2：实体中某个已界定的片段本身也是一个实体。

数字出版指南类标准，是指以适当的背景知识给出数字出版主题或业态一般性、原则性、方向性的信息、指导或建议的标准。数字出版指南类标准并不推荐具体做法，而是给出基本条件、基本流程、基本形态等。基本条件，是指提供关于数字出版主题的基本人力、财力、物力和智力条件等；基本流程，是指提供开展数字出版某一主题活动的基础性步骤和程序等；基本形态，是指提供数字出版主题某些方面的基本产品形态或业务形态等。如《新闻出版知识服务 知识资源建设与服务工作指南》国家标准确立了知识服务的基本条件为知识服务领导小组、知识服务实施团队、知识产品条件、技术应用条件、市场运营条件；确定的知识服务基本环节包括知识服务模式策划、知识服务模式确定、知识资源发布、知识服务的运营与维护以及评估与反馈；建议知识服务的基本形态有基础性知识服务、知识库服务、大数据平台知识服务、在线课程服务、知识服务解决方案以及智能知识服务。数字出版指南类标准与数字出版业务直接相关，能够为数字出版经营管理实践提供指导性强、实践性强、可操作性价值突出的指导和建议，因而在数字出版实践中也最受到欢迎和关注。

数字出版规范类标准，是指规定数字出版产品、过程或数字出版服务需要满足的要求以及用于判定该要求是否得到满足的证实方法的标准。如《数字出版业务流程与管理规范》行业标准中规定了数字出版规划管理需要满足以下要求：优化数字出版顶层设计，创新体制机制，确定合理发展模式，完善规章制度，建立健全标准体系；同时，对数字出版项目管理、团队管理须满足的要求以及证实方法等做了相应的规定。《出版物 AR 技术应用规范》行业标准则对 AR 出版物的出版与制作要求、关联文件管理要求、数字媒体管理要求、AR 出版物质量管理要求以及标识的管理与适用要求进行了规定。上述《国家数字复合出版系统工程标准》规定了资源标识应用规范、名称标识应用规范、版权资产数据管理规范、数据存储与备份规范、跨媒体数据链接规范、蒙古文出版产品版式规范、壮文出版产品版式规范、数字出版产品质量评价规范等 20 项数字出版规范类标准。

数字出版规范类标准，具体又可分为数字出版产品规范标准、数字出版服务规范标准以及数字出版过程规范标准。数字出版产品规范标准，是指规定数字出版产品需要满足的要求以保证其适应性的标准；产品标准除了包括适用性要求外，也包括以应用的方式如术语、包装等方面的要求以及印刷工艺等工艺方面的要求。数字出版服务规范标准，是指规定数字出版服务需要满足的要求以保证其适用性的标准。数字出版过程标准，是指规定数字出版过程需要满足的要求以保证其适用性的标准。

对数字出版产品、数字出版过程或数字出版服务等标准化对象进行标准化，典型做法之一就是规定这些标准化对象需要满足的要求。如果有必要判定声称符合这些标准的数字出版活动及结果是否满足了这些要求，就要在标准中描述对应的证实方法。由此，数字出版规范标准的功能在于通过可证实的"要求"对标准化对象进行"规定"，其必备要素是"要求"和"证实方法"，这两个要素是数字出版规范标准与其他类型标准差异化的显著特征。

三、数字出版标准价值与意义

数字出版标准主要解决数字出版发展的秩序和效率问题，通过对技术赋能的基础设施、赋能元素、动力机制、应用场景和产品服务等现实或潜在问题制定规范，强制或引导出版业遵循规则，获得技术赋能出版业高质量发展的高效率和一致性的效果。数字出版标准固化了出版业高质量发展的通用性、普适性的技术解决方案，凝结了数字出版产业成功做法经验以及最新的科学研究理论和技术应用成果。一方面，既是成功呈现技术跨越、高质量发展的出版企业经验总结，另一方面，也为尚未进行技术跨越或是依然在探索高质量发展的数字出版企业提供了可资借鉴的模式、路径和策略。

标准层的秩序价值体现在，所制定的数字技术赋能标准规范体系对出版业、出版团体或出版企业具有约束力：强制性标准具有刚性约束力，是出版主体从事技术赋能出版发展活动必须遵循的规范或条款；推荐性标准具有柔性约束力，出版主体一经接受并采用，就成为必须遵守的技术依据，或者体现为出版主体不接受该标准规范，其技术赋能活动的程序、成效等将会大打折扣，从而降低技术赋能效率。

标准层的效率价值体现在，标准化活动及其成果能够帮助出版主体进行新产品的规模化、模块化、高效率研发，提供技术赋能活动的内容质量、技术质量、载体质量等各方面的质量保障，帮助出版主体及时识别、发现和化解技术赋能风险，从而降低技术创新成本，减少技术赋能阻碍，缩短出版业数字技术基础研究和商业应用之间的距离，提升出版业高质量发展数字技术赋能活动的效果和能力。

在实践中，数字出版标准对数字出版活动的理论和实践意义主要包括：

首先，健全数字出版概念体系，丰富数字出版基本理论。数字出版标准的大量推出，往往是反映数字出版新业态、新技术、新模式的最新发展成果，凝结着最新的数字出版概念，并基于新概念总结数字出版业务、流程与技术应用经验，在基本条件、方法、流程和形态等方面给予企业、团体或产业以示范和借鉴。例如，出版机构知识服务、AR 出版物、

VR 出版物、知识关联、知识计算、数字出版产品等概念，在国家标准、行业标准或工程标准中都有所体现，这种概念界定和提出早于出版学术研究，为数字出版范畴提炼和理论建构奠定了学理基础。

其次，锻炼出版企业的标准化队伍，提升出版人的数字出版理论素养。经过多年的数字出版标准化工作，对于数字出版产品、技术、服务等主题基本流程、基本条件、基本形态的总结和提炼，一方面为出版企业开展数字出版活动提供了依据和准绳，使得数字出版业务有章可循、有据可依；另一方面，推动和促进了一批新闻出版标准化人才的成长，锻造和提升了一支数字出版自身孕育和成长起来的标准化队伍。

再次，借鉴和吸收了其他学科和领域的成熟经验做法，同时开创性地融合了新闻出版界知识服务的新技术、新业务和新业态。图书情报界、计算机技术等领域关于信息、数据、知识、数字技术等基本范畴大多被数字出版标准体系所吸收，而那些晦涩、繁杂的专业性观点则较少被采纳；同时，新闻出版界正在开展的数字图书、知识库、专题数据库、MOOC 课程、SPOC 课程、纸数融合等数字出版新业态多数都被囊括在标准体系中。

最后，梳理了数字出版一系列基本经验、基本方法、基本流程和基本形态。在基本经验方面，数字出版的规划制定、产品研发、技术应用、人才培养、项目管理等基本经验和成功做法被适时反映和内化于数字出版标准之中；在基本方法方面，数字出版业务开展的步骤、程序、工具和手段等方法论层面的内容，在数字出版标准体系中或多或少有所含括；在基本流程方面，AR 出版物的生产与制作流程、VR 出版物的制作生产流程、知识资源建设与知识服务基本流程等数字出版主题工作的流程被以标准的形式概括、固化、宣传和遵循；在基本形态方面，数字出版日新月异的新业态往往反映在标准体系之中，反映着数字技术与出版业务融合的结果，体现出数字技术赋能出版产业的创新实践，例如，MOOC 是典型的扩展性知识服务形态，而 SPOC 则是较为新兴的定制化知识服务形态。

第二节　数字出版标准现状

自 1984 我国出版标准化工作正式开始，在这近 40 年间，我国数字出版标准治理工作取得了巨大成就，表现在标准化机构体系搭建进一步完善、标准治理覆盖范围进一步扩大以及得到政府高度重视等三个方面。

一、数字出版标准化建设机构逐渐扩大

从国家到地方，从行业到组织，参与数字出版标准制定的主体群体逐渐扩大。当前已经拥有覆盖数字出版完整产业链的标准化组织，包括 5 个国家标准技术委员会、1 个行业标准委员会和 42 家标准重点实验 200 多家试点，一些企业、联盟、组织机构参与数量也不断上升。

1. 国家标准化管理委员会

国家标准化管理委员会是我国负责标准化工作的主管机构，负责下达、批准、审议国家标准、行业标准和地方标准工作。如已发行的行业标准有《数字出版内容卫星传输规范》、《数字出版业务流程与管理规范》、《音像节目数字出版制作技术要求及检测方法》，国家标准有《中小学数字教材出版标准》、《盲用数字出版物格式》，地方规范有山东省现行标准《政协宣传数字出版规范》。

2. 新闻出版总署

新闻出版总署是我国国务院直属机构之一，负责全国新闻出版事业，包括数字出版相关标准的制定。2011年"数字出版标准体系研究"项目研究由新闻出版总署牵头，联合技术公司、出版社、新闻出版研究院等，共同研究数字出版标准体系相关制定、国内外发展趋势等，为数字出版标准工作提供了系统化、科学化、广泛化的参考依据和基础；2020年和2021年分别召开了《复合数字教材制作质量要求》、《出版二维码技术应用要求》行业标准研制工作启动会，相关标准的制定对于推动数字教材、出版二维码规范化、科学化进程具有重要意义。

3. 标准化技术委员会

新闻出版领域组建了出版、印刷、发行、信息化、版权5个标准化技术委员会，制定标准机构逐渐扩大。1984年最先成立了全国新闻出版标准化技术委员会业务范围覆盖传统出版领域和新兴出版领域行业和国家标准制定研究；1991全国印刷标准技术委员会（SAC/TC170）正式成立，主要负责全国印刷技术领域包括出版产品、印刷技术、工艺等标准；2004年全国出版物发行标准化技术委员会正式成立；全国新闻出版信息标准化技术委员会也于2007年成立，主要负责出版领域中如数字出版、电子政务等信息化建设相关行业及国家标准；2014年，全国版权标准化技术委员会在京成立，主要负责版权领域标准化工作。

4. 其他组织

数字出版标准治理中，各企业、联盟、协会组织主体性作用不断增大。如广东省出版集团数字出版有限公司，在2018年成为ISLI标准制定的主要参与者之一，联合新闻出版研究院共同研究了"IS LI+AR出版"等系列标准的制定。电子文件管理推进联盟在2018年成立数字出版工作组，推进与数字出版技术行业深度融合，其中业务范围就包括开展OFD标准在数字出版领域的适用性研究。中国音像与数字出版协会也积极参与相关行业标准的制定工作，如2019年11月根据《中国音像与数字出版协会团体标准管理规定》的相关要求，发布了《音像与数字出版标准体系表》。

二、数字标准化工作覆盖各个方面

随着技术在数字出版行业的不断渗透，产业融合不断加深，数字出版标准研制范围不断扩大，标准覆盖范围逐渐扩大。国家标准方面涵盖了 CNONIX、ISLI、内容资源数字化、知识服务等标准；行业标准方面也覆盖率标识、元数据、管理、版权保护、数字内容加工技术、发行等方面。在信息化、网络监管、出版发行物互联网应用、数字出版技术、教育出版、版权法规、大数据等领域陆续提出和完善相应标准。

1. 数字出版标准体系分类齐全

数字出版标准体系涵盖面非常广，由基础类标准、内容加工类标准、标志类标准、管理类标准、文档结构化出版规范类标准、版权保护类标准、交换流通类标准和应用评价类标准组成。

按照标准层级划分来看，分为管理标准、出版标准、发行标准和印刷标准；按照颁布主体划分可以分为国家标准、行业标准、地方标准，按照属性划分可以分为市场化标准和公共服务标准；从发挥作用的角度可以分为基础标准、产品标准、管理标准、技术标准、方法标准。不管是哪种分类方法，都不难发现标准制定很难兼容所有领域，但我国数字出版标准化工作正在向全范围、全领域覆盖积极推进。

2. 数字出版行业标准不断细化

2021 年由全国新闻出版委员会、信标委、国家新闻出版总署联合多家企业，将 14 项行业标准列入该年行业标准立项计划，其中包括中小学数字教材管理与服务平台建设要求、网络游戏术语、移动互联网音乐超高清音质技术要求、网络游戏防沉迷实名认证技术要求、图书精细化印制评价规范、图书精细化印制质量要求及检验方法、数字教育资源评价指南等。这 14 项行业标准涉及网络游戏、移动互联网及运营商的技术质量管理、图书精细化印刷、包装视觉检验、在线教育、汉语辞书的编撰等多个方面，覆盖了数字出版的多个领域。

3. 数字出版标准体系更加健全

从指标体系来看，由新闻出版总署信息中心负责的数字出版标准体系项目包括《数字出版标准体系表》、《数字出版标准体系研究报告》、《数字出版标准体系公共术语表》、《数字出版标准制定及实施指南》及 11 个相关细分领域的研究报告。① 同时，数字出版产业分领域的各项标准也在研究和制定之中。2019 年 11 月根据《中国音像与数字出版协会团体标准管理规定》的相关要求，发布了《音像与数字出版标准体系表》，2021 年 10 月 28

---

① 张新新.“十四五”教育出版落实文化产业数字化战略思考——基于发展与治理向度[J]. 出版广角，2021，402(24)：32-39.

日最新发布《中国数字出版产业年度报告》，都表明我国数字出版产业标准保障体系在诸多方面仍需持续完善与丰富。①

4. 与市场结合更加紧密

在教育出版方面，首批中小学数字教材国家标准也于 2022 年发布实施，其中包括《数字教材中小学数字教材出版基本流程》《数字教材中小学数字教材元数据》《数字教材中小学数字教材质量要求和检测方法》以及新闻出版行业标准《数字教材标准体系表》等，对教材的数据、音视频、交互等做了严格的要求，② 此外，《儿童数字阅读产品安全指标体系研究》项目立项，属于行业内的首次攻关尝试。

在版权保护方面，《中华人民共和国著作权法》修订完成，一系列行业立法、司法解释及政策陆续出台，为数字出版标准问题奠定了基础；数字产品的识别、交易、登记等版权问题也在有序推进，成为数字出版标准治理的重点项目。

在大数据出版方面，亓峰教授主编的《国家文化大数据标准体系》包含数字出版内容的标识、标注、编码、分类与代码等子标准体系。该标准的出台对于数字出版标准体系的完善、规范文化大数据行业术语和监督服务模式都具有积极的作用。

三、数字出版标准化工作得到政府重视

政府部门对标准制定工作重视程度越来越高，对推进数字出版标准治理工作力度不断加大，积极推进数字出版标准建设项目建设，出台相关法律法规，从中央到地方都在数字出版标准化方面做了大量工作。

2021 年 10 月，由中共中央、国务院印发的《国家标准化发展纲要》指出，标准是国家基础性制度的重要方面，在推进国家治理体系和治理能力现代化中发挥着重要作用，新时代推动高质量发展、全面建设社会主义现代化国家，迫切需要进一步加强标准化工作。③ 国家新闻出版总署在 2021 年印发《出版业"十四五"时期发展规划》（以下简称《规划》），指出"优化行业标准体系结构，建立符合出版业发展要求的高质量标准体系，推动标准工作提档升级，支持出版单位、行业协会等参与标准制定，加强国际借鉴，增强我国出版国际话语权"，④ 从一三五规划到一四五规划，可以看出从国家层面更加注重出版行业相关标准的制定，并重视借鉴国际上相关标准，推动数字出版产品国际化传播，表明数字出版标准治理在提升

---

①　数字出版标准体系计划年底完成-媒体关注-新闻中心-中国出版集团公司［EB/OL］.［2022-11-27］. http://www.cnpubg.com/news/2011/0725/6634.shtml.

②　李晓锋，孙燕. 数字教材的属性特征及标准规范体系研究［J］. 出版科学，2021，29(3)：42-49.

③　中共中央 国务院印发《国家标准化发展纲要》_ 2021 年第 30 号国务院公报_ 中国政府网［EB/OL］.［2022-11-12］. http://www.gov.cn/gongbao/content/2021/content_5647347.htm.

④　新闻出版署印发《出版业"十四五"时期发展规划》_ 滚动新闻_ 中国政府网［EB/OL］.［2022-11-12］. http://www.gov.cn/xinwen/2021-12/30/content_5665670.htm.

国际竞争力、构建中国对外话语体系和扩大中国文化影响力方面扮演着重要角色。

《规划》还指出将出版业科技与标准创新示范项目列入出版融合发展的重点工程，为此国家新闻出版总署面向全国的院校、出版单位、企业，公开遴选评定科技与标准研发方面的创新成果和示范单位，将积极推广新技术、新业态、新领域等方面重点标准的企业作为标注应用示范单位。《新闻出版总署关于加快我国数字出版产业发展的若干意见》指出加快推进数字出版相关标准研制工作，尽快制定各种数字出版相关的内容标准、格式标准、技术标准、产品标准、管理和服务标准，加强数字出版标准体系在生产、交换、流通、版权保护等方面的规范，创造公平的市场竞争环境。①

第三节　数字出版标准面临的问题

数字出版标准在数字出版内容的生产、流通、传播、版权等方面都起着约束和规范作用，也关系着我国数字出版开拓国内国际市场。我国出版标准虽然起步较早，但是数字出版标准化工作发展较为缓慢，标准化水平较低，各阶段标准还不完善不统一，与市场需求还存在差异，标准的制定阶段、推广阶段和实施阶段仍面临许多挑战。

一、标准制定阶段面临的问题

标准的制定与推广实施就如同"1"和 0 的关系，有了相关标准的制定和出台，实施和推广才能有意义，做好标准制定阶段的工作意味着让数字出版标准化工作有了良好的开端和基础。在标准制定阶段面临的问题主要有分工不明确带来的标准不统一、标准制定参与不足、部门之间缺乏沟通协调、标准来源渠道单一等问题。

1. 标准不统一，产业不协调

当前，国外一些发达国家在国标和行业标准已经相对完善并推广实施，而我国内容生产、内容加工、平台、终端以及存储管理缺乏统一的标准，导致数字资源无法充分利用和整合，造成出版行业中各大机构之间存在的信息孤岛问题、资源浪费问题，阻碍数字出版产业的协调性和持久性发展。

标识符标准不统一。我国期刊技术提供商、出版社都采用各自标识符标准，如高等教育出版社实行 HEPDTD 企业标准，主要处理英文文章，2012 年玛格泰克推出 MagtechDTD 标准，该标准只能用于网络出版，后来 2014 年中华医学会杂志制定符合医学领域要求的 CMAJATS 标准，但是该标准不强调与 NISO 兼容，此外 CASJATS 是国内首个按照标准编制流程制定的团体标准，虽然尽量与 NISO 保持一致，但为了适应我国学术期刊特色，仍做

---

① 新闻出版总署关于加快我国数字出版产业发展的若干意见_ 2011 年第 1 号国务院公报_ 中国政府网［EB/OL］.［2022-11-16］. http://www.gov.cn/gongbao/content/2011/content_1778072.htm.

了部分修改，这些企业标准耗费了大量财力、物力打造的平台或者系统，紧紧围绕自己所在的领域，只能满足本企业使用，并不能横向兼容，一旦脱离各自的数据库，唯一标识符就毫无意义。

文档储存标准不统一。不同出版社文档储存标准也不统一，如出版社为了满足不同平台和设备的兼容使用，进行文档整理和资源发布时，都希望一次加工、多设备应用，当前市面存在的格式多达六十多种，如常用的 PDF、EPUB、CAJ、HTML、TXT、XML 等格式，这些格式标准不统一，给出版社整理文档备份文档时带来困难，此外也会给用户阅读和体验带来极大的障碍，读者需要同时下载不同的阅读器软件进行阅读，有时遇到格式不兼容时，还会出现文档丢失、字符格式错乱等问题，不仅带来了许多不便还会造成数据资源损失等问题。

因此，标准的制定对整个数字出版产业的发展和提升用户体验都有着重要的影响，只有标准规范完善，才能提升企业工作效率和规范数字出版市场运行机制，扭转数字出版工作中各大平台企业割裂的局面。

2. 标准制定部门协调性不足，分工不明确

在技术的推动下，数字出版产品和服务不断发生更迭，线下线上产业深度融合已经是未来的发展趋势，相关产业链也在不断重塑，包括内容生产商、技术运营商、服务提供商，也与网络游戏、短视频、网络文学、VR 出版物、在线教育等文化产业跨界融合进一步深化，这也意味着标准化工作实施涉及到的部门和参与起草单位也是跨领域的。目前相关行业都在推进和参与到标准化制定工作当中，但仍然存在沟通不充分、协调性不够等问题，这也就导致数字出版标准制定杂乱、标准内容重复等问题，非但无法起到本身的作用，还有可能适得其反引起冲突的发生。此外，由于分工不明确，部门之间也出现了重复制定标准等现象，如出版标委会发布的《手机出版物质量规范》与信息标委会发布的《手机内容质量管理规范》就存在一定重合，发行标委会发布的《中国出版物在线信息交换（CNONIX）图书产品信息格式》与信息标委会发布的《新闻出版信息交换格式》也有很多雷同的标准，浪费了人力、物力等资源，也给标准审批工作带来了一定阻碍。

3. 标准制定参与不足，标准来源渠道单一

由于我国数字出版行业是技术先行，传统出版业才逐渐走向数字化转型，标准制定参与不足、标准来源渠道单一是目前较为突出的问题。我国数字出版标准制定参与人员也出现了"两多两少"问题，即互联网企业与大企业参与多、出版业与小企业参与少；国内标准多，国际标准少。

一是小企业和传统出版企业参与度不足。人们素来有"一流企业做标准"的观点，大企业和互联网技术公司积极性较高，他们希望以制定标准的方式来提高产业门槛，宣示、巩

固自身垄断地位，而小企业和传统出版参与性不足，在数字出版标准化工作中实力不足或者参与意愿低，这样的结果就是一方面导致企业标准偏多，国家标准和行业标准偏少，另一方面可能会出现一些龙头企业在参与标准制定时形成一定垄断，小企业很可能因为标准门槛不一，无法与大企业在市场中公平竞争。二是国内标准多，国际标准少。国际标准组织参与度是综合实力和国际话语权的重要体现，从全球数字出版标准制定来看，我国相关标准参与度和制定仍处于劣势地位，与发达国家仍有一定差距。这跟当前未形成明确国际标准化战略、数字出版标准研究人才缺乏、国际标准会议组织参与度不足等有关。[①]

二、推广阶段面临的问题

虽然我国数字出版标准的基本框架已经完成，但我国数字化建设推行力度不够，很多标准执行力度也很弱，也就导致标准应用的效果不理想，部分标准不为人知或者数字出版相关产业链人员标准意识不足、认识不够充分，这都给标准推广工作带来了困难。[②]

1. 强制性标准比例不高

我国标准体制分为强制性标准和推荐性标准两类，但整体而言，绝大部分数字出版标准都是推荐性标准，不具有强制性，而且从原则上来看都属于非自愿性标准，只有那些与经济效益和企业本身相关的标准才可能被有效了解和采用，发挥出标准能效和作用。标准是在出版市场中不断交互中推广和实践的，政府、标准委员会、出版业和行业协会在标准的宣传推广方面发挥重要作用。

2. 迭代不及时

标准并不是一成不变的，而是需要不断更新迭代的，数字出版标准的特征之一是动态性，标准呈现出动态的、可分解的变化特征，这意味着修订的频率和次数也会随着数字出版的发展而不断更新，传统2年定制、5年复审不能满足数字化时代的需求，数字出版的标准体系也需要动态维护。一方面是因为数字出版发展迅速技术迭代快，很难形成广泛适用的标准，若标准未能及时地根据市场和环境需求做出变化，在激烈的市场中很快就会淘汰落后，所以让数字出版标准推行的工作变得举步维艰。另一方面，除了标准制定部门和相关产业会对迭代有所关注，很多出版企业和传统出版社都处于观望状态，也没有专门负责研产和标准维护的人员。[③]

三、实施阶段面临的问题

数字出版标准的实施是整个环节最重要的工作，也是标准化工作的最终目的。我国新

---

① 李琴萍. 探讨数字出版标准化工作的策略[J]. 新闻传播，2014(18)：16, 18.

② 本刊记者. 数字出版标准，真的要来了[J]. 编辑之友，2013(4)：8-13.

③ 郝婷. 我国数字出版标准化工作现状及对策研究[J]. 出版参考，2016(8)：16-18.

闻出版标准化领域一直有着"重定制、轻实施"的现象，标准的实施和宣传贯彻仍是薄弱环节。

1. 推荐性标准效力不足

当前数字出版已经定制和正在定制的标准多达六七十项，但只有那些涉及市场准入或者政府用于出版的标准才能被有效使用，真正引起巨大反响或者贯彻执行的并不多。这是因为我国标准除了涉及人身、财产安全的标准外，其余大部分为推荐性标准，对于企业来说，标准是否采用几乎不会影响到内容加工出版、产品营销和用户市场，缺乏采标主动性，导致数字出版标准采用率较低。

2. 标准实施评价考核体系不完善

标准的应用执行工作是一个持续性、常态化的工作，但我国标准发布后缺乏有效的监督手段，对标准执行监管评价措施不到位、与行业需求脱节、标准的适应性和反馈机制信息掌握不全等问题显著，导致标准实施执行不到位，限制了数字出版产品和服务的质量。例如，如何加强事中事后的具体监管、企业团体是否能够按照标准文件开展工作、社会年度总结如何开展标准实施考评工作等都是数字出版标准化工作需持续关注的问题。

第四节　数字出版标准优化路径

技术更新速度不断加快，我国数字出版业态也是突飞猛进，数字出版相关标准却相对迟滞，但需明确的一点是，数字出版标准治理不是一蹴而就，而是在发展的过程中根据本行业要求，吸纳国际、企业、以及国家标准逐渐地完善和推行，数字出版标准治理是一个相互依赖互动和协调的过程，数字出版标准治理的逻辑也应当是从组织、政府、行业等主体在标准制定、推广、实施和监督等问题展开。①

一、健全数字出版业制标机制

数字出版相关标准的制定首先要符合程序管控原理，即在符合程序化和管控的流程中编制，标准制定的人员需是专职人员，且内容要服务于公众，兼顾各方面利益。

1. 拓宽数字出版标准来源渠道

一是将有代表性的企业标准提升为国际标准。鼓励企业发挥主体性作用，研发高质量、创新性标准，例如 2018 全国新闻出版标准化委员会提交的《数字教材中小学数字教材元数据》、《数字教材中小学数字教材质量要求和检测方法》、《数字教材中小学数字教材

---

① 王平，侯俊军，梁正. 标准治理的基本逻辑研究[J]. 标准科学，2019(11)：27-34.

出版基本流程》等 3 项标准，成为行业标准上升为国家标准的典型代表，对于推动数字教材高质量发展，鼓励其他企业积极参与标准制定工作有着促进作用。

二是走国际化战略，关注国际数字出版标准新动态、新方法和新领域。采用国际标准或者为我国标准化建设提供参考，但同时要对国外标准展开本土化研究，绝不能是简单的"拿来主义"。

三是推动国家标准上升为国际标准，提升我国数字出版行业国际话语权。如 2012 年全国印刷标准化技术委员会对国外先进标准予以研究，发布了《国际印后标准及我国印后标准研究》，这对推动国内出版业标准吐故纳新和加强数字出版标准国际化程度具有积极作用。

2. 广泛参与，搭建信息共享平台

标准的制定应当是在充分调研数字出版市场的基础上，与数字出版产业链上各方广泛合作，依托于信息共享平台，打破信息壁垒，减少数据孤岛现象。

一是调动数字出版企业、传统出版社、科研机构、社会利益方的参与积极性，发挥相关部门在标准制定方面的主体作用，尤其注重提升传统出版社在数字出版标准制定的话语权，这对于传统出版社数字化升级转型、把握市场有积极作用，同时应注意到各部门相互沟通和协调不充分的问题，多方参与协调，有利于充分利用资源、减少行业垄断以及避免因重复工作而带来的人力、物力资源的浪费，还能促进数字出版标准修订，推动数字出版的长远发展。

二是搭建信息共享平台，借助信息共享平台，加强数字出版相关部门和信息资源的整合，一方面，能够防止大型企业长期独占标准制定权，引发市场垄断、恶性竞争等后果，能够给予中小型企业和其他用户发表意见、参与标准修订和监督反馈的渠道，使标准制定能够充分考虑、采纳多方不同的声音，促进数字出版标准制定的合理性和平衡性；另一方面，综合性平台方便进行数字出版标准推广宣传、信息公开、办事服务和互动交流，形成反馈监管机制，为社会和公众了解标准实施动态、效果和问题提供了有力的佐证。

二、完善推广机制

标准一旦形成，其在市场中被予以应用和推广的程度，是检验标准化水平、标准质量的重要指标，也是发挥数字出版标准能效的重要体现，促进数字出版标准推广可从政策支撑、促进多元主体参与推广、健全数字出版标准动态维护机制这三方面展开。

1. 政策支撑

首先，我国数字出版产业的发展离不开政策的引导和支持，一方面完善数字出版标准相关法律法规，如 2020 年 11 月修订的《中华人民共和国著作权法》将推荐性标准纳入著作权法的保护，通过法律手段维护标准制定的版权和著作权。另一方面，将事实标准转化为

正式标准，提升强制性标准所占比重，甚至可以将数字出版标准逐步演化为法律规范，提升数字出版标准的地位和权威性，发挥标准在数字出版管理上的作用。

2. 多元参与

鼓励企业、协会、行业等主体参与数字出版标准宣传推广工作。政府通过评定、激励等方式推动各方人员参与数字出版推广工作；行业组织通过访谈、网络宣传、倡议书等方法积极参与相关工作；企业管理人员提升标准化意识，充分认识数字出版标准的重要性，引进复合型人才；协会通过制定配套的指导手册，通过活动的形式推广数字出版标准。例如，美国书业研究会，开展交流、咨询、展会、培训等活动，满足了消费者对数字标准信息和服务需求。[①]

3. 建立动态维护机制

建立数字出版标准动态维护机制，包含建设数字出版标准实验室或者认证机构，积极开展数字出版标准建设项目等工作，及时根据数字出版市场、标准采纳情况以及标准适应性做出调整和修改，使其紧跟产业的发展变化，只有切实符合市场需求的标准才能在数字出版领域的应用范围不断扩大，只有确保市场适应性才能促进标准的推广工作，有效发挥标准的规范、引导、定向作用。如 2022 年国家新闻出版总署发布了《关于实施出版业科技与标准创新示范项目的通知》，指出面向出版相关各高校和技术企业公开遴选标准研发方面的成果和标准应用方面的示范单位，并给予经费资助，要求新闻出版部门积极对相关标准进行引导支持和宣传推广，提升出版业创新标准的成果转化能力，推动标准落地转化。

三、强化监督评定机制

数字出版标准化是实现出版业实现数字化转型和高质量发展的重要手段，标准的实施情况成为检验标准化效果的方式之一。从数字出版标准审核复审、监管制度、反馈、评定四个方面提升数字出版标准的实施效能。

1. 组建权威审核队伍，提升数字出版标准内容质量

引进数字出版标准复合型人才，建立权威、专业的审核队伍机构，加强人工智能技术、大数据技术和云计算技术在数字出版标准审核中的应用，搭建数字出版标准数据库、语料库、规则库和专家库，[②] 此举不仅有效保证标准质量还能提升标准审核效率和准确性。其次建设监管制度，提升数字出版标准执行力度。数字出版领域都已相应出台了版权

---

① 施勇勤，王飞扬. 美国书业研究会对我国数字出版标准化工作的启示[J]. 科技与出版，2015（2）：31-35.

② 王飚，毛文思. 出版强国建设背景下数字出版高质量发展前瞻——"十四五"时期数字出版发展重点解析[J]. 中国出版，2022（15）：16-23.

监管、内容质量管理、知识产权管理，但标准监管制度和条例还有待进一步完善。监管制度的缺失，是造成标准执行不力的重要原因，单纯依靠管理部门实施监管，一是无法深入实际工作，二是往往很难执行。因此，数字出版标准必须配套相应的监管制度，包括政府监管、行业监管和社会监督，同时还要畅通反馈渠道，建立标准实施情况统计分析报告制度，进一步畅通标准化投诉举报渠道，加强标准实施的社会监督。监管制度的确立，能够有效提升数字出版标准体系高效运行，是标准执行力有效推行的重要手段，[①] 也是提升数字出版标准服务效能的重要推手。

2. 建立评定机制，激活数字出版标准创新活力

评定机制是对数字出版标准实施效果的评定，如《上海城市数字化转型标准化建设实施方案》，提出引导企业实施效果评定工作，鼓励相关标准化技术委员会建立标准实施效果评价机制报告，探索市场化的标准实施效果评价工作路径。数字出版标准的评估围绕标准适应性和创新性、推进方式、实施效果、复审修订等建立评估指标体系，运用满意度调查、出版企业内部评价、第三方评估等形式，对数字出版标准化工作进行综合评估，并采取相应激励措施，为数字出版标准化建设注入源源不断的活力。

第五节　国内外数字出版技术标准体系

国际数字出版起步较早，数字出版技术标准也随之得到了发展，如标识符标准、元数据类标准、数字格式类标准、数据交换类标准等都形成了一定体系，并在全球范围内得到了较广泛的应用。

一、国际数字出版技术标准

1. 标识符类标准

标识符标准的主要功能是为出版物或者内容资源提供唯一的标识，如 ISBN 标识图书，ISSN 标识期刊，ISMN 标识乐谱出版物，ISRC 标识录音制品，ISAN 标识音像作品。在名称标识上，ISNI 标识数字环境下各种媒体内容的创作、生产、管理和发行主体的公开身份；在作品标识上，ISTC 标识标准文本作品，ISWC 标识音乐作品；在数字资源标识上，DOI 标识数字资源。而所有这些资源之间的关联，均可由国际标准关联标识符（International Standard Link Identifier）标识。在数字出版环境中，图书或电子出版物的订货、销售、交易和管理都离不开唯一标识。唯一标识保证了用户在越来越多的内容产品中

---

① 华夏. 数字出版标准建设发展研究［D］. 北京：北京印刷学院，2014.

快速准确地找到所需的内容产品。①

ISLI 由 ISO(国际标准化组织)制定和维护，于 2015 年 5 月 15 日正式发布。《中国标准关联标识符(ISLI)》(GB/T 32867-2016)是标识信息与文献领域中实体之间关联的全球通用标识符，是我国主导制定的第一项国际标识符，也将是构建互联网社会新一轮管理体系时最底层的技术支撑。ISLI 国际标准是基于中国的"《MPR 出版物》系列国家标准"提出的。

ISLI 旨在解决数字时代特别是互联网环境下的信息内容资源管理难题，实现资源有效管控和价值增值。ISLI 标准及其技术系统是传统出版单位实现融合发展、开展基于内容的全媒体融合出版不可或缺的支撑。这种支撑不仅表现在出版手段上，也表现在出版产品形态上，用以帮助传统出版企业顺应互联网传播移动化、社交化、视频化的趋势，同时进行全媒体融合出版，实现产品创新，以满足多维用户需求。②

2. 元数据类标准

元数据是描述数据的数据。在不同领域内元数据有不同的定义和应用。元数据标准化可以使用户方便快捷地查找到相关资源。数字出版业根据需要建立了一系列元数据标准，实现数据共享和交易。数字出版物元数据标准对作者、出版日期、题目、内容、参考文献等术语用标准元数据进行描述，使其在交流传送过程中畅通无阻。元数据在一定程度上满足了数字出版物出版、传送、交易的要求。目前元数据标准有很多种，其中比较著名的有 MARC(Machine-Readable Cataloging)、ISO 15836：2003《信息与文献 都柏林核心元素集》等。

MARC 格式是用于描述、存储、交换、控制和检索的一套机读书目数据标准，设计于 20 世纪 60 年代，是发展历史最悠久、最成熟的元数据格式。MARC 是以代码形式和特定结构记录书目信息，能够被计算机识别、存储、编辑和输出的目录形式。各国根据《国际机读目录格式》(Universal MARC Format，UNIMARC)编制适用本国使用的 MARC，再将其转换成 UNIMARC，实现国际机读目录数据共享。目前我国采用的《中国机读目录格式》(China MARC Format，CNMARC)获得很大发展，成为出版领域重要的元数据标准。Dublin Core(简称 DC)是元数据的一个标准集——都柏林核心元素集的简称，是为网上资源的辨识、检索而制定的。DC 元数据充分吸纳图书情报界分类、编目、文摘等经验，是在利用计算机、网络的自动搜索、标引、索引、检索等研究成果的基础上发展起来的；其最大特点是元素结构化地、有层次地支持字段检索，提供对特定资源足够全面的描述，使用户不用真正链接到检索资源本身就能对资源有较为全面的了解。2010 年，我国对该国际标准修改采用后发布实施了《信息与文献都柏林核心元素集》(GB/T 25100—2010)，在出版领域得到了采用和推广。

---

① 孙广芝，邢立强，张保玉. 数字出版元数据基础[M]. 北京：电子工业出版社，2013：15.
② 左美丽. ISLI 在出版领域的应用综述[J]. 出版参考，2016(8)：9-11.

3. 数据格式类标准

目前国际主流的阅读格式标准有 PDF、EPUB 等。PDF（Portable Document Format，便携式文档格式）是由 Adobe 公司用于应用程序、操作系统、硬件无关的方式进行文件交换所发展出的文件格式。也就是说，PDF 文件在 Windows、Unix、Mac OS 等操作系统中都是通用的。这一特点使它成为在互联网上进行电子文档发行和数字化信息传播的理想文档格式。越来越多的电子图书、产品说明、公司广告、网络资料、电子邮件都使用 PDF 格式文件。

EPUB（Electronic Publication）是基于 XML 和 Web 协议的电子书格式标准，它允许数字图书和出版物实现跨平台和跨系统的兼容，目前已经成为数字出版产业的关键标准。[①] 2011 年 10 月，国际数字出版论坛（The International Digital Publishing Forum，IDPF）宣布完成了 EPUB 3.0 版本的制定，主要包括 EPUB 3.0 Overview、Publicating 3.0、Content Documents 3.0、OCF 3.0 及 Media Overlays 3.0 等文件。之后于 2013 年在此基础上进行了小幅修订，直至 2017 年 IDPF 将 EPUB 3.1 版本批准为标准推荐规范。EPUB 3.1 标准中新增加了 W3C 万维网联盟公布的 WOFF 2.0 字体格式和起源于苹果 Macintosh 的 SNFT 字体格式作为核心媒体类型。同时 EUPB 3.1 动态地将 HTML 5 和 SVG 的最新推荐版本作为使用标准，放弃了 EPUB 3.0.1 版本中只针对 HTML 5.0 和 SVG 1.1 的过时参考。[②] EPUB 标准作为一种数字出版形式因其独有的特性与优势在数字图书转换出版、分发销售等方面有着广泛应用。EPUB3.1 是近几年 EPUB 标准的一次较大更新，将在今后一段时间逐步成为数字出版标准的生力军。

4. 数据交换类标准

数据交换标准中比较典型的有 3 种：OAI、ONIX 和 OpenURL。"开放仓储元数据撷取战略协议"（Open Archives Initiative Protocol for Metadata Harvesting，OAI），简称元数据获取协议，是一种独立于应用的，能够提高万维网资源共享范围和能力的互操作协议标准。OAI 旨在提供简单、易实现的方法来完成各种元数据之间的互操作。相比于其他专业协议，虽然在功能上不够完善，但它最大的特点是易操作性和低成本。

在线信息交换标准（Online Information Exchange，ONIX）是一种以电子形式获取、传输出版物产品信息的国际标准，用于图书、连续出版物以及各种电子出版物信息的基础标准和贸易标准。该标准旨在向图书批发商、零售商、网络书商及产业链的所有参与者提供统一的图书产品信息格式，解决行业各机构间多种数据格式并存给信息交换带来的困扰，以

---

① 徐丽芳，刘锦宏，丛挺. 数字出版概论[M]. 北京：电子工业出版社，2013：299.
② 迟亮. EPUB 3.1 数字出版技术研究[J]. 电脑知识与技术，2018，14(19)：239，242.

在线信息交换的方式满足和丰富图书出版发行行业在互联网时代的需要。[1] ONIX 包含电子出版物创建、发布、注册以及出版发行过程中的知识产权保护信息,并为出版物提供详细的元数据描述,包括书目细节、书刊各种交付形式的价格信息以及出版物渠道信息等。在为电子图书信息提供传输模式的基础上,ONIX 还将覆盖音视频等各类电子媒体知识产品,以适应数字出版领域的交易需求。为了使 ONIX 更好地为我国出版发行业所用,2013年 6 月 14 日《中国出版物在线信息交换》国家标准(GB/T 30330—2013)正式颁布。

开放链接标准(Open Uniform Resource Locators,OpenURL)是信息资源与查询服务之间的通信协议标准,提供在信息服务者之间传递元数据的格式,目的是将文献资源的提供者与链接服务的提供者相分离,实现同时对不同机构的多个数据库或信息资源进行统一检索。[2] OpenURL 是构建开放式数字图书馆的关键组成部分之一,用以解决不同数字资源系统的互操作、资源整合以及二次文献数据库到原文服务的动态链接等问题。

二、国内数字出版技术标准

2017 年以后,《新闻出版知识服务系列》7 项国家标准、《出版物 AR 技术应用规范》、《出版物 VR 技术应用要求》等行业标准的出台,分别对出版机构知识服务、AR 出版物、VR 出版物的生产制作流程与管理的基本条件、基本环节与基本形态进行了规范和指导。例如,贵州出版集团《新闻出版大数据应用》之内容、技术、管理、运维的标准体系得以建立;林业、海洋、农业、交通等出版领域的知识服务等企业标准体系基本建成。

数字出版技术标准体系所揭示的数字技术原理以及在出版业等应用场景主要包括:

出版物 AR 技术应用。出版物 AR 技术应用应把握住"3D 模型库、AR 编辑器、输出展示系统"这三个关键的环节,便可从整体上把握 AR 出版物等的研发制作流程,也可从总体上把握 AR 出版物的用户体验成败。3D 模型库解决的是三维模型研发问题,是增强现实的基础和源头;AR 编辑器解决的是知识点和三维模型的匹配、关联问题,是增强现实出版的纽带和桥梁;而输出展示系统,解决的则是用户体验问题,能否取得顺畅、流利、友好、如现实一般的用户体验感,出版物 AR 技术应用的关键和落地环节就是输出展示系统。

出版物 VR 技术应用。出版物 VR 技术应用须安全性、智能性、必要性、可扩展性原则,把握数字化虚拟环境、VR 编辑器与输出展示系统有机关联的技术原理,以期产生构想性、交互性、沉浸性和适人化的预期效果。VR 技术应用于出版业的场景主要包括:(1)历史性场景:VR 技术宜应用于主题出版、传统优秀文化等领域对历史性情景还原、再现的场景。(2)危险性场景:VR 技术宜应用于含有危险性场景的出版物的制作与传播,包括在线教育(课程)、研学旅行、实验课程等易对人身、财产安全造成危险的场景;道路

---

① 孙广芝,邢立强,张保玉. 数字出版元数据基础[M]. 北京:电子工业出版社,2013:227.

② 徐丽芳,刘锦宏,丛挺. 数字出版概论[M]. 北京:电子工业出版社,2013:285.

桥梁、地质灾害、水利水电、工业仿真等易对人身、财产安全造成危险的场景；森林火灾、地震海啸、野外考察等易对人身、财产安全造成危险的场景以及其他危险性场景。(3)稀缺性场景：VR 技术宜应用于对稀缺性情景的呈现，如难以企及的物体、景观的再现，经典自然环境、人文景观、自然物体、艺术作品等；或是可触及、可到达但时间、金钱等成本高昂，而采取出版物 VR 技术应用能实现类似身临其境、沉浸交互体验的场景。(4)其他场景：VR 技术宜应用于其他不可及、不可达或难以企及、到达的场景，以起到赋能出版物的预期作用。

出版业大数据技术应用。标准确立了出版业的数据采集、数据存储、数据加工、数据计算、数据建模、数据图谱、数据服务等大数据基本流程和环节，对各阶段的出版数据建设都提出了严格、创新的要求。重视出版内容数据、用户数据和交互数据：(1)内容数据是出版业存量最丰富、增长最迅速的数据，也是价值最大、最持久的数据。(2)高度重视、积极转化用户数据，大数据时代之前，出版业的用户数据更多体现为机构用户数据，而对于哪位读者购买了图书，也就是作为个人用户数据的读者数据，基本上是无法获知的；这一点，恰恰是需要高度重视并及时通过"一书一码"、"二维码增值知识服务"等方式来获取、积累和转化的。(3)加快建设、深挖广用交互数据：出版业的交互数据，在前数字出版时代几乎为零，所出版的图书在销售以后几乎很难再从读者那里获得反馈和评价，从数据流的角度看，属于单向流动；而出版大数据的建设，则需要加快建设和积累交互数据，通过对交互数据的采集、分析和统计，进而用于改进选题策划、内容供给和营销方案，最终形成闭环的、双向的数据流。

智能知识服务技术应用。在《知识资源建设与服务工作指南》的国家标准中，起草组规定了"电子书、数字图书馆、数字期刊、数字报纸"等基础性知识服务，规定了知识库、MOOCs、SPOCs、知识服务解决方案等典型的知识服务形态；在最后一条，提出了智能知识服务："以人工智能技术为依托，借助大数据开展知识体系构建、知识计算、知识图谱构建，开展机器撰稿、新闻推荐、智能选题策划、智能审校、智能印刷、智能发行、智能机器人等服务方式"。智能知识服务的发展趋势，"将重点围绕突破知识计算引擎和知识服务关键共性技术而展开"，将从单一领域的知识库向多源、多学科、多模态的综合型知识库演进，以自主化、自动化、智能化为典型特征的"智能仓储机器人、智能教育机器人、知识服务机器人、智能销售机器人"将会不断涌现并大放异彩。

第二篇

数字出版基础技术

第六章 数字出版技术背景

* 本章知识点提要

1. 计算机设备及技术的发展特点和主要应用场景

2. 计算机技术兴起对出版的影响

3. 网络技术的发展特点与技术功能

4. 网络技术兴起对出版的影响

5. 信息处理技术的类型与功能

6. 信息处理技术发展对出版的影响

7. 内容组织技术的类型及其在出版业的应用

* 本章术语

计算机技术　网络技术　互联网思维　信息处理技术　信息系统技术　数据库技术　内容组织技术

数字出版技术的发展离不开计算机技术、网络技术、信息处理技术以及媒介技术的支持。其中，计算机设备和计算机技术的发展直接推动了数字出版的萌芽，促进了早期数字出版活动、数字出版物以及数字出版研究的出现；融入网络技术的数字出版技术在加速出版数字化思维转变、拓宽出版传播渠道、促进出版用户交互、优化出版流程方面起到了重要作用；基于信息处理技术的数字出版技术极大地推动了出版信息系统、出版数据库以及出版信息检索的优化；媒介技术则不断革新着出版的内容载体和传播渠道……

第一节 计算机设备及技术

计算机技术是指计算机领域中所运用的技术方法和技术手段，或指其硬件技术、软件技术及应用技术。[①] 计算机技术具有明显的综合特性，与电子工程、应用物理、机械工程、现代通信技术和数学等其他领域密切相关。计算机技术的发展与计算机设备的更新迭代密不可分。自1946年第一台电子计算机诞生以来，至今已有近80年。总体来看，计算

---

① 应国良，马立新. 一种对计算机发展史展开研究的策略[J]. 中国教育信息化，2010(7)：15-16.

机的发展经历了真空管计算机、晶体管计算机、集成电路计算机、超大规模集成电路计算机和智能计算机五个发展阶段。

①真空管计算机。1946年，美国的莫克利与爱克特发明了第一代计算机——ENIAC，运用真空管构成的集成电路实现计算，而存储器的存储介质是一种打孔卡片。

②晶体管计算机。1954年，美国贝尔实验室研制成功第一台使用晶体管线路的计算机，取名"TRADIC"，具有尺寸小、重量轻、寿命长、效率高、发热少、功耗低等优点。

③集成电路计算机。集成电路的发明将更多的元件集成到单一的半导体芯片上，计算机变得更小，功耗更低，速度更快，此时也出现了"面向人类"的计算机语言——汇编语言。

④超大规模集成电路计算机。超大规模集成电路计算机是指从1970年以后采用大规模集成电路和超大规模集成电路为主要电子器件制成的计算机，随后还在此基础上设计出微处理器和微型计算机。

⑤智能计算机。第五代计算机是将信息采集、存储、处理、通信同人工智能结合在一起的智能计算机系统，人、机之间可以直接通过自然语言，如声音、文字、图形、图像交换信息。

总体而言，当前计算机设备的特点可以简要概括为以下5点：

①运算速度快。计算机内部电路组成已经可以高速准确地完成各种算术运算。当今计算机系统的运算速度已达到每秒万亿次，微机也可达每秒亿次以上，使大量复杂的科学计算问题得以解决。

②计算精度高。计算机对数据处理结果精确度可达到十几位、几十位有效数字，根据需要甚至可达到任意的精度。由于计算机采用二进制表示数据，因此其精确度主要取决于计算机的字长。字越长，有效位数越多，精确度也越高。

③存储容量大。计算机的存储器能把数据、程序存入，进行数据处理和计算，并把结果保存起来。目前计算机的存储量已高达千兆乃至更高数量级的容量，并仍在提高，其具有"记忆"功能是与传统计算机的一个重要区别。

④逻辑判断能力强。在程序执行过程中，计算机能够进行各种基本的逻辑判断，并根据判断结果来决定下一步执行哪条指令。使计算机能进行诸如资料分类、情报检索等具有逻辑加工性质的工作。

⑤自动化程度高。计算机具有存储记忆能力和逻辑判断能力，所以人们可以将预先编好的程序组纳入计算机内存，在程序控制下，计算机可以连续、自动地工作，而不需要人工干预。

随着计算机设备的升级，计算机计算也从信息处理、数据处理过渡到知识处理，以知识库来取代数据库。① 在此基础上，计算机设备整体又呈现出巨型化、微型化、社交网络

---

① 张猛，王晶. 浅谈计算机科学与技术的发展趋势[J]. 科技创新与应用，2016(33)：82.

化和人工智能化的特点：

①巨型化。指为了满足尖端科学技术的需求，发展高速、大存储容量、功能强大的超级计算机。

②微型化。指为了满足日常生活需求，通过微处理器（CPU）减小计算机的尺寸、降低计算机制作成本，以提高计算机性价比和便捷性的微型计算机。

③社交网络化。指通过网络通信协议将全世界的计算机互相连接，实现多样化内容的自由交互。

④人工智能化。指在现代计算机的基础上，发展能够实现逻辑交互、自我学习等人类"思考"功能的智能计算机。

而在具体实践中，计算机已在不同领域取得了一定实验成果，[①] 逐步实现计算机"因地制宜"服务人类发展的目标：

①光子计算机。光子计算机是指计算机中数字运算、信息存储、信息处理以及相关逻辑操作主要利用光信号进行处理的计算机。现阶段人们在光学工程领域的研发已经取得一定的成就，并且光子也被得到充分的应用，电运算有望逐渐被光运算取代。

②纳米计算机。现阶段现代计算机技术研究中，通过纳米技术在计算机上的应用，实现传统晶体管被薄膜晶体管的有效取代，进而研发出新型纳米计算机。

③生物计算机。生物计算机又被称为仿生计算机，是指将普通电子集成电路计算机汇总的晶体管，利用生物工程技术中的生物芯片和蛋白质分子转换成生物芯片。

④量子计算机。量子计算机是基于量子信息应用而开发的新型计算机，具有提升计算机数据信息聚集效果，实现计算机数据处理、内容存储量以及运算速度增强等功能。

计算机以及计算机技术的出现彻底改变了现代社会的发展模式，使人们的生产与生活变得极为便利，沟通交流也更为方便，在各个行业与领域都有极大的应用价值，发挥了极大的作用，推动了人类社会的持续进步。[②] 其具体应用可以归纳为以下几个方面：

①数据管理：数据管理是当前计算机应用最成熟有效的一个方面，主要功能在于通过计算机数据库管理系统完成数据的采集、存储、分类、加工、排序、检索以及发布等管理工作，通过数据处理为各领域发展提供决策依据，提升决策管理水平，改善管理方法。

②科学计算：计算机较早应用的领域就是科学计算，即通过计算机技术处理科学研究以及工程技术等研究过程中需要的各种数学运算。由于现代科学技术的研究及工程设计要面对复杂性、困难度极高的大量数学运算，计算机技术作为一种先进技术，具备了数据存储、数据处理、大量持续计算的能力，能够更为高效、准确地完成科学计算。

③辅助应用：计算机的辅助应用包含多个方面，主要有计算机辅助设计（CAD）、辅助

① 徐伟，冷静. 现代计算机技术的发展方向与趋势[J]. 电子技术与软件工程，2019（15）：114-115.

② 李娟. 计算机技术应用的现状与发展[J]. 电子技术与软件工程，2017（7）：141.

制造(CAM)以及辅助教学(CAI)。计算机辅助设计提高了设计水平，便于细化具体设计内容，设计工作的适应性及实用性更为理想。计算机辅助制造能够优化控制加工过程，制造中的各种道具和设备运行的可靠性与精准性都有大幅提升。计算机辅助教学即在教学中充分运用计算机技术，如办公软件、多媒体软件等的应用。

④网络应用：计算机在互联网的推广应用中发挥了关键作用，极大地提升了信息资源的开放性与共享性。计算机与互联网技术相结合，对于现代社会发展起到了关键性的推动作用，改变着各个领域、各个行业的发展方向与发展方式，体现着极强的应用价值。

而对于出版领域而言，计算机为传统出版变迁到数字出版提供了设备基础和计算机技术应用基础，驱动着"有形"的传统出版走向"无形"的数字出版转变。早在1945年，范内瓦·布什(Vannevar Bush)就设想了虚拟阅读与出版机器Memex的存在，是早期数字出版理念萌芽的体现。[1] 1949年，意大利学者罗伯托·布萨(Roberto Busa)将穿孔卡片和计算机技术应用于意大利古典名著《托马斯著作索引》的编辑工作之中，[2] 是目前可追溯的最早开展的数字出版活动。1951年，美国麻省理工学院菲利普·巴格利(Philip R. Bagley)利用计算机开展的摘要检索定位研究，[3] 可谓是数字出版技术研究的萌芽。1961年，利用计算机编辑出版的《化学题录》(Chemical Titles)双周刊数据库磁带版，象征着数字出版物的诞生，被视为世界数字出版的开端。在计算机设备快速更新换代的发展趋势下，基于计算机技术的数字出版技术以及相应的出版软件系统也不断推出，数字出版技术的应用功能和应用范围也得以不断丰富和延展。

第二节　网　络　技　术

网络技术是指采取一定的通信协议，将分布在不同地点上的多个独立计算机系统，通过互联通道(即通信线路)连接在一起，从而实现数据和服务共享的计算机技术，是现代计算机技术与通信技术相结合的产物。[4]

网络技术把互联网上分散的资源融为有机整体，实现资源的全面共享和有机协作，使人们能够透明地使用资源的整体能力并按需获取信息。网络可以构造地区性的网络、企事业内部网络、局域网网络，甚至家庭网络和个人网络。网络的根本特征并不一定是它的规模，而是资源共享，消除资源孤岛。

随着计算机网络技术在全球范围内的普及以及在各领域的广泛运用，其在极大程度上

① Bush V. As we may think[J]. The Atlantic Monthly, 1945, 176(1): 101-108.

② 林穗芳. 罗伯托·布萨和世界最早用计算机辅助编辑的巨著《托马斯著作索引》[J]. 河南大学学报(社会科学版), 2007(4): 167-174.

③ Philip R. Bagley. Electronic Digital Machines for High-Speed Information Searching[D]. MIT, 1951.

④ 网络技术[EB/OL].[2022.11.18] https://wiki.mbalib.com/wiki/%E7%BD%91%E7%BB%9C%E6%8A%80%E6%9C%AF.

推动了社会的可持续发展，并对公众生活质量产生了积极的影响。网络技术中最重要的就是网络通信协议。通信协议是指双方实体完成通信或服务所必须遵循的规则和约定，通过通信信道和设备互连起来的多个不同地理位置的数据通信系统，要使其能协同工作实现信息交换和资源共享，它们之间必须具有共同的语言。当今网络协议有很多，局域网中最常用的有三个网络协议：MICROSOFT 的 NETBEUI、NOVELL 的 IPX/SPX 和 TCP/IP 协议。

网络技术自其诞生以来，经历了多阶段的发展，[①] 科学家们不断挖掘其应用潜力，直到今天已经可以实现同时调动数百万台计算机完成某一个计算任务，能汇集数千科学家之力共同完成同一项科学试验，还可以让分布在各地的人们在虚拟环境中实现面对面交流：

①第一阶段：20 世纪 50 年代，美国地面防空系统借助于通信线路把测量控制设备和远程雷达连接到一台计算机上，这是通信技术和计算机技术的第一次结合，这一次尝试为计算机网络的诞生奠定了技术基础。到 20 世纪 60 年代，美国一家航空公司将美国国内的 2000 多台计算机连接到一台中央计算机上，达到了多用户集中控制以及分时处理的目的，自此以一台中央计算机为核心的联机系统出现并开始投入使用。

②第二阶段：到 20 世纪 60 年代末，远程网络出现在大众视野中，计算机已经能够进行主机连接，实现计算机之间的通信。就终端用户而言，除了能够访问硬盘和软盘之外，还能够借助于通信子网搜索信息，已经初步形成了计算机网络。

③第三阶段：又可以称为广域网时期，在 20 世纪 80 年代，TCP 协议出现，完成了计算机互联，以开发体系互联网基本参考模型为基础，不同厂家生产出来的计算机之间能够实现互联。在这一阶段，计算机网络技术表现出开放性、统一性以及标准化等特征，与国际标准相符合。

④第四阶段：进入 21 世纪，计算机网络技术的发展步伐加快，在这一时期，交互性是计算机网络技术最为显著的特征，各个领域都开始运用网络技术，例如电子商务、教育行业等。局域网发展更加完善，智能网络、云技术、多媒体以及光纤等技术应运而生，为社会发展做出了重要贡献。

计算机网络就是要把各个独立的计算机连接起来，使得它们之间可以自由通信，进而实现计算机之间的数据和资源的共享，故网络技术的特点主要表现为以下几点：

①能实现数据信息传输和集中处理。计算机通过网络可以将在计算机上的信息传递到服务器上，服务器对这些信息进行集中处理。这样就可以实现集中处理，而且传输速度大大加快。

②可共享计算机系统资源。计算机网络可以使各个主机之间通过网络进行传输，从而实现资源共享。而且随着网络技术的发展，资源共享更加快捷，信息的类型也更加多样化。

③负载均衡。能进行分布处理是网络的一大特长。在一些大型网站中，由于访问量

---

①　夏王霞. 计算机网络技术的应用与发展[J]. 信息与电脑(理论版)，2020，32(5)：21-23.

大，对服务器的负荷也大。在这种情况下，网站可以在不同地域上放置服务器，这样就可以分担服务器的负荷，实现各服务器的负载均衡，同时用户也少走冤枉路。

进入信息时代，计算机网络已经成为推动经济发展的重要力量，网络技术也开始成为当今时代的重要标志。网络技术深深渗透人们生活的方方面面，从日常生活、工作再到游玩，网络让人们的生活变得更加便捷。① 总体而言，网络技术能为人们实现的功能如下：

①数据通信。网络的出现使信息交流变得很简单，交流的双方可以跨越时空的障碍，随时随地传递信息。

②信息集成。信息集成网络最初是以集成异构计算平台的身份出现，接着进入分布式海量数据处理领域。信息网络通过统一的信息交换架构和大量的中间件，向用户提供海量信息获取服务。

③分布计算。分布式超级计算将分布在不同地点的超级计算机用高速网络连接起来，并用网络中间件软件"粘合"起来，形成比单台超级计算机强大得多的计算平台。

④综合服务。网络的一大发展趋势是多维化，即在一套系统上提供集成的信息服务，包括来自政治、经济等各方面资源，甚至同时还提供多媒体信息，如图像、语音、动画等。在多维化发展的趋势下，许多网络应用的新形式不断涌现，如：电子邮件、电子商务等。

⑤远程沉浸。远程沉浸是一种特殊的网络化虚拟现实环境。它是对现实或历史的逼真反映，对高性能计算结果或数据库可视化。"沉浸"是指人可以完全融入其中：各地的参与者通过网络聚集在同一个虚拟空间里，既可以随意漫游，又可以相互沟通，还可以与虚拟环境交互，使之发生改变。已经开发出几十个远程沉浸应用，包括虚拟历史博物馆、协同学习环境等。远程沉浸可被广泛应用于交互式科学可视化、教育、训练、艺术、娱乐、工业设计、信息可视化等许多领域。

⑥Wi-Fi。Wi-Fi 也被称作"移动热点"，是 Wi-Fi 联盟制造商的商标作为产品的品牌认证，是一个创建于 IEEE802.11 标准的无线局域网技术。无线网络上网可以简单地理解为无线上网，几乎所有智能手机、平板电脑和笔记本电脑都支持 Wi-Fi 上网，这是当今使用最广的一种无线网络传输技术。

出版本身随着 20 世纪 90 年代中期互联网的普及而发生变革，网络技术对出版发展产生了诸多影响，最核心的便是出版互联网思维的形成。

随着互联网技术的发展以及与出版的融合，出版自然而然进入"互联网""互联网+"时代，推动出版的思维方式从"实体思维"向"互联网思维"转型。互联网思维这一概念最初是百度创始人李彦宏在 2011 年一次演讲中最早提出的，其虽然没有进行明确的定义，但一般认为，互联网思维是在互联网、大数据、云计算等科技不断发展的背景下，对市场、

---

① 网络技术［EB/OL］［2022-11-8］https://baike.baidu.com/item/%E7%BD%91%E7%BB%9C%E6%8A%80%E6%9C%AF/480927.

用户、产品、服务进行重新审视的思维模式，其本质是发散的非线性思维，打破思维定式、主动革新、以变化求发展是其不变的主题。① 对出版而言，互联网思维又包含用户思维、社会化思维、平台思维、大数据思维和跨界思维。

①用户思维。用户思维是互联网思维的核心，它强调站在用户尤其是普通公众的立场思考问题，在提供产品与服务的同时，提供良好的用户体验与参与感，以最大限度地吸引用户，推销产品和服务。② 虽然在互联网技术兴起之前，出版业也有"以用户为中心"、"以读者为中心"的类似说法，但互联网技术的发展为该理念赋予了新的内涵，体现了出版从受众思维到用户思维的转变。互联网技术兴起与应用激活了以个人为基本单位的社会传播格局，其去中心化和技术赋权的特点改变了以出版企业为主导的信息生产和传播方式，出版内容的生产、传播不再完全由出版机构所控制，每个网民都可以是信息的发布者，人人都是自媒体。③ 同时，市场格局也从以出版机构为主导的卖方市场转变为由用户主导的买方市场，用户成为出版机构生存和发展的根本。在这样的发展背景下，出版机构更加注重贴合互联网环境下的用户习惯，从用户的需求出发进行提供内容、产品及服务，满足用户多场景、多层次需求。

②社交化思维。互联网的社交化思维的本质是通过人与人之间的沟通建立关系，以达到相应的销售或服务的目的，侧重社群经济、圈子和社会型网络服务（Social Networking Services，SNS）。而社交化之所以重要，是因为今天整个新媒体的传播模式发生了深刻变化，人际关系网络成为了大众传播的重要基础设施。④ 对出版而言，社交化思维推动着出版社交化生产、社交化传播、社交化运营、社交化阅读等出版实践活动的实现。

③大数据思维。维克托·迈尔·舍恩伯格最早提出了大数据思维，认为大数据思维是一种意识形态，是开启大数据时代的前提，"一旦思维转变过来，数据就能被巧妙地用来激发新产品和新型服务"。⑤ 在互联网技术下，大数据思维又是互联网思维的基本载体，指通过技术手段挖掘海量数据，从中快速获得有价值信息的思维。在网络技术的席卷下，出版机构一方面已经认识到数据是出版机构的重要资产，数据资产及专业处理能力逐渐成为出版机构的核心竞争力。另一方面，大数据思维也为出版分析问题、解决问题提供了一个新的视角，借助数据采集、整合、挖掘与预测，出版机构对用户、产品、市场和产业的了解和把握得以进一步深入。

④跨界思维。跨界思维则是出版机构能够借助互联网嫁接其他行业或产业的理念和技

① 陈雪频. 定义互联网思维[J]. 上海国资，2014，199（2）：70-71.

② 赵大伟. 互联网思维的独孤九剑[M]. 北京：机械工业出版社，2014.

③ 胡泳，张月朦. 互联网内容走向何方？——从 UGC、PGC 到业余的专业化[J]. 新闻记者，2016（8）：21-25.

④ 彭兰. 移动化、社交化、智能化：传统媒体转型的三大路径[J]. 新闻界，2018（1）：35-41.

⑤ 维克托思·迈尔·舍恩伯格，肯尼思·库克耶. 大数据时代：生活、工作与思维的大变革[M]. 杭州：浙江人民出版社，2013.

术，实现出版的创新突破发展。这促使着出版业逐渐跨出传统合作网络，与不同领域的机构实现协作，各取所长、互补其短，既为跨入的行业带去积极的变化，也能够借此整合自身优势，实现多元化和差异化的发展。其中，出版业常见的跨界融合方式即科技与出版的融合，形成了包括"出版+大数据"、"出版+人工智能"、"出版+5G"、"出版+区块链"等融合形态。以科技为载体，出版业与图书馆、旅游、新闻等领域开展了跨界合作，逐渐打破学科、产业的边界，并带来新的创新空间。

第三节　信息处理技术

只要有信息就一定有信息处理，通过利用计算机系统，计算机信息处理技术可以促进信息得到快速、高效的处理。信息处理技术是利用计算机、互联网等载体，对各种信息资源进行采集和整理，进而实现信息的综合管理和利用。[①]　信息系统技术、数据库技术、检索技术等是计算机信息处理系统中所包含的主要技术。

人类很早就开始出现了信息的记录、存储和传输，原始社会的"结绳记事"就是指以麻绳和筹码作为信息载体，用来记录和存储信息的。文字的创造、造纸术和印刷术的发明是信息处理的第一次巨大飞跃，计算机的出现和普遍使用则是信息处理的第二次巨大飞跃。长期以来，人们一直在追求改善和提高信息处理的技术，信息处理技术的发展大致可划分为三个时期：[②]

①手工处理时期：手工处理时期是用人工方式来收集信息，用书写记录来存储信息，用经验和简单手工运算来处理信息，用携带存储介质来传递信息。信息人员从事简单而繁琐的重复性工作，信息不能及时有效地输送给使用者，许多十分重要的信息来不及处理。

②机械信息处理时期：随着科学技术的发展，以及人们对改善信息处理手段的追求，逐步出现了机械式和电动式的处理工具，如算盘、出纳机、手摇计算机等，在一定程度上减轻了计算者的负担。之后又出现了一些较复杂的电动机械装置，可把数据在卡片上穿孔并进行成批处理和自动打印结果。同时，由于电报、电话的广泛应用，也极大地改善了信息的传输手段，机械式处理比手工处理提高了效率，但没有本质的进步。

③计算机处理时期：随着计算机系统在处理能力、存储能力、打印能力和通信能力等方面的提高，特别是计算机软件技术的发展，使用计算机越来越方便，加上微电子技术的突破，使微型计算机日益商品化，从而为计算机在管理上的应用创造了极好的物质条件。这一时期信息处理经历了单向处理、综合处理两个阶段，现已发展到系统处理的阶段。

现代信息处理技术不仅令各种事务处理达到了自动化，大量人员从繁琐的事务性劳动中解放出来，提高了效率，节省了行政费用，而且还由于计算机的高速运算能力，极大地

---

① 大数据背景下的计算机信息处理技术研究[J]．科学与财富，2018(12)．

② 郭星明．全通用管理信息处理系统设计理论[M]．北京：中国水利水电出版社，2008．

提高了信息的价值，能够及时地为管理活动中的预测和决策提供可靠的依据。当前信息处理技术具备以下特点：

①高速化：计算机和通信的发展追求的均是高速度，大容量。例如，每秒能运算千万次的计算机已十分常见。具有大容量、高速率、智能化及多媒体等基本特征的新一代高速信息处理网络正在形成。

②网络化：信息网络分为电信网、广电网和计算机网，三网有各自的形成过程，其服务对象、发展模式和功能等有所交叉，又互为补充。信息处理可以通过多个节点进行分散计算，之后再对计算结果进行集成，呈现多主体的计算网络。

③数字化：数字化就是将信息用电磁介质或半导体存储器按二进制编码的方法加以处理和传输。在信息处理和传输领域，广泛采用的是只用"0"和"1"两个基本符号组成的二进制编码，二进制数字信号是现实世界中最容易被表达、物理状态最稳定的信号。

④综合化：信息处理技术将信息系统技术、数据库技术和检索技术不断整合，以统一的数据平台、APP 形式向用户提供综合化的信息处理过程。

⑤智能化：在面向 21 世纪的技术变革中，信息处理技术的发展方向之一是智能化。智能化的应用体现在利用计算机模拟人的智能等方面。

一、信息系统技术

自 20 世纪 80 年代以来，信息越来越被人们重视，成为管理活动中一项极为重要的资源。任何组织都需要管理。所谓组织，指的是人们为了实现共同目标而组成的群体和关系。[①] 一个组织的管理职能主要包括计划、组织、领导和控制四大方面，其中任何一方面都离不开信息系统的支持。

信息系统，是指由计算机硬件、网络和通信设备、计算机软件、信息资源、信息用户和规章制度组成的以处理信息流为目的的人机一体化系统。[②] 基于计算机的信息系统能把生产和流通过程中的巨大数据流加以收集、组织和控制，经过处理，转换为可供各部门使用的数据，经过分析，辅助各级管理人员进行决定。信息系统技术是指有关信息的获取、传输、处理、控制的设备和系统的技术，其核心和支撑技术包括感测技术、通信技术、计算机与智能技术和控制技术。其核心功能包括：

①输入功能。取决于系统所要达到的目的及系统的能力和信息环境的许可，包括信息资源的采集、控制指令、信息检索条件的输入。

②存储功能。系统存储各种信息资料和数据的能力，需要从实际出发尽可能少增加投资，扩大整体的存储量，保证所存储的数据资料充分有限。

③处理功能。取决于系统内部的专业技术力量和信息处理技术设备的现代化水平，是

①　陈福集. 信息系统技术概论［M］. 北京：高等教育出版社，2008.

②　马费成、宋恩梅、赵一鸣. 信息管理学基础(第 3 版)［M］. 武汉大学出版社，2018.

信息系统内部的生产过程，是将分散的处理业务集中统一进行。

④输出功能。信息系统的各种功能都是为了保证最终实现最佳的输出功能，输出信息系统加工处理后的资料信息，运行过程中的状态反馈信息，以及需要人工干预时的提示信息。

⑤控制功能。为了保持信息系统输入、存储、处理、输出等环节均匀连续地进行，系统必须进行管理和控制，根据反馈信息进行调整，包括对构成系统的各种信息处理设备，对各环节通过程序控制。

二、数据库技术

数据库，是以一定方式储存在一起、能与多个用户共享、具有尽可能小的冗余度、与应用程序彼此独立的数据集合。一个数据库由多个表空间（Tablespace）构成。数据库技术是信息系统的一个核心技术，也是一种计算机辅助管理数据的方法。数据库的类型多种多样，总体而言包括以下几类：[1]

①关系数据库：即创建在关系模型基础上的数据库，借助于集合代数等数学概念和方法来处理数据库中的数据。现实世界中的各种实体以及实体之间的各种联系均用关系模型来表示。

②非关系型数据库（NoSQL）：其数据存储可以不需要固定的表格模式以及元数据（metadata），也经常会避免使用 SQL 的 JOIN 操作，一般有水平可扩展性的特征。

③键—值数据库（Key-value database）：是设计用来存储、检索和管理关联数组的数据库，其中的关联数组是现今被称为"字典"或散列表的一种数据结构。

信息系统技术与数据库技术的结合驱动了出版系统及相关平台的涌现。得益于计算机排版系统（Computerized Typesetting System，CTS）、光学文字识别器（Optical Character Recognitio，OCR）、以及电子编辑与印刷系统（Enterprise Resourse Planning，EEP）的相继出现，90 年代初，美国国际商用机器公司（IBM）研制出了桌面出版系统 DTP（Desk Top Publishing），又被称为"电子出版系统"。桌面出版系统是运用电子计算机技术处理彩色图文的输入、编辑设计、排版和输出等工艺的印前系统。其以电子计算机工作站或微机为核心，通过网络和各种接口，连接扫描仪、光栅图像处理器、激光记录仪等输入输出设备，并通过相应的系统软件和应用软件来完成排版、编辑设计、美术加工、制版等印前工艺。[2] 桌面出版系统及后来的一些新技术的出现，如彩色桌面出版技术（Color Desk Top Publishing，CDTP）、计算机直接制版技术（Computer to Plate）、数字打样技术（Computer to Proof）等，使出版业传统的工作程序和内容发生了革命性的变化。一是改变了出版的工作流程，出现了电子编辑。基于桌面出版系统，编辑能够依靠计算机和网络技术开展信息收

①　任群. 计算机软件技术及教学模式研究［M］. 天津：天津科学技术出版社，2017.

②　林穗芳. 电子编辑和电子出版物：概念、起源和早期发展（上）［J］. 出版科学，2005（3）：6-16.

集、编辑加工、发行等编辑活动。二是改变了出版的载体形态，催生了电子出版物，即书籍和其他材料能够以机读本而不是以纸本的性质发行，出版物形态包括软磁盘（FD）、只读光盘（CD-ROM）、交互式光盘（CD-I）、照片光盘（Photo CD）、高密度只读光盘（DVD-ROM）、集成电路卡（IC Card）等。三是形成了电子阅读的新型阅读方式，即读者需借助电子数据处理装置实现阅读。

随着数字技术手段的进一步更迭与发展，以及国家对出版数字化转型升级的政策支持，我国出版业又陆续开展了国家数字复合出版系统、国家知识资源数据库、中华字库、数字版权保护技术平台等 4 项重点数字出版工程的建设工作。其中，国家数字复合出版系统形成了包括基础标准、数据标准、产品标准、技术标准、测试标准、服务标准和管理标准等一系列标准规范；选题策划与协同采编体系、结构化加工制作体系、全媒体资源管理体系、多渠道发布体系、运营服务与支撑体系、公共技术与基础支撑体系等六大技术体系；图书数字复合出版系统、报纸数字复合出版系统、期刊数字复合出版系统等三套系统装备；以及在教育出版、专业出版、少儿出版、报纸出版、期刊出版、音像电子出版等细分领域的应用示范，为加快数字出版技术建设提供了强力支撑。截至目前，出版业已经形成了较为成熟的系统开发形式，新型数字出版系统，如数据出版系统、全流程数字出版系统、优先出版系统等不断得到开发和升级，不仅为数字出版的发展提供了自动化、一体化和智能化的平台工具，也为数字出版领域带来了更多的生机与活力。

第四节　内容组织技术

数字内容组织是数字出版流程的重要环节，通过对采集到的数字资源采取不同类型的数字内容组织技术，使得数字内容具有 HTML、XML、PDF 等多样化呈现形态。具体来说，主要由编辑等专业人员对收集到的数字内容进行数字化加工，例如对数字内容进行人工或者自动化标注标引，从而描述数字内容的内外部特征并进行关联。[①] 超文本标记语言 HTML、可扩展标记语言 XML、数据交换格式 JSON、资源描述框架 RDF 等都是通用性的数字内容组织技术；而部分内容组织技术则是面向数字出版领域，如著录规则 MARC、元数据 DC 等。

一、标记语言

（1）超文本标记语言 HTML

超文本标记语言（Hyper Text Markup Language，简称 HTML）是由 Web 的发明者 Tim Berners-Lee 和其同事于 1990 年创立的一种规范、标准，是标准通用化标记语言 SGML 的应用，具体来说通过标记符号来标记要显示的网页中的各个部分。网页文件本身是一种文

---

① 邹美辰. 新型书目框架的发展历程及实施难点[J]. 图书馆学刊，2020，42（6）：37-44.

本文件，通过在文本文件中添加标记符，可以告诉浏览器如何显示其中的内容，如文字如何处理，画面如何安排，图片如何显示等。随后，浏览器按顺序阅读网页文件，然后根据标记符解释和显示其标记的内容，对书写出错的标记将不指出其错误，且不停止其解释执行过程，编制者只能通过显示效果来分析出错原因和出错部位。

HTML 具有简易性、可扩展性、平台无关性和通用性的特点，可以灵活方便地制作网页、建立链接，使数据信息由线性组织转化成网状组织。但是，随着 Web 应用的不断发展，HTML 的局限性也越来越明显地显现了出来，如 HTML 无法描述数据、可读性差、搜索时间长等。

（2）可扩展标记语言 XML

1998 年 2 月 10 日，万维网联盟（World Wide Web Consortium，W3C）公布 XML 1.0 标准。可扩展标记语言（Extensible Markup Language，简称 XML）是标准通用标记语言 SGML 的子集，可以用来标记数据、定义数据类型，是一种允许用户对自己的标记语言进行定义的源语言。当前已有各种各样的 XML 扩展，比如数学标记语言 MathML、化学标记语言 CML 等。此外，一些著名的 IT 公司，如 Oracle、IBM 以及微软等都积极地投入人力与财力研发 XML 相关软件与服务支持。

XML 相关标准可分为元语言标准、基础标准、应用标准三个层次。常见的 XML 标准有 XML Schema 描述了更加严格的定义 XML 文档的方法，以便更自动化处理 XML 文档；XMLNamespace 用于保证 XML DTD 中名字的一致性，以便不同的 DTD 中的名字在需要时可以合并到一个文档中；XSL 是描述 XML 文档样式与转换的一种语言；XLink 用来描述 XML 文档中的超链接；XPointer 描述了定位到 XML 文档结构内部的方法；DOM 定义了与平台和语言无关的接口，以便程序和脚本动态访问和修改文档内容、结构及样式等。

XML 具有以下特点：

①可扩展性：XML 允许使用者自定义的标记来描述数据。

②自描述性：XML 具有自描述性的特点，可以使用 XML 语言来定义特定的文档模式，以检验 XML 文档是否满足特定要求，XML 描述数据的方式真正做到了独立于应用系统，并且使得数据能够重用。

③简洁性：使用 SGML 的 20% 的复杂性，保留了 80% 的功能。

④数据的描述与显示相分离：使用 XML 技术，需要显示的数据可以独立地存放在 XML 文档中，只要在 HTML 文件中调用 XML 数据文档即可。

总而言之，HTML 提供了查看数据的通用方法；XML 则提供了直接在数据上工作的通用方法，易于数据的交换、共享和充分利用。XML 的优势在于将用户界面和结构化数据相分离，允许不同来源的数据无缝集成以及对同一数据的多种处理，因而广泛应用于科技期刊、电子书等的编辑排版一体化出版实践、数据库存储与数据转换、信息系统构建与管理之中。

二、资源描述框架

资源描述框架 RDF 是 W3C 在 1999 年 2 月 22 日所颁布的一个建议，制定的目的主要是为元数据在 Web 上的各种应用提供一个基础结构，从而使应用程序之间能够在 Web 上交换元数据，以促进网络资源的自动化处理。RDF 用于表示高度互连的数据，每个 RDF 语句是由资源组成的三部分结构，其中每个资源都有 URI 标识。RDF 是 Web 上数据交换的标准模型，RDF 有助于数据合并，并且支持模式随时间演变而不需要更改所有数据使用者。RDF 扩展了 Web 的链接结构，使用这个简单的模型，它允许结构化和半结构化数据在不同的应用程序之间混合、公开和共享。该链接结构形成了一个有向标记的图，其中边表示两个资源之间的命名链接，由图节点表示。

RDF 可以应用在多个方面：在资源检索方面，能够提高搜索引擎的检索准确率；在编目方面，能够描述网站、网页或电子出版物等网络资源的内容及内容之间的关系；而借助智能代理程序，能够促进知识的分享与交换；应用在数字签章上，则用于建立一个可信的电子商务网站的关键。此外，还可应用于诸如内容分级、知识产权、隐私权保护等。

三、机器可读目录

机器可读目录（Machine Readable Catalogue，MARC）是计算机能够识别和阅读的一种目录，起源于美国国会图书馆于 1966 年 1 月推出了《标准机器可读目录格式的建议》，即 MARC-1 格式。在此基础上，1969 年初 MARC Ⅱ 格式磁带正式发布即目前所有机器可读目录格式的母本，并成为图书馆界的革命性产品。1971 年，美国标准局正式批准 MARC Ⅱ 格式为美国国家标准。1973 年，国际化标注化组织将 MARC 格式作为国际标准正式颁布，即 USMARC 格式，现改名为 MARC21。1977 年国际图书馆协会和机构联合会主持制定了《国际机读目录格式》（UNIMARC）。1987 年，中国国家图书馆开始了中国机读目录的开发工作，并于 1991 年 1 月正式发行机读目录。

MARC 书目记录的结构主要分为三个部分：记录头标、目次区和可变长字段。

①记录头标。头标区位于每一个记录起始部分，是为处理记录提供信息的数据元素。这些元素包含有数字和代码值并且通过相应的字符位来加以区分，长度固定为 24 个字符（0-23）。

②目次区。目次区包含字段标识符、字段起始字符位置以及每个字段的长度。可变字段的目次项按字段号的数字升序排列在前面，记录中的可变长字段顺序不需要与目次区款目的顺序一致，但重复字段的排列顺序应与记录内相应的重复字段的排列顺序一致。它的长度在头标 20-23 字符位定义。

③可变长字段。USMARC 记录数据组成可变字段，每个可变字段又通过这个字段存储在目次项中 3 个字符长的数字字段号加以识别，每个可变字段用一个字段终止符结束。可变字段分可变长控制字段和可变长数据字段。可变长控制字段指以 OOX 作为字段标识号，

它包含一系列按字符位置识别的数据元素(由数字或字母组成),字段中无指示符和子字段代码。可变长数据字段指 01X—8XX 字段。可变长数据由指示符、子字段代码和长度不固定的子字段数据元素组成。

MARC 格式的特点主要体现在:

①多途径检索、多检索点。MARC 的检索系统非常完备,可从题名、责任者、订购号、ISBN(或 ISSN)、统一书号(或 CN 号)、索取号和分类号等多种途径检索;

②适宜于共建共享,检索及传输速度快。MARC 的诞生促进图书馆加快计算机管理的步伐,并使文献处理走向标准化、规范化,从而为文献共建共享创造了极为有利的条件。

③信息详备、查准率高。与传统的目录卡片相比,MARC 所揭示的信息要详备得多,通过 MARC 检索查准率高。

④记录易于修改、完善。编目员可根据需要随时对特定记录的各字段数据或指示符进行修改,补充完善记录,使记录由简要级上升为完备级。

四、书目记录功能需求

书目记录功能需求(Functional Requirements of Bibliographic Records,FRBR)是国际图书馆联合协会(Internatonal Federation of Library Associations and Iustitutions,IFLA)于 1998 年出版的一份研究报告,对书目记录描述的对象在整个生命周期过程中不同阶段的不同实体类型进行了详细的分析。FRBR 将书目记录涉及的实体分成三组,第一组是通过智慧和艺术创作的产品,包括作品(work),一种特有的智慧和艺术的创作、抽象的实体;内容表达(expression),通过数字、音乐、声音、图像、动作或这些形式的组合对智慧或艺术作品的实现;载体表现(manifestation),通过物理介质实体化内容表达的实体;单件(item),载体表现的实例或个体。第二组实体是个人、家庭和法人团体,负责管理第一组的智力或艺术活动。第三组实体是第一组或第二组智力活动的主体,包括概念、对象、事件和地点。

五、资源描述与检索

资源描述与检索(Resource Description and Access,RDA)是应数字环境的发展而制定的最新国际编目规则,是《英美编目条例(第 2 版)》(Anglo-American Cataloging Rules,Second edition,简称 AACR2)的升级产品,其目标在于满足数字环境下资源著录与检索的新要求,成为数字世界的通行标准。RDA 以统一的《国际编目原则声明》(Statement of International Cataloguing Principles,ICP)为纲领,以传统的 AACR2 为基础,以现代的 FRBR 和 FRAD 概念模型为框架,创造性地提供了一套更为综合、能覆盖所有内容和媒介类型资源的描述与检索的原则和说明。RDA 于 2009 年编制完成,2010 年 6 月以联机版工具套件(RDA Toolkit)形式发布,分为导言(第 0 章)、10 个部分(共 37 章)、附录、术语表和索引。在新版 RDA 中,总共定义了 13 个实体,分别是 RDA 实体、作品、内容表达、载体表现、单件、行为者、个人、集体行为者、团体、家族、命名、地点、时间段。与13个实体相联系的属性和关系均被称为"元素"，属性元素是 RDA 实体内在或外部赋予的特征元素。

RDA 的特点如下：RDA 是一个为数字世界设计的新的资源描述和检索的标准，侧重于描述资源的信息，而不是要说明如何显示该信息；RDA 的结构基于 FRBR 和 FRAD 概念模型，以帮助目录用户更容易地查找他们所需要的信息；RDA 提供了更灵活的数字资源内容描述框架，并且还满足图书馆组织传统资源的需要，RDA 有 AACR2 中没有包含但却在数字资源的描述中常见的标识的和附加的单元；RDA 更适合新型的数据库技术，使得机构能在数据抓取和存储检索中提高效率；RDA 基于 AACR2，用 RDA 创建的记录可与 AACR2 记录兼容，且 RDA 关于款目选择和形式的规定从 AACR2 发展而来，在采用 RDA 以后，虽然部分标目的形式需要发生变化，但是这些变化的实现会因为日益复杂的联机系统而变得容易；此外，RDA 将提高编目效率，因其允许用户联机添加其自己的注释，并且允许与厂商产品的整合，从而改进编目员的工作流程和绩效。

总而言之，RDA 提供了有关数字资源和传统资源的编目的规定，将图书馆推向数字时代，在不同的元数据领域支持元数据共享的需要，并支持图书馆记录在联机服务中的新用途，可应用于数字图书馆馆藏资源组织如图书编目规范、期刊著录等，关联数据组织与发布如药品信息资源的描述与发现等。

六、元数据都柏林核心元数据集

元数据都柏林核心元数据集（Dublin Core Element Set，简称 DC）是一个致力于规范 Web 资源体系结构的国际性元数据解决方案，它定义了一个所有 Web 资源都应遵循的通用的核心标准，其内容较少，也较为通用，因此得到了其他相关标准的广泛支持。面向其他类型资源的元数据标准基本上都兼容 DC 标准，并对它做了扩展。

DC 内容构成：

①资源内容：题名，主题，描述，来源，语种，关联，覆盖范围。

②资源知识产权：创作者，出版者，其他责任者，权限管理。

③资源外部属性：日期，类型，格式，资源标识符。

下面介绍 DC 元数据的基本特点：

①简易性：DC 核心元数据集只有 15 个元素，通俗易懂，如题名项不分正题名、副题名还是并列题名等统称为题名即 Title，使用起来非常简单。都柏林核心希望能够同时为非编目人员及资源描述专家所用，且多数元素的语义都能被普遍理解，这正适应了数字图书馆信息量迅速膨胀，完全由专业人员进行著录已是不可能的事实。

②通用性：不针对某个特定的学科或领域，支持对任何内容的资源进行描述，这个有助于统一其他内容标准并为人们所了解的描述符集合增加了跨学科的语义互操作性的可能。

③可选择性：著录项目可以简化，只要确保最低限度的 7 个元素(题名、出版者、形式、类型、标识符、日期和主题)即可。

④可重复与可修饰性：其所有元素都可重复使用，解决了多著者与多出版等重复元素的著录问题，对于需要详细著录的资料，引进了 DC 修饰词。

⑤国际通用性：发现万维网上资源，获得国际范围的认同，对有效架构的发展非常关键。

⑥灵活的可扩展性：提供了更加精心制作的描述模型(如 MARC 编目)以外的选择，既可以嵌入在 HTML(RFC2731)中，也可基于 XML 进行描述，与当今互联网上的相关置标语言标准有很强的亲和性；允许资料以地区性规范出现，并保持元数据的一些特性，从而适应更丰富的资源标准内部结构和更详细描述的语义编码。

七、期刊文章标签集

期刊文章标签集(Journal Article Tag Suite，JATS)是一种描述期刊文章特征元素及属性的标签集，提供了一组 XML 描述期刊文章文本和图形内容的元素和属性以及一些非文章材料，如信件、社论、书籍和产品评论。JATS 可应用于期刊电子资源的结构化、存储、发布和交换中，例如中华医学会杂志社基于 JATS 制定了国内第一个用于科技期刊全文数据标引的标准——中华医学会期刊论文标签集(CMA JATS)，并广泛应用于中华医学会杂志社的数字出版实践之中。

具体来说，JATS 包括三个子标签集：

①期刊存档和交换标签集

期刊存档和交换标签集提供了一种格式，出版商可以使用该格式向广泛的存档提供内容，并且存档可以将许多出版商的内容翻译成该格式。除了保存文章元数据和内容外，此标记集还可以保存书目参考中观察到的内容，如标签、数字、符号和标点符号。

②期刊发布标签集

期刊发布标签集提供了比归档格式更规范的格式。它旨在提供一种有助于 web 和打印生产的规范化数据格式。为了实现这一目标，发布标记集比存档和交换标记集更频繁地规定元素序列，并且不提供太多用于标记类似结构的选项。

③文章创作标签集

文章创作标签集提供了一种非常规范的格式，可以直接创作内容。内容控制和元素顺序在创作标记集中严格执行。此标记集中不允许生成的内容(如列表标签和符号)。

第七章　出版流程智能再造

＊ **本章知识点提要**

1. 智能出版流程再造的内涵

2. 智能出版流程再造的环节及具体内容

3. 智能出版流程再造的出版应用场景

4. 智能出版流程协同与再造的特征

5. 数字版权保护的概念和应用

＊ **本章术语**

智能出版　人工智能　智能选题策划　智能内容创作　智能编辑校对　智能印刷
智能发行　智能出版流程协同　智能出版流程再造　数字版权保护　数字版权保
护技术

国务院《新一代人工智能发展规划》中提及未来人工智能的五大发展方向是：大数据智能、跨媒体智能、自主智能、人机混合增强智能和群体智能。这五大发展方向均与出版业有着重要关联，而其中尤以大数据智能、跨媒体智能、人机混合智能和群体智能与出版业关联最为紧密。人工智能涵盖领域广阔，包括但不限于智能助理/推理、内容推荐和机器人撰稿、机器视觉、AI 艺术、智能搜索、机器学习、机器翻译、语音识别、自动驾驶、机器人、深度学习、数据挖掘、知识图谱、知识服务与知识计算等。

本章主要结合人工智能的原理，谈一下出版产业内部智能流程再造的原理和场景。在人工智能技术加速进入出版业的背景下，经过全面调研并结合出版产业链原理，选择与出版业紧密相关的人工智能领域，将其技术原理与出版相结合，进行应用场景分析。事实上，人工智能对于出版流程的最大启迪在于：需要适时构建一套自动化、智能化、系统化的出版流程，以同时支撑传统出版业务和数字出版业务，做到传统图书和数字产品生产、制作、发行的一体化、协同化和同步化。这是出版企业数字化转型升级题中应有之义，也是传统出版与新兴出版融合发展的必然要求。

同时，实践也表明，群体智能在数字出版相关领域已经得到了部分运用：基于群体编辑的维基百科、基于群体开发的开源软件、基于众问众答的知识共享、基于众筹众智的万众创新、基于众包众享的共享经济等等。① 就出版业的发展来而言，智能出版将会成为未来发展趋势，其表现在于对外，不断提供精准化、智能化、多样化的知识服务，优化完善数字产品和服务的供给；对内，不断提高出版业生产管理流程的高效化、融合化和智能化水平。而出版流程数字化转型再造的未来走向便是：生产管理流程的智能化改造提升，包括选题策划、审稿校对、排版印制、发行销售、版权保护等全产业链的智能化升级。

出版业的智能出版流程再造，大致可以表述为以大数据、人工智能等技术为支撑，建立健全众智众创、协同创新的生产管理流程，提高数字内容生产、流程管控、发行传播的智能化水平，研发、应用和推广支持智能选题策划、智能审校、智能排版、智能印刷、智能发行、数字版权保护等技术工具集，研发支持战略研判、决策的智能化管理集成平台，研发面向用户提供智能化服务的集成平台，进而最终实现全面提升出版业协同化、融合化、智能化水平的目标。

第一节　智能选题策划

"巧妇难为无米之炊"，对于出版企业而言，拥有足够、优质的选题是出版的前提。众所周知，图书出版流程始于选题策划，选题策划是图书出版的基础和关键。在出版业竞争日趋激烈的环境下，选题策划的重要性不言而喻，强化选题策划意识、加强选题策划工作，已成为出版界的共识。然而，传统出版流程中的选题策划主要依靠编辑日积月累的文化素养和大量调研工作，也就是说，出版单位能否推出具有良好社会效益和经济效益的出版物主要取决于编辑个体，但由于编辑个体的局限性，比如所做的市场调研样本不足，可能导致获取市场信息不准确，难以把握同类型出版物的市场表现，因此，编辑策划的新选题总是存在一定的出版风险。

从实践操作的层面来看，企业级智能选题策划的实现，需要有一个超级数据规模的"选题大数据系统"作为支撑。大数据是人工智能的基石，也是第三次人工智能掀起热潮的关键性因素。《新一代人工智能发展规划》对大数据智能给出了浓墨重彩的描述，包括大数据基础设施、智能理论、关键共性技术、智能服务平台和各个细分领域的大数据系统等。从政策资金扶持的角度，2014 年文化产业资金项目累计支持了 9 个项目，2015 年则支持了 17 个。如贵州出版集团正在实施"国家出版业大数据应用服务重大工程"，国家出版广电总局正在布局"出版大数据应用重大工程"。随着国家级出版大数据的建立和健全，经济、政治、哲学、法律、文艺、科技等各个细分领域选题数据库将能够逐步囊括海量级的选题；出版企业便可借助选题数据库，进行细分领域的选题查重、查缺补漏，在进行组稿策划时，便可减少盲目性，提高针对性，进而起到辅助选题策划决策，提高选

---

① 全球技术地图. 群体智能：新一代人工智能的重要方向 [EB/OL]. [2023-02-27]. https://baijiahao.baidu.com/s? id=1746591175812464057&wfr=spider&for=pc.

策划含金量的预期效果。同时，基于群体智能的"众智众创众筹"理念，优化运用智能蚁群算法、人工鱼群算法、烟花爆炸算法等群体智能的算法，可探索研发出众创撰稿、协同创作的工具系统，以起到众筹众智、集中专业领域智慧提供个性化、定制化知识解决方案的效果。

目前，德国新兴出版公司的写作社区平台 Inkitt，已开始应用独特的数据驱动技术，通过建立人工智能算法，分析作品风格和读者的阅读特征，挖掘具有潜在畅销可能的电子书书目，进而完成电子书的纸质版的出版工作，其中事先标注为"畅销书"的电子书，后来绝大部分都成为了货真价实的畅销书。全球领先的学术出版商爱思唯尔与伦敦大学学院（University College London，UCL）共同建立的"UCL 大数据研究所"，应用人工智能技术抓取研究热点，辅助研究人员确定研究方向。2014 年，京东集团应用人工智能技术分析京东图书销售数据和用户行为数据，联合新世界出版社出版了第一本基于读者需求的图书《大卫·贝克汉姆》。2017 年，浙江出版集团开发了选题策划和新书提印辅助系统，通过对出版物销售数据的分析，帮助编辑获取相同、相似选题的图书流通情况，辅助决策新选题是否列选。

随着人工智能技术的深度赋能，出版单位在选题策划之前，可以通过人工智能技术在大量的、不完整的、有噪声的、模糊的以及随机的应用数据中，提取隐含在其中的信息和知识，挖掘用户感兴趣的知识和话题；在选题策划过程中，通过人工智能和大数据技术，依据用户需求和热点话题，构建相应的知识图谱，形成初步选题方案；在形成选题方案后，进一步应用人工智能模拟产品销售，分析销售数据，最终确定、优化选题方案。借助人工智能技术确定的选题方案，将更加合理、科学，实现预期销售量的概率也更高。

第二节　智能内容创作

无论出版载体如何变化，金石、简牍、丝帛、纸张乃至屏幕，也无论印刷技术如何发展，石印、木印、机印乃至数字印刷，内容始终是出版的灵魂，"内容为王"始终是出版业的核心价值。坚持"内容为王"，就要充分重视作者的作用。出版物是否拥有好的内容，作者的创作发挥着关键作用。但创作出版内容需要花费大量的时间，这其中包含前期内容阅读、中期创作思路以及后期的材料和构思整合，这是一个漫长的过程。就一本小说而言，几十万字的内容，需要作家无数个日日夜夜，耗费大量精力才得以创作生成。同样就出版企业而言，作者呕心沥血创作的作品能否成为畅销作品，是不可预期的。随着自然语言处理技术的快速发展，出版内容自动化生产的模式已基本成型，目前已有基于人工智能技术，对重要法规、著作、标准、年报等进行语义分析和快速摘要，实现自动编写和辅助编写，从而提高文稿编写效率。[①]

---

① 杨鸿瑞，万岩. 以智能化引领出版融合新生态[J]. 出版广角，2019(16)：6-10.

就出版企业选题策划而言，作者可以通过关键词检索数据库获得足够的资料数据，然后通过神经网络算法进行意向创作，并输出定制性内容，同时，例如教辅类的批量化出版内容人工智能可以基于使用者的需要，通过海量的样本数据不断调整输出内容。而综合了神经科学、认知科学等先进科学领域的人工智能可以为出版内容的前瞻性提供参考，并且基于数据的不断更新，可以自适应优化，提供更新更优的出版选题内容。

人工智能在内容创作方面的应用主要体现在自动编写与创作和智能翻译，从而有望实现个性化内容的编辑写作。

自动编写与创作：即在撰稿过程中，依靠人工智能技术，基于大数据分析结果和深度学习技术自动生成文本内容。龙源旗下人工智能平台"知识树"，能够根据编辑定义的一部分内容自动组成剩下的内容。2017 年，微软小冰应用人工智能技术独立创作了世界上首部完全由人工智能创作的诗集《阳光失了玻璃窗》，该作品是基于 500 余首现代诗，花费 100 小时，反复循环学习训练 10000 次后完成的。2019 年，学术出版商施普林格·自然（Springer Nature）出版了第一本由机器学习生成的书籍——《锂离子电池：机器生成的当前研究摘要》，全文 250 页，概述了锂离子电池领域的最新研究成果。创作这本书的是一款先进的人工智能机器人 Beta。Beta 是由德国歌德大学应用计算机语言学实验室与施普林格·自然集团共同开发研制而成。这本书的创作过程包括对 5.3 万篇论文进行统计分析，自动创建文献列表，自动编写摘要，以及在创作论文时引用文献的外部链接，并将所有这些数据汇总、编排成一本完整的书。除了前言，该书所有内容都是由 Beta 完成的。清华大学语音与语言实验中心宣布，其人工智能"薇薇"可以自主创作古诗，并可以通过"图灵测试"，这就意味着"薇薇"创作的诗词，人类已经无法识别其作者是人工智能还是自然人了。① 可以说，人工智能的出现将对出版企业的内容生产带来巨大的变革，不考虑创作质量的情况下，这对出版企业传统的选题策划与撰稿都是一种挑战。牛津大学等高校研究机构发布报告，未来十年人工智能在写作上将会在一定程度上超越人类。②

智能翻译：人工智能翻译的应用主要为机器翻译和语音识别，其中机器翻译指无须人工干涉地将一门语言翻译成另一门语言，语音识别指自动化地将语音信号转变为文本。③ 2018 年，由网易有道公司和电子工业出版社联合出版的《极简区块链》中文版亮相，这是全球首本由 AI 机器完成翻译、人工审校的图书，是人工智能与出版界联手碰撞的一次里程碑。在智能翻译领域领先发展的科大讯飞股份有限公司研发的讯飞翻译机 3.0，已实现覆盖约 200 个国家的语言即时互译，并支持离线翻译、方言翻译，甚至在发音不准时也能翻译，专注解决专业领域的翻译痛点。

---

①　徐萧. 人工智能写的诗，你有本事分辨出来吗？［EB/OL］.［2017-12-16］. 2017 年 12 月 16 日，http://tech.ifeng.com/a/20170211/44541729_0.shtml.

②　市场网猎 IEC. 这些编辑最有可能被人工智能编辑取代［EB/OL］.［2018-04-24］. http://www.sohu.com/a/204879776_593097.

③　顾心宇. 人工智能翻译的应用与发展［J］. 科技传播，2019，11（5）：111-112.

第三节 智能编辑校对

据相关数据统计，国内大多数出版社的人均年发稿量超过 500 万字。由于图书文字表达的灵活性、知识范围的广泛性，图书编校工作的专业性较强，而图书出版周期越来越短，使得编校人员编校工作日益繁重。因此，如何在确保图书出版内容质量的前提下，提高编校人员的编校效率成为业内重点关注的课题。人工智能技术成为解决这一难题的利器。

当前，人工智能技术已经开始融入图书编校活动的整个流程，对高效完成图书审校任务、有效提升编校质效、辅助图书设计工作具有重要意义。2018 年，方正电子携手北京印刷学院成立"智能审校联合实验室"，合力研发"智能审校系统"，此举加快了智能审校的发展。2019 年 8 月 14 日，由知识产权出版社自主研发的"中知编校"智能图书编校排系统在北京发布上线。该智能化编校排系统应用大数据思维和现代信息技术改造传统出版流程，可在 XML 数据格式下完成审稿和校对，实现电子化折校，并辅以智能化校对、开放式知识库、原稿留痕、自动排版等功能，具有管理精细化、统计精准化、多数据格式输入/输出等特点。方正智能辅助审校系统，为创作、编辑、审核、发布等出版环节人员提供辅助的内容审核及校对服务。通过审校系统，作者、编辑、校对等人员可以随时在审校系统中对内容进行多种维度的检查，并根据检查结果独立或批量改正稿件内容，从而提升稿件质量。

当前，智能审校技术方兴未艾，人工智能将逐步成为图书出版内容的"把关人"。人工智能不仅能帮助编辑识别基本的拼写错误、语义错误、敏感信息，还可实现自动化排版、辅助封面设计等高难度工作。由于汉语表达形式的复杂性及多样性，现有的智能审校系统所涵盖的领域词表、专业名词库在垂直方向还未达到一定的广度和深度，导致审校系统并未真正实现智能化，还需要大量的人工审核工作。出版单位应加大技术应用力度，整合资源，充分发挥专业领域内的内容优势地位，构建完善的专业词汇表，攻关智能审校技术。基于大数据智能、群体智能、自然语言处理等理论和技术，未来出版业可研发出一系列智能审校系统，如自动纠错系统、敏感词识别与排查系统和协同编纂系统，以节约过程资源、提高流程效率，实现推动出版业集约化、高质量发展的目标。

①自动纠错系统。基于海量词汇和机器学习构建自动纠错系统，能够自动发现和识别稿件中存在的错误和瑕疵，进而提高书稿质量，给读者和用户以更加友好的阅读体验感，同时也能够最大可能地降低图书质量责任。优化和完善自动纠错系统的关键在于精准识别专业细分领域的特定用语，以避免将正确词汇误认作文字错误，例如法律专业术语"标的"；而这个过程的实现，必须依赖于专业知识服务领域的大数据和海量词汇的大规模、多层次的语言训练。

②敏感词识别与排查系统。人工智能视角下的关键词识别与排查系统，要能够支持精

准发现、准确排除敏感词的功能，以确保图书的导向正确和质量过硬。敏感词语数据库需要及时更新，能够适应最新政策变化和最新时代发展，及时排除不合理词汇，及时屏蔽新闻报道禁用词，这样方可确保系统的及时性和实用性。

③协同编纂系统。系统编纂本身并不是一个新词，只不过在人工智能的视角，被赋予了新内涵和新动能。未来的协同编辑系统，需要充分运用群体智能的理论和技术，一方面推进机器撰稿、协同编辑和众智撰稿，能够支持百科、科普领域的机器撰稿，能够同时支持作者在线撰稿、编辑在线撰稿以及二者协同撰稿；另一方面，支持使用专业数字校对工具，进行数字化在线校对，能够具备内校、外校、作者校的协同校对功能。不过，这意味着现有校对模式的替换和校对方法的革新，意味着生产方式的变革和职业群体的更迭。

第四节　智 能 印 制

目前，我国印刷业在绿色化发展战略推动下，正朝着智能印刷发展。《印刷行业"十三五"时期发展规划》指出"'十三五'期间，旨在推动我国印刷业加快'绿色化、数字化、智能化、融合化'发展，将我国由印刷大国转变为印刷强国"。2018年，国家新闻出版署发布《中国印刷业智能化发展报告（2018）》，指出"2018年是我国印刷业全面推进智能化发展元年，到2020年为我国印刷业智能化的启动期"。印刷行业作为典型的劳动密集型传统行业，提升智能化水平一直是印刷行业的主攻方向。

智能印制发行系统的构建，其核心在于去库存和去产能。长久以来，我国图书出版业存在着拍脑袋决定印制、同质化竞争、库存积压严重、仓储成本过高等问题，这些问题在传统的生产方式下迟迟没有得到解决。

从印刷环节来看，自动化是数字化的前提，数字化是智能化的前提。在drupa2016展会上，海德堡提出了"Simply Smart"的口号，翻译成汉语就是"致简·智能"，对数字化时代印刷业的智能生产提出了前瞻性的理念——"未来，印刷就像自主驾驶汽车一样简单，一键完成所有客户订单的生产"，这无疑对印刷业具有划时代的意义。[1] 中国制造2025规划中，可以看出，我国印刷产业未来转型升级的方向是：数字化、绿色化和智能化。其中支撑智能化的重要环节包括：耗材的绿色化、印前的数字化、设备的物联网化以及印制过程的自动化。应该说，实现智能印刷，我们的认知理念、工业基础、核心技术和产业应用都还有很长一段路要走。

其中，耗材绿色化，大力发展绿色耗材是国家"十二五"规划就已经提出的重要内容。传统印制过程资源耗费量大、废弃物对环境造成二次污染，这已经阻碍了出版行业的可持续发展。而如今的绿色印刷要实现低碳、环保、节能。耗材涉及版材、纸张、油墨、润版

---

① 科印刷网. 来海德堡，看懂未来的智能印刷工厂［EB/OL］.［2017-05-13］. http://www.keyin.cn/news/cpjs/201705/12-1104472.shtml.

液等，例如，过去的激光照排制版过程工艺复杂，会产生大量废弃排液。我国开发的"纳米材料绿色制版技术"摒弃了原有感光成像的思路，免去了感光冲洗过程带来的化学污染，不仅使得制版工艺绿色环保，而且大大降低了成本。

虎彩印艺股份有限公司已于 2019 年着手布局全国智能化工厂，目前建成了 4 个数字印刷基地，旨在实现小批量、多品种、个性化定制服务。惠普则将联手微软小冰，依托人工智能创造技术，开发高度定制化的马赛克种子图，极大地简化设计流程，显著提高规模化数字印刷的效率。中国图书进出口（集团）公司启动了"中国图书全球按需印刷"项目，通过互联网将数字化图书内容传递到世界各地，根据读者的需求，灵活安排印刷数量。随着 2017 年"人工智能应用元年"的来临，以自动化、智能化为标志的智能印刷步入了高速发展的快车道。一方面，人工智能技术可以创造智能化设备，取代部分人工脑力活动，实现周期短、低成本印刷流程的自动化生产；另一方面，基于知识元、知识体系的构建，人工智能可实现个性化的按需印刷。当前我国智能印刷高速发展，但在全球范围内，仍处于初级阶段。在不同模块之间的高度集成、印刷设备的真正智能化等方面依然存在诸多瓶颈，智能印刷还有较长的一段路要走。

第五节　智 能 发 行

智能发行，从其形态来看，包括传统图书的智能发行，也包括数字产品和服务的智能发行，从其构成要素来看，主要包括：优化完善供给、降低退货率、统计分析、个性化推荐和精准投递推送等。

从优化完善出版产品供给的角度来看，能否优化图书产品结构、提高图书产品质量、多出精品力作，成为当务之急。而从需求侧来看，能否掌握读者的数据信息，认知、了解并统计分析读者的阅读需求、偏好和消费能力等特征数据，进而实现精准用户画像，根据目标用户的消费需求，来确定印制规模和发行数量，便成为迫切需要解决的"痛点"。以大数据视角审视传统出版，最大问题莫过于图书实现了销售，但是无法实现对读者的精准画像：消费者是谁？分布于哪些区域？什么学历？什么年龄段？知识域怎么构成？阅读的目的是什么？等等。这些问题均无法回答。换言之，因为无法实现目标读者的数据回传，导致无法实现对目标读者进行精准画像，更难以实现对目标读者的精准推送。

为此，出版企业需要构建自身的客户关系管理系统，包括对用户数据采集、统计、分析和画像，以及包括对点赞、评论、留言等交互数据的统计分析。构建客户关系管理系统的目的是获取用户数据，进行统计分析，进而实现精准画像，最终实现纸质图书、数字产品的精准推送和精准营销。

值得关注的是，数字内容产业的智能发行也展示出了较强的市场潜力，并且已经在部分领域、部分企业引起了资本界的关注。例如，数字内容智能发行"魔窗"，其用户包括《人民日报》、沪江、东方航空等，其分发的内容主要是信息资讯，分发渠道主要是腾讯企鹅号等平台，分发的背后是基于用户画像的流量优化，实现工具是魔窗 mLink。"魔窗"已于 2017 年 5 月获得了华耀资本的 A1 轮融资，8 月完成得厚资本 A2 轮融资，合计数千万元人民币。

第六节　智 能 营 销

"如果说数据是驱动出版业营销智能化的燃料，那么人工智能就是驱动智能营销的发动机。"[①]图书营销是图书出版的关键环节，高效地开拓销售市场、洞察读者行为、挖掘读者需求，是出版企业盈利的根本保证，是传播文化的重要渠道，是构建品牌和赢得顾客忠诚度的重要手段，更是出版企业屹立于市场竞争中的制胜法宝。如今，随着图书零售市场价格竞争日趋激烈，制定契合市场的营销策略成为出版企业维持市场秩序、保持生态平衡的有效途径之一。人工智能技术的发展将赋能出版商业模式，驱动营销方式创新，制定全面、科学、前瞻、长期的营销策略，从而带动好的选题策划，推动出版行业充分发挥主观能动性，履行社会责任、文化传播责任。

在智能营销领域，可运用区块链技术，将印前定稿的私链内部版权数据与外部版权联盟链进行融合，实现数据互通互融、跨链合作交易，高效快速达成版权交易。[②] 同时，可运用大数据，精准描绘年龄、性别、学历、职称、民族、区域、阅读偏好等用户特征的信息，充分挖掘交互数据，对其中的留言、献花、点赞、评论、收藏等数据进行标引、计算和分析，发现目标用户的阅读喜好，洞察目标用户的消费规律，进而成功地将图书产品及数字出版产品推送给终端用户，起到直联、直供和直销的效果，发挥大数据辅助营销决策、推动精准营销的价值。[③]

人工智能在出版营销中的应用已屡见不鲜。京东营销 360 应用人工智能和大数据技术，在疫情期间，通过分析用户购买需求，为商家提供选品建议，帮助完善店内图书的库存结构，实现精准营销，助力京喜商家实现日均销售增长 390%。以互联网图书销售为主的亚马逊也引入了人工智能和大数据技术，旨在依据线上用户的行为信息，在线下按类别将最受欢迎的图书摆放在最显眼的位置，方便用户选择购买。

随着智能化时代的到来，人工智能技术正在引领传统的图书营销向智能化营销转变。首先，人工智能技术可以为出版企业制定全面、科学、前瞻、长期的智能化营销策略提供支撑，有效解决库存积压、库存不足等问题，实现利益的最大化；其次，人工智能技术可以为用户快速寻找个性化、定制化图书提供便捷；最后，人工智能技术还可以为广告商提供广阔的发展空间。将人工智能技术引入图书营销的同时，还应该保持冷静的思考，尽管

① 赵子硕. 大数据与人工智能为出版业赋能[J]. 传播力研究，2020，4（1）：135-136.
② 张新新. 区块链技术在新闻出版业的应用原理与场景展望[J]. 中国传媒科技，2020（5）：7-13.
③ 张新新. 吉光片羽：人工智能时代的出版转型［M］. 北京：清华大学出版社，2019：82-85.

人工智能技术为图书营销创造了新模式，但与完全脱离人工的智能化营销相比还是存在一定的距离。例如，图书营销侧重于全面性，完全依靠机器实现的智能化营销很容易使用户陷入"信息茧房"中，所以还需要人工干预辅助营销，在短期内完全实现智能营销是不太可能的。

第七节　流程协同与再造

群体智能理念指导下的出版流程再造，其最终目标是出版企业拥有一套先进、完善的一体化、协同化、同步化、智能化的生产管理流程，这种生产管理流程能够同步支持纸质产品印制、数字图书上线和知识库的封装上市，从而大大提高出版行业的生产效率，有效避免"先纸质书、后数字化"的大量重复劳动和滞后工作。

一、一体化

一体化，是指传统出版流程与数字出版流程的一体化，该生产管理流程能够支持传统纸质图书生产管理，也能够支持数字图书、条目数据、数据库、知识库、视听库等数字产品的生产管理。目前大部分企业的现状是传统出版流程相对成熟，而数字出版流程不清晰、不完善甚至处于缺位状态。

以智能化视角来审视流程一体化问题，未来的出版流程可能还会包括诸如 AR 出版物的生产、制作、加工和运营，包括 VR 出版类产品的生产、制作和销售等；甚至还包括承载智能内容服务机器人的资源库、交互性系统的支撑与对外运营等相关系统。

二、协同化

2017 年 11 月，国家新闻出版广电总局发布了《数字出版业务流程与管理规范》的行业标准。该标准的创新性在于系统构建了包括"数字出版的产品策划、资源组织、产品设计、内容审校、产品加工、产品发布、运营维护和售后服务"的业务全流程，同时对规划管理、项目管理和团队管理提出了与时俱进的建议和创新性设计。不足之处在于：对数字出版流程与传统出版流程的衔接、协同问题没有做出回应。

出版流程的协同化，是指传统出版和新兴出版流程在人员和角色方面的协同，在内容制作、产品研发、技术应用和管理流程方面的协同。在内容制作和产品研发方面的协同，体现在：知识元库的建立和知识体系的研发，需要由传统策划编辑、数字编辑和作者队伍进行协同化研制和修订；传统策划编辑需要全面了解所属出版领域的知识体系，并能够驾轻就熟地对每种图书的片章节进行知识标引，以便于后期基于同源图书的知识库和专题等数字产品的研发；内部校对、外部校对和作者校对所产生的定稿，要能够协同用于传统图书产品印制和新兴数字产品的研发；传统出版流程和新兴出版流程在考核办法、稿酬制定、利润分配等方面要建立健全协同化、统一化的机制。

三、同步化

出版流程的同步化，是一体化和协同化共同作用的结果，是指通过出版流程，能够同步化生产纸质图书、电子图书、数据库、专题库、视听产品、AR 出版物、VR 出版物等，能够实现传统产品和数字产品的同步制作、同步生产和同步上线。

从发展时间和未来趋势来看，传统纸质图书和新兴数字产品的同步上线，不是"此消彼长"的关系，而是相互促进、相互推动、相得益彰的"此长彼消"的关系。未来的编辑也为转型为同时具备传统出版业务能力和新兴出版能力的现代型编辑，未来的出版是传统与新兴出版融合的出版，不再有传统和数字之分。

四、智能化

同时具备了一体化、协同化和同步化特征的出版生产管理流程，便是智能化的出版流程了。同时，智能化的出版流程，能够将智能选题策划、智能审校纠错、智能排版印制和智能营销推荐进行有机融合，以更加数字化、融合化、智能化的生产方式来推动出版业的转型升级，来实现出版业的提质增效。

第八节　数字版权保护

数字版权保护（Digital Rights Management，DRM）是对网络中传播的数字作品进行版权保护的主要手段，也是智能出版流程中的重要一环，也是出版主动规避数字版权风险、避免版权纠纷的一种途径。DRM 最具代表性的定义由美国出版商协会提出，指在数字内容交易过程中对知识产权进行保护的技术，工具和处理过程。DRM 能够在保证合法的、具有权限的用户对数字信息（如数字图像、音频、视频等）正常使用的同时，保护数字信息创作者和拥有者的版权，根据版权信息获得合法收益，并在版权受到侵害时能够鉴别数字信息的版权归属及版权信息的真伪。

数字版权保护技术就是对各类数字内容的知识产权进行保护的一系列软硬件技术，用以保证数字内容在整个生命周期内的合法使用，平衡数字内容价值链中各个角色的利益和需求，促进整个数字化市场的发展和信息的传播。具体来说，包括对数字资产各种形式的使用进行描述、识别、交易、保护、监控和跟踪等各个过程。数字版权保护技术贯穿数字内容从产生到分发、从销售到使用的整个内容流通过程，涉及整个数字内容价值链。

数字版权保护能够助力中国数字版权健康、高效、可持续性发展，而且数字版权产业的发展将为大力发展数字经济、加快建设新经济成长的城市提供有力支撑和充沛动能，同时提升数字版权交易效能，激发数字版权产业活力。

一、版权保护技术

目前，数字出版领域常用的数字版权保护技术主要有以下几种：

①数字加解密技术。数字加解密技术即采用密码学原理，将文件加密成密文的密钥系统或公钥(publickey)系统，授权用户得到解密的密钥才可以使用文件。该技术是信息安全技术领域的重要基础技术之一，也是其他多种版权保护技术的技术基础，有广泛的应用。

②数字指纹技术。数字指纹(digital finger print)也可称为信息指纹(message finger print)，主要是采用数学函数(Hash函数)计算之后对数字内容形成一个结果，并对这个结果进行保护；如果内容更改或变化(只要有一个字节不同)，那计算出来的结果就会与原来的结果不一样，进而比对使用者是否被合法授权。它有两种保护功能：一是判断，验证使用者使用的数字内容是否正确无误、是否盗版、是否被破解；二是验证使用者存取的数据是否为机密文件。当内容被非法分发、拷贝时，可根据此指纹来跟踪违法者。这项技术主要也是通过加密的方法来保证下载的数字资源不能被非法复制，以防止信息被非法使用。

③数字签名技术。该技术是基于密钥加密技术的防护措施，即利用对信息数据进行编码和信息附加改变所形成的签名来进行身份的验证，以及对数据是否完整进行认证。

④数字水印技术。该技术通过数字水印系统，以人所不可感知的形式将作品权利人的版权标志嵌入媒体中，人们无法从表面上感知水印，只有专用的检测器或计算机软件才可以检测出隐藏的数字水印。

⑤身份鉴别技术。该技术是实施权限管理的基础技术，主要有用户名密码、硬件标志、公钥基础设施(PKI)技术，还有正在研发的生物识别技术等。

⑥资源标识技术。资源标识技术是给数字内容分配一个唯一标识，实现控制和权限管理，只有该唯一标志与权限许可证里的标识相符，才可以使用内容。

⑦密钥管理技术。该技术主要是对数字版权保护体系中使用的密钥进行管理，包含密钥产生、密钥的安全交换、密钥安全存储、密钥吊销、密钥契约和密钥验证等诸多问题。

⑧权利描述技术。权利描述技术是用于表述数字内容关于使用权利的语言。这些语言应具有通用性，可以被网站、文本、图片、图像、音乐、流媒体等广泛认知。具体操作过程是在互联网上进行权限设置，或者控制合法使用者对内容使用的期限、次数和传播权，以保护版权。

⑨硬件绑定技术。目前DRM技术应用中比较常见的是软硬件结合模式。通过一定的算法提取被授权使用的设备的信息，并构造成唯一标记，通过与权限许可证挂钩的方式实现许可证的扩散限制，从而形成文件使用权限限定于某台机器上的效果。硬件绑定技术通常与数字加解密技术相配合，实现内容的防拷贝和防扩散。

⑩安全通信技术。该技术是最基础的信息交换安全技术，有两种常见模式：一种是利用通用的网络安全信道技术，如利用安全套接层保障通信安全；另一种是使用自定义的算法对网络通信。

二、数字版权保护技术在出版领域的应用

数字版权保护技术在我国出版行业的应用是很不均衡的。出版企业在产业链中所处的

环节不同，数字内容产品的类型不同，数字内容提供服务的方式不同，对数字版权保护技术的采用和依赖程度也大不相同，具体主要有以下几种情况：

①技术主导。一些大型数字出版企业的商务模式比较成熟，建有比较完善的数字版权管理技术体系，版权保护管理技术是企业核心机制，对版权保护技术有极大的依赖性。例如，腾讯、网易等侧重于用户管理和平台管理技术；中国移动手机阅读侧重于内容版权登记确权和分发管理技术等。

②技术选择。根据不同的产品项目选择不同的版权保护技术。例如，近年许多出版集团推出的电子阅读器产品，根据产品的特点有选择性地采用内容加密、密钥管理、身份识别和硬件绑定等技术。例如，上海世纪出版集团的"辞海"阅读器采用内容加密、格式加密、权限控制、密钥管理、身份鉴别、硬件绑定、权利描述、资源标识等多种保护技术。据该公司介绍，因为技术措施防护较好，尚未出现被盗版的现象。又如，盛大文学目前正在研发一种名为"版权鹰"的版权追踪技术，全天候实时监控各大网站，以追查盗版行为。

③平台依赖。以内容提供商为主的一些企业，本身没有研发和采用相应技术，主要依赖于平台商和运营商对内容产品的技术保护。例如，国内著名原创音乐企业 A8 音乐公司坦言，其自身并没有相应的技术手段，网站运营上采用内容加密、身份识别技术和电子商务安全系统；而在无线音乐领域则更多依赖于运营商对内容产品的保护。

三、数字版权保护革新

自 1992 年美国作家尼尔·斯蒂芬森的《雪崩》一书提出"元宇宙"概念，至 2021 年"元宇宙第一股"Roblox 上市，包含数字出版在内的文创产业始终居于元宇宙发展的前沿地带。NFT 是一种通过区块链对非同质化资产进行确权认证的技术，能够将唯一性的标识符与数字内容的底层元素相关联，实现确权和交易。数字内容由此成为归属明晰的虚拟资产，在传播过程中实现内容和资产价值的双重流转。NFT 与数字出版结合能够有效促进数字内容资产化，助力版权保护与开发，拓宽数字出版的消费场景，为产业发展带来更大空间。

传统互联网时代，信息内容的确权、用权、维权始终是数字出版行业的痛点。出版界在版权交易中依赖纸质书面合同进行授权，这种传统方式被普遍认为具有较高的信任度和安全性及稳固的法律保障，但因效率较低而不利于规模化授权，从而阻碍了版权交易市场的发展。非同质化代币作为分布式金融（DeFi）的落地应用之一，继承了 DeFi 的去中心化信任、公开透明、不可篡改的特性，使 NFT 具有包容性、唯一性特征。基于区块链的 NFT 资产在每一次的流通变动中都会通过时间戳、智能合约、数字签名等方式生成唯一编码，确保可追溯与唯一性，为版权交易提供安全与信任的基础，其数字化特征保证了授权的高效率。非同质化代币的应用显著降低了版权保护的成本，提高了维权效率，从根本上解决了数字内容的溯源和所有权问题。

全球最大的 NFT 交易社区 OpenSea 较早开创了 NFT 数字版权交易，其中的 NBA 球星卡（NBA Top Shot）、加密朋克（CryptoPunks）、无聊猿游艇俱乐部（Bored Ape Yacht Club）在全球范围内产生了较大影响。购买这些 NFT 作品的用户均享有该作品的版权，这些确权信息被记录在区块链上，成为发生侵权纠纷时可展示的唯一性证明。同时，开发者充分开发利用版权作品的价值，赋予拥有者如决策权、实物兑换等各式各样的权利。如 2021 年无聊猿举办了仅有持有者才可参加的活动，并发布了游戏、品牌服装、日用品等一系列文创品牌，而参与或拥有这些产品均需要用户持有无聊猿 NFT 版权品。无聊猿游艇俱乐部将无聊猿 IP 定位为优质 NFT 品牌，并对其进行持续开发。

在国内，也有一批较早探索 NFT 版权保护与开发的平台，它们在进行数字化创新的同时积极参与元宇宙项目的建设。如唯一艺术、ibox、Ulab，用户在这些平台上购买或售卖 NFT 时，平台都会在约定中提示购买该 NFT 可以拥有的权利。此后版权的每次交易都会在区块链上清晰可见且不可篡改，由此保证了 NFT 的唯一性。唯一艺术等平台还自建元宇宙社区供用户参与，使用户拥有的 NFT 得以在元宇宙中应用，不断开发 NFT 潜力，扩大品牌影响力与传播力，丰富 IP 文化内容生态。

第八章　出版大数据原理与应用

---

* **本章知识点提要**

1. 大数据的概念和特征

2. 大数据进入新闻出版业的发展历程

3. 出版大数据建设的必要性和可行性

4. 出版数据的价值

5. 出版数据的类型

6. 出版大数据的建设流程

7. 出版大数据的应用场景

* **本章术语**

大数据　出版大数据　条数据　块数据　出版数据采集　出版数据标引　出版数据计算　出版数据建模　出版升级　数字教育　知识服务　移动阅读　机器撰稿　智能出版

新闻出版大数据，从数据类型维度看，主要包括：内容数据、用户数据和交互数据；从数据产生的来源机构的角度看，包括基于专业出版、部委出版社所产生的条数据和基于地域性出版机构所产生的块数据。新闻出版大数据的构建，结合新闻出版业条数据、块数据同时并存、各有千秋的数据特点和规律，围绕数据作为生产要素，需要重塑新闻出版数据的采集、存储、标引、计算、建模和服务体系。

新闻出版大数据建设在国内已经初见成效：审计、公安、法律、地质、海关等领域的大数据平台已在建或建成。2018 年的中国国际大数据产业博览会期间，首届（2018）中国新闻出版大数据高峰论坛顺利召开，主办方为融智库"大数据分库"首批专家进行了授牌，并为人民法院出版社、中地数媒、中国海关出版社等 5 家单位颁发了"中国新闻出版业大数据平台创新成果奖"。

出版大数据建设的技术原理在于：要确立"内容数据、用户数据、交互数据"的数据理念，把数据作为生产要素看待，基于数据思维做顶层设计，熟练把握并运用"数据采集、数据存储、数据清洗、数据标引、数据计算、二次数据、数据服务"的七大核心步骤，进而真正发挥大数据在自然科学领域的预测作用和在人文、社会科学领域的预警作用。

第一节　大数据概述

第三次人工智能浪潮最明显的特征是：以大数据为基石。算法、算力作用的发挥，都离不开海量数据的使用。正是海量数据的积累和深度学习的应用，使得 AlphaGo 在第一局失败后，连战连胜，战胜了人类围棋冠军。《新一代人工智能发展规划》共有 24 处提及"大数据"，其中涉及的领域包括：农业大数据、金融大数据、工厂大数据、教育大数据、城市大数据、健康大数据等。应该说，我国的出版体制特点，决定了每个行业、领域都有相应的出版机构做知识服务支撑，上述领域的大数据构建，不可避免地会延伸到专业出版、教育出版和大众出版的大数据建设。

一、大数据的概念

人们通常又把大数据(Big data)称为海量数据，指的是所涉及的数据量规模巨大到无法通过人工，在合理时间内达到截取、管理、处理并整理成为人类所能解读的信息。换句话说，大数据是指无法在一定时间内用常规软件工具对其内容进行抓取、管理和处理的数据集合。

大数据的精华在于二次数据，即在海量数据的基础上通过运用知识标引、云计算等技术所产生的那部分数据，或者可称之为"数据背后的数据"。

就新闻出版业而言，数据价值体系可分为三个层次：第一层为初次价值，或曰直接价值，即纸质图书所创造的价值；第二层为数字化价值，即对纸质图书数字化、碎片化后通过数字产品所创造的价值；第三层为数据化价值，即在碎片化的基础上，通过知识标引、云计算技术的应用所产生的数据所实现的价值。一旦我们将书籍的数据化价值挖掘出来，那么就步入了数据出版的时代。

二、大数据的特征

大数据通常是指数据规模大于 10TB 以上的数据集。其特征是具有典型的"5V"(Volume、Variety、Velocity、Value、Veracity)，即规模性、多样性、高速性、价值性和真实性。

1. 规模性

从数据数量的角度看，数据规模大。随着信息化技术的高速发展，数据开始爆发性增长。社交网络(微博、微信、知乎、短视频号等)、移动网络、各种智能终端等，都成为数据的来源。迫切需要智能的算法、强大的数据处理平台和新的数据处理技术，来统计、分析、预测和实时处理如此大规模的数据。

2. 多样性

从数据类型的角度看，数据类型多样。由于数据来源于不同的应用系统和不同的设备，决定了大数据形式的多样性。大体可以分为三类：一是结构化数据，其特点是数据间因果关系强；二是非结构化的数据，其特点是数据间没有因果关系；三是半结构化数据，如 HTML 文档、邮件、网页等，其特点是数据间的因果关系弱。

3. 高速性

从数据的增长和对处理的时效性来看，数据增长速度快、并且要求处理速度快。大数据与海量数据的重要区别在两方面：一方面，大数据的数据规模更大；另一方面，大数据对处理数据的响应速度有更严格的要求。数据的增长速度和处理速度是大数据高速性的重要体现。

4. 价值性

从数据的价值密度看，数据量大，但有价值的数据所占比例很小，但总体价值依然很大。大数据的价值性体现在从大量不相关的各种类型的数据中，挖掘出对未来趋势与模式预测分析有价值的数据，并通过机器学习方法、人工智能方法或数据挖掘方法深度分析，运用于农业、金融、医疗等各个领域，以创造更大的价值。

5. 真实性

从数据质量的角度看，即数据是真实的，具有准确性和可信赖度的数据质量高。在过去没有形成大数据技术体系的年代，随机抽样是处理大规模数据常用方法，以抽样代替整体的处理结果，结果不是完全准确，不能够体现出这些数据完整的价值，甚至还可能得到错误的结论。大数据技术背景下，用整体数据代替随机抽样的方式，得出的结论的真实性更高、质量也就更高。

三、大数据进入新闻出版业的历程

大数据进入新闻出版业、步入文化产业的里程碑事件主要如图 8-1 所示。

2013 年，被誉为大数据的元年，自浙江人民出版社《大数据时代》一书出版以后，掀起了一股大数据领域的出版热潮；之后，大数据一直作为一个热门话题，在各行各业都引起了高度关注。

2014 年 5 月，美国白宫发布了"2014 年全球'大数据'白皮书"，内容涉及大数据与个人、美国政府的数据开放与隐私保护、公私部门的数据管理、大数据的政策框架等内容。

2014 年年底，新闻出版广电总局开展了关于"十三五"时期"大数据在新闻出版业应用"的课题预研究工作。

2015 年 9 月，我国国务院对外公开了《促进大数据发展行动纲要》，提出未来五到十年我国大数据发展和应用的十大工程，包括 4 大"政府大数据"工程、5 大"大数据产业"工程以及网络和大数据安全保障工程，其中特别提到了新闻出版业紧密相关的知识服务大数据，指出要"建立国家知识服务平台与知识资源服务中心"。

2016 年 1 月 7 日，发改委办公厅发布《国家发改委关于组织实施促进大数据发展重大工程的通知》：提出重点支持大数据示范使用和大数据共享开放，重点支持基础设施统筹和数据要素流通。

2016 年 2 月 4 日，广电总局《关于报送新闻出版领域促进大数据发展重大工程项目的函》，面向新闻出版业征集和反馈意见，同时积极准备向国家发改委申报新闻出版大数据重大工程。

2017 年 3 月 8 日，《新闻出版大数据应用工程》入选发改委大数据发展重大工程。

2017 年 9 月国家新闻出版广电总局公布《新闻出版广播影视"十三五"发展规划》，其中在"专栏 3 传统出版与新兴出版融合发展项目"列出，"4. 国家出版发行大数据工程。汇聚新闻出版行政管理机构及新闻出版单位的基础业务数据，建设行业信息数据库，建设出版产品信息交换平台和新闻出版大数据综合服务平台，实现行业基础数据的开放与共享，支持新闻出版企业开展大数据应用"。

2019 年 8 月，科技部等六部门印发了《关于促进文化和科技深度融合的指导意见》的通知，将"加强文化大数据体系建设"作为重点任务加以规定，指出："贯彻国家大数据战略，加强顶层设计，加快国家文化大数据体系建设。构建文化大数据应用生态体系，加强文化大数据公共服务支撑。加快文化数据采集、存储、清洗、分析发掘、可视化、标准化、版权保护、安全与隐私保护等领域关键技术攻关。"

2020 年 5 月，中宣部文改办下发了《关于做好国家文化大数据体系建设工作通知》，其中规定了"中国文化遗产标本库建设"、"中华文化素材库建设"、"国家文化大数据云平台建设"等八大重点任务，并指出要"健全工作协调机制，制定工作计划，用足用活政策，多渠道筹措建设资金，努力开创工作局面。"

2020 年 8 月，《财政部办公厅关于编制 2021 年中央文化企业国有资本经营预算的通知》首次将支持重点新增了"推动国家文化大数据体系建设"作为四个重点之一，指出"支持中央文化企业将已建成数据库同中国文化遗产标本库、中华民族文化基因库、中华文化素材库对接，巩固和提升数字化转型升级成果，结合国家数字复合出版系统工程推广工作，创建数字化文化生产线，开发文化大数据，创作生产适应现代化网络传播的文化体验产品"。

2022 年 4 月，中共中央宣传部印发《关于推动出版深度融合发展的实施意见》的通知，在"二、强化出版融合发展内容建设，5. 创新内容呈现传播方式"中提出"积极贴近读者，增强服务意识，适应网络传播分众化、差异化趋势，探索通过用户画像、大数据分析等方式，充分把握数字时代不同受众群体的新型阅读需求，推出更多广为读者接受、适合网络传播的数字出版产品和服务。坚持效果导向，适应数字时代舆论生态、文化业态、传播形态的深刻变化，更加注重利用新型传播手段，加强全媒体运营推广，提高优质数字出版内容的到达率、阅读率和影响力"；在"三、充分发挥技术支撑作用，7. 加强前沿技术探索应用"中提出，"紧盯技术发展前沿，用好信息技术革命成果，强化大数据、云计算、人工智能、区块链等技术应用，创新驱动出版深度融合发展"。

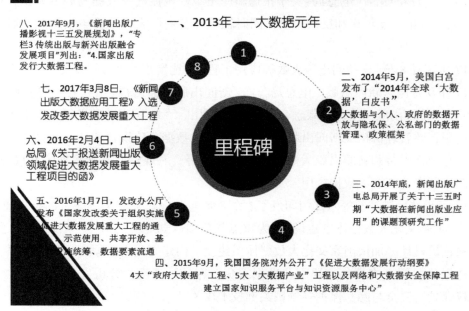

图 8-1　大数据进入新闻出版业的里程碑

大数据技术应用于新闻出版广播影视行业越来越呈现加速发展、快速融合的态势。从之前财政部公布的 2014 年、2015 年文化产业专项资金项目来看，2014 年获批的大数据项目为 9 个（表 8-1），2015 年这一数据更新为 17 个（表 8-2）。以下为相关项目名称和方向：

表 8-1　2014 年度中央文化产业专项资金项目 大数据项目统计

1. 北京博雅立方科技有限公司	基于大数据技术的网络广告精准营销公共服务平台
2. 上海世纪出版集团	基于大数据技术的十万个为什么青少年科学素养分级评估系统
3. 江苏凤凰出版传媒集团有限公司	大数据时代中小学教师移动互联培训出版平台
4. 湖北楚天传媒网络科技有限责任公司	新闻出版大数据服务中心建设示范工程

5. 互爱互动(北京)科技有限公司	基于大数据分析的网络游戏产品全方位业务支撑平台研发和应用推广项目	
6. 新华网股份有限公司	基于4G移动互联网大数据分析及移动云服务交互系统项目	
7. 广州酷狗计算机科技有限公司	"酷狗"云计算互动型数字音乐(娱乐)大数据平台建设	
8. 中国青年报社	基于"大数据技术"建设全媒体融合内容生产和传播平台项目	
9. 湖北长江出版传媒集团有限公司	大数据影像资源库与数字传播平台	

表 8-2　2015 年度中央文化产业专项资金项目 大数据项目统计

1	北方联合出版传媒(集团)股份有限公司	大数据应用模式下新华书店数字化转型升级改造工程
2	九洲文化传播中心	涉台影音大数据及云服务共享平台
3	中国时代经济出版社	审计数字出版大数据应用知识库建设项目
4	上海克顿文化传媒有限公司	影视文化内容制作行业的大数据决策辅助平台
5	北京时代昌荣广告有限公司	昌荣 ATD 大数据广告服务平台(昌荣 ATD 广告营销智能化平台)
6	金鹃传媒科技股份有限公司	基于消费行为大数据的广告精准投放系统
7	成都梦工厂网络信息有限公司	基于云技术的全平台化游戏大数据分析系统
8	福建广电网络集团股份有限公司	福建省有线电视大数据应用中心项目
9	地质出版社	中国地质专业资源知识服务大数据平台
10	中国人民公安大学出版社	公安出版大数据平台建设
11	人民公安报社	大数据中心建设
12	中国中医药报社	中医药全媒体文化传播大数据服务平台
13	中国保险报业股份有限公司	保险业大数据评价与应用
14	中国财政经济出版社	财经大数据分析与应用平台建设项目
15	海外网传媒有限公司	海外华文新媒体技术支撑与内容共享大数据平台
16	《证券日报》社	智能移动个性化经济大数据信息推荐平台
17	湖北广播电视台	媒体融合的社会化大数据服务平台建设

表 8-3　2022 年出版业科技与标准创新示范项目 大数据项目统计

1	人教数字出版有限公司	人教大数据业务服务平台
2	昆山科望快速印务有限公司	大数据互联的智能化数字化印刷
3	出版业用户行为大数据分析与应用重点实验室	基于大数据技术数字化发行信息体验工程
4	大象出版社有限公司	流媒体技术中台和大数据技术在融媒教育云平台的应用

第二节　出版大数据建设的必要性与可行性

我国独特的出版体制注定了专业出版、教育出版、大众出版在出版方阵中占有重要地位，在已经来临的人工智能时代中，细分领域、特定行业的专业出版大数据建设、教育出版行业的教育出版大数据以及部分大众出版大数据建设，具有天然的优势和较大的可能。教育出版的数据类型、数据集中度、数据建设进程，与专业出版大数据相似；大众出版领域的大数据建设，则要根据数据类型、知识体系、用户数据分布等情况作出实事求是的分析和判断，而后酌情考虑大数据建设工作。

下面以专业出版为例，分析大数据建设的必要性与可行性：

一、出版大数据建设的必要性

其一，就出版企业自身而言，专业出版大数据的建设，有助于辅助选题策划、辅助精准营销，有助于推进出版社自身业务的优化和完善。长期以来，传统出版企业的经营一直处于粗放式经营阶段，单体出版社自身究竟有多少个作者、有多少销售客户、建社以来共计出版了多少图书？……这些问题，很少有哪些出版社可以回答，也就是说，对用户数据、内容数据的建设没有引起足够的重视和关注。相反，如果出版企业对于上游的作者数据、下游的销售客户数据、内容资产数据、交互数据等建立起了相对完善的数据中心或者数据资源池，那么，这些问题的回答将会易如反掌；同时，调取用户数据系统的数据来指导选择更加优质的作者、来了解同类型选题的销售规律，调取内容数据系统的数据来分析热门选题的周期顾虑、来预判同质/差异化选题的销售趋势，将会极大地改进选题策划和市场营销工作。

其二，就出版行业趋势而言，专业出版大数据的建设，是数据化出版的必然要求，是深入推进新闻出版业数字化转型升级的时代呼唤。2008 年成立科技与数字出版司以来，随着十年转型升级的深入推进，经历了以数字图书、数字期刊、数字报纸为代表的数字化发展阶段；经历了以数据库产品、网络原创文学为代表的碎片化阶段；[①] 正在经历以知识体系为逻辑内核、以知识标引为技术基础、以知识计算为技术关键和以大数据知识服务为外

---

① 廖文峰，张新新. 数字出版发展三阶段论[J]. 科技与出版，2015(7)：87-90.

在表现形态的数据化发展阶段，数据化发展有可能催生出数据出版这一新的出版业态。

其三，就未来时代发展而言，人工智能以大数据为基础，专业出版大数据的建设是新闻出版业步入智能化发展阶段的题中之义。智能出版对内的表现是出版流程的智能再造，形成从智能策划、智能审校、智能印刷、智能发行到智能决策等全流程的智能化解决方案；对外表现是形成 AR 智能出版、智能阅读机器人等系列智能产品服务。无论是对内的智能流程再造还是对外的智能产品服务，都离不开大数据的建设与应用，大数据是智能出版的基础和前提。

二、出版大数据建设的可行性

专业出版机构建设大数据，具备较多的现实可能性：

1. 数据类型完整

就数据类型而言，专业出版机构是条数据的主要拥有者，所保存和产生的数据，涵盖了较为完整的数据类型——用户数据、内容数据、交互数据。从用户数据的角度来看，专业出版机构拥有着上游的作者数据，中游的编校、设计、印刷机构/个人数据，下游的营销、发行机构/个人数据，还包括数字化技术服务提供商的数据；从内容数据的角度来看，专业出版社汇聚和集中了特定行业、特定专业、特定领域的知识资源，时间跨度可以持续 60~70 年，整体专业出版机构几乎囊括了国民经济各行业的最主要知识资源；交互数据的角度分析，专业出版社的数据规模相对而言较为薄弱，但是仍然有重点图书、重点产品的交互数据，随着数字出版的开展，各种专业知识库、数字图书馆对个人用户的评论、点赞等交互数据的采集和分析，使得专业出版社的交互数据建设进一步强化。

中国大地出版社、地质出版社已经建设完成"自然资源知识服务大数据平台"（图 8-2），其中用户数据系统，包括个人用户和机构用户两类数据，涵盖了地质、国土、林业、海洋

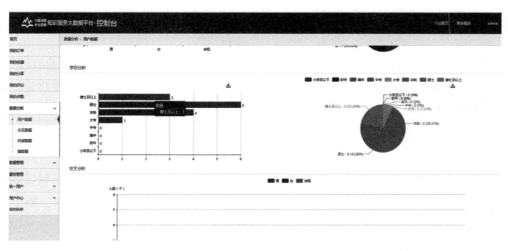

图 8-2 自然资源大数据用户数据系统

等自然资源领域的各种类型从业者和大众用户。用户数据的构成，则包括通信方式、通信地址、年龄结构、阅读偏好、消费能力、工作性质、消费能力、趋势分析等 7 个维度，不同维度的数据信息均服务于大数据平台的运营推广。

2. 数据规模较大

专业出版机构的数据规模较大，往往是两三家，甚至是一家出版社就几乎聚集了全行业的知识资源。宏观角度分析，专业出版社可以构建出特定行业的全数据资源池，形成数据闭环，例如政法类出版社可以将立法、执法、司法、守法等各环节的数据进行采集、加工、标引、计算和应用；微观角度来看，专业出版社能够做到全方位的数据建设，仍以政法类出版社为例，法信大数据平台所拥有的数据包含了法律(基本法和非基本法)、法规(行政法规和地方性法规)、规章(部委规章和地方性规章)以及非规范性法律文件，同时拥有庞大的判决书、案例、合同、课程、音视频等数据类型。

3. 数据价值较高

专业出版机构的数据质量较高、真实性较强、应用价值较大。从数据、信息和知识的层级关系分析，数据是指经实验、调查而来但未经组织或处理的事实，是能进行计算域分析的静态资料；信息来自对数据的萃取、过滤或格式化后而赋予数据一定的意义，来自或根据特定主题而收集的事实及数据；知识则是经过学习或实践而得到的对于资讯、事实、想法、原则的理解或认知，是经过特殊处理、验证或强化过的信息。[①] 专业出版机构所拥有的数据主要集中于以图书形态存在的专业知识的层面，同时，越来越多的专业出版社开始构建所在行业的资讯、政策、论文、期刊等类型的数据，试图形成该行业的数据、信息和知识的集聚中心、加工中心和应用中心。

第三节 出版大数据的价值

就我国新闻出版业而言，以价值体系为视角，综合分析这些年新闻出版单位所经历和开展的转型升级业务来看，可以得出这样一个结论：新闻出版企业的产品具备直接价值、数字化价值和数据化价值，该三个层次的价值体系构成了大数据应用于新闻出版业的内容前提。

一、初次价值

初次价值，或曰直接价值，是指经过新闻出版单位策划、编辑、审校、印制过程而形成的纸质产品所产生的价值。其中，纸质产品包括传统的图书、报纸和期刊。数十年以来，我国的新闻出版单位的主要经济效益指标的完成、日常经营管理的主要收入来源，均

---

① 董金祥. 基于语义面向服务的知识管理与处理[M]. 杭州：浙江大学出版社，2009.

来自于对纸质产品价值的实现过程。

二、数字化价值

数字化价值，是指在新闻出版业转型升级过程中，通过对纸质产品数字化、碎片化的过程，而产生的数字图书(馆)、专业数据库所贡献的价值。数字化价值的实现依托于数字出版发展历程的数字化阶段和碎片化阶段。① 国内已有多家出版社通过对数字化价值的挖掘来产生和创造出新的经济增长点，例如社科文献出版社的皮书数据库、人民法院出版社的审判支持应用系统等均取得了较好的社会效益和经济效益。数字化价值是对原有纸质产品的价值提升，也是纸质书报刊二次价值的挖掘和体现。但是，数字化不等同于数据化，纸质产品的数字化价值也永远无法取代其数据化价值。

三、数据化价值

数据化价值，是指在数字化、碎片化的书报刊的基础上，对数字化、碎片化的资源进行多维度、立体化知识标引，充分运用云计算技术，通过大数据模型构建和数据服务层研发(图 8-3)，所产生和输出的二次数据所创造的价值。二次数据所创造的价值，也是纸质

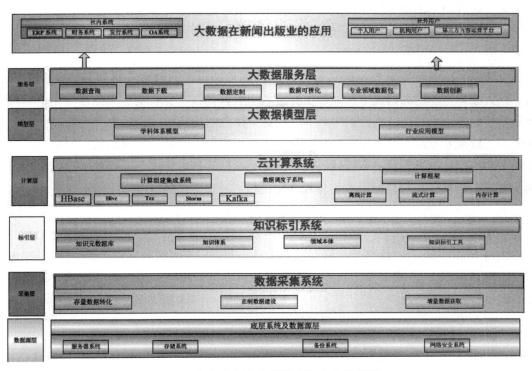

图 8-3　新闻出版业大数据建设流程示意图

---

① 廖文峰，张新新. 数字出版发展三阶段论[J]. 科技与出版，2015(7)：87-90.

书报刊三次价值的挖掘和再提升。可以说，这些年整个新闻出版行业的转型升级工作，主要是促进和推动传统新闻出版单位尽快挖掘出纸质产品的数字化价值，而对于数据化价值的挖掘和提炼工作，还没有实质性地开展和部署。诚如维克托·迈尔—舍恩伯格所言："出版社多年来也一直致力于电子书领域的开发，但是他们都只是把书籍内容作为核心价值，而没有把书籍看作一种数据并纳入自己的商业模式中。因此，他们没有做到把书籍的数据价值挖掘出来，也不允许别人这样做。他们没有看到数据化的需求，也意识不到书籍的数据化潜力。"①纸质书报刊的数据化价值的产生，是大数据技术应用于新闻出版业的初衷和归宿，也是新闻出版业由数字出版向数据出版转型和过渡的关键和标志。

第四节　出版大数据的类型

新闻出版业的数据类型，不同的分类方法，可以分为不同的数据种类：从数据来源和数据属性划分，可以分为条数据与块数据；从数据内容与构成划分，可以分为用户数据、内容数据和交互数据。不同的数据分类法，意义和价值也不同：条数据、块数据的划分，对资源驱动型出版集团的组建和发展、专业知识服务和综合性知识服务的开展，具有较大的启发意义；用户数据对构建出版机构的客户关系管理系统具有重要价值，内容数据是构建出版大数据的主体和关键，也是构建出版机构数字内容资产系统的核心所在，交互数据对于发挥大数据的预测、预警和辅助营销具有决定性的作用，是建设营销决策分析系统的重要参照。

大数据时代的新闻出版业面临着巨大的挑战和冲击，同时也存在着较大的机遇和空间。在大数据产业链的构成中，大数据拥有者、大数据技术提供商、大数据专家——拥有大数据思维的个人和企业、数据中间商，这四个角色的构成中，出版机构拥有着大数据拥有者和大数据专家的双重角色和身份。目前，人民法院出版社、大地出版传媒集团、中国公安大学出版社、时代经济出版社等传统出版企业已经基本建成企业级的大数据平台，分别在法律、地质、公安、经济等细分领域构建起了较有特色的内容大数据资源平台。

一、条数据与块数据

2015 年 5 月 24 日，由北京市科学技术委员会和贵阳市人民政府共建的中国首家"大数据战略重点实验室"在贵州贵阳成立。条数据与块数据的提法，源于大数据战略重点实验室的理论研究成果，同时，重点实验室在块数据的运行模式和应用领域方面也提出了许多新的见解和看法。

1. 条数据

我国特殊的出版体制，注定着专业出版汇聚了大量各个专业性、行业性的知识资源数

---

① ［英］维克托. 迈尔-舍恩伯格 肯尼斯. 库克耶. 大数据时代［M］. 浙江人民出版社，2013.

据，教育出版荟萃了丰富的幼教、中小学教育、高等教育和职业教育领域的知识资源数据。在大数据时代，这些资源数据如何在特定行业、特定领域焕发出新的活力，如何通过知识标引、知识计算等关键共性技术的运用，产生出具有预测预警、辅助决策的二次数据，便成为出版业应对大数据挑战的首要问题。

出版业的条数据按照维度的不同，可以分为横向条数据和纵向条数据：横向条数据是指相同或相似出版领域的出版机构，其知识资源数据的整合，例如法律资源，法律社、法院社、法制社都拥有政法方面的数据资源；纵向条数据是指同一领域、同一行业的单个出版机构所有的专业知识资源数据的整合，例如地质出版社所建设的包含自然资源部、省市自然资源局、地勘科研院所的数据资源。

横向条数据、纵向条数据的提法，在新闻出版业具有以下几个方面的意义：

首先，横向条数据的聚合和挖掘，有利于专业出版领域"资源驱动"新型出版集团的组建。其次，纵向条数据的整合，有利于进一步挖掘大数据时代单体专业出版社的知识数据潜力和优势。最后，横向、纵向条数据的充分挖掘和运用，有利于专业出版知识服务活动的开展。2015 年 3 月，新闻出版广电总局办公厅发布了"关于开展专业数字内容资源知识服务模式试点工作的通知"，并在经过专家评选之后，选取了 28 家单位作为知识服务模式探索的试点单位，启动了出版机构知识服务通用标准的研制工作。2017 年，原国家新闻出版广电总局公布了第二批知识服务模式试点单位 27 家的名单；2018 年 6 月，中国新闻出版研究院公布了第三批知识服务模式试点单位（综合类）55 家。上述第一批试点单位中，中国建筑工业出版社、天津大学出版社、华中科技大学出版社，其在建筑出版领域均各有特色，如何实现三家出版机构的专业知识资源数据的整合，是通过战略合作机制，还是通过单项合作点的探索方式，来推动三社的数据协同服务则是未来专业知识服务能否走向市场化、产业化的关键所在。

2. 块数据

新闻出版"块数据"的提法，与我国以行政区划为标准，建立和发展出版传媒集团有很重要的关联。地方出版集团，例如江苏凤凰出版集团、中南出版集团、重庆出版集团等企业的产业化、规模化发展，离不开对该行政区域内，主要是该省内的出版资源"块数据"整合和运用，包括整合省内新闻出版业的用户数据、内容数据和交互数据。

值得一提的是，贵州出版集团依托贵州作为全国大数据试验区的地缘优势，向财政部文化产业发展资金申报了《国家新闻出版大数据应用重大工程》项目，以地方岀版集团的身份，试图整合全国范围内的新闻出版理论数据、实务数据和政府管理数据。

二、内容数据、用户数据与交互数据

内容数据、用户数据与交互数据的提法，首先来源于新闻出版广电总局所组织的"十三五"科技预研究课题——《大数据相关技术在新闻出版领域应用预研究报告》。该种分类

方法，结合新闻出版业的实际状况，是大数据理念与新闻出版相结合的一次重要探索和尝试。其中，"内容数据不仅包括图书、杂志、报纸等传统载体上的正文信息，相关标题、作者等的 meta 信息；还包括微博、微信和论坛等新型媒体上发布的内容。""用户数据：是指用户相对稳定的信息，主要包括年龄、职业、性别、喜好、兴趣等方面数据。""交互数据：是指用户与用户、用户与内容之间产生的互动信息，主要包括转发、评论、点赞、收藏等方面数据。"①

1. 内容数据

内容数据，是指出版机构在经营和发展过程中所积累的知识资源数据，是经过数字化、碎片化和数据化后所形成的专业性、行业性或者综合性的知识资源。内容数据是出版机构建设出版大数据的基础和主体，是大数据技术作用于出版业的主要领域，也是出版机构建设数字内容资产系统的主要数据来源。从表现形态来看，内容数据包括文字、图片、音视频、游戏、动漫、3D 模型等多种知识素材。内容数据的建设过程，需要遵循以下三个原则：

（1）内容数据建设的长效性

新闻出版业转型升级，是一个长期的过程，是一个有起点、无终点的过程；传统新闻出版企业只要"全方位、立体化、多层次"的知识服务提供商的转型目标没有实现，就将长期处于转型升级的初级阶段。作为转型升级的重要组成部分，内容数据建设也是一个长期的过程，要遵循长效原则，并且，随着时间的推移，内容数据建设得越完整、越丰富、越科学，越能够挖掘其背后的"数据金矿"，不断发现和发掘二次数据。

（2）内容数据建设的全样本性

内容数据建设要坚持"全样本"的原则，即不对知识资源数据做出条条框框的限制，而是围绕某专业、行业或领域，全面采集、标引和存储一切相关的知识资源数据。这也是大数据"相关性"特点在新闻出版大数据建设过程中的体现。

"全样本"建设，要求做到以下几点：第一，要注重数据的全面性，建设全样本数据，而非做抽样的数据；样本越全面，数据挖掘就越充分、知识标引就越周延、知识计算价值就越大，最终所产生的二次数据，价值就越大。第二，任何数据都是有其价值的，边缘数据、陈旧的数据往往可以通过数据创新、数据更新、数据再利用等多种方式将其未被发现的价值挖掘出来。举例而言，国内大部分在 20 世纪 50 年代所成立的出版社，把自建社以来发展至今的所有图书进行数字化、碎片化和数据化加工，其价值包括：能够对某专业、行业领域知识资源进行纵向、历史性的梳理，也是构建一个出版机构完整的数据资产系统所必需的，同时，在建社 80、90 甚至 100 周年时，还可以对企业员工进行企业文化的教育和培训。

---

① 参见新闻出版广电总局"十三五"科技预研究课题——《大数据技术在新闻出版业的应用》.

2. 用户数据

用户数据，是指能够精准描绘出用户特征的信息，包括年龄、性别、学历、职称、民族、区域、阅读偏好等。对传统出版企业而言，用户数据主要包括：作者、读者、发行厂商、印制厂商、技术供应厂商等，总之，是一切与出版机构具有业务关联的个人或组织体的信息和数据。

以大数据的视角看用户数据，主要包括用户的类型数据、用户的共性数据和用户的个性数据。用户的类型数据，是指目标用户属于个人用户还是机构用户，是属于作者、读者还是发行方，是新华书店、民营书店还是直营书店，等等；用户的共性数据，是指有关用户的年龄、职业、民族、籍贯、性别、喜好、兴趣等基本特征；用户的个性数据，是指用户数据中涉及出版的策划、制作、营销等具体环节的重要数据，包括联系方式、所属行业、阅读偏好、消费频次，等等。

用户数据的全面搜集和整理，有利于建立健全出版机构的客户关系管理系统 CRM，提高出版企业的核心竞争力，增强目标用户的黏性与忠诚度，进而为传统出版提供从选题策划、编校印制到运营销售的闭环决策辅助数据参考；也为新兴出版提供盈利模式、产品体系、技术方案、人才引进等方面的数据参数。

3. 交互数据

大部分出版社的官网、论坛，缺少交互，或者交互性比较差，因此，交互数据的采集、计算、分析相对于内容数据、用户数据而言，显得更加薄弱和苍白。在这方面，往往是用户规模庞大、用户黏性高的移动通信商和综合型网络服务提供商拥有大量的数据资源，如当当网、亚马逊和三大运营商的手机阅读基地等。又如，腾讯集团的微信业务每天都可以搜集数亿乃至数十亿计的点赞、评论等交互性数据。

"在很多行业的大数据创新应用中，对实时互动的需求越来越强烈，如果能够实时抓取到用户瞬间的消费冲动，无疑将能大幅提升营销推广效率。"交互数据恰恰又是出版机构将内容数据推送至目标用户的关键性数据资源，是出版机构打通内容数据和用户数据的桥梁和纽带。只有通过对交互数据中的留言、"鲜花"、点赞、评论、收藏等数据的标引、计算和分析，才能发现目标用户的阅读喜好，才能洞察目标用户的消费规律，也才能够成功地将图书产品及数字出版产品推送到终端用户那里，起到直联直供和直销的效果，发挥大数据的辅助营销决策、推动精准营销的应有价值。

第五节 出版数据采集

大数据技术要求我们把所有的文字、图片、视听资料、游戏动漫都当作数据来加以对待，把数据作为生产要素加以看待，数据从生产流程一端输入，从另一端产生出我们想要的二次数据、创新数据，实现数据的潜在数据挖掘。这个过程，与知识发现的过程有些类似。

就新闻出版业而言，大数据技术应用的资源起点在于数据采集，数据采集的类型，包括用户数据、交互数据和内容数据，其中内容数据是重中之重。数据采集的路径大致有三种：

一、存量数据转化

存量数据的获取，主要采取纸质产品形态转化的手段，对出版社既存的知识资源进行数字化、碎片化，进而获得所需的各种类型的知识资源。各出版社的历史有长短，所积累的存量图书少则千余种，多则数万种，这些存量资源的数字化、碎片化是很重要的知识数据积累。近些年，财政部、新闻出版广电总局所力推的特色资源库建设项目，是解决存量资源数据化的重要方法和途径。

二、在制数据建设

在制数据的获取，是指针对出版社日常编辑出版过程中的知识，通过流程同步化的手段，进行数据的标引、加工，以获得所需的知识资源。在制数据的获取，对新闻出版单位的传统纸质产品和数字化产品生产管理流程一体化提出了很高的要求。同时，也对责任编辑的专业能力、技术算计能力、出版社的一体化考核机制提出了较大的挑战。

三、增量数据采集

增量数据的采集，是指在出版社主营业务之外，通过资源置换、资源购置、网络抓取等方式和手段，获得所需的数据资源。增量资源获取能力的高低，是出版社开展大数据建设，与民营企业、海外出版机构竞争的关键所在，也是目前各出版社正在着力解决的难题。

我国新闻出版业的特殊体制，使得各新闻出版单位在数据拥有方面呈现出条块分明的特点，也为我国新闻出版业构建各种类型的出版大数据体系提供了前提和可能：专业性出版社往往服务于特定的行业，在长期的经营发展过程中，积累了数量庞大、权威专业的行业数据资源，进而为开展"条数据"的大数据应用奠定了数据基础；而地方性的出版社、出版集团，则占有特定地域的数据优势，能够调动地方资源，在"块数据"的大数据应用方面大展拳脚。

第六节　出版数据标引

在采集完海量的数据资源以后，出版单位紧接着面临的是对这些数据进行清洗、挖掘和标引工作。数据标引是整个大数据应用的基础，也是大数据发挥预测、预警价值，实现知识发现和数据创新的成败所在。具体而言，新闻出版业的数据标引，是指对海量的知识资源数据进行属性、特征等方面的标签化加工，这种标签化加工或曰标引的依据就是知识体系，包括学科知识体系和行业应用知识体系。

新闻出版业的标引，侧重于知识标引和行业应用标引，一方面服务于学科研究，另一方面服务于国民经济各行业的应用，为开展知识服务奠定基础。

一、知识体系

出版社完成知识标引任务，需要做好两项准备性工作：知识元的建构和知识体系研发。长久以来，为了完成各个阶段的效益指标，出版社往往采取短期性、粗放式的经营方式，很少有出版社能够在知识元、知识体系方面开展相应工作，而到了大数据时代，对于知识元、知识体系的建设工作则显得刻不容缓。因为大数据对新闻出版业转型升级的基本要求是实现知识资源的数字化加工、碎片化处理和知识化标引。

要实现对新闻出版知识资源的标引，必须首先研发知识元和知识体系。知识元，是指不可再分割的具有完备知识表达的知识单位。[1] 从类型上分，包括概念知识元、事实知识元和数值型知识元、解决方案型的知识元等。知识元的建构，是开展大数据知识标引的逻辑起点，同时也为移动互联网时代出版单位开展知识服务提供了资源基础。

新闻出版企业有了自身出版领域的知识元，便可以通过领域词表管理工具实现对知识元的增加、修改、删除和维护，同时也可以将该知识元连同领域词表作为数字产品向图书馆、科研院所进行销售。

知识体系研发，则是关乎所采集的大量数据能否贴上标签，为将来计算、统计、数据提取提供基础的重要任务；同时，知识体系也是数据加工企业据以标引内容数据的依据和标准，没有知识体系，知识标引则沦为一句空话。知识体系的研发需要在知识元建构的基础上，厘清各个知识点之间的逻辑层次，尊重现有学科分类，依特定学科、特定领域分别开展。

二、学科知识标引

学科知识标引，是指新闻出版企业根据自身特征鲜明的理论学科，构建该特定学科的知识体系，之后，按照该学科知识体系对海量知识资源数据进行标引。

需要注意的是，出版业的学科知识标引是完备型标引，采用"演绎式"方法构建知识体系，因为每个出版领域都专属于相对成熟的理论学科，例如法律出版、化工出版、知识产权出版等。所以，出版业进行学科知识标引是在拥有了完备的知识体系之后，用知识体系进行的标引。

---

① 百度百科. 知识元[EB/OL]. http://baike.baidu.com/link? url = sjv-MWRqhdo4m7zpIP0c4HqSShpyRyJaYD-jBJ_DF_hhGpLi3eO3wTWI1bsCTx5wt-3VC8Y4ptLK2TzurlOI_a.

而新闻资讯类数据的标引往往是不完备的标引，大多采用"归纳式"的方法构建知识体系，通过对海量新闻资讯数据进行高频词统计、热点词统计等方式提炼出知识点，之后用这些知识点所构成的体系再对既有/将有的海量数据进行标引。

值得一提的是，之前大量的出版社所开展的资源数据加工业务，都是采取"甩手掌柜"式的做法，将出版社的既有数据交由数据加工企业做结构化标引，出版社在整个数据加工过程的角色和地位并没有凸显；这种做法，在结构化标引工作中勉强可行，而在知识性标引过程中，出版单位必须要充分发挥自身的主动性和能动性，运用自己的专业资源优势和学科优势，自主导研发知识元和知识体系，之后再将知识元、知识体系交由加工企业，让加工企业依据知识体系进行标引，同时，出版单位要对标引后的数据做最重要的质量检查。

三、应用知识标引

应用标引，是指对采集的海量数据按照特定行业的工作环节、职能定位进行标引。应用标引是指出版大数据服务于国民经济各个行业的关键性步骤，也是大数据前期市场调研的必然结果，同时关乎所生产的大数据知识产品能否切实满足目标用户的实际需求。

应用标引在数字出版发展的不同阶段都在被广泛应用和采纳，并且已经显示出了其在数字化、网络化时代的价值和前景。例如，之前法律出版社所研发的中国法官数字图书馆就是按照法院系统的部门设置、工作环节、流程任务等维度，对所收录的近万种数字图书进行子馆建设和研发，实践证明这种标引方法相对于中图分类法，更受到目标用户的欢迎和认可。

应用标引首先需要建立一套完整、权威、被用户接受的行业应用知识体系，这种行业应用知识体系大多与所服务的行业经验、流程具有高度的重合性，故而能够为用户所认可和接受，这种行业应用知识体系侧重于服务行业具体公共环节和流程。体系研发工作需要由出版单位主要承担，需要充分发挥出版社的专业知识优势，同时建立在充分的市场调研的基础上加以完成。

第七节　出版数据计算

在对海量数据进行采集和标引之后，便需要运用云计算技术，对各种数据进行计算，计算的结果是产生二次数据，也就是我们想要的大数据的精华——纸质产品的数据化价值体现。

一、云计算的应用

关于云计算，当前的传统出版技术提供商还仅仅停留在以云存储、虚拟化和设备租赁为核心的 IaaS（Infrastructure-as-a-Service）阶段，而对于设备租赁，往往是超大规模的数据拥有商才有可能运用，所以在新闻出版业的大数据方面并没有太大的应用空间。

出版业大数据所运用的云计算技术往往集中于 SaaS(Software-as-a-Service)层次，即直接运用相关的软件和技术，一般离不开各种计算组件的综合运用和离线计算、流式计算、内存计算等多种计算框架的设定。在福建省司法大数据分析平台案例中，可以看出该平台以 HDFS Federation 和 YARN 为核心，在 YARN 集成了各种计算组件，包括 H Base、Hive、Tez、Storm、Kafka 等。以 YARN 的资源动态调度为基础，高效地将离线计算、流式计算、内存计算等计算框架融合在一起，实现统一的调度和管控。

二、知识计算与数据计算

就新闻出版业大数据构建而言，需要用到数据计算，更准确地说是用到知识计算。计算机研究领域的知识计算包括属性计算、关系计算和实例计算，① 各种显性知识通过知识计算可以得出许多隐性知识。笔者以为，新闻出版业的知识计算，则是指在对知识资源进行多重标引的基础上，通过相同或者相似维度的统计分析，进而能够获得新的知识的一种方式。也就是说，知识计算是知识发现的一种重要途径。

以大数据的视角来看，只有通过知识计算的途径，才能够发现、获取新的知识数据，新产生的数据即为"大数据"；所以，知识元、知识体系、知识计算是构建新闻出版业大数据所绕不过去的一座大山。由此看来，新闻出版大数据无论是政府层面的大数据，还是行业级大数据、企业级大数据，都还有很漫长的道路要走，需要做好充分的理论准备、数据准备和实践准备。

在 2017 年 7 月国务院发布的《新一代人工智能发展规划》中，提到知识服务和知识计算："围绕提升我国人工智能国际竞争力的迫切需求，新一代人工智能关键共性技术的研发部署要以算法为核心，以数据和硬件为基础，以提升感知识别、知识计算、认知推理、运动执行、人机交互能力为重点，形成开放兼容、稳定成熟的技术体系。知识计算引擎与知识服务技术。重点突破知识加工、深度搜索和可视交互核心技术，实现对知识持续增量的自动获取，具备概念识别、实体发现、属性预测、知识演化建模和关系挖掘能力，形成涵盖数十亿实体规模的多源、多学科和多数据类型的跨媒体知识图谱。"

第八节 出版数据建模

大数据产业链主要由大数据拥有者、大数据技术公司、大数据思维公司和个人、数据中间商四个角色所实现。在这四个角色中，核心和关键是具备大数据思维的公司和个人，因为他们能够指导采集什么样的数据，他们明晰需要设定群体、行为、性别、特征等哪些

① 王元卓，贾岩涛，等. OpenKN——网络大数据时代的知识计算引擎[J]. 中国计算机学会通讯，2014(10).

分析统计维度，他们知道采用什么样的挖掘分析系统，他们清楚产生的二次数据的用户和市场。

作为出版企业本身是一定量的数据拥有者，具备了研发大数据平台的数据基础；最重要的是经过多年的专业培训和实践，出版社，尤其是专业类出版社，拥有具备大数据思维的职业人才，同时出版企业还可以通过合作、融合等方式扮演数据中间商的角色。

大数据思维的最重要体现便是如何构建大数据模型，这对任何行业的大数据建设而言，都是头等重要的大事。新闻出版业基本涵盖了我国学科体系的 13 门学科的所有知识范围——理学、工学、农学、医学、哲学、经济学、法学、教育学、文学、历史学、军事学、管理学、艺术学。为此，大数据建模将会呈现出各种各样的差异性和特殊性，其复杂程度也将有所不同。对于法律学科，其严谨、规范的法言法语非常有利于大数据的标引和计算开展，这样的严谨性、规范性语言不仅存在于法律条文中，同样存在法律判决书之中；同样，法律学科"大前提、小前提、结论"的基本逻辑模型也为大数据建模提供了相对一致的模型基础。而对于其他学科，能否把握住其基本的逻辑模型和语言特点，将是考量大数据建设的重要能力。

但是，无论差异再大，大数据建模的两个方向将是恒定的——学科体系建模和行业应用建模。学科体系建模有着相对成熟的理论基础和知识体系，其操作难度相对不大；而行业应用建模，则需要深入到国民经济各行各业，深入把握各个行业和职业的工作环节、业务流程的特点规律，在此基础上，熟悉用户需求，围绕用户需求建构相应的大数据模型。

数据模型是整个数据处理分析的核心。出版单位应该根据自己的核心业务和数据，结合自身的发展目标建立数据模型(如图8-4)。

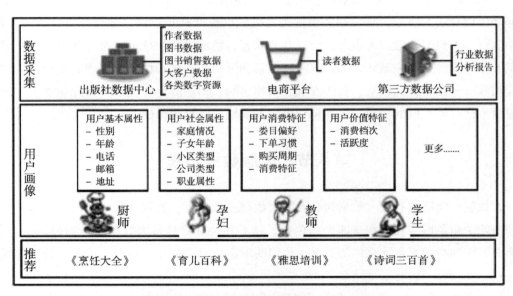

图 8-4　数据模型构建用户画像和个性化推荐

以数据模型构建用户画像为例：可以根据不同用户产生的各类数据为用户添加标签，如某用户购买婴儿早教类的图书，可以给他打上年轻父母的标签；如果能够根据图书的适龄人群推断出孩子的年龄，系统就能在之后的几年里根据不同学龄阅读需求为该用户推送儿童读物和教材；再比如，某读者购买了 JAVA 编程类的图书，那他可能是个 JAVA 程序员，可以给他推送 JAVA 或算法类的书籍。出版社获取到的用户数据越多，构建的用户画像就越精确，就能提供更好的个性化服务。

用户画像通过加标签的方式把庞杂的用户群具象化，使出版社有可能为每个读者推送个性化的服务；将具有相同标签的用户划分成一个个群组，就能针对不同人群做垂直服务。

第九节　出版大数据应用

在经历了数据采集、数据标引、数据计算、数据建模等环节后，便可为目标用户提供丰富多彩的大数据服务了，大数据服务既包括服务于新闻出版业本身的数据服务，也包括服务于国民经济各行业的数据服务。企业级的大数据平台，内部完全可以为选题策划、编辑审校、印制财务和发行运营提供数据支撑和决策参考；同时，企业级大数据平台所汇聚的海量数据资源，又可为目标用户提供外部的知识服务，进而实现纸质产品产生的二次数据的价值。

在对外提供大数据服务时，出版业的大数据所提供的服务既包括提供一般性数据服务，如数据查询、数据下载、数据可视化、数据交换和购置，也包括为出版转型升级的特定领域提供服务，例如数字教育、知识服务和移动阅读领域等。下面仅就大数据在教育出版、专业出版和大众出版领域的应用做简单分析：

一、大数据与出版升级

把大数据应用于出版社平时的生产经营中，构建大数据驱动的新型生产经营模式，是传统出版社升级转型的一条思路。

传统出版业中的数据是一个个的信息孤岛，读者、作者、出版社之间数据闭塞，作者接触不到读者的阅读反馈，出版社接触不到有效的市场信息，出版社大量的数字资源也得不到有效利用，信息闭塞会带来各种问题，如编辑选题缺乏数据支持、粗放式生产、高库存、高退货率等，在生产经营中造成重大损失。

出版社正在逐步建设服务于最终用户的各类系统平台，这些系统对于拉近出版社、作者和读者之间的距离，提升出版社对作者及读者的服务提供了非常好的机遇。系统内的数据主要围绕出版社、读者和作者而产生。出版者、作者和读者既是数据的生产者，又是数据的使用者，也是出版数据最后要服务的对象。

出版大数据一般可以分为内部数据和外部数据。内部数据是出版社日常生产活动中产生的各类数据，存在于出版社 ERP、客户关系管理系统、资源管理系统等内部业务系统之中，包括作者数据、图书数据、图书销售数据、大客户数据、各类数字资源等。外部数据指出版社日常生产活动中难以收集的数据，获取渠道有电商平台、第三方数据公司等，包括读者数据、详细销售数据等。在经过数据采集、数据清洗、数据加工、数据建模分析等步骤后，将出版数据有效地整合、统一起来，通过整理分析，为用户提供各类数据服务，可以有效增加出版社生产经营效率，并为出版社的转型升级提供数据支持。

二、大数据与数字教育

MOOCs(massive open online courses)曾一度被誉为继火的发现之后最重要的创新，然而，2013 年美国斯坦福大学的教授塞巴斯蒂安·特龙却公开宣称 MOOCs 是一个失败的新生事物，其主要原因是只有 5% 左右的课程完成率。[①] MOOCs 备受欢迎的原因在于汇聚了海量的权威课程资源，解决了教育的形式公平公正问题，弥补了课堂教学的资源有限性。

继 MOOCs 之后，美国又兴起了 SPOCs(Small Private Online Courses)，针对解决小规模学生群体的特定学习问题而开设的网络课程，应该说 SPOCs 属于知识服务的定制化服务范畴，它解决了小部分学生的学习难点和问题，同时将线上和线下的课程、答疑相结合。

无论是 MOOCs，还是 SPOCs，要想取得较高的通过率，需要借助大数据技术，实现数据回传、捕获学生的个性化学习问题，进而才能采取有效的针对性措施，以实现预期的理想课程效果。

三、大数据与知识服务

如前所述，我国《促进大数据发展行动纲要》中明确提出知识服务大数据的建设，包括建立国家级知识服务平台和国家级知识资源服务中心。大数据与知识服务的关系是：首先，大数据为扩展性知识服务的开展采集了海量的知识数据、用户数据和交互数据，为精准营销和定制化推送提供了前提和可能，能够有效发挥扩展性知识服务的 B2C 盈利模式的作用；其次，大数据为定制化知识服务提供了个性化知识解决方案，能够满足特定群体、特定个人的绝大部分知识需求；最后，大数据平台和知识服务平台都需要采用知识标引技术，包括学科性的知识标引和应用性的知识标引，这也是二者可以实现融合打通的底层资源可行性所在。

四、大数据与移动阅读

在大众出版领域，移动手机阅读收入近几年经历了百分之好几百的高速增长之后，目前处于平稳增长的新常态发展格局，而无论是中国移动还是中国联通都已经在部署或者筹

---

① ［英］维克托. 迈尔-舍恩伯格 肯尼思. 库克耶. 与大数据同行：学习和教育的未来［M］. 上海：华东师范大学出版社，2015.

划部署大数据平台的建设问题。移动阅读平台构建大数据，有其天然的优越性：其一，三大基地掌握了大量的用户数据，仅以中国移动手机阅读基地为例，就拥有着 4.2 亿的手机用户，[①] 海量的用户数据对于大数据模型的建构和服务的提供具有至关重要的作用；其二，手机阅读基地掌握了海量的内容数据资源，仅中国移动手机阅读基地就拥有着超过 43 万种精品正版内容，涵盖图书、杂志、漫画、听书、图片等产品，这些内容数据恰恰是大数据平台建设的核心数据所在；其三，手机阅读基地还以其日均点击量数亿次的优势而收录了大量的点赞、评论等交互数据，这些数据用于实现内容精准投送、个性化定制推送具有相当高的参考价值。总之，移动大数据将来也必将成为数字出版界的一面旗帜，在大数据时代继续扮演领跑数字出版的重要角色。

五、大数据与人工智能

人工智能(AI)，是指根据对环境的感知，做出合理的行动，并获得最大收益的计算机程序。人工智能相对应的是我们人类的自然智能。

迄今为止，人工智能已经步入了发展的新阶段。经过 60 多年的演进，特别是在移动互联网、大数据、超级计算、传感网、脑科学等新理论新技术以及经济社会发展强烈需求的共同驱动下，人工智能加速发展，呈现出深度学习、跨界融合、人机协同、群智开放、自主操控等新特征。

自从 20 世纪 50 年代提出人工智能以来，先后经历过三次发展高潮，里程碑意义的事件分别是：20 世纪 50 年代图灵测试震撼了世人；20 世纪 90 年代 IBM 深蓝打败国际象棋冠军卡斯帕罗夫；2016 年 AlphaGo 战胜了围棋冠军李世石。

第三次人工智能高潮的爆发，是伴随着移动互联网、大数据、超级计算、神经科学等新理论新技术的飞速提升而出现的。其中，大数据是人工智能的基石。大数据所带来的海量数据训练、深度学习使得 AlphaGo 在第一场负于自然智能之后，一晚上又继续练习了500 万盘围棋，注意：是 500 万盘! 所以后来的比赛，顺理成章地一直处于胜利的局面之中。

为什么说大数据是人工智能的基石？研究发现，人工智能的几乎所有领域：智能推理、新闻推荐和新闻撰稿、机器视觉、AI 艺术、智能搜索、机器翻译、语音识别、自动驾驶、机器人、深度学习、数据挖掘、知识图谱等，都需要运用大数据技术，需要海量数据作为支撑。大数据技术也是人工智能迎来第三次发展高潮的至关重要的技术。

1. 大数据与机器撰稿

就新闻出版业而言，新闻推荐实现了对目标用户的精准推送，可以将每一条相关度最

---

① 《咪咕数媒正式起航 手机阅读基地华丽转身》，2015 年 4 月 20 日，见 http://news.youth.cn/gn/201504/t20150420_6589843.htm.

紧密的资讯及时推送到用户那里。

机器撰稿的发展更是突飞猛进：美国的"作家"人工智能技术平台 Wordsmith，2013 年机器自动撰写的新闻稿件数量达到 3 亿篇，超过了所有主要新闻机构的稿件产出数量；2014 年，已撰写出超过 10 亿篇的新闻稿。

2017 年 8 月 8 日 21 时 37 分 15 秒，中国地震台网机器人自动编写稿件，仅用 25 秒出稿，540 字并配发 4 张图片！内容包括速报参数、震中地形、热力人口、周边村镇、周边县区、历史地震、震中简介、震中天气 8 大项。

其主要内容如下："据中国地震台网正式测定，8 月 8 日 21 时 19 分在四川阿坝州九寨沟县发生 7.0 级地震，震源深度 20 千米，震中位于北纬 33.20 度，东经 103.82 度。"

2. 大数据与智能出版

国务院发布的《新一代人工智能发展规划》，其中有 24 处提到了大数据，大数据作为人工智能的基石被诠释得淋漓尽致。

如前所述，整个新闻出版业高度重视大数据技术的应用，并举全行业之力构建新闻出版发行大数据平台，这为人工智能语境下的智能出版奠定了扎实的数据基础和技术基础。

可以预见的是，未来的智能出版包括增强现实智能出版、虚拟现实智能出版、知识服务智能出版等新业态，但是无论哪种新业态的出现和壮大都必将伴随着大数据技术的充分应用，否则始终会遇到发展的瓶颈。

第三篇

数字出版前沿技术与应用

第九章　出版知识服务

---

* 本章知识点提要

1. 知识服务的概念和特征
2. 知识服务的基本内容
3. 知识服务的发展现状和现存问题
4. 知识服务流程及其内容
5. 五类出版知识服务模式

* 本章术语

知识服务　出版知识服务　出版知识　知识服务流程　知识服务模式　存量资源　在制资源　增量资源　知识元　知识体系　知识标引　知识关联　知识计算　知识图谱

从宽泛的角度加以理解，自古以来，出版机构始终承担着知识服务提供商的角色。有所不同的是，以往的服务的载体以纸质形态出现，主要提供纸质书报刊等产品服务；在"互联网+"时代，出版知识服务的载体则更加立体化，知识服务的形式和方式也日益多元化、智能化。2017 年底，政产学研各界资深数字出版智库专家在出版业深化数字化转型升级的闭门研讨会上对未来出版领域的发展进行了预测和展望，并得出知识服务是未来出版发展的四大核心领域之一的结论。随着媒体融合和出版融合的深入发展，知识服务势将成为未来出版业转型升级的最终目标，也将成为现代出版技术应用的重要场景。本章旨在概述知识服务概念、特征、基本内容等的基础上，对知识服务的流程与模式做系统探讨。

第一节　知识服务概述

知识服务起源于知识经济浪潮下企业与消费者对知识共享与创新的新需求，其概念一经诞生就在新闻出版、图书情报等知识密集型产业受到广泛关注与讨论。从本质上看，出版活动其实就是一个知识服务过程，知识服务则是出版回归本源、再现知识价值的体现。

相较于图书情报领域的知识服务，出版领域的知识服务由政府主管机构自上而下推动开展，其知识服务的性质、特点和内容在部分呈现文化产业知识服务共性特征的同时，也彰显了出版领域的个性差异。

一、知识服务的概念与特征

出版知识服务是指出版机构围绕目标用户的知识需求，在各种显性和隐性知识资源中有针对性地提炼知识，通过提供信息、知识产品和解决方案来解决用户问题的高级阶段的信息服务过程。从层次上来看，知识服务可划分为信息服务、知识产品和知识解决方案三层。其中，第一层为信息服务，指出版机构为目标用户提供资讯、书讯、图书基本信息、数字产品信息等信息服务；第二层为知识产品，指出版机构根据目标用户的需求提供数字报刊库、数字图书馆、条目数据库和以知识体系为核心的知识库等知识产品；第三层为知识解决方案，指出版机构根据目标用户的个性化和定制化知识需求，为其提供的点对点、直供直连直销的知识化解决方案。

与图书情报机构提供的知识服务相比，出版知识服务的特征更强调以下三个方面：

其一，出版知识服务既注重社会效益，也注重经济效益。这是出版知识服务与图书情报知识服务的显著性差别的集中体现。图书情报机构提供的知识服务以无偿服务为主，基本不涉及需依靠图情知识服务来提高经济效益的服务目标，具有公益性服务特征。而对出版机构而言，知识服务是出版机构未来生产和发展的主体业务，其需在"双效统一"理念的指导下提供兼具社会效益与经济效益的知识服务，具有有偿性特征。

其二，出版知识服务是能够提供多层次、跨媒体、全方位的知识服务。"多层次"体现在出版机构所提供的知识服务包括信息资讯服务、数字产品和知识解决方案等，其服务层次的差异性既能满足一般用户的大众化的、扩展性的知识需求，也能够满足特定用户个性化的、解决特定问题的知识需求。"跨媒体"则体现在出版机构能够提供包括纸质介质、网络介质、智能终端介质等在内的多介质、跨媒体的知识服务。而"全方位"指出版机构提供的知识服务既能满足特定专业、特定领域的用户需求，也能满足普通社会大众的知识需求，服务范围囊括整个社会各类主体，属于全方位的知识服务。

其三，出版知识服务是出版机构转型升级的最终目标。我国数字出版转型升级工作已推行数年，部分出版机构已经实现了一定程度的业态转型，但是国内出版单位主要的经营业务仍围绕纸质图书产品展开。从我国主管部门关于出版机构转型升级、融合发展的部署方向上来看，无论是配置数字化软件、硬件，启动数字资源库项目、搭建行业级数字内容运营平台，还是聚焦传统媒体和新兴媒体深度融合的战略发展，其初衷和归宿都在于让出版机构具备提供数字化、信息化数字产品与服务的能力，最终实现出版机构由提供单一的纸质图书产品向提供全方位、多媒体的知识服务的角色转型。因此，知识服务可以说是出版机构转型升级的最终走向。

二、知识服务的基本内容

我国较早提供的知识服务主要通过数字图书馆、数据库、终端阅读、手机书等产品形式实现，后来又陆续出现了以知识体系为核心的知识库、大数据知识服务平台、MOOC/SPOC 在线教育平台、AR 图书、VR 图书等新产品、新形态。追踪上述知识服务的实现过程，可发现知识服务的实现离不开人财物条件、产业链环节和效益指标等基本内容。

(一) 人财物条件

人财物条件是开展知识服务的必要前提，"人"为知识服务实现的主体性要素，"财"为支撑知识服务运行的资本要素，"物"为保障知识服务可持续发展的技术要素。

"人"的条件即为人力资源条件。从分工来看，可分为知识服务的内容人才、技术人才、运维人才、管理人才、资本人才等；从人才价值来看，可分为领军人才、骨干人才和一线人才；从人才素质来看，可进一步划分为专业型人才、综合型人才和复合型人才。

"财"的条件即为资金条件。知识服务的开展离不开资金的投入，尤其是前期的资源采集、标引、加工等资源建设阶段都需要一定的资金保障。而知识服务的来源既包括从出版机构自身资产中调取加以使用的自有资金，也包括从中央或地方的文化产业发展资金、扶持项目中申请、获批而得以利用的财政资金。

"物"的条件即为设备设施条件。"工欲善其事，必先利其器"，知识服务的开展也离不开基础软硬件设施的支持，具体包括计算机设备、移动办公设备、网络安全设备、网络机房、网络云服务等。

(二) 产业链环节

知识服务产业链包括内容、技术、运维三个基本环节。就内容环节来看，出版机构拥有开展知识服务的规模化、专业化的知识资源，将这些知识资源从纸质形态转向数字形态后，出版机构就拥有了开展知识服务的最大优势——内容优势。就技术环节来看，出版机构需将现代信息技术应用于新闻出版产业，充分发挥大数据、人工智能、区块链、5G 技术等高新技术的赋能作用，实现先进内容与先进技术紧密结合、传统媒体和新兴媒体有机融合。就运维环节来看，配齐、配强市场营销团队，将所研发的信息服务、知识产品和知识解决方案向个人用户和机构用户进行推广营销，是知识服务实现社会效益和经济效益的关键所在，也是知识服务从价值向价格转变的主要抓手。

(三) 效益指标

出版机构开展的知识服务是以社会效益为首位，旨在实现社会效益和经济效益相统一的过程。依据中宣部《图书出版单位社会效益评价考核试行办法》的规定，知识服务所追求的社会效益是指"通过知识服务产品、活动，对社会产生的价值和影响"，主要包括"产品服务质量、文化和社会影响、产品结构和专业特色、内部制度和队伍建设"等。

因此，知识服务供给的首要效益指标是社会效益指标，即对社会所起到的积极促进和推动作用，包括促进社会经济发展、推动社会进步、提高人民的精神文化生活水平等。出版机构的知识服务社会效益，也由此具体体现在坚持正确的政治方向、出版导向和价值取向，确保出版物的科学性、知识性和编校质量；体现在传承文明，传播知识，践行弘扬中华优秀传统文化、革命文化和社会主义先进文化的使命；体现在形成知识服务模式清晰、产品结构合理、专业特色突出的新服务业态等方面。

与此同时，经济效益也是知识服务的效益指标之一。知识服务也需实现投入产出合理，具备催生出新的经济增长点、对出版机构经营发展形成有力支撑的能力，进而促成传统出版业务和新兴出版业务良性互动、有机融合的发展格局。

三、知识服务的发展现状及存在的问题

2015 年，原国家新闻出版广电总局（现为国家新闻出版署）遴选了 28 家出版社作为知识服务试点单位，20 家企业作为技术服务单位，正式拉开了出版业知识服务建设工作的帷幕。国家对知识服务的重视也提高了其在出版领域的产业地位，知识服务也因此获得了更为全面和多方位的发展机遇，并在一定程度上影响和带动了一批新兴互联网企业的发展。传统出版单位按照软硬件改造、资源库建设、行业级运营平台研发、知识服务的供给侧结构性改革，有条不紊地推进知识服务进程，尽管在横向对比上来看还有较多发展空间，但是纵向对比自身转型已是一日千里；新兴互联网企业则在知识共建共享、碎片化知识服务创新等方面重点发力，掀起了一股新的知识服务热潮，且取得了相对明显的经济效益和社会效益。

1. 现状认知

伴随"十三五"时期国家新闻出版业转型升级的深入推动，媒体融合步入深度融合发展阶段，知识服务的发展呈现出多层次、全方位、立体化的发展特征。"十四五"时期，我国进入新发展阶段，新闻出版业的转型升级工作也向科学化、规范化、制度化方向发展，知识服务需深刻认识新时代的新特征、新要求，通过贯彻新发展理念促进知识服务的加速升级与健康发展。从出版业转型升级的整体推进情况以及传统互联网企业的转型升级情况来看，知识服务在不同的细分领域都取得了一些阶段性进展，整体进展特征可总结为宏观政策引领实践发展和知识服务标准体系构建两个方面。

（1）宏观政策引导知识服务实践发展

自 2015 年以来，出版企业，尤其是专业出版机构更充分运用财政资金的杠杆作用，以文化产业各种项目为抓手，通过技术改造、资源库建设、运营平台搭建的阶梯，加速迈向知识服务的康庄大道。近几年，出版企业更是在大数据、增强现实、虚拟仿真、CNONIX、ISLI、人工智能等领域不断创新、不断突破。在原国家新闻出版广电总局以及

其他政府主管部门的指导和推动下，出版企业知识服务的重要里程碑事件如表9-1所示。

表 9-1　出版企业知识服务进展的核心事件及意义

时间	核心事件	意义
2015 年 3 月	原国家新闻出版广电总局启动"知识服务模式试点工作"，确定 28 家出版单位作为首批知识服务模式试点单位。	正式拉开出版业知识服务建设工作的帷幕。
2015 年 9 月	国务院印发《促进大数据发展行动纲要》，提出了政府治理大数据等十大工程，其中涉及教育文化大数据、服务业大数据、新兴产业大数据等与知识服务密切相关的大数据应用布局和规划，在万众创新大数据工程中提到要建立"国家知识服务平台与知识资源服务中心"。	从国家战略高度对出版业知识服务给予强有力的政策支持。
2015 年 11 月	原国家新闻出版广电总局正式公布 32 家知识服务技术支持单位，包括 11 家相关核心技术支持单位、9 家知识体系建设及知识化加工、管理技术支持单位和 12 家知识服务与运营技术支持单位。	为"知识服务模式试点工作"的统一部署和出版知识服务的未来发展提供技术支撑。
2016 年 3 月	原国家新闻出版广电总局日前正式批复中国新闻出版研究院筹建知识资源服务中心。	为构建"国家级知识资源服务体系"提供基础性组织保障，为有效提升国民科学素质、国家文化安全水平，推动学习型社会、创新型国家建设奠定基础。
2016 年 10 月	原国家新闻出版广电总局数字出版司发布《新闻出版业数字化转型升级软件技术服务商推荐名录(2016)》，共有 67 家数字化转型升级软件技术服务商入选。	服务新闻出版企业数字化转型升级软件系统需求，提供内容资源及标识管理系统、数字内容与产品发布系统等软件技术服务。
2017 年 1 月	原国家新闻出版广电总局公布 42 家新闻出版科技与标准重点实验室，其中 18 家(占 42.86%)属知识服务重点实验室，如智慧型知识服务关键技术与标准重点实验室、知识产权知识挖掘与服务实验室、社会科学领域知识挖掘与服务实验室等。	是出版业科技与标准研发应用、满足出版业转型升级和融合发展需要的"桥头堡"。

续表

时间	核心事件	意义
2017 年 7 月	国务院发布《新一代人工智能发展规划》，重点提到"知识计算引擎和知识服务技术"，指出要"重点突破知识加工、深度搜索和可视交互核心技术，实现对知识持续增量的自动获取，具备概念识别、实体发现、属性预测、知识演化建模和关系挖掘能力，形成涵盖数十亿实体规模的多源、多学科和多数据类型的跨媒体知识图谱"。	对出版业深度推进知识服务建设具有较强的方向指引价值和技术指导意义。
2018 年 1 月	原国家新闻出版广电总局确定 27 家新闻出版单位为第二批知识服务模式试点单位。	促进加快推进专业化知识服务平台建设、聚集专业领域数字内容资源、推动国家知识服务体系建设。
2018 年 5 月	原国家新闻出版广电总局启动第三批知识服务模式试点单位遴选，选出广播影视、出版、互联网、高校及科研院所等 55 家企事业单位，至此我国共征集知识服务模式试点单位 110 家。	在不同垂直领域形成了同样的知识服务产品及运营模式，知识服务业态基本形成。

在宏观政策的引导与支持下，出版机构提供的知识服务在学科完整性、学术规范性、体系健全性以及知识精准性方面都取得了长足的进展，同时也出现了一大批知识服务经典案例，如人民法院出版社的法信大数据平台、人民出版社的党员小书包、社科文献出版社的皮书数据库等。这些知识服务平台和产品在源源不断地为特定行业、特定领域的专业人士提供垂直知识服务的同时，也在推动我国知识服务的前进式发展。

（2）知识服务标准体系日益完善

标准体系是将一定范围内的标准按照其内在的联系形成的科学有机整体，是具有全局性、引领性、基础性的顶层设计工作。知识服务标准体系则是知识资源体系建设和知识服务工作的基础，对出版业的标准化发展、融合发展具有重要的现实意义。

2015 年 11 月，28 家出版单位牵头制定了《知识服务通用标准体系》，由此明确了 8 项专业数字内容资源知识服务模式试点工作项目的具体标准，具体为《知识服务标准体系表》、《知识资源建设与服务工作指南》、《知识资源建设与服务基础术语》、《知识资源通用类型》、《知识关联通用规则》、《主题分类词表描述与建设规范》、《知识元描述通用规范》、《知识应用单元描述通用规范》，其中 7 项上升为国家标准，知识服务标准体系建设工作由此受到学业界的广泛重视。同时，涉及知识服务基础标准、知识描述标准、知识加工标准、知识服务标准等四个类别、共计 22 项企业标准得以确立，明确了知识资源服务标准体系的具体内容和要求。2019 年 12 月，《新闻出版 知识服务 知识资源建设与服务工作指南》等 7 项国家标准正式发布并于 2020 年 7 月正式生效实施，知识服务标准对出版工作的示范、驱动、规范和引领作用日益凸显，各项国家标准的核心内容如表 9-2 所示。

表 9-2　新闻出版知识服务相关国家标准及其核心内容

序号	标准名称	核心内容
1	《新闻出版 知识服务 知识资源建设与服务工作指南》	明晰了知识资源建设与服务框架，知识资源建设的基本条件与基本流程；对知识服务的基本条件、基本环节及基本形态进行了系统规定。
2	《新闻出版 知识服务 知识资源建设与服务基础术语》	对知识资源建设与服务中的一般基础术语（如知识资源、知识元等）、组织基础术语（如知识组织、知识管理等）、服务基础术语（如知识库、知识地图等）进行了规范界定。
3	《新闻出版 知识服务 知识关联通用规则》	规定了知识关联的目的性、多样性、规范性、适应性和可管理性原则；明确可按相关度、关联方法和领域范围划分知识关联的类型；确定"知识获取—知识描述—关联建立—知识存储和应用"的知识关联构建过程；对知识关联的表达和关联数据的发布进行了规定。
4	《新闻出版 知识服务 知识资源通用类型》	规定了知识服务中知识资源划分的科学性、实用性、通用性和可扩展性等划分原则；在明确知识资源通用类型框架的基础上界定了事实型、数值型、概念型、原理型等 7 类知识资源类型。
5	《新闻出版 知识服务 知识单元描述》	规定了知识单元的概念模型及描述规则。
6	《新闻出版 知识服务 知识元描述》	规定了知识元的描述原则、知识元模型、知识元类型、知识元基本属性等描述规则；规定了知识元的扩展原则、属性和方法等扩展规则。
7	《新闻出版 知识服务 主题分类词表编制》	规定了知识服务主题分类词表的组成结构，包括词汇表结构、分类表结构和特征表结构，并对其编制方法、更新与维护的基本原则方法进行了界定。

　　整体而言，新闻出版机构知识服务标准体系的研制、宣贯和落地实施，为出版企业开展知识服务提供了依据和准绳，使得知识服务的开展有章可循、有据可依，对出版业的发展影响深远。首先，锻炼了出版企业的标准化队伍，提升了出版人的知识服务理论素养。知识服务标准体系的起草、撰写过程推动和促进了一批新闻出版标准化人才的成长，锻造和提升了一支推动出版企业发展的标准化队伍。再次，通过借鉴和吸收图书情报界的成熟经验与做法，开创性地融合了新闻出版界知识服务的新技术、新业务和新业态。具体体现在扬弃吸收图书情报界关于信息、数据和知识等知识服务的基本范畴与观点的基础上，将新闻出版界正在开展的数字图书、知识库、专题数据库、MOOC 课程、SPOC 课程等知识服务形态囊括进标准体系。最后，确立了知识服务的基本框架和阶段，厘清了知识服务的

基本流程和形态，为新闻出版业开展知识服务提供了规范的实施方案和参考依据。

2. 问题剖析

在知识服务热潮的背后，无论是新兴互联网企业开展的知识服务，还是出版企业所布局的知识服务，也均存在着一些问题，影响了知识服务的稳定性、健康化推进。

其一，新兴互联网知识服务的业态模式在知识的厚重性、权威性、准确度方面还有待强化。目前，新兴互联网企业充分运用"互联网+"的技术优势，不断创新知识服务模式，以"听书"、"共享"、"碎片化"为代表的知识服务新业态在有效捕捉用户需求、抢占市场空白领域等方面取得了可喜的业绩，但也存在着良莠不齐、快餐文化、不合规经营等问题。从全民阅读的角度来看，新兴互联网企业所提供的知识服务还难以全面承担提高阅读能力、提升阅读质量、促进共勉全面发展和社会文明进步的重任。其所提供的阅读是基于猎奇、兴趣而进行的阅读，绝大多数属于浅阅读范畴，是快餐文化的必然产物。这种文化快餐存在的问题是"压饿不营养、营养不均衡、不全面、不成体系"，所提供的知识为碎片化知识，或者是其他人"咀嚼"以后的知识残羹，没有留下用户深度分析、思考、论证的思维轨迹。如同鲁迅先生所言："一部红楼梦，经学家看见《易》，道学家看见淫，才子看见缠绵，革命家看见排满，流言家看见宫闱秘事。"而快餐文化所提供的知识服务是"一千个读者心中，只有一个哈姆雷特"，用户所接受的仅仅是一种被灌输的单一的观点、理论或思想。同时，新兴互联网企业所鼓吹的"快乐阅读"、"懒人阅读"模式，本身也与知识获取的规律背道而驰：知识获取过程是一个从"腹中空空"到"腹有经纶"、"诗书满腹气自华"的"破茧成蝶"的过程，需要沉淀并付出代价；而"快乐阅读"、"懒人听书"则更是一种"短平快"的功利性阅读，是社会阅读心态浮躁的体现。

其二，传统出版机构的自我造血机制尚未形成，知识服务市场化和规模化盈利也未如期实现。传统出版机构按照知识元建构、知识体系研发、知识标引和知识库建设的思路稳步推进，但长期依靠财政项目的支持，财政资金真正的杠杆作用、撬动作用还未充分体现，具体表现在自我造血能力不足、市场运营能力欠缺、提质增效不明显；同时，数字出版业务的部门制发展模式也致使出版主体很少以"企业家"的角色来开展知识服务活动，客观上动力机制和激励机制存在一定不足。因此，传统出版企业知识服务难以实现市场化创收、规模化盈利的关键性问题在于传统出版动能不足，新兴出版动能则在转换、接续方面不够成熟，导致以科研、技术、标准、数据等新生产要素为支撑的出版业新动能尚未完全形成并发挥作用。

未来，无论是传统出版机构还是新兴互联网企业的知识服务都应该以深化新闻出版转型升级为根本方向，在纸质载体层面多出精品力作，优化内容供给；在互联网载体方面则是要持续创新知识服务新模式与新形态。只有如此，知识服务才能不断适应"互联网+""人工智能+""区块链+"等新形势和新业态，并利用信息化、网络化、数字化、智能化的技术手段提供适应新时代发展需求的精准化、个性化、定制化、交互化的优质数字内容服务，进而满足人民群众多样化、个性化的精神文化需求，为智慧社会、网络强国和数字中国建设提供有力支撑。

第二节 知识服务流程

知识服务流程可划为知识服务模式策划与确定、知识资源建设、知识资源应用、知识资源发布、知识服务运营与维护、知识服务评估与反馈等若干个核心环节，整个流程如图9-1所示。

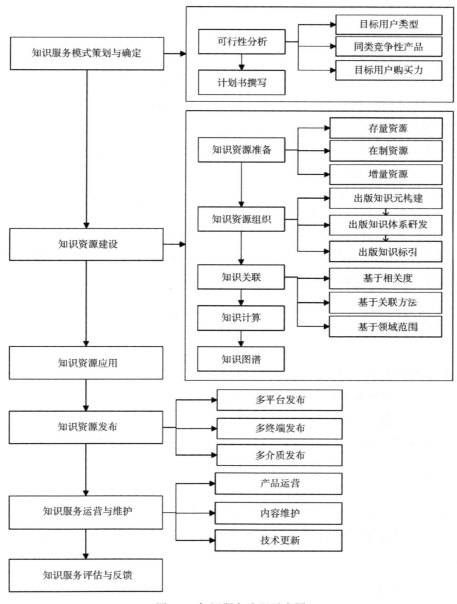

图 9-1 知识服务流程示意图

237

一、知识服务模式策划与确定

知识服务模式的策划是基于目标用户的知识需求差异而确定采取信息服务、知识产品抑或知识解决方案，以及采取具体哪一种信息服务、知识产品或解决方案。知识服务模式确定是策划人员根据用户需求及调研结果明确其市场定位、确定知识资源并据此确定服务模式的过程，整体可分为可行性分析、计划书撰写两个步骤。

1. 可行性分析

可行性分析包括用户需求分析、资源可行性分析、技术可行性分析、市场可行性分析等内容。在上述可行性分析之中，目标用户类型分析、同类竞争性产品分析和目标用户购买力分析显得至关重要：（1）目标用户类型分析旨在确定目标用户是个人用户还是机构用户，其对知识服务提供方式产品类型的确定具有直接影响，如是以线性提供还是镜像安装的方式提供服务、提供单一性数字产品还是综合性数字产品等。（2）同类竞争性产品是否存在、数量多寡则引导着出版机构是采取"蓝海战略"还是"红海战略"，即是填补市场空白还是提供更优质、更便捷的知识产品。值得一提的是，目前，我国知识产品市场的竞争不充分，尤其是在专业性数字产品和解决方案领域存在着许多市场空白，为出版机构开展知识服务提供了有利的市场先机。（3）目标用户的购买力分析直接决定着出版机构知识服务的价格策略体系，仅以政府机关用户为例，出版机构所提供的数字图书馆、数据库产品的价格要符合目标用户的年度预算和决策机制，否则将会严重干扰价格策略的稳定性和有效性，出现销售疲软、销售周期人为延长等不利后果。

2. 计划书撰写

知识服务模式策划与确定的计划书要求：对知识服务模式策划进行详细分析，明确知识服务定位、知识服务类型、知识服务表现形式、内容资源、盈利模式、营销策略、效益估算、知识服务产品开发进度、知识服务产品标准、知识服务产品人员及职责等内容，最终以书面形式进行呈现。知识服务模式计划书撰写完成后，还需经过全面、客观、反复的论证以完善计划书内容。

二、知识资源建设

知识资源建设流程包含资源准备、资源组织、知识关联、知识计算和形成知识图谱五个阶段。知识资源建设流程是知识服务开展的前提和基础，知识服务开展则是知识资源建设的结果和归宿。

1. 知识资源准备

在经过充分的市场调研、确定知识服务模式之后，出版社首先应开展知识资源的采集和获取工作，即知识资源准备。知识资源的准备过程就是把用于问题求解的专门知识从某些知识源中提炼出来的过程，是出版机构开展知识服务的首要工作。以知识资源存在的时间为依据，知识资源准备的内容和方式可分为存量资源获取、在制资源获取以及增量资源获取三类。

（1）存量资源获取

存量资源的获取，主要采取纸质产品形态转化的手段，对书报刊机构既存的知识资源进行数字化、碎片化加工，进而获得所需的各种类型的知识资源。各出版机构的历史有长短，所积累的存量图书少则千余种，多则数万种，这些存量资源经数字化和碎片化加工后将成为重要的知识服务资源。实践中，截至 2021 年 9 月，安徽画报社依托安徽图片云平台，已经将 1958 年建社以来的 10 万张图片资源全部进行了数字化加工和转化，基本实现了全部存量资源的数字化目标。

（2）在制资源获取

在制资源的获取，是指通过流程同步化的手段，对书报刊机构日常编辑出版过程中的知识进行数据标引、加工，以获得所需的知识资源。通过 2013 年第一批数字化转型升级项目的有效实施，出版社目前基本具备了在制资源的获取能力。

（3）增量资源获取

增量资源的获取，是指通过资源交换、资源购买、内容提取、网络抓取、知识重组等方式和手段，采集书报刊机构主营业务之外的知识资源。增量资源获取能力的高低，是出版机构与民营企业、海外出版机构开展知识服务竞争的关键所在，也是目前各出版机构着力解决的难题。其中，知识重组既是增量资源获取的有效途径，也是知识资源组织的一种重要方式，指对相关知识客体中的知识因子和知识关联进行结构上的重新组合，形成另一种形式的知识产品的过程，包括知识因子的重组和知识关联的重组。

2. 知识资源组织

在完成知识资源准备之后，出版社需要根据目标用户的知识需求或者知识服务的类型开展知识资源的组织工作。而知识资源组织，整体是指对海量已预处理过的知识资源数据进行属性、特征等方面的标签化加工，这种标签化加工或曰标引的核心依据即知识体系建设。知识资源组织对学科研究、国民经济各行业的应用都具有重要意义，也是出版知识服务开展的前提。出版机构实现知识资源组织，大致需经过知识元建构、知识体系研发和知识标引三个环节。

（1）出版知识元构建

知识元，是指不可再分割的具有完备知识表达的知识单位。从类型上分，可包括概念知识元、事实知识元和数值型知识元、解决方案型的知识元等。出版知识元建构，是开展出版大数据知识标引的首要工作。与新闻业的知识元遵循的归纳式逻辑相反，出版业的知识元建构更宜采取演绎式逻辑，即从现有学科、教材、著作等相对完备的理论知识中分解、拆解和提取知识元。出版企业一旦建构了出版领域的知识元，便可以通过领域词表管理工具实现对知识元的增加、修改、删除和维护，也可以将该知识元连同领域词表作为数字产品向图书馆、科研院所进行销售。

（2）出版知识体系研发

出版知识元建构为出版知识体系的研发提供了知识资源条件，建立完善、有序的知识管理机制，研发或购置知识服务技术工具则为知识体系的研发提供了体制机制基础和工具性条件。出版企业可通过系统法、网状法、移植法和综合方法研发本领域的知识体系：①系统法。即在知识资源积累建设的过程中，以一个系统完备的体系框架为基准整合知识，形成包含基础理论知识、专业基础知识、专业前沿知识、学科基础知识、学科前沿知识在内的宝塔形知识体系。②网状法。即以特定领域的专业知识为中心点，辐射邻近领域或学科中有较紧密关联的知识，形成网状链接结构的知识体系。③移植法。即将已有知识用一种科学的方式，应用到其他类似的范畴上，以理解或解决其他领域的知识体系。④综合方法。即综合运用系统法、网状法、移植法等多种方法构建知识体系。

（3）出版知识标引

在实现知识元建构和知识体系研发后，出版企业又可继续按学科知识或应用知识开展知识资源组织工作。整体而言，知识资源组织的路径主要有三种：基于知识分类或学科、基于行业应用和基于用户定制。

①基于知识分类的资源组织

基于知识分类的资源组织主要体现在基于学科知识体系进行资源组织，是在抽取和建立知识元的基础上，指根据各学科细分领域的差异形成各个学科领域的知识体系，并根据知识体系的逻辑层次对文字、图片、声音、视频、影像等各种类型的知识资源进行聚类和重组。基于知识分类或学科的资源组织主要可面向高校、科研机构和科研工作者，以提供满足其知识面扩展、信息知识查阅参考等知识服务需求。

需要注意的是，出版业的学科知识标引是完备型标引，采用"演绎式"方法构建知识体系，即在拥有完备的知识体系之后再进行数据标引。在出版知识标引过程中，出版企业需充分发挥自身的主动性和能动性，运用已有专业资源优势和学科优势，自主导研发知识元和知识体系，之后可结合出版机构自身的条件与能力考虑是否将知识元、知识体系交由合作机构加工与标引，最大程度确保出版知识标引的专业性与准确性。

②基于行业应用的资源组织

基于行业应用的资源组织，是指根据目标用户的行业应用需求差异，围绕特定行业、特定领域用户的业务流程、工作环节组织文字、图片、声音、视频、影像等各种类型的知识资源。基于行业应用的资源组织，主要是面向国民经济各行业、各领域提供垂直知识服务所运用的资源组织方式，关乎所生产的大数据知识产品能否切实满足目标用户的实际需求。

基于行业应用的资源组织首先需要建立一套完整的、权威的、被用户广泛接受的行业应用知识体系，该体系应与所服务的行业经验、流程具有高度的相似性，且更侧重具体服务行业的公共环节和流程，以提高目标用户的认可度和接受度。而资源组织的实践工作也主要需由出版企业承担，出版企业应在充分开展市场调研的基础上发挥出版社的专业知识优势，实现出版知识的应用标引。随着知识服务向专业化、行业纵深化发展，越来越多的出版机构根据其所服务的国民经济行业的业务流程、工作环节来组织相应资源，提供相关知识服务，例如社科文献出版社的皮书数据库、法律出版社的中国法官数字图书馆等都是基于行业应用的资源组织而开发的知识服务产品，且均取得了较好的社会效益和经济效益。

目前，应用标引已被数字出版发展的不同阶段广泛应用和采纳，并已经显示出了其在数字化、网络化时代的价值和前景。例如，法律出版社所研发的中国法官数字图书馆就是按照法院系统的部门设置、工作环节、流程任务等维度，对所收录的近万种数字图书进行子馆建设和知识体系研发，受到了目标用户的欢迎和认可。

③基于用户定制的资源组织

基于用户定制的资源组织，是指根据特定用户具体知识的需求不同，围绕特定知识问题对相关知识资源进行重组、聚类和关联，继而向特定用户进行推送或者交付的过程。基于用户定制的资源组织往往适用于较高端的知识服务，是为了满足特定用户的个性化、高品位需求而提供定制化知识解决方案的高层次服务，如励讯集团的数字决策工具产品、围绕特定作者的用户画像等就是服务用户特定需求的资源组织产品。

3. 知识关联

知识关联，是指知识与知识之间通过一定规则所建立的关系。出版机构的知识关联，是指各种知识单元之间的联系总和，包括但不限于图书、期刊、报纸、文章、篇章、段落、句子、词语等，也包括文字、图片、音频、视频、3D模型等不同素材之间的关联。根据《新闻出版 知识服务 知识关联通用规则》的规定，知识关联可基于相关度、关联方法和领域范围划分为不同的类型。

（1）基于相关度的知识关联分类

基于相关度，知识关联可划分为同一性关联、隶属性关联和相关性关联。其中，同一性关联指对知识之间所具有的某种程度的相同（或相似）之处所形成的关联关系；隶属性关联包括属分、包含等，体现知识或知识集合隶属于某一概念、范畴和类别的逻辑关系；相关性关联包括相反、相对、因果、引用、应用、影响等各种关系，是知识之间所具有的相互依存、相互渗透、相互制约、相互作用的关系。

（2）基于关联方法的知识关联分类

基于关联方法，知识关联可划分为直接关联关系和间接关联关系。直接关联关系指可以通过知识表达或词汇表构建直接识别和发现的关联关系，包括学科关联、主题关联、文献外部特征关联（如分类、作者、引文、标题、机构、期刊）等。间接关联关系即无法通过知识表达或词汇表构建直接识别和发现，而是需要通过数据挖掘或语义网络才能够发现的知识关联关系，包括共引关联、共词关联、组配关联、同概念关联等。

（3）基于领域范围的知识关联分类

基于领域范围，知识关联可划分为本领域知识关联关系和跨领域知识关联关系。本领域知识关联关系指本领域范围的知识之间所建立的关联关系，跨领域知识关联关系则为不同领域范围的知识之间所建立的关联关系。

4. 知识计算

知识计算，是对知识进行推理和演化的计算过程。出版机构在知识关联的基础上，可以针对知识资源建设过程中的知识获取、知识关联、知识学习开展实例计算、属性计算、关系计算等，使知识服务大数据环境下海量碎片化的数据进行自动地、实时的结构化与体系化组织，对知识进行深度语义关联，进而支撑智能决策。计算方法通常可分为基于知识库和基于统计的方法，前者利用语义词典和语义网络中具有高置信度的规范知识体系结构计算，后者利用大规模语料库中相关词汇的出现次数关系计算。

知识计算是专业出版大数据构建的重中之重，直接决定二次数据、知识图谱和预测、预警的目标是否能够生成和实现。出版大数据的知识计算，是指在对知识资源进行多重标引的基础上，通过相同或者相似维度的统计分析，进而能够获得新的知识的一种方式。也就是说，知识计算是知识发现的一种重要途径。以大数据的视角来看，只有通过知识计算的途径，才能够发现、获取新的知识数据资源，新产生的数据即为"大数据"。因此，知识元、知识体系、知识计算是构建专业出版大数据绕不过去的几座大山。

2017 年 7 月，国务院发布《新一代人工智能发展规划》，其中就提到了知识服务和知识计算："知识计算引擎与知识服务技术。重点突破知识加工、深度搜索和可视交互核心技术，实现对知识持续增量的自动获取，具备概念识别、实体发现、属性预测、知识演化建模和关系挖掘能力，形成涵盖数十亿实体规模的多源、多学科和多数据类型的跨媒体知识图谱。"出版大数据无论是构建政府层面的大数据，还是行业级、企业级的大数据，都还有很漫长的道路要走，需要做好充分的理论准备、数据准备和实践准备。

5. 知识图谱

知识图谱，是揭示实体间关系并可进行形式化表示的一种语义网络，也是在经过知识标引、知识计算的基础上所形成的二次数据、可视化数据。出版机构知识资源建设的最后一个环节便是形成知识图谱，也就是产生了新的知识、二次数据。二次数据的产生方式包括数据的再利用、数据的重组、数据的扩展、数据的折旧、数据的开放等。这种二次数据是在经过严格的数据采集、加工、标引、计算和建模应用之后才呈现的数据，可以以知识图谱或数据结论的形式呈现。

三、知识资源应用

确定知识服务的模式与形态、完成知识资源准备与建设之后，知识服务便步入到知识资源应用环节。知识资源的应用主要分为内部应用和外部应用，内部应用包括知识的共享和交流，外部应用则是出版机构提供知识服务的综合体现。

知识资源的内部应用以知识共享为主要体现，是指员工彼此之间通过相互交流、促进知识由个人经验扩散到组织层面的知识传递过程。在组织内部，员工便可以通过查询组织知识获得解决问题的方法和工具。反过来，合适的知识服务方法和工具也可以通过反馈系统扩散至组织层面，在提高员工知识使用率的同时推动提高组织的行事效率。出版机构开展知识资源的共享管理，一方面可以通过出版主体与出版主体之间的交流，将技能、经验等隐性知识进行传递和共享；另一方面可以借助文档、邮件、数据库等渠道实现显性知识的上传和分享。有条件的出版机构，还可以尝试将报社、期刊社、出版社自成立以来的所有书报刊产品资源数字化，以建立"数字博物馆"的形式对新员工进行企业文化历史教育，也可以实现所需知识资源的随时随地调取。知识资源的外部应用，主要是为个人用户和机构用户提供知识服务，包括前述章节提及的信息服务、知识产品和知识解决方案。

四、知识资源发布

知识资源发布，是指将知识资源传递给社会公众或专业用户、实现知识服务功能目的的过程。基于发布特点，知识资源发布可分为多平台发布、多终端发布和多介质发布三类。

1. 多平台发布

多平台发布，包括自主运营平台、第三方运营平台等平台的资源发布。新闻出版机构发布知识资源，普遍经历了"第三方发布"到"自主发布"的转型过程。新闻出版数字化转型升级早期阶段，许多出版机构将电子书授权中国移动手机阅读基地、亚马逊、当当网等第三方平台，就是经由第三方运营平台发布知识资源的主要体现。后来，随着数字化转型升级工程的深入推进，数字版权保护意识的增强，大部分新闻出版机构建立了独立的数字图书馆、知识库等自主运营平台，于是纷纷将自身的知识资源在自主平台上进行发布和运营。

2. 多终端发布

多终端发布，包括通过 PC 端、智能移动终端、可穿戴设备等发布。一般而言，基于互联网终端的知识产品，大多通过 PC 端进行发布，如电子书、数字图书馆、数据库产品等；基于移动互联网终端的知识产品，往往经由移动手机、ipad 等智能移动终端发布；还有一些创新型的知识产品，如 AR 出版物、VR 出版物，则通过 AR 眼镜、VR 眼镜等可穿戴设备进行发布和提供服务。

3. 多介质发布

多介质发布，包括以纸质、网络、移动存储介质等形式发布。图书、报纸、期刊是知识资源通过纸张介质进行发布的最主要的产品形态；数字图书馆、专题知识库、在线教育产品则主要借助网络介质进行资源发布；较早期出现的音像出版物、电子出版物、U 盘数字图书馆等则是通过移动存储介质进行知识发布与共享。

五、知识服务运营与维护

知识服务的运营维护是指对发布后的知识资源及配套设施进行产品运营、资源维护、技术迭代，以实现知识服务效益最大化的活动。

1. 产品运营

知识服务产品运营一方面可以通过开发多元化、多类型的知识服务产品，打破产品类型单一化的局面。另一方面可选择自主运营平台或第三方平台，采用合适的运营方式和商业模式对知识产品进行推广和销售，并采用数据统计工具，对实现销售的知识产品进行多维度分析，以推动提高其他知识服务产品的传播力与影响力。

2. 内容维护

知识服务的内容维护是在知识资源丰富性、精确性、安全性和特色化等要求的基础上，对处于销售状态或已销售的知识产品进行维护和更新，保证内容资源的合法合规以及完整性、有效性和时效性，防止出现内容资源瑕疵和缺陷、内容资源过时陈旧等问题，保障知识资源有效建设与应用分布。

3. 技术更新

知识服务的发展离不开信息技术的支持，语义计算分析、自然语言处理等技术的发展都为知识服务提供了技术支撑。在知识服务的推进过程中，也要关注信息技术更新速度与知识服务建设目标与内容的匹配度，防止出现因技术应用广度与深度不足而导致知识服务效益弱化等现象。因此，出版机构需在确保知识服务所运用的技术处于稳定、畅通状态的基础上及时进行技术更新和迭代。同时也需注意网络信息与技术应用的安全保障问题，确保知识资源和知识服务处于安全可控的状态之下，避免因病毒攻击导致知识服务系统的崩溃风险。

六、知识服务评估与反馈

在实现上述流程之余，出版机构的知识服务团队还需对运营过程中所获取的用户评价、反馈意见进行及时分析与挖掘，利用评估与反馈信息指导知识服务内容、技术、服务的更新与维护，并对知识服务模式方案进行扬弃和优化。

知识服务评估的主要内容包括评估知识资源规模是否足够庞大、知识资源质量是否合格、知识资源用户体验感是否友好、知识服务是否处于安全状态之中、数字版权是否有被盗版的风险、该项知识服务是否有足够的盈利空间等等。

知识服务反馈意见主要是被用以优化和完善知识产品，以继续进行内容更新、技术迭代和服务升级，确保特定信息服务、知识产品或解决方案能够具有较高的用户忠诚度、经得起市场检验、以及具备可持续发展的潜力，其反馈意见可来自知识服务受众、合作机构、技术提供商等各类利益相关主体。

第三节　知识服务模式

知识服务已先后走过基础软硬件配置、知识资源的数字化和数据化、知识体系研发、知识服务供应等阶段，目前正处于提质增效、推广应用的阶段，也是经受市场检验的关键阶段。知识服务也出现了扩展型知识服务和定制化知识服务等典型的知识服务模式。扩展型知识服务和定制化知识服务主要以满足不同层次的用户需求为标准进行划分的知识服务模式。然而，在"政府引导、企业主体、市场主导、创新驱动、质效并重"的知识服务发展格局中，知识服务模式还需着重强调知识服务的动力机制。以动力机制为标准，以出版融合发展的要求为引领，知识服务模式可分为政策驱动型知识服务、产品驱动型知识服务、信息驱动型知识服务、技术驱动型知识服务和智慧驱动型知识服务模式；推动五类知识服务模式发展的动力分别是政策引擎、产品引擎、信息引擎、技术引擎和智慧引擎。

一、政策驱动型知识服务模式

政策驱动型知识服务模式是政府配置出版资源的体现，主要是以各行业的政策为支撑、为契机，以行业知识需求为导向，旨在以机构知识服务为主体的知识服务模式。政策驱动型知识服务模式往往伴随国家、产业、行业重大政策的出台和公布，通常由政府购买服务，并部署较为前瞻性的数字技术，是由政策撬动、引导而产生的知识服务市场。受政策辐射效应的影响，政策驱动型知识服务模式也适用于 B2C、B2G 的商业模式，其知识服务产品在短期内能实现较高的市场占有率。

以政法类知识服务产品为例，《人民法院第三个五年改革纲要（2009—2013）》甫一公布，法律出版社即在 2012 年推出"中国法官电子图书馆"产品，并在全国各地数百家法院上线使用。在原国家新闻出版广电总局组织的"数字出版转型示范单位"评审中，法律出版社获批全国首批"数字出版转型示范单位"，"中国法官电子图书馆"则是其遂过评审的关键性因素。法律出版社也因此取得了良好的经济效益，实现了社会效益和经济效益的有效统一。

"法信——中国法律应用数字网络服务平台"（以下简称"法信"）也是典型的政策驱动型知识服务平台。2016 年 1 月，最高人民法院信息化建设工作领导小组首次提出建设"智慧法院"。2016 年 12 月，国务院印发的《"十三五"国家信息化规划》，明确指出支持"智慧法院"建设，推行电子诉讼，建设完善公正司法信息化工程。2016—2018 年，最高人民法院召开了多次信息化工作会议，并在会上多次强调要建设"智慧法院"。"智慧法院"政策的出台，直接推动了"法信"的开发与建设。"法信"是中国首家法律知识和案例大数据融合服务平台，由最高人民法院立项、财政部提供资金支持、人民法院出版社负责实施。平台建设定位于法律服务市场需求，在人民法院出版社自有资源的基础上，结合热点法律案例解读，不断丰富和扩展资源库，建设面向法律人士的精准化一站式法律知识服务平台。迄今为止，"法信"已经在全国 30 个省市自治区的 3200 家法院上线，成为全国 80 万法律人优选的知识服务工具。

二、产品驱动型知识服务模式

产品驱动型知识服务模式是出版单位以知识资源为基础研发和锻造优质知识服务产品，以优质资源为动力、以产品质量为抓手提高知识服务市场占有率，抢占知识服务市场高地的服务模式。产品驱动型知识服务模式的主要特征包括产品内容丰富、结构合理，技术较为稳定和先进，产品美誉度和知名度较高，市场覆盖率较广等。研发单位往往积数年乃至数十年之功，精心打磨知识服务精品，以产品核心竞争力取胜，进而在激烈的市场竞争中占有一席之地。

人民卫生出版社研发的"人卫临床助手"便是产品驱动型知识服务模式的典型。人民卫生出版社通过整理、挖掘近 70 年的精品专著，收录了近 500 本经典电子书，形成了疾病知识、症状体征、手术操作、检验检查、药物、人文与法律等多个医学知识库产品，实现了科室全覆盖、常见病种全覆盖的全方位知识服务系统，为医生的临床决策提供可靠支持。同时，人民卫生出版社还塑造了"智能小卫"的虚拟形象，智能小卫以"人卫助手"系列知识服务数字平台为基础、以辅助决策引擎为技术支撑，从症状出发，模拟临床医生真实场景对用户进行智能问诊、智能问药与智能问答，为临床决策支持与合理用药监测赋能。此外，依托专家团队及编辑队伍，人民卫生出版社还建立了内容更新机制，从知识丰富化、内容形式多样化、内容覆盖全面化等多个方面对"人卫临床助手"进行不断更新升级。截至 2021 年，"人卫临床助手"资源建设已初具规模，涵盖疾病知识 11549 条，典型病例超过 3800 例，中英文医学词典条例超过 22 万条，国家临床路径超过 1200 个。

社会科学文献出版社的"皮书数据库"也属于产品驱动型知识服务模式。该数据库以皮书系列研究报告为基础，全面整合分析解读当下中国发展变迁的专业著作、智库报告、学术资讯、调研数据等内容，打造了中国经济发展数据库、中国社会发展数据库、世界经济与国际政治数据库、中国区域发展数据库、中国竞争力数据库、中国文化传媒数据库等知识服务产品，已经连续几年实现 2000 万元以上的产值。

此外，产品驱动型知识服务模式还包括一些影视产品，如某出版社拍摄制作的 4D 电影《会飞的恐龙》。《会飞的恐龙》以恐龙的一支向鸟类演变为科学背景，通过再现侏罗纪、白垩纪我国辽西地区的地理环境，立体复原 20 多种带羽毛恐龙和早期鸟类的形象，为受众再现了鸟类起源的伟大进程。目前，《会飞的恐龙》已获得 9 项国家级、省部级大奖，放映次数多达 80 万次。其中，仅中国科技馆一年半就放映 529 次，观影人次多达 79350 次，票房收入达到 159 万元。

三、信息驱动型知识服务模式

信息驱动型知识服务模式，是指通过提供特定行业系统、特定地域区域、特定专题领域的资讯信息，为用户提供服务的知识服务模式。信息驱动型知识服务隶属于知识服务的第一层次——信息服务的范畴，融媒体便是其发展的典型性业态。此种知识服务模式以行业资讯或其他动态信息为资源基础，通过运用大数据、人工智能等技术进行数据资源的统计分析和有效整合，为相关行业企业或者从业者提供综合的解决方案。以信息驱动的知识服务模式，更加注重为用户提供多元化的解决方案，包括行业热点信息解读、主题报道、市场动态分析以及相关产业战略规划等。

励讯集团是典型的信息驱动型知识服务商。作为世界上最领先的信息服务与数据分析提供商，励讯集团服务于不同行业领域的专业及商业客户，旨在通过信息服务以帮助客户做出更好的决策，其主要营收入来源即是信息服务。在科学、技术和医学领域，励讯集团为客户提供专业信息分析服务，帮助机构和专业人士推动医学进步、开放科学、提高绩效；在法律领域，励讯集团又是全球先进的法务、管理和商业信息提供商，帮助客户提高生产力、改进决策成效、推进世界各地的法治进程。励讯集团在全球拥有超过 3 万名员工，为 180 多个国家的客户提供专业信息服务。

融媒体则是我国新闻出版业信息驱动型知识服务的典型体现，包括行业性融媒体、区域性融媒体和品牌性融媒体，以及融媒体发展高级形态的中央厨房。"出版头条"和"百道网"就是我国面向出版业的信息驱动型知识服务产品，大多以新闻出版业的新闻、资讯、动态信息为基础，经过大数据分析、人工加工编辑等手段进行资源重新整合，为出版单位和出版从业人员提供即时信息解读、市场分析等综合解决方案。

四、技术驱动型知识服务模式

技术驱动型知识服务模式，是以高新技术为驱动、以前瞻性产品研发为导向，为用户提供新型服务的知识服务模式。高新技术应用、前瞻性产品研发、科技与新闻出版融合，是技术驱动型知识服务模式的典型特征。

具体而言，技术驱动型知识服务模式又分为两种。其一，以高新技术应用为内核的知识服务模式，这类知识服务模式都是通过前瞻性技术与传统内容的融合研发新型产品，从而提供新型服务。例如，近几年持续成为焦点的大数据技术、AR 技术、VR 技术与新闻出版业的融合，催生出诸如法信大数据平台、苏州梦想人科技公司的 AR 图书系列产品、武汉和思易 VR 教育科普产品等。如苏州梦想人科技公司的 AR 图书系列产品就是通过高效的图像识别能力达到快速检索、专业呈现的效果，AR 技术广泛应用于职业教育、K12 教育等各类教育阅读融媒体场景之中。其 AR 图书系列在满足读者对抽象概念和模糊场景的具象理解的同时，也为读者带来了全方位的阅读体验，是 AR 技术在出版领域的赋能体现。目前，梦想人科技公司已与国内外 180 余家出版机构达成合作，共同推出 20000 余种 AR 图书，发行总量累计 10 亿余册，推进了 AR 阅读服务的深度发展。其二，以高新技术研发为内核的知识服务模式，如新闻出版机构通过自建技术团队提供知识服务领域的技术开发服务。2018 年底，某旗下数媒公司（数字出版分社）依托两家高新技术企业开发知识服务技术，形成了由技术开发、影视制作、智库建设、自然资源知识服务在内的知识服务矩阵，正式步入市场化、规模化、高质量发展的阶段。数字出版业务收入突破 2000 万元，实现收入和利润较前一年度再次翻一番，

技术驱动型知识服务模式的关键在于将高新技术原理与新闻出版产业链有机结合，探索并找寻出各类技术在新闻出版业应用的路径和规律。值得一提的是，目前几乎所有新闻出版单位都高度重视高新技术与传统内容的融合，旨在通过积极探索和布局媒体融合发展实现科技赋能出版的新业态。

五、智慧驱动型知识服务模式

智慧驱动型知识服务模式，是指以国家级重点实验室为龙头，以智库建设为核心，以产学研用一体化为整体格局，通过开展智慧型产品服务、智库咨询、智库报告、举办高端会议论坛、开展标准研制和宣传等活动提供知识服务的模式。智慧驱动型知识服务模式是近年来出现的创新型知识服务模式，从开展智慧驱动型知识服务的出版主体来看，其主要呈现以下共同特征：

其一，以国家级重点实验室为龙头。开展智慧型知识服务的新闻出版单位大多都以融合发展、科技与标准重点实验室为依托，以科技与出版融合为目标，高度重视研发与创新，努力实现全程媒体信息无处不在、全员媒体提升公众参与度、全息媒体多元展现、全效媒体功能多样的全媒体发展。

其二，以智库建设为核心。智慧驱动型知识服务离不开智力资源和专家智慧的有效支撑，智库建设由此成为出版单位战略布局知识服务不可或缺的一环。如中国农业出版社成立的"三农出版发行高端智库"，中国建筑工业出版社设立的"建设发展研究院"，知识产权出版社发起的"i 智库"等都是出版机构致力于建设一支强有力专家队伍的集中体现。

其三，致力于智慧技术研发应用，持续开展标准研制宣传。以知识产权出版社、人民卫生出版社等中央部委出版社为代表的智慧驱动型知识服务提供商，大多重视人工智能、增强现实、虚拟仿真等智慧型技术的研发与应用，持之以恒地研发技术含量高的创新型产品，如中国知识产权大数据与智慧服务系统（DI Inspiro）、"人卫智网"医学教育智慧平台

等。同时，各类标准化工作也在持续推进中，早期的新闻出版转型升级标准体系、后来的复合出版工程系列标准、近期的国家知识服务标准的顺利制定与实施，都离不开智力智慧驱动型知识服务提供商的人财物支持。

其四，创新为第一驱动，人才为第一资源。一方面，智慧型知识服务模式的出版主体都把创新视为第一动力。在产品创新方面，各机构纷纷试水大数据产品、AR产品、VR视频、"机器人+"阅读等新业态、新模式；在技术创新方面，知识产权出版社长期致力于大数据、语义分析技术的应用与推广；在运营创新方面，"直销+代理"、"机构+个人"、"线上+线下"等销售模式纷纷涌现，成为数字出版创收、盈利的主要商业模式。另一方面，智慧型知识服务模式的市场主体，都把人才作为第一资源。在发展模式方面，某出版社推行协议工资制，引进行业领军人才和骨干人才，持续供应新兴出版的人才资源，根据市场经营规律和现代企业制度推进数字出版的产业化发展；人民法院出版社、人民卫生出版社、社会科学文献出版社等企业均拥有一支数十人规模的知识服务队伍，形成涵盖战略、内容、技术、运营等全方位的人力资源布局。

其五，提质增效重要性凸显，融合传统部门成趋势。采取智慧型知识服务模式的新闻出版企业，除一如既往强调转型升级以外，还对数字出版知识提出了提质增效的更高要求，即在确保知识服务有效运营的同时，增强出版企业的市场活力、行业竞争力与抗风险能力，推动出版知识服务质量及效率的稳步前进。与此同时，传统出版部门与新兴出版部门的有机融合，也成为智慧型知识服务的未来发展方向。传统出版部门与新兴出版部门的有机融合，实质也是传统出版生产方式与新兴出版生产方式的流程融合、传统出版产业与新兴出版业态的模式融合、传统出版人才与新兴出版人才的智能融合、传统出版产品与新兴出版产品的内容介质融合的过程，是实现传统出版部门动能集成转换、新兴出版动能培育壮大，进而推动知识服务可持续发展的核心枢纽。

"从要素驱动、投资驱动转向创新驱动"、"由高速增长转向中高速增长"，已经成为我国经济发展的新常态，也是数字出版发展、知识服务模式演进规律的高度概括。出版业以项目供给支撑数字出版、以平台开发维持知识服务发展的局面即将步入历史。让市场在配置知识服务资源中发挥决定性作用，同时更好发挥政府配置资源的作用，将成为新时代知识服务发展的主流方向和正确路径。

今后，政策驱动型知识服务模式需要更好发挥政府配置资源的作用，同时面向广大的机构市场进行大力推广和应用；产品驱动型知识服务模式、信息驱动型知识服务模式、技术驱动型知识服务模式，须以市场为导向，以用户知识需求为目标，以科技与新闻出版融合为抓手，形成"政府引导、企业主体、市场主导、创新驱动、质效并重"的发展格局；智慧驱动型知识服务模式将成为我国知识服务的主流模式，成为数字出版产业化、新兴出版提质增效、出版与科技融合的主力军，也将成为数字出版产业提高发展质量和效益、落实媒体融合重任的必然选择。

第十章　现代出版技术概述

＊ 本章知识点提要

1. 人工智能的概念

2. 人工智能发展的三次浪潮

3. 人工智能算法

4. 人工智能的应用场景

5. 区块链的概念和特征

6. 5G 的特征

7. 5G 的关键技术

8. 5G 与人工智能技术之间的关系

9. 区块链与人工智能技术之间的关系

＊ 本章术语

人工智能　智能教育　智能翻译　新闻推荐　语音识别　自动驾驶　区块链　5G

---

21 世纪以来，以大数据、人工智能、区块链、5G 等为核心内容的现代数字技术发展迅猛，成为经济社会发展的新引擎，也成为推动出版创新发展的动力源泉。了解人工智能、区块链、5G 等现代出版技术的概念、特征，是实现这些核心技术在出版业应用的前提。

第一节　人　工　智　能

人工智能（Artificial Intelligence，AI），是研究、开发用于模拟、延伸和扩展人的智能的理论、方法、技术及应用系统的一门新的技术科学。人工智能，是当下数字技术发展的最新阶段和最新成果之一。

人工智能步入我们的视野，引起国民经济各行业和社会大众关注的两个事件是：其一，阿尔法围棋智能程序战胜人类围棋冠军。2016 年 3 月，阿尔法围棋程序（AlphaGo）对战世界围棋冠军、职业九段选手李世石，凭借深度学习原理，以 4：1 的总比分获胜。瞬间，人工智能再次点燃国际社会和国内社会，成为几乎每个人讨论的热门话题。其二，四川九寨沟地震，机器人撰写新闻稿，用时仅 25 秒。由此，机器撰稿真正走入了新闻出版业，引起了新闻出版业共同体的关注和热议，甚至有"机器人替代人类记者"的评论与思考。

杰瑞·卡普兰在《人工智能时代》一书中指出："最近这个领域（人工智能）有了足以震惊世界的新进展，这将会给社会造成重大的影响。但是我们是否会优雅地完成这次转型，还是会在这个过程中变得遍体鳞伤？我并不确定。"①

2017 年 7 月，我国国务院发布了《新一代人工智能发展规划》，明确了人工智能进入新阶段，将人工智能定位为国际竞争的新焦点、经济发展的新引擎和社会建设的新机遇。人工智能的加速发展，正在引发链式突破，推动经济社会各领域从数字化、网络化向智能化加速跃升。《国务院新一代人工智能发展规划》所确立的重点任务包括：构建开放协同的人工智能科技创新体系、培育高端高效的智能经济、建设安全便捷的智能社会、加强人工智能领域军民融合、构建泛在安全高效的智能化基础设施体系、前瞻布局新一代人工智能重大科技项目。《国务院新一代人工智能发展规划》规定了八项关键共性技术，其中有六项关键共性技术与新闻出版业紧密相关，包括知识计算引擎与知识服务技术、跨媒体分析推理技术、群体智能关键技术、虚拟现实智能建模技术、自主无人系统的智能技术、自然语言处理技术；所涉及的新闻出版业态包括 AR 出版、VR 出版、知识服务、复合出版流程再造、新闻出版大数据、智能机器人应用等。

一、人工智能概述

人工智能，是相对于自然智能而言的概念。智能是人工智能的本质，是对人类思维中信息过程的一种模拟甚至超越。具体的定义包括以下几种：

（1）人工智能，是让人觉得不可思议的计算机程序；（2）人工智能，是与人类思考方式相似的计算机程序；（3）人工智能，是与人类行为相似的计算机程序；（4）人工智能，是会学习的计算机程序；（5）人工智能，是根据对环境的感知，做出合理的行动，并获得最大收益的计算机程序。其中，最后一种的定义较为全面和科学，但是也体现出对伦理、情感、法律等方面的考虑不足，进而会引发一系列的问题。根据现代决策体系，笔者认为，人工智能是能够自主感知、决策、执行和控制的计算机软件程序或硬件设备。

人工智能是计算机科学的一个分支，除此以外，人工智能还涉及信息沦、控制论、自动化、仿生学、生物学、心理学、数理逻辑、语言学、医学和哲学等多门学科。人工智能学科研究的主要内容包括：知识表示、自动推理和搜索方法、机器学习和知识获取、知识处理系统、自然语言理解、计算机视觉、智能机器人、自动程序设计等方面。

人工智能的基础理论研究方向包括：大数据智能、跨媒体感知计算、人机混合智能、

---

① ［美］杰瑞·卡普兰. 人工智能时代［M］. 李盼，译. 杭州：浙江人民出版社，2016.

群体智能、自主协同与决策等方面的基础理论研究。人工智能的前沿基础理论研究主要包括：高级机器学习、类脑智能计算、量子智能计算等跨领域基础理论研究。人工智能的跨学科探索性研究，主要包括人工智能与神经科学、认知科学、量子科学、心理学、数学、经济学、社会学等相关基础学科的交叉融合研究。

人工智能涉及的领域非常丰富，既包含硬件，也包含软件，几乎涵盖了目前国民经济各领域各环节各方面。从人工智能本体视角来看，包括但不限于智能助理/推理、内容推荐和机器人撰稿、机器视觉、AI艺术、智能搜索、机器翻译、语音识别、自动驾驶、机器人、深度学习、数据挖掘、知识图谱、知识服务与知识计算等；从人工智能作用于社会来看，囊括也不仅限于智能制造、智能农业、智能商务、智能家居、智能教育、智能交通、智能金融、智能医疗、智能新闻、智能出版等。

二、人工智能历程

应该指出，人工智能并非一个新概念，它诞生于20世纪中期，至少拥有了60年的发展历程。人工智能从诞生发展到今天经历了一条漫长的路，许多科研人员为此而不懈努力。人工智能的开始可以追溯到电子学出现以前。

人工智能的发展，大致经历了三次浪潮：

第一次浪潮：1956—1976年。代表学派：符号主义，关键词：推理。核心是符号推理与机器推理，用符号表达的方式来研究智能、研究推理。1936年图灵提出理想计算机的数学模型——图灵机，这是一种抽象计算模型，即将人们使用纸笔进行数学运算的过程进行抽象，由一个虚拟的机器替代人们进行数学运算。图灵机为电子数字计算机的问世奠定了理论基础。1950年，图灵发表了一篇论文：《计算机器与智能》，试图解决究竟什么是人工智能的问题。这篇论文成为划时代之作，也正是这篇文章，为图灵赢得了"人工智能之父"的称号。1956年，美国达特茅斯大学召开为时两个月的学术研讨会。麦卡锡提出"人工智能"这一名词，标志人工智能作为一门新型学科正式诞生，确立了人工智能作为一门学科的任务和完整路径。

在机器学习方面，1957年Frank Rosenblatt就职于Cornell航空实验室时发明了一种人工神经网络，并研制成功了感知机（将神经元用于识别的系统）；在定理证明方面，1958年，美籍华人王浩在IBM704计算机上，在5分钟之内证明了《数学原理》中有关命题演算部分的全部220条定理；在体育领域的标志性事件是：1962年，IBM的阿瑟萨缪尔开发的西洋跳棋程序战胜了一位盲人跳棋高手。

第二次浪潮：1976—2006年。代表学派：连接主义；关键词：知识。第二次浪潮的热门研究领域包括：语音识别、语音翻译、神经网络、专家系统等。在此阶段，最为出名的技术当属"专家系统"。与利用推理等简单规则的第一次人工智能浪潮的方式不同，第二次人工智能开始走向专业化，借用特定领域的专家知识武装自己。例如，如果你想要取代医生，那么只需要将大量的病理知识输入计算机即可，如果你想取代律师，同理给它输入法律知识即可。第二次人工智能浪潮在体育领域的标志性事件是：1997年5月11日，美国 IBM 公司研制的并行计算机"深蓝"击败了雄踞世界棋王宝座12年之久的卡斯帕罗夫。

专家系统是人工智能第二次浪潮的代表性产品，是指一个或一组能在某些特定领域内，应用大量的专家知识和推理方法求解复杂问题的一种人工智能计算机程序。属于人工智能的一个发展分支，专家系统的研究目标是模拟人类专家的推理思维过程，一般是将领域专家的知识和经验，用一种知识表达模式存入计算机。系统对输入的事实进行推理，做出判断和决策。

专家系统通常由人机交互界面、知识库、推理机、解释器、综合数据库、知识获取6个部分构成。专家系统的基本结构大部分为知识库和推理机。其中知识库中存放着求解问题所需的知识，推理机负责使用知识库中的知识去解决实际问题。知识库的建造需要知识工程师和领域专家相互合作把领域专家头脑中的知识整理出来，并用系统的知识方法存放在知识库中。当解决问题时，用户为系统提供一些已知数据，并可从系统处获得专家水平的结论。

专家系统的发展已经历了三个阶段，正向第四代过渡和发展。第一代专家系统：以高度专业化、求解专门问题的能力强为特点。第二代专家系统：属单学科专业型、应用型系统。第三代专家系统：属多学科综合型系统，采用多种人工智能语言，综合采用各种知识表示方法和多种推理机制及控制策略。第四代专家系统：在总结前三代专家系统的设计方法和实现技术的基础上，已开始使用大型多专家协作系统、多学科协同解题与并行推理、人工神经网络知识获取及学习机制等最新人工智能技术。值得关注的是，目前整个新闻出版业所研发的大量专题知识库、数据库，如地质出版社的地质资源库、农业出版社的"智汇三农"知识库、中国建筑工业出版社的建筑工业知识库等，都只停留于人工智能第二次浪潮的专家系统"知识库"层面：一则，所研发的数据库，都是单学科的知识库，没有上升到多学科、跨学科数据库的高度；二则，研发的数据库都是应用型知识库，没有提升到包含知识标引、同时支撑理论研究与实务应用的综合型数据库的高度；三则，几乎没有涉及深度学习、大数据等第三次人工智能浪潮的核心技术，知识库的自动化、智能化水平还有待进一步提高。

未来的新闻出版业所构建的知识库，将向着专家系统的第三代——多学科综合型知识库、第四代——大型多专家协作、多学科协同知识库的方向升级，将出现国家知识服务中心，为全社会提供多源、多学科、多领域、跨媒体的海量级别知识服务。

第三次浪潮：2006年~至今。代表学派：行为主义；关键词：学习。第三次浪潮推崇控制、自适应与进化计算，热门研究领域包括：大数据、深度学习等。这个时期的标志是：海量的数据、不断提升的算法能力和计算机运算能力。第三次 AI 浪潮，是由深度学习携手大数据，共同促成。深度学习首先是机器学习的一种，只不过是一种在表达能力上灵活多变、允许计算机不断尝试、直到接近目标的机器学习方法；深度学习需要建立在大数据的基础上，对大数据进行训练，并从中归纳出可以被计算机运用在类似数据上的知识或规律。

三、人工智能算法

算法、算力、数据构成了人工智能的三大基石。这其中，算法是指解题方案的准确而完整的描述，是一系列解决问题的清晰指令，算法代表着用系统的方法描述解决问题的策略机制。也就是说，能够对一定规范的输入，在有限时间内获得所要求的输出。如果一个算法有缺陷，或不适合于某个问题，执行这个算法将不会解决这个问题。一个算法的优劣可以用时间、空间复杂度来衡量，不同的算法可能用不同的时间、空间或效率来完成同样的任务。算法首先表达的是人类的逻辑，通常可以被数学公式，或者是某种符号语言表达。然后我们通过晶体管精密的运作方式表达这种逻辑，然后帮助人类来工作。

根据不同的分类标准，算法可分为不同的类型：

按照模型训练方式不同，可以分为监督学习（Supervised Learning），无监督学习（Unsupervised Learning）、半监督学习（Semi-supervised Learning）和强化学习（Reinforcement Learning）四大类。

按照解决任务的不同来分类，粗略可以分为二分类算法（Two-class Classification）、多分类算法（Multi-class Classification）、回归算法（Regression）、聚类算法（Clustering）和异常检测（Anomaly Detection）五种。

常见的监督学习算法包含以下几类：人工神经网络（Artificial Neural Network）类、贝叶斯类（Bayesin）、决策树（Decision Tree）类、线性分类器（Linear Classifier）类等。

常见的无监督学习类算法包括：人工神经网络（Artificial Neural Network）类、关联规则学习（Association Rule Learning）类、分层聚类算法（Hierarchical Clustering）、聚类分析（Cluster Analysis）、异常检测（Anomaly Detection）类等。

常见的半监督学习类算法包含：生成模型（Generative Models）、低密度分离（Low-density Separation）、基于图形的方法（Graph-based Methods）、联合训练（Co-training）等。

常见的强化学习类算法包含：Q 学习（Q-learning）、状态—行动—奖励—状态—行动（State-Action-Reward-State-Action，SARSA）、DQN（Deep Q Network）、策略梯度算法（Policy Gradients）、基于模型强化学习（Model Based RL）、时序差分学习（Temporal Different Learning）等。

常见的深度学习类算法包含：深度信念网络（Deep Belief Machines）、深度卷积神经网络（Deep Convolutional Neural Networks）、深度递归神经网络（Deep Recurrent Neural Network）、分层时间记忆（Hierarchical Temporal Memory）、深度波尔兹曼机（Deep Boltzmann Machine）、栈式自动编码器（Stacked Autoencoder）、生成对抗网络（Generative Adversarial Networks）等。

下面着重介绍几种常用的算法：

1. 蚁群算法

蚁群算法是意大利学者 Dorigo 等人于 1991 年创立的，是继神经网络、遗传算法、免疫算法之后的又一种新兴的启发式搜索算法。[①] 蚂蚁群体是一种社会性昆虫，它们有组织、有分工，还有通信系统，它们相互协作，能完成从蚁穴到食物源寻找最短路径的复杂任务。模拟蚂蚁群体智能的人工蚁群算法具有分布计算、信息正反馈和启发式搜索的特点，不仅在求解组合优化问题中获得广泛应用，而且也用于连续时间系统的优化。

2. 人工鱼群算法

人工鱼群算法是一种寻优算法，是基于鱼群觅食过程中聚集、尾随等几种行为而开发的算法。人工鱼群算法中，觅食行为奠定了算法收敛的基础；聚群行为增强了算法收敛的稳定性；追尾行为增强了算法收敛的快速性和全局性；其评价行为也为算法收敛的速度和稳定性提供了保障。人工鱼群算法目前在电力系统规划、多级阶梯物流中转运输系统优化等领域得到了广泛应用。

3. 烟花爆炸算法

烟花算法（Fireworks Algorithm，FWA）的开创性论文由谭营教授等人于 2010 年发表，是受到夜空中烟花爆炸的启发而提出的一种群体智能算法。主要用来研究大数据问题、动态优化问题等。[②]

4. 人工神经网络

人工神经网络是 20 世纪 80 年代提出，它从信息处理角度对人脑神经元网络进行抽象，建立某种简单模型，按照不同的连接方式组成不同的网络。[③] 人工神经网络，主要包括：生成对抗网络（Generative Adversarial Networks，GAN），前馈神经网络（Feedforward Neural Network）、逻辑学习机（Logic Learning Machine）、自组织映射（Self-organizing Map）等。人工神经网络的优越性主要包括：自学习功能、联想存储功能和具有高速寻找优化解的能力。近年来，人工神经网络的研究工作不断深入，已经取得了很大的进展，其在模式识别、智能机器人、自动控制、预测估计、生物、医学、经济等领域已成功地解决了许多现代计算机难以解决的实际问题，表现出了良好的智能特性。

5. 机器学习

从人工智能的发展史来看，人工智能是追求目标，机器学习是实现手段，而深度学习

---

①　耿振余、陈治湘等. 软计算方法及其军事应用[M]. 北京：国防工业出版社，2015.

②　谭营. 烟花算法引论[M]. 北京：科学出版社，2015.

③　韩力群. 人工神经网络[M]. 北京：北京邮电大学出版社，2006.

是其中一种方法。机器学习是一门多领域交叉学科，涉及概率论、统计学、逼近论、凸分析、算法复杂度理论等多门学科。专门研究计算机怎样模拟或实现人类的学习行为，以获取新的知识或技能，重新组织已有的知识结构使之不断改善自身的性能。它是人工智能的核心，是使计算机具有智能的根本途径，其应用遍及人工智能的各个领域，它主要使用归纳、综合而不是演绎。

机器学习作为一种实现人工智能的方法，按照学习理论划分，机器学习模型可以分为有监督学习，半监督学习，无监督学习，迁移学习和强化学习。有监督学习，是指从标签化训练样本集中推断出函数的机器学习任务。半监督学习，是指训练样本部分有标签，部分无标签；训练样本全部无标签时是无监督学习。迁移学习，是把已经训练好的模型参数迁移到新的模型上以帮助新模型训练。强化学习是一个学习最优策略，可以让本体在特定环境中，根据当前状态，做出行动，从而获得最大回报。强化学习和有监督学习最大的不同是，每次的决定没有对与错，而是希望获得最多的累计奖励。

而目前应用于新闻出版数据应用场景下，原始数据资源大多是未经标识的数据，而应用监督式学习模型成为可能，尤其适用于交互数据的数据挖掘，通过监督式学习建立一个机器学习过程，通过不断比对机器推送的内容数据与用户点击的概率，进而不断调整预测模型，直到到达一个较为满意的准确率。最终的结果是机器推送的内容完全符合用户的需求，通过监督式学习的模型，可以间接实现出版内容数据的结构调整，使之符合大众市场用户的需求。

人工神经网络算法模拟生物神经网络，作为一种模式匹配算法，通常用于解决分类和回归问题。新闻出版企业的知识产品大多是以知识体系为核心的知识库等产品，例如地质出版社的地质专业内容资源知识库、人民法院出版社的"法信"裁判文书大数据平台。以往的知识体系建设需要具有行业专业知识的人员进行知识体系的建设，而运用人工神经网络算法解决分类问题恰恰可以用于知识体系建设。

2012年6月，《纽约时报》披露了谷歌的 Google Brain 项目，吸引了公众的广泛关注。这个项目是由著名的斯坦福大学的机器学习教授 Ng 和在大规模计算机系统方面的世界顶尖专家 Dean 共同主导，用16000个 CPU Core 的并行计算平台训练一种称为"深度神经网络"（deep neural networks，DNN）的机器学习模型，在语音识别和图像识别等领域获得了巨大的成功。2013年1月，在中国最大的互联网搜索引擎公司百度的年会上，创始人兼 CEO 李彦宏高调宣布要成立百度研究院，其中第一个重点方向的就是深度学习，并为此而成立 Institute of Deep Learning（IDL）。这是百度成立10多年以来第一次成立研究院。[①]

（1）深度学习

---

① 余凯，贾磊，陈雨强，等. 深度学习的昨天、今天和明天[J]. 计算机研究与发展，2013，50（9）：1799-1804.

深度学习作为机器学习算法中的一项新技术，于 2006 年被多伦多大学的 Hinton 教授提出。[①] 深度学习打破了神经网络发展的瓶颈，通过输入层、隐藏层、输出层的多重网络结构可以实现复杂函数的逼近。具备拟合复杂函数的特点使得深度学习神经网络对输入数据具有更强的识别能力。数据间的联系可以在隐藏层中长期储存，并且与其他数据挖掘方法相比，深度学习神经网络有更好的灵活性和准确性。这使得深度学习可以在语音识别、图像识别、预测分析、自然语言理解等领域发挥更大的作用。在建立、模拟人脑进行分析学习，它可以通过模拟人脑，来解释数据，例如图片、声音等。当前深度学习运行的领域较为狭窄，但是已经取得了惊人的效果，例如，横扫世界围棋冠军的人工智能 AlphaGo 就是运用深度学习的算法。未来，将深度学习算法应用于新闻出版业的图片、声音识别解释，必将极大地改变出版企业的数据整合能力。

深度学习的概念源于人工神经网络的研究。含多隐层的多层感知器就是一种深度学习结构。深度学习通过组合低层特征形成更加抽象的高层表示属性类别或特征，以发现数据的分布式特征表示。

深度学习的概念由 Hinton 等人于 2006 年提出。基于深度置信网络(DBN)提出非监督贪心逐层训练算法，为解决深层结构相关的优化难题带来希望，随后提出多层自动编码器深层结构。此外 Lecun 等人提出的卷积神经网络是第一个真正多层结构学习算法，它利用空间相对关系减少参数数目以提高训练性能。[②]

深度学习的应用场景包括：有效降低语音识别领域的错误率，提高机器视觉领域的识别能力，在自然语言理解领域应用于机器翻译和语义挖掘等。就新闻出版业而言，深度学习技术作为人工智能的底层技术，有助于构建各专业出版的大数据，有助于推动新闻推荐、机器撰稿、智能机器人在新闻出版领域的应用，并逐步推动至市场化发展，甚至达成产业化规模。

（2）迁移学习

人工智能的下一个风口，将由迁移学习加以推动。迁移学习的类别包括：基于样本的迁移学习、基于特征的迁移学习、基于参数/模型的迁移学习和基于关系的迁移学习。

基于样本的迁移学习，就是在数据集(源领域)中找到与目标领域相似的数据，把这个数据的权值进行调整，使得新的数据与目标领域的数据进行匹配(将分布变成相同)。基于特征的迁移学习，就是通过观察源领域图像与目标域图像之间的共同特征，然后利用观察所得的共同特征在不同层级的特征间进行自动迁移。基于参数/模型的迁移学习，其原理是利用上千万的样本数据训练一个识别系统，当我们遇到一个新的样本数据，就不用再去找几千万个样本来训练了，可以原来的识别系统迁移到新的领域，所以在新的领域只用少

① Hintonge Osinderos. THE YW，" A fast learning algorithm for deep belief nets"[J]. Neural computation，2006，18(7)：1527-1554.

② 孙志军，薛磊，许阳明等. 深度学习研究综述[J]. 计算机应用研究，2012，29(8)：2806-2810.

数样本同样能够获取相同的效果。基于关系的迁移学习，是指将两个相关域之间的相关性知识建立一个映射，例如如果源域有皇帝、皇后，那么就可以对目标域的男和女之间建立这种关系，一般用在社会网络，社交网络之间的迁移上比较多。[①]

迁移学习在新闻出版业的应用场景主要有：第一，企业级新闻出版数据的建设与发展。企业级新闻出版数据，可称之为"小数据"，例如同属自然资源出版领域，中国地图出版集团的内容数据、用户数据和交互数据的建设，其框架设定、功能实现、价值目标等方面具有一些固有规律和特征；地质出版社的数据建设，则可以采用迁移学习技术借鉴地图出版集团，参考借鉴其样本、模型、特征等方面的相同或相似性原理，以节约成本，以提高效率。第二，舆情分析。针对部分有重大社会影响力的公众人物，可以分析判断其社交工具的发文偏好、感兴趣领域、时间分布等，建立起模型；该模型的建设和完善可以迁移到其他有重大影响力的公众人物，以起到及时舆情监测、布控、分析和干预的效果。第三，推荐系统。在某专业出版领域建立起用户推荐系统，例如政法领域，由法律出版社所研发的读者推荐系统，可以迁移到法院出版、法制出版等机构，起到举一反三、节约成本的效果。

四、人工智能应用场景

人工智能离我们并不遥远，甚至可以说，就在我们身边。打开微信朋友圈，搜索"小冰"，就可找到微软小冰聊天机器人。截至2016年9月，小冰已经完成了全球4200万人、200多亿次的对话，并且曾学习过519位中国现代诗人的全部诗作，其"拜师对象"扩展到上千人，并进行了百万次的自我学习和训练；正式创作《致十年后》这首40行长诗时，小冰只用了不到4秒的时间。且看小冰创作的诗歌：

> 梦乡里岛屿镌刻磐石似的爱情，
> 浇灌时间的种子，
> 喜悦水里柔嫩的宇宙，
> 遥远之星辉闪耀着希望。
> 我将感谢生命的漂泊，
> 时光匆匆归来时笑语嫣然，
> 你是我的生命。
>
> ——《致十年后》2018.02.12

微软人工智能"小冰"已自主创作并出版了诗集《阳光失了玻璃窗》，不考虑创作质量的情况下，这对出版企业传统的选题策划与撰稿都是一种挑战。清华大学语音与语言实验

---

① 人工智能爱好俱乐部.当深度学习成为过去，迁移学习才是真正的未来？[EB/OL].[2018-03-08].https://blog.csdn.net/r1unw1w/article/details/79479247.

中心（CLST）网站宣布，其人工智能"薇薇"可以自主创作古诗，并可以通过"图灵测试"，这就意味着"薇薇"创作的诗词，人类已经无法识别其作者是人工智能还是自然人了。与此同时，苹果 siri、百度度密、Goole Allo、亚马逊 Alexa 等智能助理和智能聊天类应用，也正试图颠覆人类和手机的交流方式，将手机变为聪明的"小秘书"。

人工智能的应用场景，几乎涵盖社会各行各业，除大数据、增强现实、虚拟仿真、知识服务、智能机器人等技术在新闻出版业的应用场景将在本书后面专章讲解以外，这里列举部分其他人工智能在新闻出版领域的应用：

1. 智能教育

人工智能将广泛作用于教育领域，从智能教育学科的设立、智能教育人才的培养、智能教育环境的搭建到智能教育政策体系的形成，无所不包。就智能教育出版而言，将会主要出现以下几种新业态：

（1）在线教育智能化：基于大数据

如前所述，大数据作为人工智能的基石将会作用于人工智能几乎所有的领域。从MOOC 演进为 SPOC，在线教育理念和业态升级的最重要因素在于大数据技术的植入。2013 年 1 月，哈佛大学法学院教授威廉姆开设了名为"著作权"的私播课，成为哈佛大学在私播课上的首次尝试。① 2015 年下半年开始，在线教育产品纷纷倒下，2014 年秋开始的新东方私播课（SPOC）却在 2016 财年（2015.6—2016.5）实现了 2000 万营收、付费用户达17000 人次、教师最高单季度增收超 30 万、开通 SPOC 的教师比率高达 25% 的优秀业绩。SPOC 作为在线教育的最新发展模式，作为智能教育的雏形，已经展现出了较强的市场潜力，取得了预期的经济效益。

未来的在线智能教育平台将通过追踪每个学习者的学习时长、性格特征、高频错误知识点等学习行为特点，进行知识计算和大数据分析，找寻出学习者的学习规律，进而为每个学习者提供"线上+线下"、量身定做的个性化、定制化教育服务，进而真正做到因材施教、因材施教，推进教育实质公平目标的实现。

（2）智能教育助理：基于语音识别

世界范围内的企业巨头都纷纷推出了各自的智能助理，例如 Facebook M、Amazon Echo、Google Allo、苹果 Siri、IBM Watson、微软小娜（Cortana）和小冰等。这些智能助理的共同特征有：基于语音识别、具备较强的交互性，能够提供对话式服务，同时集中于专业领域，主要提供信息和咨询服务。

而致力于提供智能教育服务的"智能教育助理"在《新一代人工智能发展规划》被列出，但是目前还没有现象级的产品出现。相信未来智能教育助理仍然是以语音识别、会话式服务为主要服务方式，同时，关联着大量的教育服务数据库以及学习者本人的信息资料库，

---

① 王婷，谢梦洁. 慕课之后，兴起私播课[N]. 浙江日报，2015-4-15(5).

通过对该学习者学习行为的分析统计，进而为其提供全面、智能、快速的教育服务。

（3）智能教育机器人：交互式+内置式

《新一代人工智能发展规划》重点提及了几类机器人：研制和推广智能工业机器人、智能服务机器人、空间机器人、海洋机器人、极地机器人等特种智能机器人。其中空间机器人、海洋机器人、极地机器人这些特种机器人与"三深一土"（深地探测、深海探测、深空对地观测、土地科技创新）的国土资源科技创新战略紧密相关；而智能教育机器人则属于智能服务机器人的序列。

目前市场上出现的点读笔、学习机，以及机器人外形的学习设备，最基本的原理在于将相关儿歌、诗词、英语、故事等知识素材内置于芯片，然后通过单向灌输的方式向学习者传递，其最大的问题在于缺乏交互性，无法实现人机互动。

人工智能时代，在幼儿教育领域，智能教育机器人将会全面取代市面现有的点读笔和学习机等产品。智能教育机器人将以教育大数据知识库作为数据池，建立健全学习者个人的信息资料数据库，以语音识别来调取相关资料，以人脸识别来推送精准服务，进而实现与学习者的交流互动。这种交互式、智能式的教育将是未来智能教育的重要发展方向。

2. 语音识别

语音识别技术就是让机器通过识别和理解过程把语音信号转变为相应的文本或命令的高技术。语音识别技术被认为是 21 世纪前十年信息技术领域十大重要的科技发展技术之一。

语音识别的研究从 20 世纪 50 年代开始。1952 年，Af&T 贝尔研究所的 Davis，Biddulph 和 Balashek 成功研究了世界上第一个语音识别系统 Audry 系统，可以识别 10 个英文数字发音。60 年代计算机的发展也推动了语音识别技术的发展。70 年代，伴随自然语言理解的研究和微电子技术的发展，语音识别领域取得了突破性进展。这一时期的语音识别基本采用模式识别策略。随着神经网络的发展，以神经网络为主要技术方法的现代语音识别技术被广泛应用。

目前国内外基于深度学习的语音识别领军企业主要包括微软、苹果、IBM、谷歌、科大讯飞等。

语音识别技术所涉及的方向包括：信号处理、模式识别、概率论和信息论、发声机理和听觉机理等。语音识别的应用领域非常广泛，常见的应用系统有：语音输入系统、语音控制系统、智能对话查询系统等。根据识别的对象不同，语音识别大体可分为 3 类，即孤立词识别、关键词识别和连续语音识别。

语音识别需要克服的困难包括：语音信息量大；语音的模糊性；个体发音差异；环境噪声和干扰对语音识别有严重影响，致使识别率低；对自然语言的识别和理解难度大，需要先将连续的讲话分解为词、音素等单位，同时要建立一个理解语义的规则等。

目前语音识别的主要应用场景是：在大学出版、教育出版领域，将语音识别技术与语音助理、机器翻译相结合，提高翻译效率，有效降低翻译错误率，提升翻译的效果，为选题策划、图书审校等流程节约人力资源，提高新闻出版的生产制作效率。

3. 新闻推荐

今日头条之类的新闻客户端之所以受到欢迎，是因为采用了人工智能技术，根据浏览者的浏览习惯、阅读偏好等，给用户推荐相同或者相似的资讯信息。新闻推荐的主流算法包括：基于内容相似度的推荐、基于用户/物品相似度的协同过滤、热点新闻推荐、基于模型的推荐(用户特征模型)以及混合推荐等算法。

未来，越来越多的新闻企业、网络电商将采用内容推荐技术，做到精准用户画像，捕捉目标用户的阅读需求和阅读兴趣点，进而起到精准推送、增强用户黏性的预期效果。

新闻推荐的应用场景包括：畅销选题的策划、设计和发掘，主题新闻、专题新闻的用户精准定投，新闻资讯产品、传统出版物、数字出版物的用户精准推送等。

4. 智能翻译

智能翻译机是应用语音识别和语义识别最典型的代表，语音识别与语义识别的基础是大数据样本，人机交互的准确性是最重要的考量标准。现如今市场上出现的科大讯飞翻译机、搜狗翻译宝等产品都可以实现同声传译。但是用户的使用反馈有好有坏，日常生活翻译基本没有问题，但是如果遇到专业性知识问答，智能翻译机效果就显得捉襟见肘了，其根本原因在于专业知识的语料库样本数据不够庞大。而专业出版机构的专业知识库就是一个内容丰富、专业性强的语料库，未来倘能打通各个出版社的内容资源，集成于一体，并运用机器学习，尤其是深度学习算法进行训练，这样可以以语言学为基础，以专业知识库为数据来源，真正做到有问有答，翻译专业、准确，这才能让智能翻译机真正取代人工同声传译。

第二节　区块链技术

旨在解决"拜占庭将军问题"和"双花问题"的区块链技术是一项集成创新技术，但不是一种原始创新技术。它是综合运用了数学、密码学、计算机学等跨学科知识，进而整合成的一项前瞻应用型技术。随着比特币的迅猛发展，区块链技术甚至被认为是"继大型计算机、个人计算机、互联网、移动社交之后的第5次颠覆式计算范式，是人类信用进化史上继血亲信用、贵金属信用、央行纸币信用之后的第4个里程碑。"①

一、区块链技术的概念

"区块链"的概念起源于2008年中本聪在密码学邮件组发表的论文：《比特币：一种点

---

① SWAN M. Blockchain: blueprint for a new economy[M]. USA: O'Reilly Media Inc, 2015.

对点电子现金系统》，文章指出：时间戳服务器通过对以区块（block）形式存在的一组数据实施随机散列而加上时间戳，并将该随机散列进行广播。每个时间戳应当将前一个时间戳纳入其随机散列值中，每一个随后的时间戳都对之前的一个时间戳进行增强（reinforcing），这样就形成了一个链条（chain），即"区块链"。2009 年，中本聪创立了比特币，并开发出第一个区块，被称为"创世区块"。

究竟什么是区块链？众说纷纭，未有定论。维基百科中文和英文版分别表述如下："区块链是一种分布式数据库，起源自比特币。""区块链由一系列加盖了时间戳的有效交易的区块组成。每个区块都包含了前一个区块的哈希值，这样就把区块连接在了一起。连接在一起的区块形成区块链，并且每一个随后的区块都是对之前一个区块的增强，因此给它取了一个数据库类型的名字。"①

笔者采用区块链领域中国知网下载和引用率最高的《区块链技术发展现状与展望》一文的定义：狭义的区块链，即分布式记账本，是一种数据，一种新型数据。狭义来讲，区块链是一种按照时间顺序将数据区块以链条的方式组合成特定数据结构，并以密码学方式保证的不可篡改和不可伪造的去中心化共享总账（Decentralized shared ledger），能够安全简单存储的、有先后关系的、能在系统内验证的数据。② 广义的区块链是一种全新的基础架构和分布式计算范式，是完整的带有数学证明的系统框架。广义来看，"区块链技术则是利用加密链式区块结构来验证与存储数据、利用分布式节点共识算法来生成和更新数据、利用自动化脚本代码（智能合约）来编程和操作数据的一种全新的去中心化基础架构与分布式计算范式。"③本质来讲，区块链"是一个去中心化的分布式账本数据库，是比特币的底层技术，和比特币是相伴相生的关系。"④

二、区块链技术的特征

区块链的特征主要包括：去中心化、时序数据、广泛参与性、安全可靠性、可编程等特点。

去中心化，是区块链最突出的特有属性，是指区块链的信用关系构建是基于分布式系统结构，不依赖中心化的第三方机构或设施，而是基于协商一致的规范和协议（如哈希算法），各节点数据自我验证、记账、存储、维护和传输。从信用机理的角度来看，区块链是以去中心化的算法信用（软件定义的信用）来取代中心化的机构信用甚至是国家信用，如比特币的信用体系和现行货币中心化信用体系的关系。

时序数据，是时间戳服务应用的结果，是指区块链的链式区块结构数据带有时间戳，

①　何蒲，于戈，张岩峰，等. 区块链技术与应用前瞻综述[J]. 计算机科学，2017，44（4）：1-7，15.

②　袁勇，王飞跃. 区块链技术发展现状与展望[J]. 自动化学报，2016，42（4）：481-494.

③　袁勇，王飞跃. 区块链技术发展现状与展望[J]. 自动化学报，2016，42（4）：481-494.

④　徐明星，刘勇，等. 区块链：重塑经济与世界[M]. 北京：中信出版集团，2016：60.

被增加了时间维度，进而可验证和可追溯。这一点在产品和服务溯源、版权确权等方面会有较广阔的应用前景。

广泛参与性，是指基于开源技术，"数据对所有人开放，任何人都可以通过公开接口查询区块链数据和开发相关应用"，[①] 都可"通过激励机制来参与数据区块的验证过程，并通过共识算法来选择特定的节点将新区块添加到区块链"。[②]

安全可靠性，是指采用非对称加密技术，通过工作量证明的共识算法所形成的强大算力来确保区块链数据的不可篡改和不可伪造。除非达到全部数据节点/全部算力的 51% 以上，否则无法修改区块数据。但是这一点越来越受到挑战，以比特币为例，据统计，F2Pool、BTCChina Pool、Huobi Pool 等中国大型矿池可达到约 60% 的算力，这就意味着安全性在理论上无法得到确保。

可编程性，是指通过共享海量、灵活的脚本代码系统为用户研发高级的智能合约、货币或其他去中心化应用提供支持，如以太坊的智能合约平台所提供的图灵完备的脚本语言。可编程特点的不断彰显，也推动着区块链技术模式的不断升级：从 1.0 版的可编程数字加密货币体系，到 2.0 版的可编程金融系统（目前区块链处于 2.0 版早期阶段），直至最终的 3.0 版可编程社会。

第三节　5G 技术

2019 年 6 月 6 日，工信部向中国移动、中国联通、中国电信、中国广播电视网络有限公司四家企业颁发了 5G 牌照，正式标志着中国进入 5G 时代，标志着中国 5G 商用揭开大幕。2019 年，是 5G 元年，5G 已经成为社会各行各业热衷探讨的热门话题。

"4G 改变生活，5G 将改变社会"。5G 时代的到来，必将带来一场影响深远的变革。除了改变和影响社会大众生活以外，5G 技术势必影响社会各个行业。以新闻出版为例，5G 的赋能、助智，将进一步推动新闻出版业向着数字化、数据化、智能化的方向转型升级。5G 技术的广泛应用将会推动新闻出版大数据、AR 出版、VR 出版、个性化知识服务、数字图书馆等业态实现更快、更好的发展，进而推动新闻出版业向着更高质量、更有效率的方向迈进。

一、5G 技术及其特征

5G 作为新一代无线移动通信网络，主要用于满足 2020 年以后的移动通信需求。相对于前四代移动通信技术而言，5G 具备低成本、低能耗、安全可靠的特点，同时传输速率

---

① 姚忠将，葛敬国. 关于区块链原理及应用的综述[J]. 科研信息化技术与应用，2017，8(2)：3-17.

② 袁勇，王飞跃. 区块链技术发展现状与展望[J]. 自动化学报，2016，42(4)：481-494.

提升 10 到 100 倍，峰值传输速率达到 10 G/s，端到端时延达到 ms 级。[①] 1G 解决了用户电话通信问题，2G 解决了短信发送问题，3G 解决了用户上网浏览图片问题，4G 解决了用户数字音频听取和数字视频观看问题，5G 则会突破时空限制，在超高速传输、低时间延迟的前提下给用户带来最佳体验感，包括现实体验感和增强现实体验感。

众所周知，5G 技术具备以下几个方面的特点：

（一）超高速传输。5G 技术的传输速率，理论峰值可达到 20G/s，是目前 4G 传输的 20 倍，下载一部高清电影，仅仅需要几秒钟的时间。超高速传输不仅可以满足 4K 等超高清视频平均 18Mbit/s 的带宽需求，还可以满足 VR 视频体验 175Mbp 以上的带宽需要。超高速传输的特点，能够极大地带动和推进 AR 业务、VR 业务、全息业务的发展和普及，为用户提供绝佳的体验。

（二）低延迟。3G 技术的端到端延迟时长为数百毫秒，4G 可以达到 10 到 100 毫秒，而 5G 时代的端到端延迟时长为 1 到 10 毫秒，是 4G 的 10%。低延迟特点，为远程医疗、智能制造的远程操作、自动驾驶等提供了无限发展可能，能够加速推进社会智能化建设进程。

（三）宽覆盖。5G 技术的全年应用，将会覆盖除了城市等热点地区以外的边远山区，进而将移动互联服务推送到更广的范围。2019 年 6 月，中国移动表示将会在当年实现 40 个城市的 5G 覆盖，其中北京实现二环以内的覆盖。2019 年 7 月 9 日，在华为公司的大力拓展下，摩纳哥成为全球第一个实现 5G 全国覆盖的国家。不过，5G 的全面覆盖，还需要一定的时间。"有国内专家也指出，由于 5G 做深度覆盖较为困难，初期只能重点覆盖，5G 的覆盖速度将远远慢于 3G、4G，全面覆盖甚至可能需要 5 年到 10 年。"[②]

此外，5G 技术还具有大容量、高可靠、低功耗等特点。正是这些特点或曰优点、优势，决定了 5G 技术将会在国民经济各行业大放异彩，不仅改变人们的日常生活，也将重塑整个社会。

二、5G 关键技术简述

5G 技术涉及的关键技术很多，包括：超密集网络异构技术、自组织网络、内容分发网络、设备到设备通信、机器对机器通信、信息中心网络、移动云计算、软件定义网络、软件定义无线网络、情境感知技术等。其中和新闻出版业紧密相关的技术主要包括：内容分发网络、移动云计算技术和情境感知技术。

内容分发网络是为解决用户大量访问互联网导致的网络拥堵而提出的技术解决方案，即在传统网络中添加新的层次——智能虚拟网络。内容分发网络系统综合考虑各节点连接状态、负载情况以及用户距离等信息，通过将相关内容分发至靠近用户的内容分发网络代

---

① 赵国锋，陈婧，韩远兵，等 . 5G 移动通信网络关键技术综述［J］. 重庆邮电大学学报（自然科学版），2015，27（4）：441-452.

② 代小佩 . 5G 全面覆盖至少还要 5 年［N］. 科技日报，2019-01-16.

理服务器上，实现用户就近获取所需的信息，使网络拥塞状况得以缓解，降低响应时间，提高响应速度。① 内容分发网络，有助于提高分发内容的有效性，同时能够降低用户访问迟延时间，为用户访问网络平台内容提供较好的体验，尤其是在提供镜像服务的情境下，能够优化和改善数字产品和服务的 B2B 用户反馈。在以往的数字图书馆、专业出版知识库销售过程中，经常会遇到的问题便是打开页面时间过长，进而造成用户的满意度下降，影响数字产品和服务的销售进程。积极运用内容分发网络，将有助于改善目标用户阅读体验，从侧面协助市场销售工作的开展。

移动云计算技术是将云计算的概念引入移动互联网的产物。在新闻出版业"十三五"科技发展规划的预研究课题中，云计算以及物联网、大数据、语义分析作为四项重要的技术被提上研究日程。其中，云计算对数字出版的影响包括特殊的容错措施、数字资源格式和设备标准化以降低成本、减少出版企业系统软件的投资等。② 数据化、智能化、移动化是媒体融合推向纵深发展的重要方向③，"媒体融合，要始终瞄准先进技术、可用技术，及时将其融入新闻采集、制作、传播全过程，运用大数据、云计算、人工智能等技术构建全媒采编发平台。"④移动云计算技术是 5G 关键技术之一，能够解决智能终端的访问质量低和速度慢问题，同时，也为移动医疗、移动学习、移动教育、移动型知识服务平台的建设与推广提供了技术支持。

情境感知技术，是指借助可穿戴设备、无线通信技术、传感技术等，感知用户所处的环境，并根据获得的信息，为用户主动、智能、个性化地推送服务的技术。情境感知技术因其科技含量高，应用潜力巨大，已成为构建智慧图书馆的基石。⑤ 情境感知技术将会大量应用于个性化、定制化的知识服务的推送、智能机器人+阅读、智能管理机器人、礼仪机器人、智能盘点机器人等新兴出版场景；⑥ 同时，智能终端设备依托情境感知技术，在捕获用户位置、阅读偏好、交通状况等信息后，将会有助于智能新闻的内容推荐功能的实现与改善。

第四节　5G 技术、区块链与人工智能的关系

作为应用于出版业的三项前瞻技术，5G、区块链和人工智能之间的关系，需要立足于

---

① 赵国锋，陈婧，韩远兵，等.5G 移动通信网络关键技术综述[J]. 重庆邮电大学学报（自然科学版），2015，27（4）：441-452.

② 中国新闻出版研究院. 新闻出版业科技"十三五"时期发展规划与研究成果汇编[M]. 北京：中国书籍出版社，2015.

③ 郭全中. 媒体融合 思路很清[N]. 中国新闻出版广电报，2017-12-20（6）

④ 庹震. 加快实现深度融合 全力打造新型主流媒体[J]. 新闻战线，2017（17）：5-6.

⑤ 韩业江，董颖，方敏等. 基于情境感知技术的智慧图书馆服务策略研究[J]. 情报科学，2019，37（8）：87-91.

⑥ 张新新. 新闻出版业智能机器人的应用原理与场景分析[J]. 科技与出版，2018，287（11）：43-48.

技术原理和架构的基础上，站在三种技术的发展历程高度，去深刻思考和总结，方能打通其中的关键环节，洞悉三者之间的联系与规律。

一、5G 技术与人工智能

5G 和人工智能是两种不同领域的概念，5G 是快速无线传播信息和数据的通信技术，人工智能是具备独立思考、决策、执行和自我控制能力的计算机程序。5G 技术作为第五代移动通信技术，所依托的载体是移动互联网，其超高速传输、宽覆盖、低延迟的特征为众人所知。

5G 技术能够为人工智能提供算力支撑，提升算力水平。人工智能是能够自主感知、决策、执行和控制的计算机软件程序或硬件设备，人工智能的三要素分别是数据、算力和算法。其一，关于数据：数据是人工智能的基石，有大量的数据资源，人工智能才可能有好的发展。现代新闻出版业，数据，是生产资料，是生产要素，如石油、矿产一样，是"能源"，图书、图片、条目、知识库、数据库等都是数据。其二，关于算法：人工智能发展的一个主要引擎是算法，尤其是深度学习的算法。算法是核心，数据用来训练算法，IT 界通常把这个过程叫"喂数据"，把数据叫"奶妈"。没有数据，再好的算法也很难进行有效升级。算法的迭代，从技术层面的创新到思维方式的转变，意味着人工智能乃至社会生态的无限可能；目前的算力是基于 GPU 的计算效率。其三，关于算力：算力也是重要的基础，如果计算能力不行的话，人工智能也不可能发挥到一个极致的地步。算力包括计算能力、存储能力，存在形态包括：终端算力、边缘节点算力、雾计算、企业的云化数据中心、运营商网络的边缘云化数据中心、云化数据中心、算力的生成、算力的度量等，算力的核心是芯片。算力成本也是人工智能行业的一大痛点，人工智能对计算的需求非常大，因此对高性能计算定制深度学习芯片要求很高，意味着很多企业要花很多钱买算力、建很多计算中心，造成了很大的资源浪费。5G 技术具有明显提高运算速度、提升算力水平的优势，所以，从源头来讲，5G 技术可支撑人工智能算力的提升。2019 年 1 月 24 日，华为在北京发布了全球第一款 5G 基站核心芯片，算力较以往提升 2.5 倍。

5G 是万物互联的基础，也是人工智能发展的新动力和新引擎。现在物联网、移动医疗和人工智能等先进技术都需要依托 5G 无线通信技术来实现。5G 技术像信息高速公路一样，是万物互联的基石，它在提高传输速率的同时也创造了大量信息和数据传输的可能。2020 年 3 月，武汉抗击新冠疫情期间，中国移动就成功用 5G 技术搭建了移动智能方舱医院，在智慧医疗方面成功结合了 5G 技术和人工智能：该移动方舱以智能设备为基础，以中国移动 5G 网络为支撑，为数字化运营、医生护士的人机协作、跟病人的互动和交互等提供了全套信息化和数字化的运营方案。

5G 技术为人工智能众多领域创造了融合应用场景，人工智能将促进 5G 网络的智能化应用。人工智能的若干领域，在 5G 条件下，将获得新生，绽放出新的生命力，实现创造性转化或创新性发展。在数字视听领域，基于 5G 技术可以重塑网络视听新业态，如网络电影、网络剧、短视频、网络直播、网络广播与网络音乐等；基于 5G 技术可以创造一系列网络视听业务，如 AR、VR、全息影视等网络视听业务。在大数据领域，随着 5G 时代的到来，超密集网络异构技术有助于提高数据流量，解决同频干扰；移动云计算技术有助于提升移动互联网端的数据计算能力，为大数据二次数据的产生提供技术支撑；软件定义网络技术的控制平面可以获取、监控用户数据，有助于用户数据的采集、分析和挖掘。在知识服务领域，依托于移动互联网的知识服务，5G 技术将在电视数字图书馆、智能移动终端知识服务方面进行发力。一个可以想象的画面是，每个人通过一部智能手机，都可轻松实现下载、存储和携带上千种图书，每个人都是一个移动的图书馆。

二、区块链与人工智能

区块链与人工智能的关系，是生产关系和生产力的关系。人工智能是生产力，催生和拥有着一系列先进技术，无论是对现实增强的技术、对现实虚拟的技术还是大数据技术等；区块链是生产关系，以一种技术的形式，重新构建了商业关系甚至是生产关系。

区块链本质上是分布式大数据，由区块所构成的数据链；而第三代人工智能的两大基石之一便是大数据。人工智能需要数据，但是数据往往被中心化平台垄断，因而阻碍创新，从这种意义上人工智能的发展有所受限。加密经济学创造了一个对于数据提供者有正确激励机制的数据市场。人工智能能够依赖这个数据市场起飞。由此，区块链和人工智能在数据方面便形成了联系：其一，区块链能为人工智能带来开放、安全的数据市场：区块链能够有效解决数据的所有权、使用权、数据隐私泄露、数据安全等问题，构建一个开放的数据市场。其二，区块链能为人工智能带来大规模的数据管理机制：区块链一改传统的中心化的数据分布和存储结构，改为去中心化、分散式的数据分布、存储与使用结构，能够确保数据的安全、稳定、不可篡改和免受攻击。其三，区块链为人工智能带来更可靠的人工智能建模和预测：人工智能建模依赖海量、真实和有效的数据，而区块链所拥有的数据分布于全网各节点处，无法篡改和伪造，以这样的数据进行训练，所得出的预测结果，其精准率将大大提升。区块链中的智能合约实际上也是一段实现某种算法的代码，既然是算法，那么 AI 就能够植入其中，使区块链智能合约更加智能，提高交易的效率和自动化水平。

除了在数据方面，区块链还能在以下三个方面为人工智能带来变革：

首先，区块链助力 AI 企业降低算力成本。算力是人工智能发展的技术保障，是人工智能发展的动力和引擎，极大地影响了人工智能的发展和应用。人工智能对算力的要求很高，也就意味着人工智能公司需要花费很大的价钱在购买算力和搭建计算中心上，会造成极大的浪费。而区块链把分布式挖矿与人工智能结合，将大型 GPU 或者 FPGA 服务器集群、中小型企业闲散的空余 GPU 放服务器以及个人闲置 GPU 作为计算节点，利用区块链技术通过共享算力，为人工智能提供算力供给；区块链所有节点的算力、计算资源集中起来，将是非常可怕的一种力量，能够有效地解决算力资源浪费和硬件投入问题。

　　其次，引起群体智能变革。目前的人工智能大多是个体的智能，而最终个体智能必然会走向群体智能。分布式节点的群体智能决策，是群体智能形成的基础。只有形成群体智能决策，才能够让智能个体享受到群体经验的结晶，从而不断进行个体及群体的良性迭代。区块链可通过搭建发布机器学习任务的平台，利用群体智慧优化人工智能算法，实现一套算法由多个人工智能专家更新维护，而不再是由一家公司决定一套算法。同时，区块链将会成为群体智能决策的基础设施，智能合约、共识机制、代币机制、分配机制等机制将会驱动分散智能节点之间的协同协作，并且成为机器经验形成和记录的载体。这一点，在本书后面讲述群体智能变革出版，变焦印发流程和区块链在编校印发环节的应用场景之处做了更为详细的说明。

　　最后，确立信任机制。人工智能解决的是智能问题，区块链解决的是信任问题。对于任何广泛接受的技术进步，没有比缺乏信任具有更大的威胁，人工智能和区块链也不例外。为了使机器间的通信更加方便，需要有一个预期的信任级别。对数据的真实性、交易的有效性、算法的可行性、算力的必要性等之间的评估和预判，都会影响到人工智能的智能化结果，而区块链技术恰恰能够在上述几个方面较好地解决数据、交易、算法和算力的信任机制问题。

　　综上所述，人工智能和区块链既有区别又有联系，相互促进且相得益彰。通过区块链的去中心化和共享控制能促进人工智能的组织合作和数据共享，并提高人工智能模型的精确性、安全性和稳定性。从而使得人工智能的知识、数据、模型等可以作为资产进行交换，为人工智能公司或组织带来更高的效益、更低的成本、更高的可信度和安全性等好处。反过来，人工智能又可在数据、算法等方面推进区块链的发展，提高区块链的自主化、自动化和智能化水平。

　　区块链作为一项技术已取得了一日千里的发展成就，也展示了其未来无限的可能性。但是与人工智能的发展相比，具备两处不同，尚需不断完善：首先，人工智能已经历过"两次低谷、三次浪潮"的发展历程，数据、算法和算力结合起来形成的新引擎已经在技术上相对成熟。但现在，以区块链这项技术为核心的新引擎尚未成型，甚至可以说停留于部分设计图和原型机的阶段。其次，区块链相关的配套工程和实际应用场景都还有待发展。有专家指出，区块链是三个学科的组合：博弈论、密码学和软件工程。从实用和产业化角度看，软件工程能力是相当重要的。到今天，与区块链相关的软件工程技术只能说仍在快速发展，尚未成熟和完善，虽然它的速度的确比我们在其他领域见到的要快得多。

第十一章　增强现实出版

---

* 本章知识点提要
  1. 增强出版技术和增强出版的发展历程
  2. 增强现实出版的工作流程
  3. 增强现实出版的应用场景
  4. 增强现实出版的发展机遇和发展前景

* 本章术语

  增强现实出版　增强现实出版技术　AR 图书出版　AR 游戏出版　AR 知识服务

增强现实(Augmented Reality，AR)，是指借助计算机图形技术、可视化技术等技术将虚拟信息叠加集成在真实世界，使得真实世界和虚拟信息同时存在，从而达到超越现实的感官体验。基础技术包括跟踪定位技术、用户交互技术、虚拟融合技术和系统显示技术。增强现实技术描述的是一个技术组合，即向真实视频显示中实时融入计算机生成的内容的技术。增强现实将真实环境与虚拟对象结合起来，两种信息相互补充、叠加，构造出一个虚实结合的虚拟空间。增强现实技术应用的范围特别广泛，主要包括旅游、教育、医疗、建筑、设计、游戏等领域。本章旨在论述增强现实技术以及增强现实出版的基础上，介绍增强现实出版的技术原理和工作流程，进而对 AR 图书出版、AR 游戏出版、AR 知识服务系统等出版应用场景进行阐述，最后系统展望增强现实出版的发展前景。

第一节　增强现实出版概述

增强现实技术作为人工智能的一个范畴，其作用于出版业，是智能出版的重要组成部分。《出版物 AR 技术应用规范》行业标准已经正式实施，并对增强现实出版的主要环节、技术原理和应用场景都做出了相应的规定。AR 技术应用于出版业的结果是融合出版了一大批 AR 图书、AR 游戏出版物，并且逐步催生出 AR 知识服务系统。

一、增强现实技术概述

增强现实技术是一种将真实世界信息和虚拟世界信息"无缝"集成的新技术，包含了多媒体、三维建模、实时视频显示及控制、多传感器融合、实时跟踪及注册、场景融合等新技术与新手段。增强现实技术具有三个突出特点：第一，真实世界和虚拟的信息集成；第二，具备实时交互性；第三，在三维尺度空间中增添定位虚拟物体。

1966 年，美国计算机图形学之父，图灵奖获得者伊凡·苏泽兰（Ivan Sutherland）领导开发了第一套虚拟现实和增强现实头戴式显示系统"达摩克利斯之剑"（The Sword of Damocles），被普遍认为是头戴式显示设备（HMD）以及增强现实的雏形，这套系统使用一个光学透视头戴式显示器，同时配有两个 6 度追踪仪，一个是机械式，另一个是超声波式，头戴式显示器由其中之一进行追踪。这套系统将显示设备放置在用户头顶的天花板，并通过连接杆和头戴设备相连，能够将简单线框图转换为 3D 效果的图像。

1992 年，波音公司的研究人员汤姆（Tom Caudell）和大卫（David Mizell）在论文 *Augmented reality：an application of heads-up display technology to manual manufacturing processes* 中首次使用了增强现实（Augmented Reality）这个词，用来描述将计算机呈现的元素覆盖在真实世界上的这一技术。

1997 年，北卡大学的 Ronald Azuma 发布了关于增强现实的报告，将 AR 定义为"一种以虚实结合、实时交互、三维注册为特点，利用附加的图片、文字信息对真实世界进行增强的技术"，将虚实结合、实时互动、三维注册作为增强现实技术的主要特征。

虚实结合。AR 的优越性体现在实现虚拟事物和真实环境的结合，让真实世界和虚拟物体共存。AR 实现虚拟世界和真实世界的实时同步，满足用户在现实世界中真实地感受虚拟空间中模拟的事物，增强使用的趣味性和互动性。AR 技术可以将显示器屏幕扩展到真实环境，使计算机窗口与图标叠映于现实对象，通过眼睛凝视或手势指点进行操作，让三维物体在用户的全景视野中根据当前任务或需要交互地改变其形状和外观。

实时交互。AR 技术能够使交互从精确的位置扩展到整个环境，从简单的人面对屏幕交流发展到将自己融合于周围的空间与对象中。运用信息系统不再是自觉而有意的独立行动，而是和人们的当前活动自然而然地成为一体。交互性系统不再是具备明确的位置，而是扩展到整个环境。

三维空间定位。在 AR 技术的实现过程中，虚拟部分主要通过三维呈现，因为人的交互是在三维空间里进行的。AR 技术主要根据用户在三维空间的运动调整计算机产生的增强信息。

目前，国内大型企业如联想集团、百度、腾讯、阿里巴巴均在布局增强现实业务；与此同时，在创业公司层面，国内也涌现出梦想人科技、猫眼科技、奥图科技、亮风台、云视智通、央数文化、上海塔普仪器、大连新锐天地、视辰信息科技等增强现实公司，这些公司目前都表现出了较强的市场竞争力。这些技术企业目前主要研发领域包括：从事 AR

可穿戴设备研发(如奥图科技的酷镜)、从事 3D 建模进而构建自身的 3D 模型库、提供 AR 技术开发软件等。

目前国内 AR 技术厂商在技术研发方面存在的主要问题有：其一，芯片和软件等底层核心技术严重依赖于国外厂商，自主知识产权比例较低，野蛮生长现象比比皆是；其二，设备研发粗糙，图像、3D 模型大量存在着粗制滥造的情况，头盔、眼镜等安全系数低，潜在的安全风险较大。其三，国家标准、行业标准缺位，尽管工信部、原国家新闻出版广电总局等有关主管部门在加快标准制定步伐，但是市面现有的大量 AR 出版物仍处于无章可循、无序发展的状态。

二、增强现实出版

增强现实出版是将增强现实技术应用于出版业，创新出版物产品形态，为读者提供全新的沉浸式阅读体验。周荣庭将增强现实出版物定义为运用增强现实技术将内容在虚实融合的场景中传达给读者的交互式出版物，进而营造出超现实的沉浸式感官体验。[①] 根据《出版物 AR 技术应用规范》(CY/T178-2019)行业标准规定，AR 出版物(AR publication)，是指应用三维(3D)模型等数字媒体与印刷图文及图文中的坐标点、空间位置等信息关联，满足用户增强现实体验需求的报纸、期刊、图书、网络出版物等。增强现实出版是基于三维建模和增强现实编辑器完成的新型出版方式。三维建模(3Dimensions modeling)或曰 3D 建模(3D modeling)，是指运用特定设备或者软件构建三维数据模型的过程。增强现实编辑器(augmented reality editing tool)或曰 AR 编辑器(AR editing tool)，是指用于对选题内容与图像、音频、视频、3D 模型、360°全景图、游戏等数字媒体进行关联，编辑制作 AR 出版物的专用软件。

增强现实出版物是在传统出版物基础上，采用 AR 技术融入虚拟空间，增加多种互动元素，使出版内容更加立体直观，给读者提供了全新的阅读体验，具有巨大的发展潜力。国外出版集团和科技公司已经成功开发了许多 AR 出版物，2012 年索尼公司联合 J. K. 罗琳一起研发了《奇幻之书：魔咒之册》增强现实图书，通过虚实空间结合的方法来讲述魔法故事，热销数百万套；2016 年，培生集团宣布与美国微软合作，开发一个融合 AR 技术的教育产品，运用于培生集团的医护教育项目；2017 年，美国德克萨斯大学推出 AR 图书馆，首批收入 25 种 AR 出版物；2018 年，《纽约时报》应用程序已经增加了 AR 功能，读者可以体验 AR 新闻；美国《时代》周刊也于 2018 年初推出首个 AR 封面故事。

目前，国内已经有近百家出版企业已经纷纷试水 AR 图书的生产和制作，许多出版社已经开始布局用财政项目资金从事 AR 图书出版平台的研发和构建，进而在数字出版的道路上再次向科技与出版融合的目标靠近一步。相关机构和出版社在少儿、科普、娱乐等领域开发了一系列增强现实出版作品。如中信出版社"科学跑出来"系列 AR 图书、浙江少年

---

① 周荣庭，孙松. 增强现实出版物产业价值链分析[J]. 中国出版，2018(8)：3-6.

儿童出版社《孩子的科学》、长江少年儿童出版社《什么是什么》、黄山书社《AR 西游记》、江苏凤凰教育出版社"小学科学 活起来"系列 AR 图书、北京师范大学出版社《初中物理》、山东教育出版社《暑假生活指导》、龙门书局《黄冈小状元》、科学出版社的医学教材"爱医课" APP、中国矿业大学出版社的《采掘机械与液压传动》等。① 其中，部分 AR 出版物制作精良，获评优秀出版物。如 2016 年，湖南科学技术出版社出版的《大人小孩都读得懂的时间简史》增强现实出版物入选原国家新闻出版广电总局向全国青少年推荐百种优秀出版物名单。2017 年，江苏凤凰教育出版社出版的《小学科学活起来》系列增强现实出版物获得江苏省优秀科普作品一等奖。增强现实出版物形式新颖活泼，制作精美，虚实结合紧密，交互性强，获得了读者市场的欢迎，取得了良好的社会效益和经济效益。涂涂乐系列增强现实出版物销售达数十亿元，梦想人科技有限公司累计发行增强现实出版物达 10 亿册。② 新锐天地公司推出的《AR 涂涂乐》卖出 550 万套，2016 年实现收入达 4 个亿。

我国 AR 出版物经历了从无到有、从小到大、从高速增长向高质量发展的阶段。AR 出版产业链由 3D 模型库、AR 编辑器、输出展示系统三部分构成。传统出版机构在 3D 模型库的建立方面具有专业性、体系化、科学性的天然优势，新型互联网企业则重点发力于 AR 编辑器的研发和推广，输出展示系统目前主要集中于 AR 头部显示器、AR 眼镜、AR 手机和 AR、APP 等载体。AR 出版产业的健康、快速发展，有赖于政府主管部门及时出台鼓励发展政策，有赖于企业标准、行业标准体系的建立健全，有赖于 AR 阅读体验的改进和优化，有赖于 AR 出版高端人才的培养与运用。

AR 技术在出版业的应用步伐加快，在出版主管部门层面，高度重视 AR 技术应用标准、AR 技术应用报告，原国家新闻出版广电总局数字出版司在新闻出版企业转型升级装备配置优化的通知中将"增强现实数字出版系统"明确列入配置的"可选装备"范围，并委托融智库研制 AR 技术在出版业应用的发展报告；在研究机构层面，中国新闻出版研究院启动了 AR 技术在新闻出版业应用的预研究课题；在企业层面，某出版社委托南京大学信息管理学院研制 AR 出版物企业标准、AR 白皮书报告；在产品层面，中信出版社、江苏凤凰教育出版社、山东教育出版社、中国法制出版社等一大批出版社分别出版发行了自己的 AR 图书，掀起了一股 AR 图书热潮；在技术层面，以苏州梦想人科技为代表的 AR 技术公司积极融入出版业，大力推广 AR、VR 技术在出版业的应用，随处可见他们活跃于出版圈的身影。

2017 年，国务院印发的《新一代人工智能规划》提出要重点突破增强现实和虚拟现实等关键技术，包括智能建模技术、架构技术等，建立健全虚拟现实与增强现实的技术、产品、服务标准和评价体系，推动重点行业融合发展。具体包括："混合增强智能新架构与新技术。重点突破人机协同的感知与执行一体化模型、智能计算前移的新型传感器件、通

①　马磊. 基于 AR 技术的融媒体出版应用研究[J]. 出版参考，2021(7)：37-39.

②　尹达. 增强现实出版研究领域建构探析[J]. 科技与出版，2021(12)：106-112.

用混合计算架构等核心技术，构建自主适应环境的混合增强智能系统、人机群组混合增强智能系统及支撑环境。重点突破虚拟对象智能行为建模技术，提升虚拟现实中智能对象行为的社会性、多样性和交互逼真性，实现虚拟现实、增强现实等技术与人工智能的有机结合和高效互动。突破高性能软件建模、内容拍摄生成、增强现实与人机交互、集成环境与工具等关键技术，研制虚拟显示器件、光学器件、高性能真三维显示器、开发引擎等产品，建立虚拟现实与增强现实的技术、产品、服务标准和评价体系，推动重点行业融合应用。"

整体而言，我国出版业对于 AR 技术的应用尚处于探索阶段。由于 AR 技术本身还在不断发展，出版企业对 AR 技术的创新应用受技术发展水平限制还比较明显，大多数 AR 出版应用产品尚不成熟，AR 硬件设备及核心系统尚需完善，加之相关技术标准和行业标准不足以制约 AR 出版物发展。与此同时，受 AR 技术专业性及专业人才等因素的影响，国内综合技术实力领先的新兴互联网企业在 AR 领域的创新活力和创新能力，普遍要强于传统出版企业。经过多年发展，我国 AR 出版产业已经形成了一定的集群效应，在管理层面引起了政府主管部门的高度重视，在行业层面引起了新闻出版企业的重要关注，在目标用户层面得到了广大读者的认可和肯定。但是，对 AR 图书价格过高的"吐槽"、对 3D 模型不清晰、声音图像调取不成功等方面的批评也时有发生。AR 出版还需要不断加强技术升级和产品研发，以更优质的作品来吸引更多读者购买和阅读 AR 出版物。

第二节　增强现实出版技术原理与工作流程

增强现实技术应用于新闻出版业，主要包括几个核心环节：3D 模型库的建设、AR 编辑器的应用和图像识别显示。这三个环节，技术商主要发力点在于 AR 编辑器的技术研发和推广、图像识别显示系统的构建；而作为新闻出版企业的内容提供商，其优势仍然在于内容资源领域，在于 3D 模型库的建构，尤其是专业出版领域的 3D 模型建构。相对而言，技术商在 3D 模型建构方面显得捉襟见肘和信息不对称，不过，仍然有大量的技术厂商通过购置、版权引进、自主研发等方式，在市场准入门槛不高的大众出版领域获取了大量的3D 模型，他们不仅瞄准了 AR 出版的技术，同时也考虑向 AR 出版的内容领域，即 3D 模型建设方面进行渗透和抢占市场先机。

一、增强现实出版的技术原理

增强现实技术应用于出版业的技术原理在于：需要打通三维模型建构、AR 编辑器研发和输出展示系统三大关键环节，统筹运用虚拟建模、实景建模和混合建模三种技术，根据目标用户需要，合理选取定价体系，进而研发出适销对路的 AR 出版产品。

尽管目前 AR 出版物存在着研发成本高昂、盈利能力薄弱等问题，但是随着 AR 硬件设备、软件系统的不断发展，将会催生出 AR 出版物的快速增长、AR 出版物标准的不断完善、AR 出版技术的不断更新和 AR 显示输出设备的不断改进。

AR 新闻/出版产业链由四部分构成：3D 模型库的建立、AR 编辑器的研发与应用、AR 输出展示系统以及 AR 图书市场销售。换言之，增强现实技术原理应用于新闻出版业，主要包括几个核心环节：3D 模型库的建立、AR 编辑器的应用和图像识别现实。3D 模型的研发、制作与应用，是 AR 出版物与复合形态出版物的最大差别，也是 AR 产业对现实进行增强表达的关键，是广大读者尤其是婴幼儿、青少年读者热衷于 AR 图书的核心所在；AR 编辑器主要由技术公司研制，负责将 3D 模型嵌入到图书固定的部分，并设定相应的 AR 码，便于将 3D 模型调取和展示；AR 输出展示系统，是 AR 图书效果呈现的关键环节，目前主要包括智能手机、APP 程序、AR 眼镜、AR 头盔等。AR 图书市场销售目前整体情况不太乐观，处于高成本、低回报、盈利模式尚不清晰的状态。

二、增强现实出版的工作流程

AR 出版物的生产制作流程，由选题策划、媒体制作、内容集成、输出展示、审核测试、发布推广和运营维护七个环节构成。

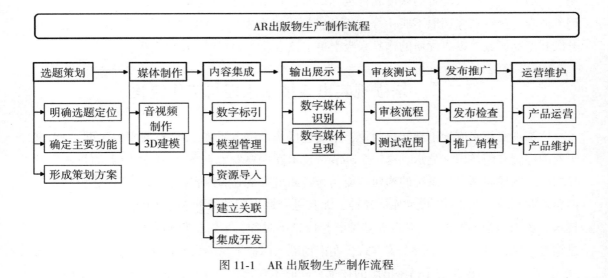

图 11-1　AR 出版物生产制作流程

AR 出版物的生产与制作的七个环节可以概括为三个核心部分，即 3D 模型库的创建、AR 编辑器的研发与应用、输出展示系统的优化。

1. 3D 模型库的创建

3D 建模有实景建模、虚拟建模两种方式，一种是 3D 实景建模，是指运用数码相机、无人机、三维扫描仪等设备对现有场景、物体进行多角度环视拍摄然后进行后期编辑、加工，并加载播放来完成的一种 3D 建模方法。一种是 3D 虚拟建模，是指运用三维制作软件通过虚拟三维空间构建出具有三维数据的模型。

3D 建模的要求包括：应根据 AR 出版物的设计要求选择 3D 建模方式；3D 模型应遵循科学性、客观性和真实性原则，符合科学的比例、尺寸和规律。应按照建模的模型规范、贴图规范、动画制作、导出规范和引擎引用等通用性规范进行。应逐步提升建模的智能水平，提高虚拟对象行为的交互性、社交化和智能化。

在各式各样的 AR 出版物之中，3D 模型适用的场景主要有两种：其一，在现实生活中，很难为肉眼所见的物体，这类物体用 3D 模型的形式加以展示，用于教学或者科普，将会起到事半功倍的作用；例如，心脏的三维模型；其二，在现实生活中，永远也不能见到的物体或者生物，人们只能通过想象在脑海中加以呈现。这样的物体或者生物，以科学、精准、等比例的三维模型的方式呈现，将会起到增强现实的效果。例如，已经灭绝的生物，恐龙、剑齿虎等。

在 3D 模型库建立的过程中，传统出版机构具有无与伦比的优势：传统出版机构，尤其是专业出版企业，经过数年的知识服务建设，已经积累了各个学科大量的知识，并且已有相当一部分出版社建立了自身的知识元库和知识体系。知识体系对于构建科学、精准的 3D 模型具有直接的指导和参照意义。例如，某些出版社在古生物学科领域，不惜重金，构建起了大量 3D 模型，同时及时将这些模型与生命进化、化石演化、地学科普等图书相结合，起到多次复用的效果，也由此出版了一系列的 AR 图书。

值得关注的是，新兴互联网企业在立足 AR 技术优势的同时，也在 AR 生态圈中布局 3D 模型库事宜，试图通过技术、内容、销售的次序，逐步打通 AR 出版生态圈。例如，苏州梦想人科技公司自建的 AR 模型多达 4000 多个，合作共建的 AR 模型达到近 5000 个，已经储备了相当数量的 3D 模型。

不过，新兴互联网企业所构建的 AR 模型，在精准度、科学性、严谨性等方面存在着一定的误差，也导致了用户在阅读相关 AR 图书时的批评和吐槽。在对三大网络电商用户交互数据的分析统计中，发现针对 3D 模型，用户提出有"动物和真的不一样、3D 模型较粗糙、图案不真实、动物不能发出声音"等模型瑕疵；而现实案例中，甚至出现了某些技术公司将恐龙的脚趾数量弄错的情况。

越来越多的传统出版机构不断意识到，构建各专业知识领域的 AR 模型，将会直接影响出版企业是否能够占据 AR 出版生态圈中的主导权和话语权，将会直接影响出版企业是否能够开展更加立体化、更加丰富、更加纵深的知识服务，将会直接影响未来 AR 出版产业是否能够健康有序发展。

目前 3D 建模的"软肋"有：首先，建模成本居高不下，一本幼儿园的教材，AR 模型在 10 个左右，其 AR 模型成本高达数十万元。其次，建模水平不高，处于初级阶段。目前的 3D 建模绝大多数属于"静态建模"——即对实体的建模，而对于"动态建模"——虚拟对象行为的建模则没有涉及，同时，国内 3D 模型的智能化、社交化显示与体现基本尚未开展。为此《国务院新一代人工智能规划》做出战略预判和指导，明确指出："重点突破虚拟对象智能行为建模技术，提升虚拟现实中智能对象行为的社会性、多样性和交互逼真性，实现虚拟现实、增强现实等技术与人工智能的有机结合和高效互动。"[①]

2. AR 编辑器的研发与应用

AR 编辑器的主要功能在于，为传统出版机构提供 AR 出版物生产、制作和管理的工具集。市场现有的技术厂商，如漫阅科技、苏州梦想人科技，均自主研发了 AR 编辑器，能够将 3D 模型管理、知识标引与分类、3D 模型植入、模型编辑加工等流程集于一体，形成了相对完整的 AR 出版流程。AR 编辑器除了对 3D 模型生产、制作、管理以外，还附有对图片、声音、影像资料的管理与植入功能，甚至有的具备对 AR 使用频次、用户数据分析的功能。在"某出版社地球科学 AR 编辑器"中，可以看到 AR 技术与大数据统计分析相结合的因素：例如 AR 分析模块包括 AR 模型使用次数分析、图书使用 AR 排行、单书使用 AR 统计等；例如用户分析系统，包括用户区域分析、年龄结构分析、阅读领域分析等（如图 11-2 所示）。

图 11-2　某出版社地球科学 AR 编辑器页面

ISLI 国家标准提出的"服务编码、关联编码、校验码"的相关规定，足以胜任 AR 出版物的生产、制作、流通和管理要求。但是，目前的 AR 出版物，在 3D 模型与图片、文字的关联关系管理仍然处于较为粗犷的阶段，在 AR 编码规则、识别显示等方面也是良莠不

---

① 新一代人工智能发展规划［EB/OL］．http://www.gov.cn/zhengce/content/2017-07/20/content_5211996.htm.

齐。AR 编辑器与 ISLI 国家标准的衔接紧密度不够，在 ISLI 码的申请，码段分配、铺码规范、编码管理、模型与文字的关联关系确定等方面，还处于缺位状态。

3. 输出展示系统的优化

在输出展示系统方面，AR 出版物目前主要通过头戴显示器、AR 眼镜、AR 手机、APP 等载体加以显示。尽管目前在商场、旅游景点等许多大众文化消费的场合，AR/VR 头戴显示器随处可见，并且价格便宜，能够让普通消费者体验，但接受度并不高。

目前，AR 输出展示系统还是存在着许多"硬伤"：其一，输出显示设备不便携、不友好、较为"蠢笨"：参与体验的用户的确可以做到"身体其境"地沉浸到增强/虚拟环境中，但是，从旁观者角度看，似乎难以理解。其二，输出显示设备价格高昂，但凡体验效果较好的设备，例如微软 Microsoft HoloLens，价格都在数万元，难以与普通大众的消费能力相匹配。而国产的 AR 眼镜、AR 头戴显示器，尽管价格低廉，但相伴相生的是粗制滥造、增强效果很差。其三，目前许多设备都设置了完全沉浸式的体验，如果在开阔的室外场景，则蕴含着诸多安全风险。例如，国际上第一例 AR 游戏致死的案例发生于爱尔兰的都柏林，游戏玩家因沉迷于捕捉精灵而失足落水溺亡。日本每年有数十起沉迷于"AR+LBS"游戏而导致的交通事故。

未来几年在输出展示系统方面可能取得突破性进展的是 AR 眼镜和 AR 手机，其中，AR 眼镜的便携化、混合现实与虚拟的功能将会成为重点创新的领域。科幻电影《王牌特工 2：黄金圈》《星际特工：千星之城》均展现了 AR 眼镜的镜头，可以支持远程视频虚拟会议，将现实与虚拟融为一体的特效的确令人震撼。

第三节　增强现实出版应用场景

增强现实技术作为一种新型的信息技术，将虚拟空间引入现实世界，智能交互和三维呈现，实现了对现实空间的拓展，并使内容场景具有代入感，营造出沉浸式的使用体验，在图书出版、游戏娱乐、知识服务等领域具有广泛的应用价值和巨大的发展潜力。

一、AR 图书出版

随着 AR 技术应用的广泛化，AR 技术与传统出版的教育、大众、专业三大出版均有所结合，目前面世的 AR 图书出版分布的领域集中于以下几个方面：

1. AR 类教育出版产品

目前图书市场上的 AR 类教育出版产品主要包括教材教辅类 AR 读物和高职高专类 AR 读物。教材出版的审核机制相对严格，就教材、教辅出版的 AR 技术应用先后顺序而言，大部分出版社优先选择将 AR 技术应用于教辅出版领域，而对于教材的出版，只有在经过严格的论证、确保 3D 呈现内容的专业权威之后才能加以实施，例如人民教育出版社《足球教材》、北京师范大学出版社《初中物理》等出版物。

教辅类 AR 读物是目前 AR 技术应用于教育出版领域的优选方向，其原因是教辅出版的审查、审核机制相对宽松，同时也是传统出版机构试水新技术、提高市场份额的重要突破口之一。例如，山东教育出版社出版的《暑假生活指导》、龙门书局出版的《黄冈小状元》等图书。为了直观、立体地展现特定领域的职业教育内容，目前市场上已有出版社开展了关于高等职业教育 AR 出版的先例，典型的体现是科学出版股份公司所出版的《爱医课》图书。

教育出版领域的 AR 产品品种相对较少，究其原因，在于 AR 技术应用于教育领域，一则其研发成本较高，会极大地提高图书定价，相对严格的定价体系约束了其大范围、大规模的开发应用；二则长期阅读、使用 AR 出版物会导致视力下降、用户安全风险加大等问题。

2. 大众出版

（1）科普类 AR 产品

"科技创新、科学普及是实现创新发展的两翼，要把科学普及放在与科技创新同等重要的位置。没有全民科学素质普遍提高，就难以建立起宏大的高素质创新大军，难以实现科技成果快速转化。"这是 2016 年习近平总书记在"科技三会"上的一个重要论断。科学普及被提到了前所未有的高度，与此同时，科普出版也相应的在各出版机构的战略规划中上升到了足够的高度。

AR 技术以其 3D 展示效果而被众多的出版企业率先用于出版科学普及类图书方向，例如：中信出版社《科学跑出来》系列图书；山东教育出版社《恐龙大世界》、中国少年儿童新闻出版总社《安全大百科》；中国法制出版社的《贤二前传之宝藏传奇：钱可不是白花的》、接力出版社的《香蕉火箭科学图画书》、湖南少年儿童出版社的《科学是这样的：一千个芒果的求证》、北京工业大学出版社的《探索北极》、科学出版社《科普院士卡》等。

（2）婴幼儿类 AR 读物

AR 技术应用于幼儿教育方面，具备天然的合理性和优越性，能够给婴幼儿教育带来直观、立体、3D 呈现的效果，也是目前各出版机构跃跃欲试的技术创新方向之一，目前在整个 AR 图书市场占比高达 90% 以上。目前市面上存在的婴幼儿类 AR 读物、卡片主要包括：华东师范大学出版社《美慧树》、安徽少儿出版社《AR 学习卡》少儿类 AR 读物、中国少年儿童新闻出版总社《我们爱科学》、浙江少年儿童出版社《孩子的科学》。

大众出版领域的 AR 产品规模大、品种多、市场表现也最佳，其原因在于婴幼儿图书领域的消费能力较强，家长们往往都愿意在子女教育方面加大投入；不过，长时期地阅读 AR 出版物，对婴幼儿的视力、感官的损伤也应受到高度重视。

3. 专业出版

在特定的专业出版领域，AR 技术分别用于制造业图书、摄影类图书等出版业务，例如：中国摄影出版社的《中国世界遗产影像志》、中国矿业大学出版社的《采掘机械与液压传动》、人民邮电出版社的《汽车文化（AR 增强现实版）》等。这些图书之所以采用 AR 技术出版，主要原因有：

其一，部分出版物所涉及的图书内容，在现实世界中很难被直观、立体地加以认知，例如医学领域所涉及的心脏的构成，以 3D 模型的方式向读者推介可以呈现出这类图书最佳的展示效果；

其二，部分出版社所涉及的图书内容，在现实世界中根本无法被真实感知，例如已经灭绝了的恐龙，只有用科学数据加以描述、复制的 3D 模型，才能够给广大读者以增强现实般的感受和认知。

二、AR 游戏出版

AR 游戏通过技术手段将虚拟与真实的世界相叠加，而此前炒得火热的 VR 游戏是利用软硬件模拟一个完整的虚拟世界，让玩家获得身临其境的体验。之前任天堂推出的 Pokémon GO 手游让沉寂多年的 AR 技术再次登上舞台，风头迅速盖过火热的 VR，由于该游戏锁区，所以国内玩家暂时无法进入。近期比较火热的 AR 游戏主要有：Pokémon GO、Ingress AR、城市精灵 GO 等。

值得关注的是，随着 Pokémon GO 在海外市场的火爆，"增强现实技术（AR）+基于位置的服务（LBS）"产品也成为了国内游戏厂商争相追逐的研发对象。根据推测，AR+LBS 的游戏模式将可能带来游戏玩家大规模集中于特定的地点，甚至有可能产生非法集会、扰乱社会秩序的巨大风险。

2017 年 1 月 9 日，游戏工委向原国家新闻出版广电总局咨询了 AR+LBS 相关游戏出版管理政策，并得到了如下回复："出于对国家安全与人民生命财产安全的高度负责，目前总局业务主管部门正在与国家有关部门协调，组织开展安全评估，一旦形成评估意见，将及时向社会公布。在此之前，总局暂不受理审批此类型游戏，建议国内游戏企业在研发、引进、运营此类型游戏时审慎考虑。"这意味着国内还未拿到版号的 AR+LBS 游戏一段时间内将不能够通过广电总局的审核。

三、AR 知识服务系统

目前国内已有中国科技大学先进技术研究院的新媒体学院、梦想人科技公司等科研机构和技术企业，专门针对新闻出版行业，研发出独立的 AR 知识服务系统，其系统主要包括 3D 模型库、AR 编辑器、APP 展示商城、用户行为分析系统和定价支付系统等模块。

而原国家新闻出版广电总局数字出版司在 2017 年所启动的新闻出版企业数字化转型

升级技术装备配置优化项目的支持采购装备中也明确提出，新闻出版企业可以根据企业自身发展实际情况，购置"知识服务支持工具系统、交互式在线学习/教育系统、增强/虚拟现实数字出版系统"等技术系统。

　　AR 图书出版物往往作为单一性的 AR 产品在市场出现，其基本的生产制作流程是由出版企业委托专门的 AR 技术厂商生产制作 AR 图书，这种生产制作的环节较为传统，出版企业往往承担的是委托加工的角色；而 AR 知识服务系统的出现，使得出版企业能够具备自主生产 AR 出版物的能力。

　　出版企业自主运用 AR 知识服务系统需要具备几个条件：

　　首先，要具备专门的 3D 模型库，三维模型的嵌入和展示是 AR 图书最核心的亮点，也是出版企业在 AR 出版产业链中所能够发挥核心竞争力的唯一板块。对于专业性出版社而言，三维模型的数据科学性、权威性和知识专业性是其生产和制作三维模型的天然优势和竞争筹码。

　　其次，需要具备掌握和操作 AR 编辑器系统的专业化编辑，能够准确地将相关的三维模型嵌入指定内容板块。

　　最后，需要具备安全系数较高的网络环境，确保所嵌入的 3D 模型不被攻击，网页不被篡改，这在 AR 教育出版领域尤为重要。

第四节　增强现实出版发展前景

　　AR 出版物从无到有，规模从小到大，涉及领域从狭窄到宽泛，从企业标准到行业标准，正渐入佳境、步入良性发展轨道。可以展望的是，AR 出版物真正的风口到来，尚需 3~5 年的技术突破；其突破的标志是，AR 输出展示设备，如便携式 AR 眼镜的研制成功并量产推广，到那时，AR 出版物方可进入千家万户，进而满足消费者个性化、全方位、多样性的精神文化需求。

一、增强现实出版的发展机遇

　　工信部、原国家新闻出版广电总局等有关部委高度重视 AR 技术的应用和相关标准的研制。2016 年 5 月 10 日，工信部中国电子技术标准化研究院和新华网联合征集了虚拟现实和增强现实国家及行业标准。如上所述，2016 年 7 月，原国家新闻出版广电总局也开展了 AR 技术应用于新闻出版业的标准预研究课题，2016 年 12 月，开展了 AR 技术应用于出版业的白皮书研究工作。2019 年 5 月，国家新闻出版署发布了《出版物 AR 技术应用规范》（CY/T 178—2019）。

　　媒体深度融合呼唤新技术继续应用于新闻出版业。AR、VR、MR 等技术应用于新闻出版业，应用于教育出版等垂直领域，也是媒体深度融合的需要。新闻出版业转型升级是个长期过程，在转型的过程中，如大数据、AR、AI 等高新技术的应用是加速融合、推进升级的重要助力和支撑。

国家继续扶持文化产业发展的政策，将为 AR 出版物的产业化发展提供重要战略机遇期。近几年，政府主管部门充分运用财政杠杆的宏观调控手段，以文化产业发展专项资金、国有资本经营预算金等政策和资金支持文化产业的发展和繁荣，历年来共计投入 200 多亿元，这种投入还将继续保持并有所扩大，这是 AR 出版产品产业化、规模化发展的最重要外部推动力。

AR 辅助设备的完善和升级是个长期过程。之所以保持审慎，是因为，AR 智能眼镜的不完善、AR 标准的付之阙如、AR 手机的迟迟未出现、AR 出版研究报告的缺位等，这些都是制约 AR 技术应用于出版业的重要因素，也是政府主管部门对 AR 技术应用保持谨慎乐观的重要原因。

目前已有越来越多的出版机构选择尝试将 AR 技术应用于传统出版，数十家出版社已经累计出版了三百多种 AR 图书产品，但是许多研发 AR 出版物的机构也是抱着"试试看"的心理，大部分是用转型升级财政资金来试水，真正用自有资金投入 AR 产品，实现 AR 出版产业化还有很长一段道路要走。

二、增强现实出版的未来发展

随着 AR 出版物的普及，消费者最初对于增强现实这种新的阅读形态的"猎奇"心理逐渐转向理性化；与此同时，AR 出版物的定价高、内容质量良莠不齐、安全风险评估未到位等问题也逐步暴露。

在这种背景下，出版业在 AR 应用方面既需要保持开放和宽容的心态，提供持续的创新动力，又需要对技术和行业应用进行标准化管理，以推动 AR 技术的健康、持续、快速地应用于新闻出版业。当前，AR 技术在出版领域应用尚需在政策引导、行业规范制定、用户体验提升、人才培养打造等方面继续努力，以切实推动"AR+图书出版""AR+游戏出版"等 AR 出版产业的创新发展。

1. 出台扶持发展政策

国务院《新一代人工智能发展规划》中明确规定，"研究虚拟对象智能行为的数学表达与建模方法，虚拟对象与虚拟环境和用户之间进行自然、持续、深入交互等问题，智能对象建模的技术与方法体系"；对 AR 智能建模、虚拟对象与虚拟环境之间的交互提出了明确的技术创新要求，有助于推动 AR 技术的创新和应用。

2017 年 4 月，原国家新闻出版广电总局数字出版司下发的《关于开展新闻出版企业数字化转型升级技术装备配置优化项目征集工作的通知》中旗帜鲜明地指出："实现运营数据化、服务知识化，支持企业加强版权资产管理、开展知识服务，支持数字印刷、少数民族文字出版及古籍出版等专项业务。包括，版权资产管理系统与版权保护工具集、数字印刷工具、运营服务支撑系统、知识服务支持工具系统、交互式在线学习/教育系统、增强/虚拟现实数字出版系统等。"

从新闻出版管理部门相关负责同志的介绍中可以看出，新闻出版深化转型升级重点推动的重点工作的第一项便是："优化技术装备。加快重大科技工程的成果转换，构建数字出版产业标准体系，建设技术公共服务体系，支持企业优化技术装备。依托重点实验室开展共性关键技术研发，促进云计算、物联网、大数据、区块链、增强现实、虚拟现实、人工智能等新兴前沿技术在新闻出版领域的应用。"①相信对于技术装备的优化，包括对增强现实、虚拟仿真的技术应用将会逐渐写入相关政策文件，进而更好地推动 AR 出版产业发展。

未来，新闻出版业可在认真论证、全面调研的基础上，由政府主管部门出台一系列鼓励发展、推动创新的政策和指导意见：由新闻出版政府主管部门主导出台增强现实与知识服务、增强现实与大数据、增强现实与转型升级、增强现实与融合发展紧密结合的相关政策，以便更好地鼓励、指导和规范 AR 出版新业态；由新闻出版政府主管部门联合财政部门，出台一系列扶持 AR 出版发展、鼓励出版业 AR 技术创新、加速出版业 AR 人才培养的财政政策，给予出版业 AR 技术应用以政策、项目和资金支持；由新闻出版行业协会牵头，组织和开展一系列 AR 技术应用于出版的高端论坛和会议，发布相应行业指导规范，不断提升 AR 技术落地的可能性，不断找寻 AR 技术与出版业融合发展的结合点。同时，要出台一系列规范 AR 出版产品、确保信息传播安全的相应管理规定，对 AR 输出展示的平台系统安全性提出要求和规定，确保 AR 技术在新闻出版业的应用符合快速、健康的发展原则。

2. 建立健全标准体系

首先，在企业标准层面，鼓励新闻出版企业、科研院所和技术企业联合开展 AR 技术应用于新闻出版业的标准规范研制，加强 AR 出版领域企业标准的应用和实施；第二，在团体标准层面，通过一定范围的企业应用，将 AR 出版领域的企业标准规范推广至新闻出版企业、团体和机构，逐步演变为团体标准；第三，在行业标准层面，提取 AR 技术应用的共性规范和通用规范，在适当的时机，将团体标准上升为指导性行业标准，以规范 AR 出版物的有序发展和 AR 出版产业的健康成长；最后，在充分调研、认真论证的基础上，形成 AR 出版领域的国家标准，并做好与其他国家标准的有序衔接。

在标准的具体内容层面，研制和应用基础类标准、产品类标准、技术类标准和管理类标准。其中，基础类标准包括术语标准、标识标准、元数据标准。产品类标准包括增强现实出版物质量标准、多媒体数字文件质量标准、质量检测标准、多媒体内容封装格式标准、硬件功能标准、平台服务功能标准等；技术类标准涉及终端硬件技术、呈现软件系统

---

① 冯宏声. 关于推动新闻出版业数字化转型升级进入深化阶段的总体思路[J]. 新阅读，2018（2）：18-23.

技术、图像识别技术、三维建模技术、服务平台技术标准等；管理类标准包括生产的流程管理标准、资源管理标准、平台管理标准等。

与此同时，如前所述，要处理好 AR 出版领域系列标准与 ISLI 国际标准、国家标准的关系问题。AR 出版作为 MPR 出版的一个具体分支领域，其本质在于将文字、图片内容与三维模型进行关联，属于 MPR 出版物的一种创新形态。AR 出版系列标准要遵从 ISLI 国家标注所确定的服务编码规则、知识关联规则、源与目标关联关系、关联编码规则等规定，要逐步实现编码申领、编码校验、编码管理的专业化、规范化和统一化；在相关工具系统层面要实现与 ISLI 技术工具和系统的良好衔接。

3. 提升 AR 出版物的用户体验

鉴于在 AR 技术开发与应用领域的自主知识产权大多被国外技术公司所垄断，政府主管部门应大力提倡和鼓励我国的新闻出版技术企业大力研发增强现实、虚拟仿真领域的核心和关键技术，在 AR 开发工具集、AR 软件开发包(SDK)、AR 浏览器等领域逐步提高我国增强现实、虚拟仿真的自主知识产权比例；在 AR 硬件设备方面，要继续努力提高用户体验的友好性和便捷性，推进 AR 可穿戴设备的便携性、易用性；在 AR 出版核心工具和系统领域，要致力于 AR 编辑器、3D 模型库、输出展示系统和用户行为分析系统的研发，逐步打造适合于出版业的增强现实数字出版系统；在增强现实的三维模型研发层面，要根据国民经济发展的具体需要，重点围绕第一、第二、第三产业研发和制作三维模型，为 AR 出版的长足发展提供资源基础和储备。

4. 推动 AR 出版的产业化发展

首先，鼓励技术企业大力研发增强现实的编辑器工具系统、3D 建模工具系统和运营服务系统平台，不断提高出版业 AR 工具系统的实用性和便捷性。

其次，根据新闻出版业转型升级的整体部署，倡导新闻出版企业根据自身的专业出版领域、特色出版优势，适时开展三维模型的建构和研发，以适应 AR 出版的发展潮流，以有效应对 AR 出版业的激烈竞争。

再次，有效探索合理的商业模式，推进 AR 出版的市场化和产业化发展；通过对 AR 数字出版系统的构建与销售，开展 AR 类图书、卡片、数字产品的推广和运营，不断提高 AR 出版的市场规模和用户规模，不断提升 AR 技术与出版业相结合的产业发展水平。

此外，设立产业投资引导基金，鼓励出版企业通过投资、并购等方式与包括 AR 技术公司在内的数字出版技术公司深度合作，充分发挥积极的示范、杠杆作用，在资本层面助力 AR 技术应用于出版业。

5. 加快 AR 人才的培养与打造

在科研层面，鼓励新闻出版企业、技术企业与科研院所通过共建实验室、签署战略合作协议等方式，联合开展 AR 技术应用于出版业的前瞻性课题研究；探索开设增强现实方面的出版课程，从人才源头确保 AR 出版业的有序健康发展；加强 AR 技术应用于出版业的相关培训，提高新闻出版企业的科技接受水平和技术应用能力；开展一系列 AR 模型制作、AR 编辑器应用、AR 产品运营等方面的行业大赛，不断提高新闻出版从业者的 AR 技术驾驭能力和应用能力。

AR 技术大面积、大规模地应用于新闻出版业仍然需要 AR 智能眼镜、AR 手机等设备的完善和升级。AR 出版产品必然也会经历市场长时间的考验，在时间的检验中加以改进和完善，最终实现大规模应用和推广。不过值得庆幸的是，现在的智能手机能够给市场带来足够惊艳的 AR 体验，在 AR 出版物还没有成熟之前，市场已经对 AR 产品产生了急切的需求。这对未来 AR 产品的推广和普及起到非常大的作用。

第十二章 虚拟现实出版

＊ 本章知识点提要

  1. 虚拟现实技术的概念和特征

  2. 虚拟现实技术与出版的融合路径

  3. 虚拟现实出版实现的关键技术

  4. 虚拟现实产业链

  5. VR 出版物制作流程

  6. 虚拟现实出版的应用场景

  7. 虚拟现实出版的发展机遇与发展未来

＊ 本章术语

  虚拟现实出版　虚拟现实出版技术　VR 产业链　VR 出版物　VR 大众出版
  VR 教育出版　VR 知识服务

增强现实技术与虚拟现实技术虽然在产业应用形态上具有相似性且在逐渐走向融合，但两者还是具有一些差异。增强现实技术强调的是与现实的场景实现"无缝连接"，更关注文本、图像和视频等虚拟信息之间的感知交互；虚拟现实技术则侧重受众的沉浸式体验，更强调场景的画面质量。而虚拟现实出版是伴随虚拟现实出版技术而兴起的新型出版模式，与增强现实出版相比，虚拟现实出版业更关注虚拟现实技术对出版产品和出版服务的沉浸式体验赋能。因此，本章从虚拟现实技术以及虚拟现实出版的发展出发，厘清其技术原理与工作流程，分别概述 VR 大众出版、VR 教育出版和 VR 知识服务的应用场景，进而明晰虚拟现实出版的发展前景。

第一节　虚拟现实出版概述

1984 年，VPL 公司的 Jaron Lanier 首次提出"虚拟现实"的概念。自概念诞生之日起，虚拟现实（Virtual Reality，VR）技术诞生至今已经有三十多年的发展，被认为是本世纪计算机领域最重要、最新奇的研究之一，被认为是 21 世纪关键的高新技术之一。虚拟现实技术具有多感知、沉浸性、交互性、想象性等特征，是集成了多学科、多技术的综合技术。

一、虚拟现实技术

虚拟现实是人类与计算机和极其复杂的数据进行交互的一种方法。[①] 虚拟现实，就是用一个系统模仿另一个真实系统的技术。虚拟现实实际上是一种可创建和体验虚拟世界的计算机系统，通过这种系统，用户可借助视觉、听觉及触觉等多种传感通道与虚拟世界进行自然地交互。虚拟现实技术是以仿真的方式给用户创造一个实时反映实体对象变化与相互作用的三维虚拟世界，并通过头盔显示器（HMD）、数据手套等辅助传感设备，提供用户一个观测与该虚拟世界交互的三维界面，使用户可直接参与并探索仿真对象在所处环境中的作用与变化，产生沉浸感。

钱学森称虚拟现实为"灵境技术"，指采用以计算机技术为核心的现代信息技术生产逼真的视、听、触觉一体化的一定范围的虚拟环境，用户可以借助必要的装备以自然的方式与虚拟环境中的物体进行交互作用，相互影响，从而获得身临其境的感受和体验。中国信通院《虚拟（增强）现实白皮书（2018）》将虚拟现实内涵界定为：借助近眼显示、感知交互、渲染处理、网络传输和内容制作等新一代信息通信技术，构建身临其境与虚实融合沉浸体验所涉及的产品和服务。[②] 虚拟现实技术作为新一代信息技术，融合了新型显示、人机交互、多媒体感知、人工智能、云计算等多领域技术，能够给人类带来全新的感知体验和交互空间，创新了产品形态和服务模式，在科技、教育、文化、旅游、军事、游戏等众多领域能得到广泛应用。

本书认为，虚拟现实是指一种基于多源技术、多模态数据融合的交互式三维动态视景和实体行为系统仿真，生成和真实环境在视、听、触觉等方面近似的数字化环境，借助必要装备交互以产生实时沉浸和互动体验。

综合而言，VR 技术主要有以下四个方面的特征：

第一，虚拟性。VR 是一种借助计算机技术产生的三维空间的虚拟世界。该技术整合了电脑图形、电脑仿真、人工智能、感应、显示及网络并列处理等复杂技术，对环境建设、情节设置等进行模拟。因此，虚拟性是其本质和内在特征。

第二，真实性。VR 可实现听觉、触觉、视觉等感官的模拟，让使用者感觉仿佛身历其境，可以即时、没有限制地观察三维空间内的事物。当使用者进行位置移动或作出某种行为时，计算机可立即进行复杂的运算，将精确的三维世界影像传回产生临场感。因此，在 VR 场景下，使用者对这种环境的感觉（视、听、触、嗅等）极为逼真，如同身处真实

---

① 韦有双，王飞，冯允成. 虚拟现实与系统仿真[J]. 计算机仿真，1999(2)：63-66.

② 中国信息通信研究院. 虚拟（增强）现实白皮书 2018[R/OL]. (2019-01-01). http://www.caict.ac.cn/kxyj/qwfb/bps/201901/t20190123_193611.htm.

世界。

第三，交互性。过去，使用者只能从计算机系统的外部去观测处理的结果，而在 VR 技术支持下，使用者可以通过自然的方法(手动、眼动、口说、其他肢体动作等)与计算机生成的虚拟环境进行交互，且虚拟环境还可根据使用者的行为，实时地做出相应的反应。

第四，沉浸性。在由计算机及其他传感器所创造的虚拟仿真系统中，用户可通过视觉、听觉、嗅觉、触觉、运动感觉等多种感官功能，几乎沉浸于虚拟环境和情节中，产生身临其境的感受。

二、虚拟现实出版

虚拟现实出版就是将虚拟现实技术应用于出版领域而产生的数字出版新业态。《出版物 VR 技术应用规范》行业标准将虚拟现实出版物界定为"应用虚拟现实技术以满足用户在数字化环境身临其境感受和体验需求的出版物"。虚拟现实出版不是简单的 VR+出版，单纯用虚拟现实技术对出版的增强，而是将虚拟现实技术深度应用于出版，进而开发出基于虚拟空间的出版新产品。

VR 出版物是一种具有鲜明富媒体特色的数字出版物，它能够调动人们听觉、视觉、触觉、嗅觉等众多感知器官，给用户带来沉浸式体验。虚拟现实出版是出版业数字化转型的颠覆性进路之一。因其不仅能带来新的产品、服务形态和业态，同时，作为媒介，它还将改变人类对生存其间的世界的理解与反应，赋予一种新型的"人类—媒介"关系，并从根本上重塑人类文化。[①] 出版业是从事文化生产与传播的行业，借助虚拟现实技术，可以拓展出版物的形态和出版服务模式，给读者带来沉浸式的感知体验，因此，虚拟现实技术在出版领域具有巨大的发展潜力。虚拟现实技术与传统出版、数字出版、教育、游戏等结合产生了许多新产品和新服务。

虚拟现实技术与传统出版相结合，生成了 VR 图书，借助手机等智能终端扫描，读者可以进入云端的 VR 应用程序内进行体验。图书作为精神产品，是"外师造化，中得心源"的产物，需要读者阅读理解后在头脑中重新构建自然和知识场景，通过虚拟现实技术，可以形象化地把抽象的描述还原成生动的场景，使读者更容易理解接受。如儿童出版机构借助 VR 技术开发 VR 童书，2016 年由北京少年儿童出版社联合北京易视互动传媒科技有限公司合作出版的虚拟现实 3D 立体可视化科普绘本《大开眼界·恐龙世界大冒险》系列丛书，后续又推出《大开眼界·西游记》《大开眼界·宇宙星空大冒险》等 VR 童书。辽宁科学技术出版社推出《VR 超级看：爱丽丝梦游仙境》，北京工业大学出版社出版的《童喜乐魔幻互动百科》系列，山东教育出版社的《恐龙大世界》，长江少儿出版社的《儿童诗词大会》等，这些 VR 童书利用虚拟现实技术将传统的科普知识内容，制作成生动形象的可视化场景，读者借助 3D 眼镜和智能终端能够进入虚拟的空间感知神奇的自然和科幻世界，产品

① 徐丽芳，陈铭 . 5G 时代的虚拟现实出版[J]. 中国出版，2019(18)：3-9.

一经推出就受到读者市场的欢迎。

虚拟现实技术与数字出版结合，还将推动开发数字出版应用，这类产品形态和服务模式更加多样。如果说 VR 图书是虚拟现实应用出版的初级阶段，那虚拟现实数字出版则是高级阶段，是虚拟现实出版发展的方向和主流模式。虚拟现实技术是计算机信息技术，其内容制作、渲染计算、近眼显示、感知交互等都是以数字计算和处理为基础，与数字出版的本质是一致的，两者能够有机融合在一起，所以数字出版领域内的虚拟现实产品和服务越来越多，也日臻成熟和完善。虚拟现实技术与数字出版结合的模式和路径是多样化的：

其一，开发数字出版新产品，如虚拟现实数字出版应用。2018 年，某出版社推出了《徐霞客游记 VR 版》，通过 VR 的形式，以徐霞客的视角，对喀斯特地貌、溶洞等地质知识进行了科普和传播。

其二，开发虚拟现实数字出版服务，主要集中在专业领域，以软件和集成系统的形式出现。如人民卫生电子音像出版社 2019 年 7 月正式推出眼视光虚拟仿真实训系统，即是匹配目前主流 VR 硬件设备与相应教学实训场地资源的产品，用户在 VR 中模拟全自动综合验光仪的操作，其构筑的场景几乎与现实中验光仪的真实样貌等同，学生和老师也可以进入 VR 中的眼球内部对其中的任意结构进行拆解、移动、旋转、拾取及隐藏操作，实现人机交互。[①]

其三，不断开辟 VR 应用的新场景，运用 VR 技术将资源视觉化，植入新的场景，打造虚拟现实体验空间，拓展在虚拟服务、虚拟景观、虚拟社交、娱乐空间、虚拟化身直播、VR 游戏等方面的应用。

第二节　虚拟现实出版的技术原理与工作流程

一、虚拟现实出版的技术原理

虚拟现实技术是计算机技术、计算机图形学、计算机视觉、视觉生理学、视觉心理学、仿真技术、微电子技术、多媒体技术、信息技术、立体显示技术、传感与测量技术、软件工程、语音识别与合成技术、人机接口技术、网络技术及人工智能技术等多种高新技术集成之结晶。

虚拟现实出版实现的关键技术主要包括：其一，动态环境建模技术。它包括实际环境三维数据获取方法、非接触式视觉建模技术等。虚拟环境的构建，是 VR 系统的核心内容，目的是获取世界环境的三维数据，并根据应用的需要建立起相应的虚拟环境模型。其二，实时、限时三维动画技术，即实时三维图形生成技术，为保证实时，至少保证图形的

---

① 赵宇佳，姜进章. VR 数字出版：技术可供性视角下出版业的转向[J]. 编辑之友，2021(3)：64-72.

刷新频率不低于 15 帧/秒，最好高于 30 帧/秒。其三，立体显示和传感器技术，包括头盔式三维立体显示器、数据手套、力觉和触觉传感器技术的研究。其四，快速、高精度的三维跟踪技术。其五，系统集成技术，鉴于 VR 系统中包括大量的感知信息和模型，系统集成至关重要。系统集成技术主要包括信息同步技术、模型的标定技术、数据管理模型、数据转换技术、语音识别与合成技术等。

关于虚拟现实产业链：2016 年 4 月，中国电子技术标准化研究院编撰的《虚拟现实产业白皮书》认为，虚拟现实工具与设备、内容制作、分发平台、行业应用和相关服务等共同构成虚拟现实产业链。其中，工具和设备类可细分为输入设备、输出设备、显示设备、拍摄设备及相关软件等；内容制作可细分为影视、游戏等内容；分发平台可细分为应用商店、社交影院、实体体验店、网店、播放器等内容；行业应用可细分为工业、军事、医疗、教育、房地产、旅游、会展等内容；相关服务可细分为平台、媒体和孵化器等内容。将其进行系统整合后可简要概括为：硬件、软件、应用和服务四个方面(见图 12-1)。

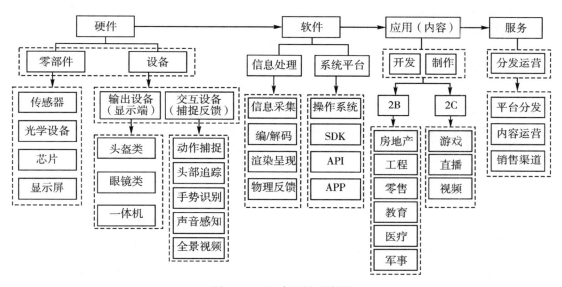

图 12-1　VR 产业链示意图

VR 出版的技术原理在于数字化虚拟环境、VR 编辑器、输出展示系统三者之间相互联系和相互作用的机理。主要包括：1. 如何将 VR 技术和出版物内容知识点进行关联？VR 文件所对应的知识内容要做到精准匹配、一一对应，因此需基于知识点来组织、调配和使用 VR 文件。2. 如何做到数字化虚拟环境通过输出展示设备，将知识点的内容以 VR 形式展现出来？这里强调 VR 文件本身如何通过头戴式设备、VR 眼镜等输出显示设备展现出来。3. 如何让用户通过输出展示设备体验到平面的图书中没有的沉浸式、交互式的体验？这里重点突出 VR 文件的交互性、适人性、身临其境性等沉浸式体验。基于上述基本的技术原理，本书提出下面的出版物 VR 技术出版制作流程。

二、虚拟现实出版的工作流程

出版物 VR 技术制作与出版流程由选题策划、产品设计、媒体素材制作、后期制作、审校测试、发布与推广、运营与维护等 7 个部分组成，如 12-2 所示。

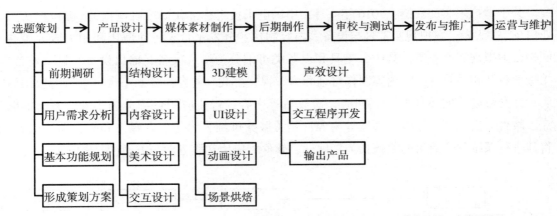

图 12-2　VR 出版物制作与出版流程

在选题策划环节，要注重前期调研，明确市场定位，调研目标用户需求，包括对出版物内容、VR 形式及数量、沉浸交互设备、预期营收和投入等方面的调查研究。分析用户需求，围绕产品内容和 VR 素材，在系统设计之前和设计、开发过程中对用户需求做调查与分析，将用户需求转化为产品功能。根据用户需求设计产品和服务功能，准确理解用户对 VR 出版物功能、性能、可靠性的具体要求，形成需求规格说明文件；文件宜包括选题内容脚本、知识关联、立体感知、交互反馈、沉浸融入等功能设计内容。形成产品策划方案和技术文档，策划方案应清晰显示选题内容、媒体形式和产品特征，具体包括用户需求、开发理念、适合以 VR 形式表现的出版物内容等；结合选题内容，设计选择不同的数字媒体形式实现出版物内容的虚拟现实效果，包括但不限于图片、音频、视频、模型、场景、动画等。软件整体说明，设计确定软件的主界面、用户界面、交互界面等。技术文档包括产品规格说明书，即产品的详细技术参数说明，如功能规格说明、性能规格说明、接口规定说明、设计规格说明等；界面文档，即出版物软件外观、界面素材、编辑工具、文件名、菜单、按钮和其他界面部件的要求等；美术设计文档，即形成 VR 出版物的美术风格，规范美术素材的开发流程，细分各层面的美术设计；测试文档，即系统性能测试的预估方案和测试报告格式、测试要求、关键技术方案的解决方案、实际效果演示等。

在产品设计环节，应综合考虑 VR 产品的结构设计、内容设计、美术设计、交互设计等。结构设计是从不同角度对组成 VR 出版物的内容、硬件和软件等各部分进行搭配和安排，形成系统的多个结构而组成架构，它包括该系统的各个组件，组件的外部可见属性及组件之间的相互关系。内容设计是依据 VR 出版物内容文档，进行 VR 出版物的内容设计，除遵循传统出版物的封面、版心、版面等设计规范之外，宜根据 VR 技术应用于出版物的表现和表达特点进行适配性设计。其中，美术设计是将结构设计通过一定的审美观念与表现手法使其视觉化、形象化。交互设计是创造读者与出版物软件间的关联关系，实现双方的交流互动。

在媒体素材制作环节，主要是 3D 建模、UI 设计、动画设计、场景烘焙等。关于 3D 建模，针对所要模拟对象的不同方面，3D 建模主要包括与出版物内容适配的景物外观建模、基于物理的建模、行为建模和虚实融合的场景建模等。3D 建模有实景建模、虚拟建模和混合建模三种方式，第一种是实景建模，运用数码相机、无人机、三维扫描仪等设备对现有场景、物体进行多角度环视拍摄，然后进行后期编辑、加工，并加载播放来完成。第二种是虚拟建模，运用三维制作软件，通过虚拟三维空间构建出具有三维数据的模型。第三种是混合建模，综合采用 3D 实景建模和 3D 虚拟建模方式，构建满足不同应用场景要求的 3D 模型。3D 建模的要求是要根据 VR 出版物的设计要求选择 3D 建模方式，实景实物的 3D 模型应符合科学的比例、尺寸和规律，3D 模型的建模规范遵照要求进行，运用动态环境建模技术、实时 3D 图形生成和显示技术等，提升建模的智能化水平。UI 设计应包括图形设计和交互界面设计，图形设计是软件产品的产品"外形"设计，宜针对性地研发设计和 VR 出版物相匹配的画布视角、画板、分辨率、文字可读性等。交互界面设计是设计软件的操作流程、树状结构、操作规范等。动画设计是在软件结构的基础上，确定背景、前景及道具的形式和形状，完成场景环境和背景图的设计、制作，从而实现场景间的衔接。场景烘焙是把场景中的灯光信息，通过贴图的方式表现出来，节约软件运行时的系统资源。

在后期制作环节，主要包括声效设计、交互程序开发、产品输出等内容。声效设计是在 VR 出版物中对整个项目的音效部分（包括语言音响、音乐音响和效果音响）做整体设计，并组织实施、录制、合成，用专业的特效处理软件将美术素材进行数字化处理，从而实现预期的听觉效果。交互程序开发是以某种程序设计语言为工具设计用以实现 VR 出版物的各类功能。产品输出是将图片、文字、视听、3D 模型等多模态资源进行内容集成，以 U 盘、网站、小程序、APP 等形式通过 PC 端和移动端等方式输出。运用 VR 头盔、VR 眼镜、VR 一体机等输出显示设备，采用手柄等交互设备以实现动作捕捉、头部追踪、手势识别、声音感知、全景视频、3D 模型等捕捉反馈，实现用户与虚拟数字环境的双向互动反馈，满足身临其境体验需求。

在审校与测试环节，VR 出版物的审校内容如下：其一，内容审核，遵照"三审三校"制度等出版物相关质量管理制定；其二，VR 数字媒体审核，进行资源完整性、规范性、安全性等审核；其三，功能性审核，包括知识关联的准确性以及功能有效性审核。测试则是根据软件测试国家标准、行业标准、团体标准或企业标准，对呈现 VR 出版物的软件进行功能性测试、兼容性测试、安全性测试、压力性测试、易用性测试、维护性测试和可移植性测试，确保 VR 出版物的形象逼真、立体感知、交互反馈、沉浸融入等功能保持可用、稳定和安全。

在发布与推广环节，检查是否完整实现 VR 出版物的全部功能，能否正确调取数字媒体资源，并实现良好呈现和人机交互，检测无误方可发布。除作为 VR 出版物的组成部分以外，所发布的虚拟现实游戏、视频、直播和社交内容，也可作为独立产品进行推广。对达到要求的 VR 出版物可通过线下渠道、自建平台或第三方平台等推广发行。根据产品形态和载体形式，在 VR 出版物达到相关标准时，申请图书、电子出版物等出版物标识。

在运营维护环节，构成 VR 出版物的 VR 数字媒体内容、软件应由运维人员进行检测、维护和升级，确保 VR 出版物处于正常使用状态。售后服务人员负责为用户提供培训服务和其他增值服务，并及时与用户进行沟通，获取用户的反馈信息，以不断更新 VR 数字媒体内容、完善软件，提升 VR 出版物的阅读体验。

同时，需要加强对 VR 出版物的管理，包括加密管理、安全管理、内容管理和质量管理等。加密管理是 VR 数字媒体文件宜采取系统加密、离线加密、数字水印等严格的加密措施，应运用多人协同、交互开发设计过程的数据安全保护措施，防止被非法篡改。安全管理是所发布的 VR 数字媒体，是指构成 VR 独立产品形态的软件程序和硬件设备，可根据用户或出版者需要进行修改和更换，但不能丢失，以持续性、实时性地提供 VR 服务，除非该项数字媒体服务停止。VR 数字媒体文件应采用专有的数字媒体格式，附有发布者的数字签名，防止数据被篡改。承载 VR 数字媒体的软件应处于顺畅、稳定、安全的运行状态。内容管理是出版单位应严格审核，确保提供给读者的 VR 数字媒体内容符合相关法律、法规和政策。VR 数字媒体内容，应符合内容安全、技术应用安全、文化安全等要求，坚持弘扬主旋律、传播正能量。VR 数字媒体知识产权宜通过版权主管部门进行登记，以做到数字版权保护，利于后期权利追溯、使用和维护等。VR 出版物中印刷出版物部分的质量应符合标准 CY/T 2—1999 的相关要求。音视频文件应符合标准 GB/T 33665—2017 的相关要求。VR 出版物的数字化环境应运行流畅、呈现真实、交互精准、形象逼真，满足用户交互、沉浸的需求。

第三节　虚拟现实出版应用场景

随着短视频的快速发展，知识的视频化、视频的知识化成为一种潮流和趋势。VR 技术，本质而言，是将用户带入一种身临其境的视频体验之中，其在出版业的应用场景，均可以归结于用视频阐述知识、用视频传播知识、用视频科普知识。由此，我们在找寻 VR 技术在出版业的应用场景时，都要带有视频的视角，植入视频的元素。

VR 技术应用于新闻出版业的场景可以包括历史人物、场景的再现与宣传；出版业的展会论坛、展览展示；教育出版领域的在线教育、智能教育、研学旅行、实验课程等；专业出版涉及道路桥梁、地质灾害、文物古迹、水利水电、工业仿真等场景。

一、VR 大众出版

VR 大众出版是利用 VR 技术对传统出版的内容资源进行多媒体处理和构建 3D 模型，创新大众出版的产品形态。虚拟现实技术有单机智能和网联云控两种技术路径，一种是内容和智能终端融合在一起，一种是智能终端通过网络访问云空间的虚拟现实内容。VR 大众出版采取的是后者的方式，读者使用智能终端扫描图书上的二维码即可链接访问云空间内虚拟现实内容，并可借助智能终端实现简单的交互，这种模式实现了线下和线上的融合，拓展了图书的表现空间。

图书出版和 VR 内容开发需要同步进行，VR 内容在其中主要作为图书的辅助资源和增值服务出现。VR 童书是 VR 大众出版的代表，2014 年，接力出版社首次将 AR 技术与童书进行融合，连续推出了十册"香蕉火箭科学"系列图书。北京少年儿童出版社出版了《恐龙世界大冒险》《大开眼界：西游记》《大开眼界：宇宙星空大冒险》等 VR 出版物，辽宁科学技术出版社推出《VR 超级看：爱丽丝梦游仙境》等。VR 童书将文本内容立体化，生动形象，调动了儿童的探索兴趣，受到儿童读者欢迎。AR/VR 童书自 2017 年起就已占据 VR 出版行业 90%以上的份额。

VR 技术可以应用于科普图书出版，通过 VR 技术还原自然科学的真实场景，给人身临其境的体验。科普图书出版的题材和类别非常多样，运用 VR 技术可以开发出一系列优质 VR 出版物。如北京工业大学出版社出版了《探索北极》，2017 年，清华大学出版社出版了《你的安全防护手册》等系列图书，随书配备一副简易 VR 眼镜，读者可通过扫描书中的二维码下载 APP，并利用 VR 眼镜观看逼真的现场格斗场景，提供了更真切的学习体验。

2015 年 10 月电子工业出版社出版的《梵高地图》，用 VR 影像还原书中内容，并制作了一部反映梵高一生轨迹的虚拟现实纪录片，举办了一场"梵高地图"同名展览，这是国内第一场虚拟现实艺术展，是出版+VR 技术的首次尝试。

二、VR 教育出版

VR 教育出版是利用 VR 技术开发数字化的立体教材、教辅，打造智能化、全景化的智能教学服务。VR 技术所构建的虚拟仿真模型可被应用于实践性较强的教材和教辅制作，如物理学、化学、生物学、医学、建筑学等教材，把传统的抽象的文字、图像描述变成生动形象，具体可感的虚拟物体，既能提高教学效果，又能增强教学的互动和趣味。如人民卫生出版社推出的《人卫 3D 解剖学》，通过数字建模技术，将人体的 CT/MRI 等数据三维重建，并依据四川大学实体标本资源库人体数据综合整理避免个体差异，建设 4K 级画质的人体结构模型，并结合人卫社视听类数字资源，如 3D 动画讲解，局部演示讲解等，支持移动端、PC 端、VR 眼镜呈现，适配数字解剖实验室、数字智慧教室、虚拟仿真实验室等。[1]

---

[1] 杨晋，张绵. VR 在医学数字出版领域的创新应用——人民卫生出版社的尝试与探索[J]. 传媒，2021(24)：15-18.

VR 教育出版还体现在教育出版平台建设和 VR 教育服务等方面。VR 教育出版平台是教育出版服务的一种创新模式，通过将教育出版内容资源进行多媒体处理，开发系列虚拟现实产品，然后集成到数字化网络平台，开放给用户使用，能够提高资源利用效率。如凤凰出版传媒集团旗下的凤凰创壹软件公司已经开发涉及机械、电子、设备、汽车等多门学科 VR 技术平台，通过三维动画及文字的演示，学习者完成学习、测试等过程，平台可帮助学习者尽快掌握操作流程以及故障排除方法。① 凤凰创壹开发的虚拟现实三维互动教学平台中都自带 Web3D 编辑工具供用户任意编辑系统中所有三维模型及其相关动画，或编辑、制作新的仪器设备 3D 模型及动画等，可以满足不同层次学习者的个性化需求。②

VR 技术在教育出版领域应用前景广阔，如高等教育的虚拟实训、虚拟实验室、虚拟校园等。谷歌的 Expeditions Pioneer 项目在美国校园推广虚拟现实教室系统能让学生进入虚拟的太空、海洋完成探险之旅。VR 技术医学实训，在模拟全真人体系统和解剖过程中直观地展现细节、结构以帮助学生自主学习。VR 技术通过构建虚拟仿真实验室，虚拟辅助教学系统，提升了教育智能化水平。

三、VR 知识服务

VR 知识服务是利用 VR 技术创新知识服务的内容和模式。知识服务是出版业数字化转型，进入数字出版发展阶段出现的重要产品形态和服务模式，通过将知识进行提炼、重组、聚合、分发，对知识进行深加工，为用户提供个性化的知识服务和定制化的解决方案。利用 VR 技术可以开发虚拟的智能化、场景化的知识服务系统，为用户提供沉浸式的知识学习体验。2019 年，以生态文明知识服务联盟为主体的多家出版社，纷纷与武汉和思易科技公司合作，先后布局 VR 知识库、VR 党建一体机、VR 粤剧、VR 三生教育等 VR 出版新业态，如中国农业科技出版社研发 VR 果业产品、海洋出版社的 VR 海洋生态文明知识等。

知识服务还包括公共文化产品的供给，出版机构和文化企业通过各种方式为读者提供各种新颖的文化产品，丰富大众的精神文化生活。2020 年上海书展暨"书香中国"上海周中，上海人民出版社联手科大讯飞共同开发创建了虚拟主题展厅，通过现场提供的高精度 VR 眼镜，读者就能够看到珍藏的红色历史照片，这是一种用 VR 技术在虚拟空间中以模拟馆藏展览形式进行的红色文化传播，使读者接受度倍增。新华书店、各地书展等也正在将"VR 欢乐岛"体验场景引入全国的门店、展览中。③

---

① 杜耀宗. VR 技术在出版领域中的应用现状及对策分析[J]. 出版发行研究，2017(3)：36-39.

② 刘坚，韦汇余. 基于 VR 互动平台的职业教育出版数字化转型[J]. 科技与出版，2014(7)：90-94

③ 赵宇佳，姜进章. VR 数字出版：技术可供性视角下出版业的转向[J]. 编辑之友，2021(3)：64-72.

第四节　虚拟现实出版发展前景

虚拟现实技术作为新一代信息融合创新发展的典型技术，与出版、文化、教育、旅游、文创等行业相结合，能够催生出更多新业态，产生大量新的产品和服务模式，成为推动数字经济快速发展的新引擎，有着广泛的应用场景和巨大的发展潜力。要积极采取措施加大研发力度，突破关键技术，完善标准体系，创新应用场景，壮大产业规模，引导和推动虚拟现实产业的健康快速发展。

一、虚拟现实出版的发展机遇

在国家政策层面，国家高度重视虚拟现实技术的研发和推广应用，出台了一系列政策引导和支持虚拟现实产业发展，为虚拟现实出版发展创造了良好的发展机遇。国务院从"十三五"规划开始就把虚拟现实视为构建现代信息技术和产业生态系统的重要新兴产业。在 2021 年出台的"十四五"规划中将 VR 产业列为未来五年我国数字经济重点产业之一。工业和信息化部在 2018 年出台了《关于加快推进虚拟现实产业发展的指导意见》，从核心技术、产品供给、行业应用、平台建设、标准构筑等方面提出了发展虚拟现实产业的目标和重点任务。2019 年，科技部联合中宣部发布了《关于促进文化和科技深度融合的指导意见》，提出加强包括 VR/AR 虚拟制作在内的文化创作、生产、传播和消费等环节共性关键技术研究以及高端文化装备自主研发及产业化。文化和旅游部先后发布了《关于推动文化娱乐行业转型升级的意见》和《关于推动数字文化产业高质量发展的意见》，明确提出将虚拟现实、增强现实作为游戏游艺设备创新的重要支撑，引导和支持 VR/AR 技术在文化领域的深度应用，推动现有文化内容向沉浸式内容移植转化。北京、上海、青岛、成都、沈阳等城市均出台了支持虚拟现实产业发展的相关政策，推动虚拟现实技术与文创、旅游、游戏、出版、教育、传媒等文化产业融合发展，加大对虚拟现实出版软硬件产业链企业的支持力度，打造虚拟现实智能产业生态圈。

在产业层面，虚拟现实产业规模快速增加，2021 年我国虚拟现实市场规模预计超 500 亿元。[①] 大型互联网公司和软硬件企业在虚拟现实产业均有所布局，如微软、高通、Facebook、英伟达、腾讯、字节跳动、苹果等企业通过投资和自主开发等方式，已经基本建立了涵盖虚拟现实硬件制造、软件开发、内容制作、服务平台和应用程序的虚拟现实全产业链生态系统。在技术研发方面，虚拟现实技术体系初步成型：Micro-LED 与衍射光波导成为近眼显示领域探索热点；云渲染、人工智能与注视点技术引领 VR 渲染 2.0；强弱交互内容多元融合，内容制作支撑技术持续完善；自然化、情景化与智能化成为感知交互

---

① 新华社. 2021 年我国虚拟现实市场规模预计超 500 亿元[EB/OL]. [2019-06-20]. http://www.gov.cn/xinwen/2019-06/20/content_5401891.htm.

发展方向；5G 与 F5G 双千兆网络构筑虚拟现实应用基础支撑。此外，以应用服务、终端服务器、网络平台和内容生产为重点领域的产业生态初具规模，云化虚拟现实触发产业链条融合创新，对传统业务流程的解构重组催生视频内容上云、图形渲染上云与空间计算上云新业态，"虚拟现实+"创新应用向生产生活领域加速渗透，云 AR 数字孪生描绘人机交互深度进化未来蓝图。[①] 虚拟现实出版企业需要围绕近眼显示、渲染计算、感知交互、内容制作的核心技术领域，加大研发力度，突破关键技术，创新技术应用，推出高质量的虚拟现实产品和服务。

二、虚拟现实出版的发展未来

VR 技术应用于新闻出版业目前在企业标准、行业标准研制方面取得了阶段性进展；2019 年底，《VR 技术在出版业的应用要求》行业标准立项申请业已报送至主管部门处审核；2020 年 7 月，该项行业标准正式获得中宣部出版局批复立项。VR 技术与出版业的融合点在于沉浸式视频与知识点的结合，突破口在于可穿戴设备的进一步改善，真正的风口在于随着 5G 技术的大力推广和应用，强交互性、无延迟感的用户体验助力产业规模的倍速、十倍速发展。

在人工智能时代，虚拟现实技术应用于出版业，主要发力于以下几个方面：

其一，关键共性技术方面：建模的智能化将覆盖虚拟对象实体、虚拟对象的行为，更加增强虚拟对象行为的社会化、智能化和交互性，而不是停留在目前简单的交互层面；这将大大提高人机交互的灵活性和逼真性，加速实现增强现实、虚拟仿真与人工智能技术的高效互动与有机融合，进而促进 VR 动态出版的发展与繁荣，使得出版业态与博物馆等展览展示业态相互融合。

其二，人工智能经济方面：增强现实、虚拟仿真的高性能建模技术将会取得突破性进展，进而导致 VR 出版物的成本大大降低；输出展示终端、设备将会更加友好化，开源便捷的开发引擎将会加速应用，AR、VR 出版物的标准体系和评价体系将会出现；一大批 AR、VR 龙头技术企业将会出现，并成为文化产业尤其是新闻出版业的技术提供商，协助政府主管部门解决好 VR 出版物版权复合性、监管即时性、标准研制与应用等时代课题。

其三，智能社会构建方面：虚拟环境和实体环境的协同融合，能够满足个人感知、分析、判断与决策等实时信息需求，实现在工作、学习、生活、娱乐等不同场景下的流畅切换。这种虚拟环境与实体环境交相辉映的社会网络的形成，将会提升时下欣欣向荣的网络文学业态，推进网络文学演变为"阅读+沉浸式体验"的虚拟与现实并存的新生业态，这种新生业态将会以全新的面貌出现在消费者的生活中。

---

①　中国信息通信研究院. 虚拟（增强）现实白皮书 2021［R/OL］.［2021-03-30］. http://www.caict.ac.cn/kxyj/qwfb/bps/202103/t20210330_372624.htm.

第十三章 5G 技术在新闻出版业的应用原理与场景展望

＊ 本章知识点提要

　1. 5G 技术对出版业的影响

　2. 出版业应对 5G 技术的基本立场与发展走向

　3. 5G 技术在新闻传播业的应用场景

　4. 5G 技术在新兴出版领域的应用场景

＊ 本章术语

　5G 产业链　内容生产和审核　产品形态　用户体验　营销体系　数字视听

　AR 出版　VR 出版　新闻出版大数据　知识服务　数字图书馆

　　5G 技术的出现、应用和普及，将分别在内容生产、产品形态、用户体验和营销体系等方面推动数字出版产业性新变革。未来内容生产将基本遵循"PGC 主导、UGC 辅助"的模式，在内容审核方面将进一步发挥"AI+人工"审核机制的作用；与此同时，"数字图书馆、知识库"等产品，将受益于 5G 技术的深度融合，实现产品迭代升级，并且新型的出版形态将会出现，如 AR/VR 出版、定制化知识服务平台等；用户作为数字出版产品的消费终端，也将因为 5G 关键技术的移动情境感知、移动云计算、超高速传输等技术特性，获得前所未有的产品体验；数字出版营销理念、营销对象、营销渠道构建方面将呈现出新变化和新趋势。应对 5G 技术所带来的新挑战，出版领域要坚守马克思主义在意识形态领域的指导地位这一根本制度，要坚持走主题出版、精品出版和融合出版的发展道路。已经到来的 5G 商用时代，对数字出版宏观调控、行业自治和企业治理都提出了新要求和新标准，促使上述三方面及时做出调整，以适应新的媒体格局和产业生态。

第一节　5G 技术引领数字出版流程变革

　　5G 是指"第五代移动电话行动通信标准"，也即第五代移动通信技术，具有高速度、高并发、高兼容和低能耗、低时延等优越性能，"除了提供人与人之间的通信功能之外，更把通信能力延展到人与机器，成为智能互联网的基础"①。5G实现了万物互联，进一步将人与人、人与世界的互联互通上升到了生理性联结和心理性联结。根据国际标准化组织3GPP定义的5G三类典型的业务场景，3D/超高清视频等增强型移动宽带(eMBB)、大规模机器通信/大规模物联网业务(mMTC)以及超可靠、低时延通信(uRLLC)，为医疗、教育、交通、影视、家居等诸多行业创造了跨越式发展机遇，数字出版产业也将大为受益。

首先，增强移动带宽对于直播、高清视频、VR出版、AR出版等依靠大量带宽支撑的前瞻性数字出版业务，具有直接的推动价值。"VR业务所涉及的全景视频、立体3D、高分辨率画质等对网络传输速度和带宽提出了较高要求，而解决这些问题正是5G的强项。"②其次，大规模机器通信对于新闻出版物联网的建设与发展，有较大的启发意义，试想每本图书、数字图书、每条知识、每个电子阅读器都接入网络，图书与图书之间、条目与条目之间、电子书与电子书之间都可实现互联互通，那么，每本书所反馈的数据，将回溯至生产者手中，进而形成完整的数据回流闭环，这在5G之前的时代是难以想象的。最后，超可靠、低时延通信在VR出版物的用户体验方面和AR出版物的动态建模和智能建模方面也将有广阔的应用前景。5G将为数字出版产业创造革命性重构的时代机遇，成为推动数字出版提质增效、推进媒体融合走向纵深的有力抓手。

一、以5G技术引领出版产业链新变化

5G技术的广泛应用，加之移动情境感知、VR/AR、移动云计算和云存储等前沿技术的成熟，进一步赋能数字出版工作，在内容生产、产品形态、用户体验、营销方式等方面，均展现出新内涵和新特征，加速实现数字出版事业的高质量发展。

1. 内容生产和审核将更为专业和自动化

5G技术对具体的数字内容生产过程所带来的新变化主要包括：专业生产内容(PGC)将会扮演愈发重要的角色；"AI+人工"的内容审核机制将成为产业主流，机器审核的重要性将会日益凸显(图13-1)。

在内容生产模式方面，用户生产内容(UGC)的模式仍会是产业主流，但PGC将会扮演愈发重要的角色。互联网门槛进一步降低，并得益于移动互联网终端设备的普及与通信宽带"提速降费"等利好局面，用户依然是互联网内容的主要生产者和有力的传播者。基于5G"容量增强、接入海量终端、高速率、低时延"等技术优势，UGC生产模式也存在较大的内容隐患，数字出版产品的制作、上传、传播、下载均可以达到"即时"效果，由此带来的企业/平台的内容审核标准、流程、手段、力度和技术要求都将进一步提高。在5G技术环境下，因此，诸如PGC这种的"专业生产内容"的模式在未来发挥关键作用，确保如知

①　项立刚.5G时代 什么是5G，它将如何改变世界[M].北京：中国人民大学出版社，2019：4-8.
②　徐丽芳，陈铭.5G时代的虚拟现实出版[J].中国出版，2019(18)：3-9.

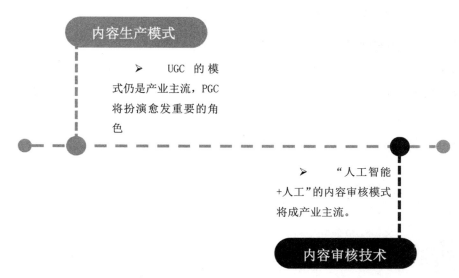

图13-1 5G时代的数字出版：内容生产和内容审核将更为专业和自动化

识服务、视听产品、电子书、在线教育等数字出版产品的内容质量保持高水准、知识化、专业性等，充分发挥5G技术赋能新闻出版作品产出更多的社会效益。"数字出版首要的就是保证内容高质量"①，数字出版人也要时刻践行习近平总书记提出的"四力"要求，应用数字技术，"写"出精品力作，让数字出版助力我国由出版大国向出版强国迈进。

在内容审核技术方面，5G时代的到来，数字出版产品的内容审核技术也面临着严峻考验，对于数字视听产品尤甚。众所周知，目前大多数的互联网资讯平台使用的内容审核模式是"人工+机器"的审核机制，对于一般性的静态文字、图片、语音和视频过滤等方面还尚可奏效，但是在对VR/AR直播、机器人新闻等追求超低时延的作品内容，以及5G高速率网络下的"一对一"即时通信等来说，实现同步审核和监控的难度较大，这对目前的技术手段形成极大挑战。因此，除了需要进一步扩充传统的专家审核、职业审核等人工审核队伍数量，加强职业素养培训之外，引进自然语言处理、图像识别、声纹识别等人工智能技术实属当务之急。"AI+人工"的内容审核模式将成为产业主流，并且，机器审核的应用范围将会更加广泛，识别关键文字、敏感视频并自动标记和过滤的机器审核模式将发挥关键作用。尤其是在5G环境下，大量全新的短视频形态出现，AR/VR直播、超高清视频将进入"井喷式"发展阶段，基于其产品特性、传播特点，"短视频平台可以借助大数据、人工智能、云屏蔽等技术，加强对内容的精确匹配和快速识别"②。

① 章红雨. 2019中国数字出版创新论坛在京举行[N/OL].［2022-11-29］.中国新闻出版广电报，2019-05-29(5). http://www.xinhuanet.com/zgjx/2019-05/29/c_138099966.htm.

② 邱晶晨. 浅析新媒体环境下网络直播中的乱象分析[J]. 新闻采编，2017(5)：56-59.

2. 产品形态将实现重要创新

从工业技术发展史来看，社会技术推动产业变革的重要表现之一就是带来产品形态的变革性迭代甚至催化全新产品形态的"横空出世"。5G 技术作为新一代移动通信技术也不例外，对于数字出版产业来说，数字图书馆、移动云知识库、AR/VR 出版物等将步入创新性的发展阶段(图 13-2)。

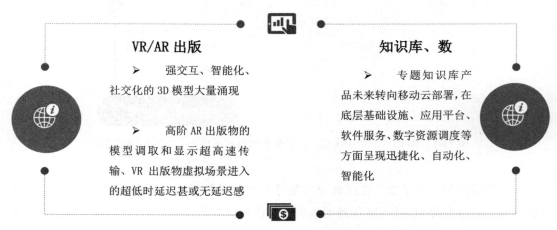

VR/AR 出版
➤ 强交互、智能化、社交化的 3D 模型大量涌现
➤ 高阶 AR 出版物的模型调取和显示超高速传输、VR 出版物虚拟场景进入的超低时延迟甚或无延迟感

知识库、数
➤ 专题知识库产品未来将转向移动云部署，在底层基础设施、应用平台、软件服务、数字资源调度等方面呈现迅捷化、自动化、智能化

图 13-2　5G 时代的数字出版：产品形态将实现重要创新

首先，在 VR/AR 出版领域，更高阶的应用范例将陆续研发。现阶段 AR 技术应用于新闻出版业已屡见不鲜，大量 AR 出版物出现在少儿出版、大众出版、教育出版甚至是专业出版之中，农业、海洋、地质、林业等自然资源领域开始频繁推出 VR 视频、VR 图书等专业性极高的创新产品。与此同时，丰富的产业实践也推动了《出版物 AR 技术应用规范》等行业标准陆续出台。[①] 目前的 AR 出版、VR 出版正由单一品种、单一企业平台向 AR、VR 集成性平台的方向发展，商业模式也从"用户为内容付费"逐步转向"用户向平台付费"。

5G 技术应用于数字出版业后，将催生更高阶的 AR 出版物、VR 出版物：强交互、智能化、社交化的 3D 模型将大量涌现，将实现对现有的 AR 出版物、VR 出版物的重塑和迭代；静态建模将向动态建模的趋势发展，3D 模型所指向的虚拟对象行为的社交化、智能化特点将进一步凸显，进而更能提升目标用户的友好体验感和产品忠诚度；高阶 AR 出版物的模型调取和显示超高速传输、VR 出版物虚拟场景进入的超低时延迟甚或无延迟感特点将淋漓尽致地发挥出来。这一点，在《新一代人工智能发展规划》和《出版物 AR 技术应

---

① 张新新. 加速推进传统出版与新兴出版动能接续转换——2017 年数字出版盘点[J]. 科技与出版，2018(2)：27-32.

用规范》行业标准中均有所涉及和展望。

VR 云也将成为 VR/AR 与 5G 融合应用的范例。一方面，VR 云能够把 VR 内容聚合并实现面向用户和垂直行业的极速分发，带动数字内容产业繁荣；另一方面，VR 云又将大量计算密集型任务从终端设备转向"云"，从而帮助 VR 设备"减重"，大幅度削减用户的使用成本。AR 云、VR 云的陆续出现，将促使 3D 模型库的管理、AR 输出展示等内容处理环节的工作逐渐转向云端；基于云端的 AR 出版物、VR 出版物的数据传输、存储和计算能力将大大增强，给用户以更加友好的视听体验。

其次，知识库和数据库等产品将迎来跨越式发展阶段。目前，数字出版事业转型升级正在深入推进，数据库产品也逐步演化为基于知识体系构建的专题知识库产品。此前，4G 技术环境下的专题知识库，在知识计算、知识图谱生成方面存在界面不友好、反应速度较慢等问题，在移动终端进行知识图谱展示功能方面更是"捉襟见肘"。然而随着云技术的建设、成熟和推广应用，这些问题将会逐步得到解决，特别是 5G 技术的应用，将进一步为专题知识库的展示、营销推广和大规模产业化提供扎实的技术基础。

在此前历经一系列网络安全事故之后，专题知识库产品已经完成了从本地到云端的部署转变，而未来的发展趋势则是由云端再转向移动云的部署。基于专题知识库所构建的移动云，在底层基础设施、应用平台、软件服务、数字资源调度等方面都将呈现出迅捷化、自动化、智能化的特征。移动云计算有了 5G 网络的加持，其计算方法、计算速度、计算量级都将得到空前提升，专题知识库的内涵和外延也将随之迭代。

3. 用户体验将得到大幅优化

5G 技术大规模应用之后，将会在用户群体中产生深远影响，一方面，用户体验将会通过真正定制化服务的实现得到大幅度优化(图 13-3)；但是另一方面，数字技术的发展，对用户个体来说，也会进一步激发"信息茧房"效应。

电子书和数字图书馆的超高速传输

➢　　5G 的超高速传输特点将会推动用户上传、下载效率的极大提升。

知识服务的个性化推荐

➢　　移动情境感知技术的大力发展和普及，能够实现资讯和知识的推荐因人而异、因时而异、因地而异，优化用户的阅读体验。

图 13-3　5G 时代的数字出版：用户体验将得到大幅优化

首先，电子书和数字图书馆作为数字出版的主流业务形态，几乎占据了数字出版传统业务的"半壁江山"，5G 的超高速传输特点将会推动用户上传、下载效率的极大提升。作为数字出版业务的重要组成部分，移动手机阅读业务近十年来一直保持平稳的增速。许多国有出版企业的数字出版，其收入的一半以上都来自手机阅读业务。随着 5G 技术的推广和应用，"每个人都是一个行走的手机图书馆"，移动云计算技术的快速发展，能够有效增强用户手机阅读的黏性，提高下载效率；但有一点需要注意，在 5G 技术广泛应用趋势下，智能终端设备的存储容量需要及时跟进，以适应 5G 应用场景下数字内容产品的下载速度、数量和规模，尤其是需适应数据量较大的高清数字图书、数字音频和视频产品。

其次，移动情境感知技术的大力发展和普及，能够实现资讯和知识的推荐因人而异、因时而异、因地而异，优化用户的阅读体验。5G 技术所包含的关键共性技术之一——情境感知技术、移动情境感知技术已经在图书馆、网络电商等领域得到广泛应用。情境获取、情境建模、情境用户偏好提取等情境感知计算研究的主要内容，已经为数字图书馆个性化推荐系统的构建提供了深厚的理论和技术基础。① 网络图书电商的用户行为分析与产品推荐系统，也是基于情境感知技术，向用户推送个性化广告资讯。现阶段，知识服务商成为出版单位转型和业务升级的选择之一。② 在 5G 技术的应用背景下，知识服务的形态将更为多元化，类型将拓展至文献产品、知识产品、知识资源、知识工具等，③ 同时，以知识服务为基础，更具多样性的外延产品与服务也将拥有更多的市场空间。

国家标准《新闻出版知识服务系列知识资源建设与服务指南（征求意见稿）》明确了扩展性和定制化两种知识服务类型，后者主要包括提供个性化知识解决方案和移动型知识服务平台。移动优先的融合发展战略与移动情境感知技术相结合，通过时间、空间、行为数据描绘用户的精准画像，进而向其推送包括"信息服务、知识产品和知识解决方案"在内的多层次的知识服务，④ 移动型知识服务平台也向着更加人性化、更加个性化、更能满足用户定制化的精神文化需要方向发展。

虽然 5G 技术的应用会为用户实现真正意义上的定制化服务，但是在传播趋势演进方面，随着超高速传播的流行，越是受欢迎的数字出版产品，头部效应展现越充分，对用户社群产生的影响越大、传播的空间范围越广泛、影响力留存越持久。尤其是伴随高度定制化的知识服务产品出现，人们往往会开始倾向于只看他们选择的和只能"取悦"自己的内容，久而久之便会架构起新的"信息茧房"，用户对现实世界也会产生一定失真感。

———————————

　　① 周玲元，段隆振. 数字图书馆联盟中基于情境感知的个性化推荐服务研究[J]. 图书馆理论与实践，2014(7)：67-69，87.

　　② 英欢超. 5G 时代出版业发展的研究论述[J]. 传媒论坛，2019，2(9)：145-146.

　　③ 冯宏声. 5G 时代出版业发展前景思考[J]. 国际人才交流，2017(12)：23-24.

　　④ 张新新，刘华东. 出版+人工智能：未来出版的新模式与新形态——以《新一代人工智能发展规划》为视角[J]. 科技与出版，2017(12)：38-43.

4. 营销体系将进行综合性演进

技术革新深刻影响着社会生产结构，尤其是5G、区块链、人工智能等相关前沿技术的跨越式迈进，为数字出版全产业链带来创新发展动力，尤其是对数字出版产品或服务推向市场和用户群体的营销环节，发生了重要的影响。数字出版产品的营销体系，与图书出版商的图书广告、图书订货会等线下传统模式较为不同，优先考虑用户体验和知识需求，通过综合多种媒介、平台、社群的产品推广、分发和销售服务方式。

数字出版的营销体系，正在经历着以生产者为中心向以目标用户为中心的演变过程，更多地考虑用户的需求、场景和阅读偏好，并以此为出发点改进和完善产品研发和技术应用。5G技术推动数字出版营销变革的两项主要技术是内容分发网络和情境感知技术。5G时代，超级规模的音频、视频、直播等业务的爆发式增长，会对网络流量提出严峻挑战，而内容分发网络通过"在传统网络中添加新的层次，即智能虚拟网络。综合考虑各节点连接状态、负载情况以及用户距离等信息，通过将相关内容分发至靠近用户的CDN代理服务器上，实现用户就近获取所需的信息，使得网络拥塞状况得以缓解，降低响应时间，提高响应速度。"①情境感知技术，是指借助可穿戴设备、无线通信技术、传感技术等，感知用户所处的环境，并根据获得的信息，为用户主动、智能、个性化地推送服务的技术。②在5G技术全面应用之后，数字出版产业的营销体系将会发生系列革新，分别体现在营销理念、营销对象、营销渠道或平台等角度(图13-4)。

首先，在营销理念方面，如前所述，5G等移动通信技术的不断革新，为数字出版产品的内容生产环节产生了创新性影响。相关数字出版企业尤其是营销人才队伍，也需要随之更新自身的营销理念，具体体现在：一是不仅要关注优质内容的产出，还要积极思考和关注数字出版产品的介质和载体形式创新，在原有的U盘、光盘、Kindle等数字内容承载物的基础上，与研发、产品人员密切交流和配合，继续开发各类专业APP、网站、小程序和视听类内容聚合平台等流量入口，在5G"高速度""高并发"等技术优势的加持下，逐步建立起长效、稳定、可持续的用户"拉新"和"留存"机制。二是数字出版企业要及时运用5G技术，将企业社会责任与产品营销相结合，积极主动地承担起应有的社会责任。尤其是在面临重大社会事件发生时，数字出版市场主体纷纷开展公益数字出版活动，以"免费""限期"等方式响应国家号召，体现了出版人、数字出版从业者的使命与担当。2020年初，新型冠状病毒感染在全国暴发，国家知识资源服务中心号召全国100多家数字出版企业提供免费的知识服务，创新了公益数字出版模式，便是这种社会责任担当的体现。公益数字出版，首先是公益责任与使命担当，某种程度而言，也是一种公益营销。值得思考的是，

---

① 赵国锋，陈婧，韩远兵，等.5G移动通信网络关键技术综述[J].重庆邮电大学学报(自然科学版)，2015，27(4)：441-452.

② 张新新.新闻出版业5G技术应用原理与场景展望[J].中国出版，2019(18)：10-13.

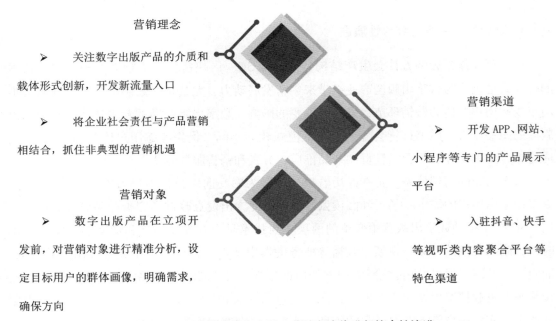

营销理念

➢ 关注数字出版产品的介质和载体形式创新，开发新流量入口

➢ 将企业社会责任与产品营销相结合，抓住非典型的营销机遇

营销对象

➢ 数字出版产品在立项开发前，对营销对象进行精准分析，设定目标用户的群体画像，明确需求，确保方向

营销渠道

➢ 开发APP、网站、小程序等专门的产品展示平台

➢ 入驻抖音、快手等视听类内容聚合平台等特色渠道

图 13-4　5G 时代的数字出版：营销方式将进行综合性演进

在火神山医院、雷神山医院实现 5G 网络全覆盖和 5G 远程医疗会诊的时候，出版业的动作则相对缓慢，5G 移动数字图书馆迟迟没有跟上；就公益数字出版而言，没有及时将 5G 技术应用于数字出版、第一时间为疫区提供 5G 精神文化产品。

其次，在营销对象方面，数字出版企业的营销模式首要的特征便是"以用户体验为中心"。5G 网络的带宽和速率呈现指数级增长，能够保障用户在使用数字出版产品和服务过程中的高流畅、高清晰体验。更为重要的是，得益于大数据、移动情境感知、区块链等技术的普及和应用，数字出版产品能够实现真正的"定制化服务"。因此，数字出版产品在立项开发前，便需要对营销对象进行精准分析，设定目标用户的群体画像，明确需求，才能在后续营销过程中开展有方向、有针对性的营销和推广活动。因此，在 5G 时代，数字出版产品的营销模式要着力于对营销对象的精准定位。这要求我们相关数字出版业务的管理者具备前瞻性的战略眼光，以及对文化产业政策和市场规律的精准把控和分析能力，要求我们的数字出版营销人才队伍具备较高的产品定位认知力、一定的市场趋势预判力和潜在用户群体的调研和访问能力。例如，中地数媒（北京）文化科技有限责任公司在开发"自然资源数字图书馆"之前，便将全国自然资源领域的政府管理部门、高校中的对口院系、专业科研院所等确定为主要的用户群体，在后续的产品推广过程中，营销方向也主要集中于此，截至 2019 年末，该产品已经覆盖了 100 多家高校、4 省 400 多家自然资源厅局、100 多家的地矿相关的事业单位，取得了较为可观的经济收益。

最后，在营销渠道方面，5G 网络的广泛适用，为数字出版产品广开销售渠道提供了优越的技术环境。因此，数字出版企业在传统的营销模式的基础上，需要不断丰富产品营销渠道：一是积极开发诸如专业化 APP、网站、小程序等专门的产品展示平台，确保产品功能完善和运营稳定，具备专门、有效、简便的用户反馈意见的入口，通过互动交流促进数字出版产品的更新迭代。二是在传统电商平台的基础之上，继续入驻抖音、快手、西瓜短视频、微信"视频号"等视听类内容聚合平台等特色渠道（这些数字视听平台将在 5G 时代迎来发展的另一个风口），发挥渠道自身所带有的"流量集聚"优势，实现数字出版产品的营销工作"最基层""最普遍"和"最接地气儿"。三是基于微信、微博等社交媒体所独有的"关系营销"和"口碑营销"属性，数字出版企业对此要充分重视，通过具有行业特色的微信公众平台进行产品的第一手营销，这样不仅能够实现出版机构与用户之间的"零距离"互动，还因为关注者群体本身便是产品的目标用户之一，基本能够实现较大的宣传力度和购买力度；除此之外，国内部分数字出版企业还探索出了独具特色的"产品代理型渠道"，通过与知名数字出版商进行合作，利用其高效的销售渠道和完善的服务模式，将本企业的数字出版产品授权予其代为销售，对自身营收也进行有益补充。

二、出版产业应对 5G 策略分析

以 5G、区块链、人工智能等为代表的新技术加速应用，是我国文化领域正在发生的广泛、深刻媒体格局变革的应有题中之义。5G 技术将会进一步凸显数字出版的自动化、智能化，自动化、智能化需要在正确的出版导向的指引下才能实现健康有序发展。出版领域应对 5G 技术所带来的全新挑战，一方面要坚持马克思主义在意识形态领域的指导地位这一党和国家的根本制度；另一方面要持之以恒地走主题出版、精品出版和融合出版的发展方向。

1. 坚持马克思主义在意识形态领域指导地位的根本制度

要坚持马克思主义在意识形态领域的指导地位这一根本制度。随着《中共中央关于坚持和完善中国特色社会主义制度、推进国家治理体系和治理能力现代化若干重大问题的决定》的颁发，提出"坚持马克思主义在意识形态领域指导地位的根本制度，是保证我国文化建设正确方向、更好担负起新时代使命任务的必然要求。"①第一次将坚持马克思主义在意识形态领域指导地位作为根本制度加以明确。

作为新时代我国文化领域的重要使命任务之一，数字出版的高质量发展，离不开 5G 等高新技术的支撑作用，更离不开马克思主义在意识形态指导地位的根本制度保障。作为重要的舆论宣传阵地，数字出版直面互联网这个最大变量，处于出版业网络意识形态阵地的最前沿。如何将互联网这个"最大变量"转变为"最大正能量"，转变为出版事业发展的"最大增量"？成为数字出版人必须回答的时代之问。

一方面，要始终坚持马克思主义在意识形态领域指导地位的根本制度，用当代中国马

---

① 黄坤明. 坚持马克思主义在意识形态领域指导地位的根本制度[N]. 人民日报，2019-11-20(15).

克思主义、21 世纪马克思主义、马克思主义中国化的最新成果——新时代中国特色社会主义思想武装数字出版人的头脑，教育数字出版从业者：要用新时代中国特色社会主义思想全面武装和教育数字出版人才队伍体系——领军人才、管理人才、内容人才、技术人才、运维人才，将习近平新时代中国特色社会主义思想的宣传和落实体现在每一次的数字出版继续教育培训之中；要把新时代中国特色社会主义思想的宣传落实情况作为社会效益考核的重中之重，作为最大的社会效益进行谋划和统筹；要将习近平新时代中国特色社会主义思想贯穿于数字出版产业链的全环节，深化至数字出版的项目申报、实施、管理与验收全过程，指导数字出版策划、内容、技术、运维、管理的各方面工作；要在 5G 技术运用的过程中，有效应对超高速传输、宽覆盖所带来的数字新闻资讯即时生产、即时传播等监管挑战，预判和识别 5G 技术应用的安全性问题，学懂、弄通和做实新时代中国特色社会主义思想，运用于数字新闻监管全过程和工作各方面。

另一方面，要充分用好 5G 技术的超高速传输、高并发、大连接、宽覆盖、低能耗、低时延等优势，创新数字出版的新业态、新模式：用好 5G 技术的增强带宽特点，提升 AR 出版的动态建模与智能建模水平，扩大动态 3D 模型的研发规模，提高 3D 模型虚拟对象行为的社交化和智能化水平；用好 5G 技术的低时延特点，尤其是用好 1 到 10 毫秒的延迟感、4 到 8K 的高清分辨率，为目标用户提供全角度、沉浸式、"无感延迟"的 VR 出版体验，提高用户的黏性和忠诚度；用好 5G 的超密集网络异构技术、移动云计算技术、软件定义网络等技术，及时捕获、挖掘和分析用户数据，提高数据流程、解决同频干扰，提升移动互联网端的计算能力，优化和改进知识计算系统，为新闻出版大数据的二次数据、知识图谱的生成提供最新技术赋能和支撑；要用好 5G 技术所带来的战略机遇期，充分发挥 5G 技术的技术优势，创新传播方式，扩大覆盖面，推动马克思主义意识形态指导地位根本制度在数字出版领域入脑入心、贯彻落实、落地生根。5G 元年之后，在不久的将来，如何坚持和贯彻这马克思主义在意识形态指导地位的根本制度成为产学研各界理论研究和实践工作的重中之重。

2. 持之以恒地走主题出版、精品出版和融合出版的发展方向

步入 5G 时代，先进技术与先进内容的结合更加紧密，传统出版和新兴出版的融合更加纵深，在此大背景下，数字出版的整体转型要以党和政府主管部门的宏观调控为指南，继续坚持主题出版、精品出版和融合出版的发展方向。"数字出版宏观调控体系中，计划调控和财政调控是两种典型性、常态化的调控手段，两者占比很大，对数字出版多年的发展与繁荣起到了实质性的推动作用。"①主题出版、精品出版和融合出版成为数字出版质量发展的主要抓手，成为数字出版计划调控的重要组成部分，也是数字出版市场调节的发展

①　张新新. 传统出版与新兴出版深度融合，推进数字出版高质量发展——2019 年度数字出版盘点[J]. 科技与出版，2020(3)：13-27.

焦点和枢纽所在(图13-5)。

主题出版

以赋能力更强的AI、AR、5G等技术,以精品佳作弘扬和传承中华优秀传统文化、革命文化和社会主义先进文化,全方位、立体化、多角度展示新时代中国特色社会主义文化建设领域的伟大成就。

精品出版

掌握5G技术应用原理,持续打造精品项目、工匠型人才,多出"讴歌党、讴歌祖国、讴歌人民、讴歌英雄"的精品力作。

融合出版

以内容建设为根本,以5G技术为支撑,对内主动探索5G技术对出版业数字化流程再造的模式,对外积极研发5G技术带来的出版新模式与新业态。

图13-5　5G语境下的数字出版发展方向

5G语境下的数字出版,应坚持走主题出版之路,为国家立心,为民族铸魂,强化习近平新时代中国特色社会主义思想的研究阐释,创新传播方式方法,以赋能力更强的5G技术,以精品佳作弘扬和传承中华优秀传统文化、革命文化和社会主义先进文化,全方位、立体化、多角度地展示新时代中国特色社会主义文化建设领域的伟大成就。新时代以来,主题出版成为出版业规划调控的最重要调控手段之一,逐年呈现出日渐强化、优化的趋势:2019年,中宣部明确了加强习近平新时代中国特色社会主义思想的研究阐释、庆祝新中国成立70周年等五个方面主题出版的选题重点;2020年,部署了"着眼为党和国家立心,加强习近平新时代中国特色社会主义思想的研究阐释""全面小康、脱贫攻坚战""健康安全和生态保护教育""唱响中国经济光明论""深化社会主义核心价值观宣传阐释""提早谋划、提前启动,认真组织做好庆祝中国共产党成立100周年选题编写出版工作"等六方面选题重点,同时提出了"着力开拓创新","打破思维定式和传统套路,积极探索新载体新路数"等工作要求。

5G语境下的数字出版,应坚持走精品出版之路,掌握5G技术应用原理,持续打造精品项目、工匠型人才,多出讴歌党、讴歌祖国、讴歌人民、讴歌英雄的精品力作。"网络时代,无论是纸质书籍,还是数字化、网络化的产品,要做成精品,同样需要从多方面把握质量,一时的流行只能说明其在商业上的成功,只有真正的精品才能经得起时间的检验。"[①]精品出

---

① 精品永不过时,聂振宁新书《出版力》谈如何做好精品出版[EB/OL].[2019-08-26]. http://www.press-mart.com/ArticleInfo--view--mtjj--39253972-2981-427d-8dba-98162412307d.shtml.

版，需紧紧围绕讴歌党和国家主要工作，围绕传播正能量和弘扬主旋律，侧重于出版内容的先进性，强调出版内容的高质量，聚焦于积极策划、制作和传播社会主义先进文化，日益成为新闻出版企业的工作重心和焦点所在。精品出版的概念，尚无统一认知，从其特征归纳，精品出版理应包含精品规划、精品策划、先进内容、精品编校、精准传播等要素。从编辑过程的能力要求来看，相对于一般图书而言，精品出版在策划力、审核力、编校力、制作力、传播力等方面都有着更高要求、更严标准和更高质量。5G 技术作为先进技术的最新体现，与大数据、区块链、人工智能等高新技术一起，正在变革着舆论生态和媒体传播格局。5G 技术应用于精品出版业态，是先进技术与先进内容相结合的最新体现。随着 5G 技术商用程度的进一步加深，相信越来越多的基于 5G 技术的出版业态将会出现，科研层面，地质出版社所属的智慧型知识服务科技与标准重点实验室已于 2019 年 7 月启动了《5G 技术在新闻出版业的应用研究》科研课题。在实践中，已经出现了相关案例，如 2019 年，人民融媒传播有限责任公司首次推出了三维码技术融合出版物，所研发的 VR 融媒图书，无须佩戴 VR 眼镜即可实现裸眼三维视觉效果。

　　5G 语境下的数字出版，应坚持走融合出版之路，以内容建设为根本，以 5G 技术为支撑，对内主动探索 5G 技术对出版业数字化流程再造的模式，对外积极研发 5G 技术带来的出版新模式与新业态。新闻出版总署出台《关于加快我国数字出版产业发展的若干意见》已超过十年，十余年来，数字出版的发展，经历了转型升级的初级阶段，步入融合发展的较高阶段；其主体内容已经由之前的基础软硬件改造、流程数字化、特色资源库建设、行业级运营平台搭建，转变为更为宏观、更为抽象的传统出版与新兴出版融合发展、融合走向纵深阶段，具体表现为传统出版和新兴出版在业务理念、内容生产、技术应用、传播方式、体制机制、方法手段等方面逐渐实现了深度融合。5G 技术、区块链、大数据、人工智能加速应用于出版业，推动着数字出版这些年在技术应用的尝试和探索方面取得了一定进展，使得现代信息技术服务于内容策划、服务于内容生产、服务于产品制作、服务于内容传播实现了若干突破。5G 技术与出版业融合的关键在于：坚守内容优势、内容为王的同时，把握 5G 技术应用原理，找寻 5G 技术在出版业的应用场景，包括内部出版流程的应用场景和对外提供基于 5G 技术的新产品和新服务。

　　总而言之，5G 时代的数字出版，要坚守马克思主义在意识形态的指导地位这一根本制度，要坚持走主题出版、精品出版和融合出版的发展道路。未来内容生产将实现"PGC 主导、UGC 辅助"，"AI+人工"的内容审核机制发挥作用；与此同时，"数字图书馆、知识库"①等产品与 5G 深度融合，实现功能迭代，AR/VR 出版、定制化知识服务平台等新型产品形态也将出现；用户作为数字出版产品的消费终端，得益于移动情境感知、移动云计算等技术特性，获得超前的产品体验；数字出版的营销理念、营销对象、营销渠道要充分用好 5G

---

　　①　张新新. "十三五"的数字出版人才政策与实践研究——以政产学研一体化为视角［J］. 出版广角，2016(19)：18-20.

技术所带来的战略机遇和创新优势，关注营销载体和介质的创新，聚焦用户体验中心，创新移动通信端的营销环境和方式。

那么究竟如何将 5G 技术这个互联网最大变量中所出现的"新变量"转变成为产业发展的"最大正能量"？首先，在党和政府宏观调控领域，建议尽快出台支持 5G 技术与出版融合的扶持性资金和项目支持，同时加快制定有关 5G 技术在出版业应用的法律法规、部委规章和政策性文件，以适应飞速发展的产业现状；其次，在行业自治方面，充分用好我国 5G 技术在国际标准领域的显著优势，加快制定 5G 技术在出版领域应用的标准规范并及时进行宣传和实施；最后，在企业治理方面，数字出版市场主体要巩固自身内容优势，"积极适应用户需求和市场结构变化，不断进行内容创新、产品创新和模式创新"①，以更加主动、更加积极的姿态拥抱 5G 技术为数字出版领域带来的新变化和新发展。

第二节 5G 技术应用新闻出版业的场景展望

5G 技术的超高速传输、低延迟、宽覆盖等特点，将重塑和变革新闻出版的诸多领域。内容分发网络、移动云计算技术、情境感知技术将在多场景发挥作用。5G 技术的应用和推广，对新闻传播领域的作品生产能力、传播能力和监管能力都提出了新的要求；5G 技术的普及和泛在应用，将有助于数字视听产品、AR 出版、VR 出版、新闻出版大数据、知识服务、电视数字图书馆等新兴出版的创新与发展。5G 为新闻出版业带来战略机遇的同时，也在政策调控、标准研制、队伍建设、内容监管方面带来了一系列的挑战。

在应用场景方面，5G 技术以其超高速传输、低延迟、宽覆盖、低功耗等特点，将会对新闻出版领域的大数据建设、增强现实出版、虚拟仿真出版、定制化知识服务、电视数字图书馆以及数字视听产品等领域起到持续改善和加速优化的作用，将会催化出众多意想不到的应用场景，成为新闻出版高质量发展的重要引擎。

一、5G 技术在新闻传播领域的应用场景

首先，新闻生产能力将会全面增强。5G 技术将会带动新闻资讯的全程感知、全员参与 AR、VR、MR 的全息数据采集。5G 支撑下的新闻资讯大数据将提高机器撰稿的精准性，"快笔小新""梦幻写手""张小明"等机器撰稿软件将更加充分地发挥作用，实现新闻资讯产品的智能化、批量化生产，进而推动记者向着深度新闻报道的方向转型。人人都将成为主播，万物都将成为新闻源，即时生产、即刻上传的新闻资讯成为可能。多形态、多媒体的新闻资讯将会全面展现，AR 新闻、VR 新闻、MR 新闻、全息资讯等电影中才会出现的场景将会变成日常生活的画面。

---

① 尹琨. 5G 为出版业带来哪些想象［N/OL］.［2019-03-13］. 中国新闻出版广电报，http://data.chirawcb.com/epaper2019/epaper/d6951/d3b/201903/95944.html.

其次，新闻传播能力将超速提升。实时传播，低延迟甚至无感迟延的传输将第一时间展现；信息资讯的全息传播、全效传播，将会通过互联网、移动互联网、多种智能终端设备实现；通过对用户数据的全面采集和精准分析，将实现信息、内容精准地分发；情境感知技术的广泛应用，导致内容推荐更加精准化、个性化，为目标用户提供各自所需的新闻产品。

最后，新闻监管能力将面临严峻挑战。监管对象将会大幅度提升，数量、规模发生海量级增长，因为人人都是信息源、新闻源；传播速度超快，即时上传、即刻传播导致监管手段、监管能力面临严峻考验；同时，人的表现欲与社会主流价值观龃龉所引发的新闻伦理问题，将成为新闻监管所要关注的重中之重。

二、5G 技术在新兴出版领域的应用场景

5G 技术对出版业，尤其是新兴出版领域，也将产生深刻的影响，包括对数字视听产品、新闻出版大数据、增强现实出版、虚拟仿真出版、知识服务形态以及出版与广电交叉领域的电视数字图书馆等。

1. 数字视听产品

5G 技术影响最大的便是视听领域，上传、下载的超高速，观看体验的低延迟甚至无延迟、最大范围的覆盖面，使用户观看、体验数字视听产品时能够得到最佳享受。数字视听类产品，是指运用数字视频技术和数字音频技术对传统视听产品的提升和再造后而产生的数字化产品，包括数字视频产品和数字音频产品。[①] 5G 技术应用于数字视听领域，一则可以帮助用户在最短的时间内下载数字视频和数字音频产品，大大缩短目标用户获取数字视听产品的时间；二则有助于提升用户听觉和视觉体验，用户几乎感觉不到数字音视频产品体验过程中的延迟时间，进而提高对数字视听产品的满意度和忠诚度。因此，音频产品、短视频产品、直播平台将会再次获得一次发展和繁荣的战略机遇期。

2. 新闻出版大数据

国内的新闻出版大数据建设始于 2014 年，迄今为止，在法律、审计、公安、自然资源领域的大数据平台建设已经取得阶段性进展；重庆出版集团的重庆市文教大数据平台数据采集总量已超过 1339 万条，并构建出包括数据采集、加工、治理、服务、检索、分析、监控等在内的完整的大数据产业链。5G 时代的到来，超密集网络异构技术有助于提高数据流量，解决同频干扰问题；移动云计算技术有助于提升移动互联网端的数据计算能力，为大数据二次数据的产生提供技术支撑；软件定义网络技术的控制平面可以获取、监控用户数据，有助于用户数据的采集、分析和挖掘。总之，数据计算的速度和效率将会大幅度

---

① 数字编辑专业技术资格考试指导用书编委会. 数字编辑实务 [M]. 北京：北京联合出版公司，2015：13-19.

提升，以关系计算、实例计算、属性计算为主体内容的知识计算系统将会得到极大优化和运用，新闻出版大数据的二次数据的生成将会更加便利和迅捷。

3. AR 出版

AR 出版物是指应用三维模型等数字媒体与印刷图文及图文中的坐标点、空间位置等信息关联，满足用户增强现实体验需求的报纸、期刊、图书、网络出版物等。[①] 在 4G 时代，市场上在销的 AR 出版物存在的问题主要在 AR 智能眼镜的清晰度、美观度、体验效果、使用寿命、安全系数等方面，[②] 3D 动画画面不够流畅、模型触发不灵敏、支持的手机品牌较少等。从 AR 出版的三个主要环节来看，3D 模型库的建立、AR 编辑器的应用以及输出展示系统，都会在 5G 技术的应用下实现更加良性的发展，把 AR 出版物推广和普及每个个体那里。在 5G 时代，AR 出版主要实现由静态模型向动态模型的升级，3D 模型所构建的虚拟对象行为的交互性、智能化、社交化特点将进一步增强。AR 眼镜的性能也将进一步改善，AR 出版物 3D 模型的"无感延迟"将充分体现，AR 出版物的阅读体验将更加优化。

4. VR 出版

VR 技术应用于新闻出版业的场景可以包括历史人物、场景的再现与宣传；出版业的展会论坛、展览展示；教育出版领域的在线教育、智能教育、研学旅行、实验课程等；专业出版领域则涉及道路桥梁、地质灾害、文物古迹、水利水电、工业等仿真场景。

5G 赋能 VR 出版主要体现在：其 VR 视频的体验延迟可控制在 1 到 10 毫秒，分辨率有望从 4K 高清提升到 8K 高清，并可实现无线传输。VR 眼镜的体验感将得到改善，快捷而稳定的传输速率，将进一步增强广大用户的黏性；由此带来的商业模式变化是，将改变传统 B2B、B2G 的商业模式，使之向着 B2C 的模式转换。每一位社会公众都将成为潜在的 VR 用户，这一点对 AR 出版物的用户同样适用。

5. 知识服务

在《新闻出版知识服务知识资源建设与知识服务指南》的国家标准中，将知识服务分为扩展性知识服务与定制化知识服务。其中，定制化知识服务包括知识解决方案：根据用户特定类别、特定领域的个性化知识需求，提供点对点的直联、直供、直销的知识服务解决方案，以满足用户的个性化知识需求；也包括移动型知识服务，即遵循移动互联网传播规律，以知识元为基础，针对用户个性化、定制化的知识需求，提供个性化的和贴身的知识解决方案，如采取模糊匹配、语音回复等方式。[③]

[①]　出版物 AR 技术应用规范（CY/T 178-2019）[S].

[②]　郭玉洁，龙振宇，张新新. AR 出版的现状及趋势分析[J]. 科技与出版，2017(8)：27-32.

[③]　张新新. 出版机构知识服务转型的思考与构想[J]. 中国出版，2015(24)：23-26.

5G 时代，随着智能终端功能的不断强化，每位携带智能手机、智能 pad 的用户，都将成为一个"行走的数字图书馆"，随时随地揣着一个海量数据的"移动知识服务平台"。手机上、平板上可配置包含上万种电子图书的数字图书馆，轻松打开，没有丝毫的迟延；同时，以移动型知识库为代表的个人专属知识库将变得唾手可得。知识服务的个性化推送、精准化供给、定制化订阅将可以随时随地实现。5G 将会加速移动手机阅读业务、网络出版业务、数字图书馆业务、移动知识服务平台等业务形态的变革、创新与发展。

6. 电视数字图书馆

电视数字图书馆作为一种新兴的数字出版业态，是媒体融合向纵深推进的重要标志，将新闻、出版与广播电影网络进行了有机融合。尽管其运营和推广尚处于探索阶段，社会效益和经济效益也有待进一步的观察和论证，但是越来越多的省份都积极参与电视数字图书馆的建设中来。如歌华有线云图书馆便是一个包含 320 多万种图书、8 亿页全文资料、5000 万条期刊数据、2000 万条报纸元数据、1000 万个词条所构成的电视数字图书馆。首批进入"数字电视图书馆试验工程"的广电网络是北京歌华、重庆、天津、甘肃、江苏五家省级广电网络公司，2016 年元月开始在线运行，实现了电视、手机、平板电脑多屏互动，完成了"百万图书进千万家庭"实验工程一期目标。①

在 5G 技术的推广和应用过程中，电视数字图书馆，将会取得进一步发展：其传输速度更快、机顶盒数字资源总量更丰富、用户体验速度更加快捷，将会更好地推进广播电视与新闻出版的深度融合与跨界发展。

整体看来，5G 技术在新闻出版产品研发、技术应用、销售运维、队伍建设、标准制定、政策出台等方面会起到较为积极的作用。将会催生出多元化的新闻资讯产品形态、多样式的新兴出版产品形态，同时将对新闻出版的盈利模式进行重塑和变更，从而推动一大批跨界、融合型人才队伍的成长，并在国家标准、行业标准、宏观调控政策方面起到创新与改革的预期效果。

硬币总是存在着两面，5G 对新闻出版的发展而言，机遇与挑战并存。5G 技术的来临，对新闻出版导向管理、意识形态把控也会带来一系列严峻的挑战。在 5G 广泛普及、加速应用的同时，如何避免超高速传播所带来的互联网传播更大变量？如何将互联网这个最大变量变为最大正能量？这些问题需要政府主管部门去积极思考和应对，需要尽快开展相关的预研究，以应对新的传播时代的到来。

---

① "数字电视网络图书馆"西北五省联合平台落地商谈会圆满召开[EB/OL]．[2017-04-26]．http://news.cnr.cn/native/gd/20170426/t20170426_523726183.shtml.

第十四章　区块链技术在新闻出版业的应用
原理与场景展望

* 本章知识点提要

　　1. 新闻出版业的区块链技术应用架构

　　2. 区块链在新闻出版业的应用场景

　　3. 区块链技术应用的两面性

* 本章术语

　　区块链　时间戳　非对称加密　哈希算法　新闻溯源　版权保护　选题策划

　　编校印发　知识服务　新闻出版大数据　新闻出版智库

　　本章在前述区块链技术概念、特征和类型的基础上，提出了由"基础层、驱动层、应用层、标准层"组成的区块链四层架构，阐述和论证了区块链在新闻出版业的七个应用场景：新闻溯源、版权保护、选题策划、编校印发、知识服务、新闻出版大数据和新闻出版智库建设，最后指出了区块链技术应用的两面性问题。

第一节　区块链基础架构与技术原理

　　技术应用原理和应用场景，是"'出版+技术'、'出版×技术'的内核所在、硬核所在，是出版与技术深度融合、科技与出版紧密结合的策略机枢"。① 不只出版，新闻传播亦是如此。要探索区块链应用于新闻出版业的场景，就要弄清楚区块链的基础架构和技术原理。

　　关于区块链的架构，袁勇提出"数据层、网络层、共识层、激励层、合约层、应用层"的六层架构②；谢铉洋提出"共享数据层、共享协议层、应用程序编程接口（APIs）和应用程序（APPs）"的三层架构；③ 姚忠将提出"基础层（网络层、数据层）、驱动层（共识机制、

---

　　①　方卿，张新新. 推进出版业高质量发展的几个面向[J]. 科技与出版，2020(5)：6-13.

　　②　袁勇，王飞跃. 区块链技术发展现状与展望[J]. 自动化学报，2016，42(4)：481-494.

　　③　中国人民银行合肥中心支行科技处课题组，谢铉洋. 区块链结构、参与主体及应用展望[J]. 金融纵横，2017(1)：43-53.

激励机制、智能合约)、应用层(应用、服务平台)"的三层架构;① 沈鑫、裴庆祺、刘雪峰提出"底层数据、分布式记账本、组网方式和核心机制、区块链节点、智能合约、上层应用"的六层架构②。

综合以上几种观点,可归纳出新闻出版业的区块链技术应用架构——"基础层(数据层、网络层)、驱动层(共识层、激励层、合约层)、应用层(新闻溯源、版权确权、知识服务联盟、图书发行、大数据(数据存储))"并将"标准层"贯穿始终(图 14-1)。

图 14-1　区块链技术在新闻出版业的应用原理和场景

①　姚忠将,葛敬国. 关于区块链原理及应用的综述[J]. 科研信息化技术与应用,2017,8(2):3-17.

②　沈鑫,裴庆祺,刘雪峰. 区块链技术综述[J]. 网络与信息安全学报,2016,2(11):11-20.

一、基础层

基础层包括数据层和网络层，数据层封装了数据区块，包括时间戳、非对称加密等关键技术。

"区块"：以比特币为例，数据区块包括区块头和区块体两部分，区块头装载了"该区块的版本号、前一区块地址、该区块的目标哈希值和共识过程的解散技术、Merkle 根和时间戳等信息"[1]，其作用在于链接到前面区块并且为区块链提供完整性，Merkle 根"保证了数据的真实性、安全性和不可抵赖"[2]；区块体则包含了一定时间内该区块的交易数量和所有交易记录，以 Merkle 树的形式组织起来。关于"链"——单向链式结构，"矿工"将当前区块链接到前一区块，形成最新的区块主链；各区块环环相扣，从而形成从创世区块到当前区块的主链，进而起到记录区块链数据历史、数据溯源和数据定位的作用。

时间戳：时间戳技术是区块链的重要创新点，包含在区块链中，记录数据的写入时间，为数据增加了时间维度，是数据的存在性证明，能够确保区块链数据库的不可篡改和不可伪造。从长远来看，时间戳技术应用于区块链，甚至能够对历史进行回溯和再现。

非对称加密：非对称加密技术是为解决数据安全和身份验证需求而集成到区块链的技术，其主要算法包括椭圆曲线加密算法（ECC）、RSA、Rabin、D-H 等，应用场景包括信息加密、数字签名和认证等。

哈希算法：哈希算法用于生成前区块地址、记录信息摘要、交互者地址和 Merkle 根树数据库等。区块链一般保存数据的哈希函数值（散列函数值），将原始数据编码为字符串计入区块链，如比特币通常采用双 SHA256 哈希函数，将任意长度的原始数据经过两次哈希运算转换为 32 字节的二进制数字进行存储和识别。

Merkle 树：区块链技术的重要组成，将运算为散列函数值的交易信息按照二叉树状结构组织并保存于区块体之中，其作用在于快速归纳和验证区块数据的存在和完整性。

基础层的网络层则包含对等式网络（P2P）、数据传播和验证机制等要素。

P2P 网络（Peer-to-peer network）：对等式网络是区块链"去中心化"特点的集中体现，用对等式网络进行组网，网络中的每个节点地位对等且以扁平式拓扑结构互联互通，不存在任何中心化的特殊结构和节点，每个节点都可进行网络路由、验证区块数据、传播区块数据和发现新节点。

数据传播机制：区块链采用广播的方式向全网公布交易信息，区块数据生成后，由生成该数据的节点面向全网其他节点进行广播并验证，节点验证通过后再进行广播直至被全网节点接收。一般并不需要全部节点都接收到，而是由足够多的节点做出响应即可认为交

---

[1]　Bitcoin Sourcecode［EB/OL］.［2016-01-18］. https://github.com/bitcoin/bitcoin/.

[2]　姚忠将，葛敬国. 关于区块链原理及应用的综述［J］. 科研信息化技术与应用，2017，8（2）：3-17.

易通过，整合入区块账本。

数据验证机制：对称式网络中的节点接收到广播的数据和新区块后，会验证其有效性，验证通过则继续转发；如果数据无效，则废弃该数据不再广播。以比特币为例，矿工节点主要是从数据结构、语法规范、输入输出、数字签名等方面验证交易数据是否有效。

二、驱动层

驱动层主要包含共识层、激励层和合约层。

关于共识层：共识层是为了解决"拜占庭将军"问题，所谓拜占庭将军问题，是指去中心化的节点之间相互缺乏信任，无法达成共识，使得所有节点无法一致行动。在分布式系统中高效达成共识主要由 PoW(Proof of Work，工作量证明)共识机制、PoS(Proof of stake，权益证明)共识机制和 DPoS(Delegated proof of stake，授权股份证明)共识机制等加以实现。Pow 机制是中本聪发明的、应用于比特币系统的共识机制，核心在于通过全网节点算力竞争来确保数据一致和达成共识，优点是通过算力竞争保障系统安全和去中心化，不足时容易造成大量的计算资源、电力资源浪费，且容易引起区块链设备的"军备竞赛"：设备越先进、计算能力越强的节点越容易获得财富。PoS 机制，是 PoW 机制的替代解决方案，区块记账权由最高权益的节点获得，权益评价标准是币龄——节点对特定数量货币的所有权，其优点是提高了节点性能，降低了资源消耗，不足是不准确性导致易受攻击干扰。DPoS 机制，"所有节点根据股份权益(币龄)投票的方式选出得票最高的 101 个记账代表负责交易的打包和挖矿，减少记账和验证者的数量"，因为大幅减少了验证和记账的节点数量，所以能够达成快速共识。除上述三种主流的共识机制以外，还有 Ripple 共识机制、PBFT 共识机制、Casper 共识、Pool 验证池等多种机制，不过同样都面临着资源浪费和共识速度的问题。

关于激励层：激励层主要通过发行机制和分配机制来加以实现。区块链的本质是共识节点之间的任务中包过程，而共识节点的逐利性导致其获取最大化的收益是参与记账和验证的目标所在。为此，需要引入激励机制，以确保区块链的长久和稳定运行。发行机制，主要是用代币发行的方式，通过发行区块链定义的货币、收取手续费等来鼓励共识节点去参与记账和验证工作，如比特币、以太币等。分配机制，是指算力小的节点通过加入"矿池"、通力合作、"挖"到新区块并共享该区块"虚拟货币"和手续费奖励的机制。

关于合约层：合约层包含了各类脚本代码、算法机制和智能合约，是区块链商业逻辑的体现。比特币最初通过非图灵完备的简单脚本代码(锁定脚本和解锁脚本)来控制交易过程，即产生了智能合约的雏形。所谓智能合约，是基于不可篡改的数据而自动化执行的规则和条款，是部署在区块链上智能化、可共享、去中心化的信息传递服务程序，一旦具备相关条件、达到响应要求，则自动化执行。随着区块链的深入发展，越来越多图灵完备的智能合约开始出现，如"以太坊已经研发出一套图灵完备的脚本语言，用户可基于以太坊构建任意复杂和精确定义的智能合约与去中心化应用，从而为基于区块链构建可编程的金融与社会系统奠定了基础"①。

三、应用层

关于区块链的应用层，从不同的维度可做不同的划分，有学者提出了三大应用模式：可编程货币、可编程金融、可编程社会，并设想了六大应用场景：数字货币、数据存储、数据鉴证、金融交易、资产管理和选举投票；有学者从服务平台和具体服务的角度做出划分，前者是基础应用，由底层数据和计算工具组成，后者是具体服务，如银行记账、医疗信息管理等。以新闻出版业为视角，区块链技术同样存在着众多应用场景，如新闻溯源、版权保护、图书发行、知识服务联盟、新闻出版大数据等，将在后文重点阐述。

四、标准层

标准和产业是区块链的两翼、双螺旋。区块链产业的快速、健康发展，离不开标准的规范和引领。区块链标准体系贯穿于基础层、驱动层和应用层，并将规范和指导区块链产业链各环节和从业共同体。为确保区块链更快速度、更高质量地发展，区块链共同体要积极参与和主导国际标准制定，加快制定国家标准，配套制定行业标准，鼓励研制企业标准和团体标准。要根据区块链的发展特点和规律，建立健全区块链标准体系，包括：基础性标准(术语和概述、参考框架等)、关键技术标准(智能合约、共识机制、时间戳、账本管理、区块格式规范等)和安全类标准(信息安全、身份认证、证书存储规范等)。要加大对标准规范的宣传、培训和产业化应用落地，真正发挥区块链标准的引领、示范作用，通过标准的制修订，不断提升区块链领域的国际话语权和规则制定权。

值得欣慰的是，2017 年 5 月，中国区块链技术和产业发展论坛发布了国内首个区块链标准——《区块链参考架构》，系列国家标准《信息技术 区块链和分布式账本技术 参考框架》《信息技术 区块链和分布式记账技术 智能合约实施规范》《信息技术 区块链和分布式记账技术 存证应用指南》等也纷纷获批并步入研制阶段。2020 年 6 月，《区块链技术在版权保护中的应用技术要求—文学、图片作品》行业标准，作为第一项新闻出版领域的区块链行业标准也正式获批立项。

第二节　区块链在新闻出版业的应用场景分析

关于区块链技术在新闻出版业的应用场景，诸多学者都做出了积极的尝试，大致分为以下几个领域：(1)在版权管理方面，有学者在指出互联网环境下版权之痛的同时，提出

---

① Ethereum White Paper. A next-generation smart contract and decentralized application platform［EB/OL］. ［2015-11-12］. https://github.com/ethereum/wiki/wiki/WhitePaper.

区块链的破局之路："区块链的时间戳效力""对存证效力的加持"①；有学者论述了"作者与作品捆绑及其加密技术保障身份性权利、'分布式账本—嵌入式'确权模式实时保护作品、智能合约最大限度保证著作财产权、交易平台最大限度保护著作财产权"②等观点；有学者将区块链的"去中心化、智能合约、时间戳等技术与 IP 版权相结合，提出'价值去中心化'的创新理念和思维"③；有学者在对中国、美国、欧洲区块链数字知识资产管理平台分析的基础上，厘清了基于区块链技术的"数字知识资产注册—版权认证—资产交易—侵权追踪"的全过程；④（2）在学术出版中，有学者结合学术研究中的信任危机，提出了依托区块链数字鉴证、"公钥—私钥"的非对称加密技术等，建设学术出版信任的具体策略："激励研究过程、遏制撰稿侵权；优化同行评议、激励审稿专家；开放学术评价、避免指标造假"⑤；有学者提出了区块链应用于学术评价的系统设计："通过时间戳实时确权，用代币和奖励机制激励同行评议，用数据即服务开发评价延伸产品"⑥；（3）在期刊出版中，有学者提出了区块链技术原理用于科技期刊的优势："创建透明的期刊管理工作流、打造可信任的科研评价体系、规范学术评审的权利和义务、深化资源节约型的科研合作"⑦；有学者分析了区块链技术在期刊中的具体应用，如"比特币地址与身份关联、数字签名和时间戳、作者匿名"等；⑧（4）在数字出版领域，有学者提出"基于区块链技术的具有舆情监控预测、信息溯源核验、广告效果量化、用户价值回馈、版权确权流转、数字资产管理等功能的数字化出版平台，是实现报纸出版全流程数字化转型的有效路径"⑨。有学者明确区块链与数字出版平台的关联性在于："时间戳与版权登记""数字签名机制与版权交易""智能合约与平台建设"⑩；（5）在传统出版中，有人对区块链技术在出版业应用的"完善版权保护机制、创新出版业务模式"⑪、"存储图书信息、管理发行、反盗版"⑫等方面进行了展望；有人设想了未来出版的区块链商业模式："'免费'经营、'去渠道'经营、

---

① 梁飞. 存在性证明——区块链技术在数字版权的运用[J]. 电视研究，2020（2）：31-34.

② 王清，陈潇婷. 区块链技术在数字著作权保护中的运用与法律规制[J]. 湖北大学学报（哲学社会科学版），2019，46（3）：150-157.

③ 陈维超. 基于区块链的 IP 版权授权与运营机制研究[J]. 出版科学，2018，26（5）：18-23.

④ 郑阳，杜荣. 区块链技术在数字知识资产管理中的应用[J]. 出版科学，2018，26（3）：97-104.

⑤ 许洁，王嘉昀. 基于区块链技术的学术出版信任建设[J]. 出版科学，2017，25（6）：19-24.

⑥ 李媛. 区块链时代的学术评价创新研究[J]. 出版科学，2020，28（3）：74-80

⑦ 陈晓峰，蔡敬羽，刘永坚. 开放科学背景下区块链在科技期刊中的应用[J]. 中国传媒科技，2019（2）：21-24.

⑧ 范真真，吴晨，石晶. 区块链在学术期刊中的应用及实践[J]. 中国传媒科技，2019（10）：22-24.

⑨ 李媛，方卿. 基于区块链技术的报纸出版数字化转型[J]. 中国出版，2018（15）：33-36.

⑩ 张岩，梁耀丹. 基于区块链技术的去中心化数字出版平台研究[J]. 出版科学，2017，25（6）：13-18.

⑪ 罗晓银，张安超. 区块链在出版行业的应用展望[J]. 出版参考，2019（10）：55-57.

⑫ 曹阳. 浅析区块链技术在出版行业的应用前景[J]. 城市党报研究，2020（6）：90-91.

'去运营'经营、出版物的'众筹'模式"等。①

上述观点的可贵之处在于将区块链的技术原理同出版业态、出版生态相结合，设想和提出了解决方案和应用场景；不足之处在于，没有对内从新闻出版产业链环节的角度，深入到编校印发各流程，对外深化到出版大数据、出版知识服务、新闻出版智库建设等具体出版场景，去深思和筹划区块链和出版业结合的应用场景。

一、新闻溯源

现先从新闻溯源的场景入手，谈一下区块链在虚假新闻应对方面的原理和场景。

新媒体环境下，虚假新闻产生的原因主要包括：利益驱动导致的投机行为、行业媒体和从业者自律的缺失、传统主流媒体的公信力下降，以及无法确定的信息源头等。虚假新闻的泛滥除误人视听、以讹传讹以外，容易造成媒体公信力的下降，有时甚至会酿成严重的舆论事件，扰乱正常的经济社会秩序。解决虚假新闻乱象的重要途径之一便是进行新闻溯源，而区块链技术恰恰在这方面具有天然的优势。

将区块链技术应用于虚假新闻溯源，一是给每条新闻数据加盖"时间戳"，使得多次传播的新闻具有了时间先后顺序，便可通过时间先后追溯到虚假新闻的源头，使得虚假传播的始作俑者无法遁形；二是可通过广播方式，向全网发布广播，在区块链中发起虚假新闻源头追随的交易，发动全网的力量去追踪造谣者；三是可通过共识机制，使得虚假新闻经受区块链大多数节点的考验，在传播的过程中被及时识别和遏制；四是可通过激励机制，给予最先发现和锁定虚假新闻制造者的节点以经济激励，以在最短的时间内锁定信息源，发现造假者；五是通过预先设定的条件和程序，当发现虚假新闻时，自动执行智能合约，提升虚假新闻的鉴别效率；六是可通过联盟链的方式，建立起主流媒体的行业区块链，形成正能量新闻、客观真实新闻的时序数据库，逐步引导和规范新闻传播市场秩序。

二、版权保护

如前所述，多数学者都围绕区块链在版权保护方面的应用进行过论述。这里仅做简洁归纳和概括：区块链的多项关键技术与版权保护都息息相关，几乎可涵盖版权登记、使用、管理和保护的各个环节。版权确权环节，时间戳技术可确认作品发表时间，进而确认权利归属。版权交易环节，共识节点的广泛共识和记录，具有不可篡改、不可伪造特点，可用于版权公证和审计；智能合约的完善和应用，不受时间和地域限制，可快速达成版权交易，提高版权交易效率。版权管理环节，可通过版权联盟链的方式，以时间为纵轴，以知识体系为横轴，分门别类地对各个时期的各类版权进行有序管理和使用。版权保护环节，基于版权联盟链或私有链，调取带有时间戳的版权数据，形成完整的版权证据链，最大限度地形成版权侵权威慑，及时高效地制止版权侵权行为。

---

①　钟声贤. 出版经营的区块链商业模式[J]. 视听，2019(1)：225-226.

三、选题策划

传统的出版策划，主要由编辑发起，提出选题创意，然后组织一个或一群作者进行创作。本质上，还是"中心化"的选题组织和创作方式，这一生产方式延续了数千年。其痛点在于个人或某个群体的智慧是相对有限的，以中心化的知识、智慧、经验去创作某个主题的作品，其专业性、全面性和权威性在理论上是受限的，难以涵盖某个主题的全面知识解决方案。

如何以"去中心化"的群体智慧进行选题策划和创作？其解决方案：一是可以依托于人工智能，"基于群体智能的'众智众创众筹'理念，优化运用智能蚁群算法、人工鱼群算法、烟花爆炸算法等群体智能的算法，可探索研发出众创撰稿、协同创作的工具系统，以起到众筹众智、集中专业领域智慧提供个性化、定制化知识解决方案的效果。"①二是可运用区块链的技术原理，构建专业出版领域的联盟链，如法律出版联盟链、生态文明出版联盟链，或者构建出版企业的私有链，如某出版社私有链。在联盟链或私有链中，静态层面：在基础层建设含有时间戳的选题区块链，辅以知识标引技术，逐步建立健全某细分选题的历史顺序数据库，可追寻细分选题领域的区块链内第一个作者至最近的作者，便于进行选题的归纳和梳理；动态层面：可运用传播机制，就细分选题向全网节点发起广播，得到大多数的共识以后（采用 DPoS 机制），通过代币发行和分配奖励机制，高效、全面地聚集起细分选题的全链区域内的智力资源，最终以去中心化的方式全面、高效地完成选题策划和组稿工作。

四、编校印发

于出版而言，编校印发环节所涉及的数据，大多为内部经营管理数据，可尝试构建出版机构私有链。私有链本质上和其他分布式存储数据库没有差别。出版机构可用好本单位编辑加工、审校、复制环节的过程性数据，以时间为序，建设私有链。出版机构私有链研发的意义在于：其一，确保内部经营管理数据处于隐私和安全状态，尤其是盖有时间戳的销售、印制等区块数据，任何个人均无法篡改和伪造。其二，有助于企业文化建设，通过私有链，可以完整地还原和再现出版机构的经营管理历史，构建出网络出版社，为后续入职员工进行系统、完整的企业文化、企业历史培训教育。其三，改进生产方式，提高生产效率，通过专业知识体系标引的审校区块数据，可反映相同或相似稿件在不同的历史阶段所共同出现的审校问题，总结和归纳出"易错审校问题"数据库，有利于提升编辑审稿和校对质量。其四，可将印前定稿的私链内部版权数据与外部版权联盟链进行融合，实现数据互通互融、跨链合作交易，高效快速达成版权交易。

---

① 刘华东，马维娜，张新新."出版+人工智能"：智能出版流程再造[J].出版广角，2018（1）：14-16.

五、知识服务

"出版本质上是知识生产和知识传播",从知识服务来看,未来的出版业要完成三个转型:"制造业转型为服务业、产品生产商转型为知识服务商、互联网知识生产体系融合角度对出版价值链重塑"①。知识服务,作为时下出版深度融合的重要抓手,作为出版未来转型的最终目标,一直是出版共同体关注焦点所在。

出版机构可根据自身专业知识资源数据构建私有链,其原理不再赘述。这里重点讲一下区块链在国家知识资源服务中心的应用场景。

国家知识资源服务中心,2015 年由新闻出版研究院筹建,2016 年由原国家新闻出版广电总局办公厅正式批复,共计囊括了三批次、110 家新闻出版政产学研机构。目前包含中医药、建筑、农业、法律、知识产权、人文社科等十几个专业领域的知识库,同时还包含知识服务标准体系、学术出版评价、版权保护、新闻出版科研成果、知识服务与版权产业联盟等栏目。

理想状态的国家级知识资源服务中心,应该包含国民经济各行业的知识资源,提供各种形态的知识服务,综合采用各种知识服务模式,代表和展示着国家级的文化形象和文化自信。要想实现这一目标,时下的通过网络接口链接到各出版机构自有网站的方式是难以胜任的。可以设想通过国家知识资源服务联盟区块链甚至是公有区块链的方式加以实现。

国家知识资源服务联盟链的建设,在基础层的构建如下:数据层方面,先要完成知识资源数据区块的研发,形成链式结构,以时间为序,加盖时间戳,以知识体系为内核,进行知识标引。采用非对称加密技术,如果由国家知识资源服务中心发起的知识资源服务交易,使用中心的公钥进行知识资源数据的加密,加密后发送给出版机构,出版机构使用自己的私钥进行解密,解密的过程,也就是知识资源交易的过程;如果由出版机构发起的知识资源服务交易,则由出版机构将私钥信息发送给国家知识资源服务中心,中心使用出版机构的公钥对信息进行解密以确保信息是出版机构发送的。网络层方面,可通过全网任一节点发起广播,发起知识资源交易数据,并经过节点认证。在驱动层,采用 DPoS 共识机制,选举出得票最高的若干家出版机构作为记账代表,负责知识资源服务交易的打包和挖矿,在减少算力资源浪费的前提下快速达成共识。对国家知识资源服务联盟链的所有节点采取代币发行的奖励和分配机制,以调动所有知识服务成员单位的积极性和能动性。然后通过智能合约的研发和完善,启动自动响应机制,对符合条件和规则的知识资源交易快速促成。在应用层,采用可编程货币模式,研发和确定国家知识资源联盟链内部定义和认可的虚拟货币,以虚拟货币进行奖励和分配,条件成熟时可根据国家规定换算成法定货币。

六、新闻出版大数据

国内的出版大数据案例主要有人民法院出版社的法信大数据、中国大地(地质)出版社

---

① 方卿,王一鸣. 论出版的知识服务属性与出版转型路径[J]. 出版科学,2020,28(1):22-29.

自然资源知识服务大数据、重庆出版集团的文化教育大数据等。出版共同体经过多年实践，已经探寻出"数据采集、存储、标引、计算、建模、知识图谱、数据服务"的出版大数据建构路径。① 从网络层设计原理来看，区块链是典型的分布式大数据技术。

区块链技术在新闻出版大数据领域的应用创新点主要有：在数据存储方面，每个节点存储一份数据，高冗余存储、去中心化、高安全性和隐私性特点确保了数据安全，防止出现中心化的存储机构遭受网络攻击或物理损毁，进而导致数据泄露或丢失的情况出现；在数据标引方面，除了进行知识标引外，还可对数据进行时间标引，加盖时间轴，进而能够对数据进行溯源，为大数据建设开启了一个新的窗口；在数据鉴证方面，时间戳、共识机制可方便数据进行存在性证明和真实性证明；在数据计算方面，通过区块链全网节点发起广播，聚集全链条的计算资源，能够几何级地提高数据计算能力；在数据建模和知识图谱方面，时间标引、知识标引的"双重标引"可催生新的建模方法，产生出更加立体化、带有时间标识的知识图谱，进一步拓宽了新闻出版大数据的应用场景。

七、新闻出版智库建设

新闻出版智库作为近年来的热门出版业态，逐步形成了相对完善的"成员管理、成果推广、资金筹募、旋转门和评价等智库运行机制"②，出现了如融智库、i智库、建设发展研究院等一系列新型智库，在产生出版思想、辅助政府决策、引领行业先锋方面发挥了重要作用。

以融智库(联盟型智库)为例，区块链技术赋能新闻出版智库建设，主要是围绕智库专家思想及其外化的论文、著作等数据展开。融智库作为前瞻科技型的高端智库，涵盖了政产学研各界200多名专家，智库专家每年整体产生的论文数量不低于1000篇，重大课题和科研著作数量也是相当可观。以联盟区块链的形式，推动融智库的发展和壮大，可着手以下步骤：首先，进行论文、著作、课题的区块数据建设，采用时间戳、非对称加密技术，赋予智库以公钥、赋予专家以私钥；在链内全网进行广播，发起科研成果版权交易，得到验收和达成共识后，采用代币奖励和分配机制，激励"矿工"节点；建立和完善智能合约机制，符合规定条件和程序的交易，自动化执行交易。新闻出版智库联盟链的研发和应用，将有助于共享学术成果，打破学术资源垄断，鼓励智库专家内部思想交流，以去中心化的方式，构建出一个更加开放、更加安全、更加公平的智库思想交流平台。

区块链技术作为一项前瞻性、颠覆性的技术，以其去中心化、时序数据、广泛参与性、可靠性、可编程性的特点和优势，引起了社会各行各业的关注和思考。把握区块链"基础层、驱动层、应用层、标准层"的基础架构，掌握区块链的时间戳、非对称加密、分布式节点共识机制、基于共识算力的激励机制、高效灵活的智能合约等关键技术，就可找

---

① 张新新. 新闻出版业大数据应用的思索与展望[J]. 科技与出版，2016(1)：4-8.

② 张新新. 新闻出版智库运行机制研究[J]. 科技与出版，2019(10)：35-40.

寻在具体行业的应用场景。"新闻+区块链""出版+区块链"的应用场景主要包括新闻溯源、版权保护、选题策划、编校印发、知识服务、新闻出版大数据和新闻出版智库建设等。

任何新技术的应用都有两面性，区块链也不例外，我们在探索区块链在新闻出版业应用场景的同时，也要看到区块链的安全问题(51%以上算力的篡改威胁)、效率问题(如每秒处理 7 笔订单的瓶颈)、资源问题(区块链竞赛引发的电力和算力资源浪费)等一系列问题，避免掉入技术的陷阱。展望区块链应用的未来，只有加快标准规范的制定修订并贯彻落实，才能推动区块链在新闻出版业的快速、健康、可持续和高质量发展。

第十五章　数字孪生在出版业的应用
原理与场景展望

＊ 本章知识点提要

  1. 数字孪生的发展历程

  2. 数字孪生的概念与特征

  3. 数字孪生在出版业应用的五维模型框架

  4. 数字孪生在出版领域的应用场景

＊ 本章术语

  数字孪生　高保真度　实时双向映射　虚实共生　出版孪生体　孪生数字人

  孪生出版物　孪生重大出版活动

    作为践行工业 4.0、智能制造等先进理念的新一代信息技术，数字孪生（Digital twin）一直备受工业制造领域的广泛关注。世界著名的科技咨询公司 Gartner 更是在 2017—2019 年连续三年将数字孪生列为全球十大关键战略技术趋势之一，预测其将在未来 5~10 年内产生破坏性创新影响。随着元宇宙概念的兴起，数字孪生逐渐跃入大众视野，其应用理念也从原先的工业制造场景扩散至文化、旅游等多元领域。然而，对出版领域来说，数字孪生仍然是一个较为陌生的概念，其概念和特征是什么、如何在出版领域应用、可能的出版应用场景包括哪些……关于这些问题的回应无论是在理论还是实践层面都相对空白，缺少一个较系统的指导。

第一节　数字孪生概述

    数字孪生理念最早可追溯至 20 世纪 60 年代美国国家航空航天局（National Aeronautics and Space Administration，NASA）的阿波罗计划（Apollo program）。2010 年，NASA 明确提出"数字孪生"的定义，在工业制造领域掀起了一股数字孪生技术开发与应用的热潮，元宇宙的兴起则进一步推动其为国内外各领域专家学者所熟知。其间，学业界对数字孪生的解读不断增多，但其概念仍未得到统一认知，甚至越发扑朔迷离。在此背景下，简要梳理数字孪生的实践发展与理论认知概况，能为数字孪生在各领域的应用提供一个清晰的论述视野与理念共识。

一、起源及发展

梳理数字孪生整体的发展历程，可发现其大致经历了理念萌芽、概念形成、应用探索和推广发展四个阶段，如图 15-1 所示。

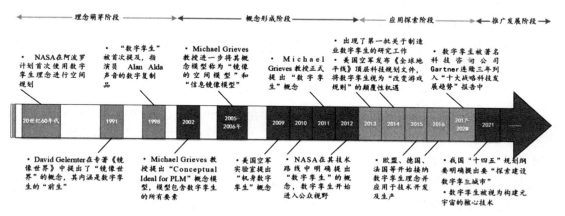

图 15-1　数字孪生发展历程时序图

在数字孪生的理念萌芽阶段，数字孪生的概念与内涵尚未得到清晰界定，但已出现指向物理空间的"实体孪生"模型，面向虚拟空间的数字孪生体意识逐渐萌芽。如在阿波罗计划中，NASA 提出了"孪生体"的概念，即至少建造两个相同的航空器以镜像反映航空器在执行任务时的状况，以辅助地面工程师在宇航员面临紧急情况时做出正确决策①。在数字孪生理念被践行几十年后，1998 年，"数字孪生"短语首次出现，指代演员 Alan Alda 在 *Alan Alda meets Alan Alada 2.0* 中声音的数字复制品。值得注意的是，上述数字孪生理念侧重物理实体的物理模拟，还未到虚拟模拟层次。其间，耶鲁大学计算机科学教授 David Gelernter 在其专著《镜像世界：或者当软件将整个宇宙装到鞋盒里的那天，会发生什么？意味着什么？》(*Mirror Worlds：or the Day Software Puts the Universe in a Shoebox... How It Will Happen and What It Will Mean*) 中提出了"镜像世界"的概念，"海量信息通过软件源源不断地输入至模型，使其可以每时每刻模拟物理世界的真实运动"，预测了数字孪生的出现。

在概念形成阶段，得益于航天航空领域的关注与实践，数字孪生的相关表述得到了统一，关于其要素、概念和内涵的探讨也逐渐增加。2002 年，密歇根大学的 Michael Grieves 教授在制造业工程师协会会议上提出了产品生命周期管理(Product Life Management，PLM) 的理想概念模型(Conceptual Ideal for PLM)，后被称为"镜像空间模型"(Mirrored Spaced

①　Rosen R，Von W G，Lo G，et al. About the importance of autonomy and digital twins for the future of manufacturing[J]. Ifac-papersonline，2015，48(3)：567-572.

Model）、"信息镜像模型"（Information Mirroring Model），包含数字孪生的三个核心要素①②。然而，由于当时人们认知及技术发展水平有限，数字孪生的理念与技术并未得到充分重视。2010 年，NASA 在其技术发展路线图草案和可持续的空间探索提案中明确提出了数字孪生的概念，并于 2012 年正式发布；Michael Grieves 教授也随之将之前提出的多个概念统称为"数字孪生"。至此，数字孪生的多种表述得以归并，关于其理念和技术体系等相关内容的研究与实践也开始增加。

应用探索阶段，数字孪生从航天航空扩至民用工业制造领域，美国、英国、德国等国家及相关企业开展了一系列数字孪生的技术开发、产业数字化应用等实践与研究活动，数字孪生的理论与应用体系初步建立。2013 年，制造业出现了首批关于数字孪生的研究工作。③ 同时，美国空军发布《全球地平线》（*Global Horizons*）顶层科技规划文件，将数字孪生视为"改变游戏规则"（will be the game-changer）的颠覆性机遇，并从 2014 年开始组织波音、通用电气等公司开展了多个应用项目研究。此后，诸多国家及大型企业机构开展了数字孪生的探索工作，如欧盟 H2020 的 MAYA 项目通过集中式基础设施实现了工厂数字孪生的模拟与运行；④ 英国国家基础设施委员会（National Infrastructure Commission）则提出要创建一个与国家基础设施相对应的数字孪生体，以支持数据驱动型经济的发展。⑤

2021 年，我国《"十四五"规划纲要》明确提出要"探索建设数字孪生城市"，数字孪生技术的开发与应用上升至国家战略规划层面。而元宇宙概念的爆火使作为其发展关键性技术的数字孪生开始进入公众视线，将数字孪生从以往单纯的工业技术应用场景释放至一个更广阔、更多元的多学科知识领域之中，促使数字孪生走向一个新的推广发展阶段。

二、概念与特征

从数字孪生的发展历程来看，数字孪生源于产业实践，经历了从领域实践逐渐上升至理论范畴并不断反哺产业应用的辩证发展过程。尽管数字孪生的相关研究和应用不断涌现，然而，数字孪生究竟是什么，又包含哪些独有特征？这些问题都尚未完全形成共识。但从时序上来看，数字孪生在不同的时代背景下已呈现一些差异化的发展趋势，为此，从

① Grieves M. Product lifecycle management：The new paradigm for enterprises[J]. International Journal of Product Development，2005，2(1)：71-84.

② Grieves M. Product lifecycle management：Driving the next generation of lean thinking[M]. New York：Mc Graw-Hill Education，2006：71.

③ Negri E，Fumagalli L，Macchi M. A review of the roles of digital twin in CPS-based production systems [J]. *Procedia manufacturing*，2017，11：939-948.

④ The European Union. MAYA [EB/OL]. [2022-10-07]. https：//rural-digital-europe. openaire. eu/ search/project？projectId＝corda__h2020：：f41222de0616953d2bd4f1f1165069ff.

⑤ National Infrastructure Commission. Data for the public good [EB/OL]. chrome-extension：// bocbaocobfecmglnmeaeppambideimao/pdf/viewer. html？file ＝ https% 3A% 2F% 2Fnic. org. uk% 2Fapp% 2Fuploads%2FData-for-the-Public-Good-NIC-Report.pdf.

时间逻辑出发梳理国内外学者关于数字孪生的认知演变，可以为数字孪生的概念及核心特征的明晰奠定学理基础，部分代表性观点如表 15-1 所示。

表 15-1 数字孪生的概念认知

时间	作者	概念	关键词
2010	Shafto M，et al	数字孪生技术是一种面向飞行器或系统的，集成多物理、多尺度的概率仿真模型，它能利用当前最佳的可用物理模型、实时更新的传感器数据和历史记录等，来反映与该模型对应的物理实体状态。	概率仿真模型；反映实体状态
2011	Grieves M	数字孪生是一组从微观原子级到宏观几何级全面描述潜在或实际物理制造产品的虚拟信息结构。	虚拟信息结构
2011	Tuegel E J，et al	数字孪生是结构化生命周期预测和管理的再造工程。	生命预测和管理；再造工程
2012	Glaessgen E H，et al	数字孪生为产品的全面数字化描述，能模拟现实模型的行为特征。	数字化描述；模拟行为特征
2016	Alam K M，et al	数字孪生是物理系统的精确网络副本，能够体现物理系统的所有功能。	精确网络副本；体现功能
2018	Fei T，et al	数字孪生是 PLM 的一个组成部分，利用产品生命周期中的物理数据、虚拟数据和交互数据对产品进行实时映射。	PLM；实时映射
2018	Haag S & Anderl R	数字孪生是单个产品的综合数字表示，其模型和数据中包括真实对象的属性、条件和行为，是可以模拟其在特定环境中实际行为的现实模型。	综合数字表示；模拟实际行为
2019	Wang P，et al	数字孪生模型可以被视为一种范式，通过该范式，选定的在线测量值可以动态地同化到仿真世界中，并通过仿真模型的运行自适应地指导现实世界。	动态同化；自适应指导
2020	张霖	数字孪生是物理对象的数字模型，该模型可以通过接收来自物理对象的数据而实时演化，从而与物理对象在全生命周期保持一致。	数字模型；实时演化
2021	Liu M，et al	数字孪生是一个反映物理实体行为规则并在整个生命周期中不断更新的数字实体。	反映行为规则；不断更新；数字实体

如表 15-1 所示，从时间逻辑上来看，不同学者对数字孪生的理解尚且不一，但在认知演化中呈现以下联系与区别：其一，"生命周期"是数字孪生概念中的重要内容。由于数字孪生已有的落地应用普遍集中于工业制造领域的 PLM，其从实践中归纳的定义或将数字

孪生视为 PLM 的方法与手段，如认为数字孪生是"结构化生命周期预测与管理"①"PLM"②的组成部分；或将生命周期视为数字孪生的映射内容，如认为数字孪生需"与物理对象在全生命周期保持一致"③等，生命周期成为数字孪生概念中的重要子概念。其二，数字孪生概念从早期侧重仿真模拟再现转向关注实时的动态交互演变。早先，数字孪生概念强调物理对象的仿真模拟再现，如将数字孪生视为"概率仿真模型"④"综合数字表示"⑤，其概念重心在于数字孪生模型的构建，但不设时间精度的条件限制。近年来，数字孪生定义中逐渐突出"动态同化"⑥"实时演化"⑦等特征，对物理对象及其虚拟模型提出了互动、共生等更高要求。其三，数字孪生概念的核心思想主要是在"牛顿系统"下以控制预测为主导的"牛顿定律"。所谓"牛顿系统"，是指在给定当前系统状态与控制条件的基础上，能够利用求解的方式获得系统下一步的状态，从而精确预测后续演变的有机整体，而"牛顿定律"泛指在系统中反映系统行为规律的定律、范式等。⑧ 数字孪生"模拟现实模型的行为特征"⑨"反映物理实体行为规则"⑩，以精确指导与预测物理对象的发展便是"牛顿定律"思想的核心体现。

　　整体而言，已有的数字孪生概念更多是对产业应用的理论总结，尽管也在随着数字孪生实践的深入而进行修正并呈现出部分共性特征，但在一定程度上还是没有跳出实践的桎梏。尤其是在元宇宙发展的宏大背景下，数字孪生将从孪生物延展至孪生人，PLM 不再是数字孪生应用的主要内容，由物理对象和数字孪生体共同构成的数字孪生系统的复杂性、突变性大大增加，远超"牛顿定律"的控制范畴。相对而言，数字孪生系统的高级发展状态

---

① Tuegel E J, Ingraffea A R, Eason T G, et al. Reengineering aircraft structural life prediction using a digital twin[J]. International Journal of Aerospace Engineering, 2011: 154798.

② Tao F, Cheng J, Qi Q, et al. Digital twin-driven product design, manufacturing and service with big data[J]. The International Journal of Advanced Manufacturing Technology, 2018, 94(9): 3563-3576.

③ 张霖. 关于数字孪生的冷思考及其背后的建模和仿真技术[J]. 系统仿真学报, 2020, 32(4): 1-10.

④ Shafto M, Conroy M, Doyle R, et al. DRAFT Modeling, simulation, information technology & processing roadmap[J]. National Aeronautics and Space Administration, 2012, 32: 1-38.

⑤ Haag S, Anderl R. Digital twin - Proof of concept[J]. Manufacturing Letters, 2018: S2213846318 300208.

⑥ Wang P, Yang M, Peng Y, et al. Sensor control in anti-submarine warfare-A digital twin and random finite sets based approach[J]. *Entropy*, 2019, 21(8): 767.

⑦ 张霖. 关于数字孪生的冷思考及其背后的建模和仿真技术[J]. 系统仿真学报, 2020, 32(4): 1-10.

⑧ 王飞跃. 社会信号处理与分析的基本框架：从社会传感网络到计算辩证解析方法[J]. 中国科学：信息科学, 2013, 43(12): 1598-1611.

⑨ Glaessgen E H, Stargel D S. The digital twin paradigm for future NASA and US Air Force vehicles[C]// 53rd AIAA/ASME/ASCE/AHS/ASC structures, structural dynamics and materials conference 20th AIAA/ASME/AHS adaptive structures conference 14th AIAA. 2012: 1818.

⑩ Liu M, Fang S, Dong H, et al. Review of digital twin about concepts, technologies, and industrial applications[J]. Journal of Manufacturing Systems, 2021, 58: 346-361.

应是被"默顿定律"引导的"默顿系统"，即系统自身拥有"自由意志"、无法通过完全控制实现精确预测，而是以描述智能、引导智能、预测智能等方式间接影响物理世界的运行与发展。

事实上，从语义逻辑上看，数字孪生是由数字(Digital)和孪生(Twin)复合构成的合成名词。其中，"数字"在其中作为词素，指代"实现了信息实时交换的、或网络化、或资料电子数据库化的"网络信息技术;[①] "孪生"则为"数字"的复合对象，有"双胞胎"之意，指形成与物理对象"基因相同"的孪生体。由此，从语义逻辑来看，数字孪生可视为塑造与物理对象基因相同的孪生体的信息技术。而从种属逻辑来看，要准确界定数字孪生的概念，还需找准其"种差"和邻近的"属"。已有定义普遍将数字孪生邻近的"属"定位在"模型""虚拟信息结构""网络副本""再造工程""数字实体"等，我们基于语义逻辑，将"信息技术"确定为数字孪生的"属"。"种差"则指数字孪生的特有属性，是数字孪生区别于虚拟现实、仿真建模、数字线程等其他信息技术的根本特征：一则，高保真度。即数字孪生能够在外形(如形状和尺寸)、内容(如要素及其结构构成)、属性(如功能和特点)等所有方面实现物理对象的1∶1精确模拟再现，而目下已有的技术手段在细粒度、真实度等呈现上都还与物理对象有质的差别。二则，实时双向映射。即数字孪生一方面能够动态感知物理对象的实时状态并将其传输至虚拟空间，进一步优化及智化数字孪生体的"牛顿定律"和"默顿定律"，实现物理到虚拟的同步映射；另一方面，数字孪生体能够借助模型、数据及服务功能的融合，以"感知—决策—控制"的智能反馈影响物理对象的运行轨迹，达到虚拟到物理的交互反馈。而其他能够实现物理与虚拟交互的技术或为高时延、或为单向传输、或为虚拟与现实层面的浅层次融合，未达到数字孪生双向、低时延及深层次融合映射的协同。三则，虚实共生。即无论是物理对象还是其数字孪生体都将借助数字孪生成为其对应虚拟空间、物理空间内生的一部分，两者融通互塑、共生共长。对物理对象而言，其被数字孪生高度媒介化后能够"真实"地融入虚拟空间，而数字孪生体则能以高度拟真化的形态呈现于物理空间，两者虚实共融且彼此促进，数字孪生也由此成为自然人和虚拟数字人认识世界和改造世界(包括物理世界与虚拟世界)的必要工具和手段。综上，数字孪生概念至少需包含高保真度、实时双向映射和虚实共生等特有属性。数字孪生由此可视为以人工智能、大数据、云计算等技术手段为支撑，基于物理对象的外在、内容、属性等数据，以在虚拟空间架构具有超高保真度、并与物理对象保持实时双向映射的数字孪生体为内容，最终实现两者虚实共生的新一代信息技术。

第二节　数字孪生在出版业应用的基础框架

PLM的理想概念模型最早提出了数字孪生架构所需的三个基本要素，即物理空间、虚

---

① 王馥芳. 数字时代说"数字"新义[J]. 辞书研究，2007(6)：145-147.

拟空间及两个空间之间的连接，可视为数字孪生的三维模型。随后，Tao 等①在三维模型的基础上，进一步提出了五维数字孪生模型，包括物理实体、虚拟实体、连接、数据和服务五个核心要素，受到国内外诸多学者的认可与沿用。我们也以五维数字孪生模型为基础，探讨数字孪生在出版领域的应用原理与基础框架，如图 15-2 所示。概言之，出版领域的数字孪生应用框架由物理层、虚拟层、数据层、连接层和服务层构成，五个层次互融互通，形成了以实映虚、以虚促实、虚实共生的有序协同。

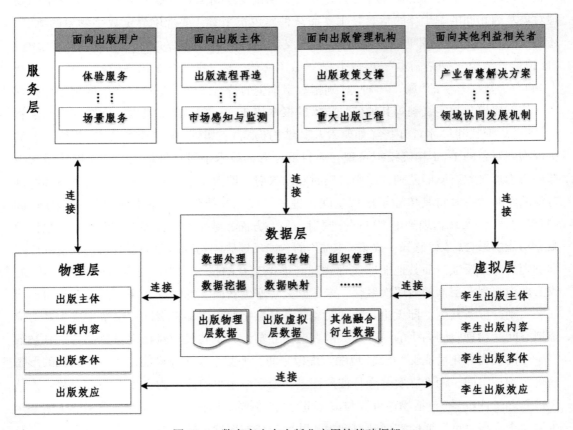

图 15-2　数字孪生在出版业应用的基础框架

物理层是数字孪生实现的基础，其既为虚拟层数字孪生体提供了数据来源，也是数字孪生最后服务应用的作用对象，在整个数字孪生应用框架的运转中起到基础性、决定性作用。综合而言，物理层涵盖物理空间中与出版实践相关的所有要素，同时也包括能够感知各类要素数据、信息、状态变化的传感设备、测量工具、计算设备等。而所有的出版活动

---

① Tao F, Zhang H, Liu A, et al. Digital twin in industry：State-of-the-art［J］. IEEE Transactions on Industrial Informatics，2018，15（4）：2405-2415.

或曰出版对象，都可用"主体、内容、客体、效应"四个视角加以总结和审视，[1][2] 物理层的出版要素由此可划分为出版主体、出版内容、出版客体和出版效应四个大类，各类要素则又可进一步细分，如图 15-3 所示。借助智能传感器、通信设备和其他数据采集工具，物理层能够对不同状态或运行阶段的出版要素进行全方位感知，通过实时采集多源异构数据并传输至数据层，以实现与虚拟层的同步映射。同时，根据虚拟层的反馈与指令，部分物理层出版要素，如各类软件设备、出版内容环节也能及时做出智能反应，使物理空间与虚拟空间中的出版活动交互成为可能。

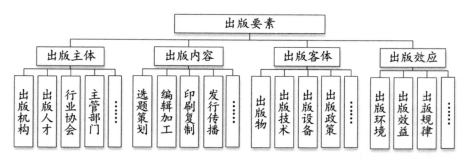

图 15-3 物理层出版要素细分

虚拟层主要是在对物理层数据信息加工的基础上，借助建模仿真技术对物理层出版要素及其相互之间的运行逻辑进行精准刻画及虚拟映射。从要素层面看，虚拟层的出版要素实质是物理层出版要素的"孪生版"，包括孪生出版主体、孪生出版内容、孪生出版客体、孪生出版效应，但其最终旨归是要构建一个多时间尺度、多空间尺度的出版孪生体（系统）。从这个意义上说，出版孪生体的构建是虚拟层能否实现孪生映射并有效发挥服务层效用的关键。借鉴虚拟仿真的架构逻辑[3]，如图 15-4 所示，出版孪生体的形成包括以下几个核心步骤：（1）出版对象子系统划分。即对需孪生的出版对象进行多维度分析，将其按一定逻辑拆解为若干子系统并厘清子系统内部要素之间的关系。如可根据出版内容将出版内容划分为"选题策划、编辑加工、印刷复制、发行传播"等流程子系统，也可结合出版对象的属性类别将其划分为"人、机、物、环"等子系统。（2）出版信息模型构建。即根据物理层出版对象的数据结构及其关系建立元模型，以清晰描述出版对象要素之间的结构和语义关系。同时，对不同层级的元模型进行横向和纵向整合，实现出版全局信息模型的架

① 张新新. 数字出版调控与市场的二元互动——"十三五"时期数字出版述评与盘点[J]. 科技与出版，2020(9)：43-56.

② 张新新. 中国特色数字出版学研究对象：研究价值、提炼方法与多维表达[J]. 编辑之友，2020(11)：5-11，30.

③ Zheng Y, Yang S, Cheng H. An application framework of digital twin and its case study[J]. Journal of Ambient Intelligence and Humanized Computing, 2019, 10(3)：1141-1153.

构。（3）出版仿真模型构建。出版信息模型强调各类出版要素属性、功能及其关系的静态描述，而仿真模型则是在此基础上对出版对象的行为逻辑进行界定，是出版系统能够动态、可持续运行的内外在逻辑的规律描述。以出版内容为例，仿真模型需对影响各环节流程的因素、活动、事件等内容进行定义，从而架构起出版作用流程的行为逻辑。（4）出版模型融合及功能搭建。即在确保多维层次、多元要素及其复杂关系的准确性和一致性的基础上，将具有全参数信息的出版信息模型与高保真度的出版仿真模型有效结合，融合形成出版孪生体。在此基础上，结合人工智能、深度学习、数据挖掘等前沿数字技术开发具备实时判断、评估、优化、预测的出版服务功能，为服务层的应用与物理层的优化指导提供强大的功能支持。

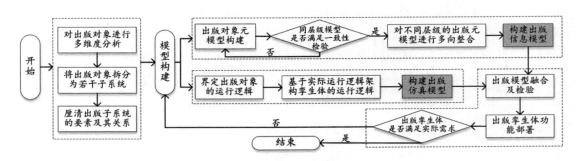

图 15-4　出版孪生体构建流程

数据层是整个数字孪生应用框架中的"中枢神经系统"，为物理层、虚拟层和服务层的互动提供数据支持。数据层承担着各类数据的接收、规整、存储等处理工作，能够将原始具有一定噪声的多源异构数据加工为以标准化格式存储与利用的高质量数据集，并从中挖掘数据之间的关联与演化规律，起到了数据中转、加工和增值的核心作用。简而言之，其作用对象包括物理层采集的各类出版要素数据、虚拟层出版孪生体运行产生的出版孪生数据、以及在各层交互融合过程中产生的新的衍生数据；作用功能则涉及数据预处理、数据存储、数据组织与管理、数据挖掘、数据映射等。

连接层是保障各层次互联互通，维持整个数字孪生系统有效运转的桥梁，也是实现数据传输、流动与更迭的必经通道。数字孪生应用框架中各个层次都有特定的功能与定位，但任一层次都无法凭借自身的内部运转实现数字孪生的整体目标。只有通过连接层，其他各个层次才能实现相互耦合与交互反馈，所有的信息和指令才能够得到及时的传递与响应，从而使各层次联结形成一个有机整体。

服务层是在对各类数据、模型、算法、仿真、结果进行服务化封装的基础上，通过特征分析、仿真预测、机器学习等各类技术手段提供多类出版服务功能，是虚拟层出版孪生体作用物理层出版实体的交互窗口。基于服务主体及相应诉求的差异，服务层的各项功能可分别面向出版用户、出版主体、出版管理机构及其他利益相关主体展开。面向出版用户的服务功能旨在深入挖掘并满足用户群体的痛点需求，如借助孪生框架开发全新的、基于虚拟交互的体验服务和场景服务。面向出版主体的服务功能以出版企业的业务改造与创新升级为导向，可对已有出版作业流程进行全方位的整合与再造，推动出版企业产业链、价值链的优化布局与增值；通过智能决策、市场动态感知与监测等途径完善出版企业的决策、执行和监督体系；通过知识深度关联、智能服务等方式增强出版企业及其内部组织人员的自主创新能力等。面向出版管理机构的服务功能更关注出版业的顶层设计和战略统筹，如能够为出版政策的制定提供可靠的决策支持、为重大出版实验或试验工程的推进提供数据保障等。此外，出版业的数字孪生系统还能为技术合作商、材料供给商等其他利益相关主体设计相应的服务功能，推动形成以出版业为核心、向其他相邻或交叉领域产业渗透的协同发展格局。

第三节　数字孪生在出版业应用的场景前瞻

元宇宙概念的兴起虽然将数字孪生及其应用理念置于社会大众的认知聚光灯下，但目前产业应用仍聚焦在工业制造领域。可以预见的是，随着传感器、通信网络、数据分析、仿真模型等技术的进步与普及应用，数字孪生无疑将从工业制造领域拓展至经济社会发展的方方面面。作为能够融合现实与虚拟并实现智能交互的新一代信息技术，数字孪生能够借助出版孪生体灵活地探索物理空间中复杂的出版行为及现象，势必将深层次地影响出版领域的技术赋能路径、产业运作逻辑和未来的出版虚实融合发展方向。整体而言，数字孪生在出版业可能的应用场景包括出版业孪生数字人、孪生出版物和孪生重大出版活动等。

一、出版业孪生数字人

2022年3月发布的《"十四五"国家重点研发计划"文化科技与现代服务业"重点专项2022年度项目申报指南（征求意见稿）》专门设置了"实时高逼真孪生数字人关键技术研发与应用示范"项目。项目提出要研究虚实融合的实时数字人多模态人机智能交互、高逼真数字人物理仿生以及数字人—仿生机器人融合技术，创新文化表现形式，打造多种线上线下大众化、个性化实时交互落地应用场景。可见，数字孪生作为孪生数字人构建的关键技术，其对文化产业的影响、对出版业的影响已经不是未来时，而是现在时。[1] 事实上，孪生数字人一方面能够作为一种记忆性媒介打破时间、空间的限制，实现自然生命的存放、再现与新的联结；另一方面，在元宇宙的加持下，孪生数字人则能作为体验性媒介，在元宇宙的虚拟时空中以虚拟化身形象同步映射其行为、思想、情感，推动元宇宙社会文化及

---

[1]　张新新，丁靖佳，韦青. 元宇宙与出版（上）：元宇宙本体论与出版远景展望[J]. 科技与出版，2022（5）：47-59.

文明的建设与发展。① 这里所探讨的孪生数字人，指的是"真人数字人"，即基于"现实生活中存在的人，由真人驱动并作为真人的虚拟分身"②。

作为记忆性媒介的孪生数字人是指结合已有的人物文字、图片、音频、视频等数据资料，利用三维制作软件在虚拟空间中构建出具有三维数据的孪生数字人模型，并进一步借助人工智能、语音合成、自然语言处理、深度学习等技术手段勾勒人物的肢体动作、面部表情、语言表达等，从而形成鲜活的虚拟个体。该类孪生数字人能够对生活中无法物理再现、不可及不可触的个体进行虚拟架构，实现人物的跨时空联结。其在实际中已有应用案例，《速度与激情7》中的演员保罗·沃克便是典型。在出版领域，即可对重要的出版人物、出版作家等历史人物进行孪生重现，如商务印书馆的张元济、中华书局的陆费逵、生活·读书·新知三联书店的邹韬奋等。作为一种承载文化记忆的象征性符号，孪生数字人通过生动演绎和叙述特定时代背景下的出版活动，并与当下的出版用户进行跨时空的对话与沟通，能够在彰显出版企业所持之以恒坚守的出版理念的同时，实现出版文化价值的传播与传承。在此基础上，出版业可以进一步探索目下在大众出版、教育出版和学术出版贡献突出的出版人、作家、领域专家等人物，建立"中国出版人物""中华文化名家""学科领域专家"等高逼真孪生数字人的数字资产库，并接入文化传承、思政教育、学科发展等多元场景，使孪生数字人成为其人物思想、理念、知识的记录载体，成为中华民族崛起和强大的数字印证。

作为体验性媒介的孪生数字人则是围绕物理空间中真实个体的实际状态，借助3D建模、动作捕捉、实时渲染等技术在虚拟空间中孪生出一个与物理真身相对应的虚拟分身，强调孪生数字人进入性、连接性、互动性的媒介属性。在一般情况下，考虑到技术的复杂性与投入产出比，出版对构建该类孪生数字人的迫切性并不强烈。但是随着元宇宙的兴起，孪生数字人将成为出版主体沉浸式进入元宇宙虚拟空间的"钥匙"，也是出版业在元宇宙中发挥其政治、经济、文化功能③的主体性力量。其发挥各类主体功能的表现形式包括，一则，实现与元宇宙其他虚拟数字人的多元交互。通过与作者、读者用户等其他虚拟数字人在虚拟空间中开展对话与沟通，出版业孪生数字人能够打破物理世界空间、地理等要素的限制，在切实获悉作者、用户在虚拟或物理空间中的出版需求的基础上，对已有的出版活动进行升级与改造。二则，宏观把控元宇宙出版的运营状态。元宇宙出版中虽然有纯人工智能驱动的数字人，自然人在元宇宙的虚拟分身、虚拟化身等各类活动主体，但是其整体的运作流程和规则都需由本宇宙的出版主体进行宏观把控，以防元宇宙出版进入混乱和失衡状态。三则，实时感知元宇宙出版与本宇宙出版的变化趋势并部署相应决策，推动本宇宙出版与元宇宙出版的融合发展。出版业孪生数字人是衔接和感知本宇宙出版和元

① 丁靖佳，张新新. 元宇宙与出版（下）：元宇宙系统、价值与元宇宙出版新范畴——兼论元宇宙出版的新模式和新业态［J］. 科技与出版，2022（6）：30-41.

② 张新新等. 共创元宇宙：理论与应用的学科场景［J］. 信息资源管理学报，2022（5）：139-148.

③ 方卿. 关于出版功能的再思考［J］. 现代出版，2020（5）：11-16.

宇宙出版的"交互窗口"，本宇宙出版的成功案例与模式如何在元宇宙中推广与升级，元宇宙出版中的技术和成果如何在本宇宙中落地与应用，都需借助出版人及其孪生数字人的大量创造性活动得以实现。

二、孪生出版物

日本平面设计大师、书籍设计家杉浦康平曾提出"书籍五感理论"，即"完美的书籍形态，应具有诱导读者视觉、触觉、嗅觉、听觉、味觉的功能"。各类电子媒介的兴起虽然创新了图书内容的呈现形式，使书籍的阅读与交互更为便捷，但也在一定程度上造成了"五感"的流失，学业界也在不断探寻电子阅读的"纸张"感，如研发"电子纸""类纸"等，但尚未完全实现纸质图书与电子图书的融合体验。孪生出版物则有望集纸质图书和电子图书的优势于一体，实现内容媒介的又一次革新。

孪生出版物主要指以实体图书为物理对象，通过收集实体图书的几何尺寸、文字图片信息、纸张及翻页触感等数据，在虚拟空间中塑造与实体图书全然一致的虚拟出版物。孪生出版物在出版领域的代表性应用场景之一即为孪生典籍。我国自古以来重视典籍版本的搜集、收藏和保护，"孔子西藏书于周室"，西汉的石渠阁、唐代的弘文馆、明清的文渊阁等都集中收藏了大量的图书文献。2022年7月，以习近平同志为核心的党中央批准实施的中国国家版本馆正式开馆，入藏版本量共计1600万余册/件，塑造了国家版本资源总库和中华文化种子基因库。受限于物理条件与版本保存的需要，典籍的阅读和推广工作都还存在较多困难，诸如承载中华优秀传统文化的龟甲、青铜、简牍等载体和媒介显然无法通过简单的电子化体现其内容的厚重感和文化传承价值。而基于数字孪生构建孪生典籍则能够真实还原不同时期的出版载体元素及其孕育的中华文化，在实现典籍安全性保障的同时为国内外受众提供感受、学习中华传统优秀文化、革命文化和社会主义先进文化的亲密接触机会。这既凸显了出版的社会文化选择、传播与传承功能，[①] 也将有力推动中外文化交流和汉化文化圈形成。

其次，对一般的出版物进行孪生，则能够在革新出版媒介的基础上进一步推动出版范式革命。出版媒介目前已经历了"由重到轻"和"由实向虚"的演进历程，元宇宙的到来将继续推动出版媒介实现"由虚向无"的革命，而数字孪生则是实现出版媒介革命的技术入口。通过融合纸质媒介、电子媒介的优势，数字孪生能够将五感体验和新兴技术功能巧妙地结合在一起，推动出版业在发展模式、传播方式、表现形式、消费逻辑等方面的范式革命，实现媒介、技术与内容的深入融合。

三、孪生重大出版活动

如果说出版业孪生数字人和孪生出版物是从要素层次强化出版的文化供给与服务能

---

① 方卿. 元宇宙与出版［J］. 出版科学，2022，30（5）：1，43.

力，孪生重大出版活动则是从系统结构层面深层次驱动出版的创新发展。孪生重大出版活动，是指借助大量的数据与计算手段架构起一个能够真实反映物理空间出版活动运转的出版孪生体，在充分掌握出版业内外部的运行规律的基础上开展对重大出版活动的实时监测、模拟改革等。孪生重大出版活动大致可包括具有重要意义、涉及重大金额、涉及方向性改革的出版企业内部数字化改革、产业数字化转型、国家层面重大出版工程的启动等。具体而言，在孪生重大出版活动系统的构建上，可以以出版企业或出版企业联盟为单位，依循数字孪生的应用框架获取充分采集、汇总出版业能触及的所有相关数据、信息与知识，以出版业内部运转逻辑为"自变量"，以出版业外部的社会、经济及其他目标反馈指标为"因变量"，辅之以出版内部重大改革、出版宏观政策、交叉领域发展趋势等间接作用重大出版活动的"调节变量"，塑造多维立体的、内涵丰富的孪生重大出版活动系统。

作为超级复杂的系统工程，孪生重大出版活动能够直接服务现实出版业的改革创新，其主要的适用场景包括出版企业自身的重大战略调整、国家重大出版实验和试验的实时监控等。无论是出版企业自身的重大战略调整，如企业的跨产业并购、目标市场的改变、业态创新等，还是国家重大出版实验或试验的实施，如调整出版业的国有资本布局结构、对出版业进行重组改制等，其实践活动都将在极大程度上改变和影响出版企业及整个出版业态的生存与发展现状。在缺少参考坐标系前，这些重大的战略行动能否行之有效并产生预期效果都在较大程度上依赖专家的多方评估与权衡，其潜在的不确定性和风险仍然较高。事实上，过往的重大出版改革活动中已有这样的反例，如部分出版企业投入数千万元、数亿元资金开展数字化转型升级，但因创新与守旧思想斗争激烈、决策层内部思想不统一、出版创新企业文化氛围没有形成，导致半途而废、未能穿越创新发展的"死亡之谷"，不禁令人唏嘘；再如，产业层面启动出版数字化领域的若干重大改革，动辄投入数十亿乃至数百亿资金，其从立项、实施、验收到最终的提质增效究竟如何？倘以孪生出版活动系统先模拟、预演、预测后再落地实施，往往更为稳妥，效果也会更佳，也是统筹出版发展和出版安全基本原则的体现，类似这样的改革代价有望通过数字孪生实现风险最小化。

借助数字孪生，出版业可以率先在虚拟空间中多次模拟战略要素改变对出版运转的影响，根据可能产生的潜在风险和负面影响不断优化并调整已有的战略行动，以求提供一个完备科学的实践方案；同时，在重大出版活动的部署和实施过程中，出版业亦可借助数字孪生对整个实施进程进行同步映射，为现实中不可控因素的影响提供智能预警与解决路径。在这个层次上，孪生重大出版活动能够为出版业的战略变革提供数据资源的支持，并有效发挥其对物理空间中出版活动的制衡、监督与预警作用，对增强出版企业的战略变革能力和意愿、促进出版业的高质量发展具有重要意义。

此外，由出版业孪生数字人、孪生出版物、孪生重大出版活动等模块组成的庞大的孪生出版系统，可以在元宇宙建设和发展的初级阶段作为虚拟文化系统中的重要组成部分直接嵌入其中，成为元宇宙出版的基础信息结构。从这个视角来说，出版业着手开展孪生数字人、孪生出版物、孪生重大出版活动的理论探讨与实践应用，既是实现数字孪生赋能出版创新的内在要求，也是提前瞄准和布局元宇宙赛道的一种未来投资。即便现下受到资金、技术等因素的限制，至少也应在数据层面开展相关的收集与规整工作，以备不时之需。

第十六章　元宇宙与出版

---

* 本章知识点提要

1. 元宇宙出版的内涵、外延与特征
2. 元宇宙系统的要素、结构和功能
3. 元宇宙的价值准则
4. 元宇宙系统的协同机制
5. 元宇宙与出版的耦合机理
6. 本宇宙出版的发展展望
7. 元宇宙出版的发展展望

* 本章术语

元宇宙　元宇宙出版　本宇宙出版　系统论　价值论　虚实融合　数字虚拟人
数字孪生　媒介革命　技术赋能

数字化，作为一种思维方式、工作方式和生活方式，是数字技术作用于人们的思维、生产和生活方方面面的总和。数字技术的迭代，可谓"苟日新，日日新，又日新"，推动着经济格局、政治格局、文化格局、科技格局和安全格局的深度变革。随着第四次工业革命的深入推进，近年来步入人们视野的数字技术可谓层出不穷，我们先后经历了 2013 年的大数据元年，2016 年的 VR 元年、人工智能元年，2019 年的 5G 商用元年以及 2021 年的元宇宙元年。

元宇宙甫一提出，即成为话语焦点，成为现象级事件，引发科技、商业、学术等领域的热烈关注和探讨；霎时间，大有凡事"言必称元宇宙"之态势，似乎不去谈元宇宙、不顺口提及元宇宙，就会被时代所抛弃、所遗忘一样。然而，在各领域、各行业积极谈论并推动元宇宙发展的同时，也存在着"元宇宙空有概念而没有技术""元宇宙炒房、传销、培训课'割韭菜'""是资本炒作、游戏骗局以及精神鸦片"等负面现象和论断。这些负面现象和偏颇论断的出现，客观而言，是由元宇宙概念界定、研究方法和价值设定等方面不清晰、不规范、不准确等所导致；主观而言，则是因资本、商业逐利动机所驱动的故意滥用、故意混淆所引发的结果。

那么，如何坚持"去粗取精、去伪存真"？建构科学、严谨及规范的元宇宙理论体系，将元宇宙由资本、商业和科幻概念转变成为学术概念，并深入元宇宙本体内部，运用跨学科、交叉学科方法探讨元宇宙的"本元或基质"①，研究元宇宙的概念、属性、特征、要素、子系统及其价值等，就成为一道摆在科研理论界不容回避的时代课题。2022 年 4 月，中国人民大学成立的国内高校首家元宇宙研究中心，清华大学新闻与传播学院成立的元宇宙文化实验室就是基于科学视野、运用多学科方法研究元宇宙的有益尝试。

第一节　元宇宙本体论与价值论

一、三层次的元宇宙概念评解

概念，是通过反映本质属性、特有属性来指称事物的思维形式。对元宇宙概念的研究，就当下而言，有助于去除"杂音"，辨别"假音"，达成共识，以正视听，减少元宇宙乱象以及偏颇论断的提出；就长远而言，有助于"增进理论自足"②，建立健全元宇宙的本体论、价值论和方法论；甚至基于共同或相似的概念体系、范畴体系、研究传统而推动形成元宇宙研究的话语体系或学术流派。对元宇宙概念的辨析，需要对"元宇宙是什么"以及"元宇宙不是什么"两个问题给出明确答案，前者开宗明义，为后者提供前提和基础；后者正本清源，是对前者答案的延伸并进一步起到以正视听的作用。

有关元宇宙的概念，目前还没有权威部门给予概念界定，法定的"规定性内涵"③处于缺位状态；通过对元宇宙对象间性质的比较，学者们提出的"认识性内涵"④则取得了较大进展，逐步接近元宇宙的规律性认知。

自 2021 年起，学者们基于哲学、教育学、政治学、新闻传播学、信息资源管理学等学科维度，纷纷提出了各自的见解，推动了元宇宙概念化的进程，主要的观点按微观、中观、宏观三个层次可分为"新互联网说""数字社会说"和"数字世界说"三种类型。

1. 新互联网说

新互联网说，是指用"互联网及其工具、平台等要素"来指称元宇宙的对象属性、界定元宇宙内涵的学说统称，是元宇宙概念界定中的"微观学派"（见表 16-1）。

① 方卿. 关于出版学学科本体的思考[J]. 科技与出版，2022(1)：6-13.
② 张新新. 数字出版概念述评与新解——数字出版概念 20 年综述与思考[J]. 科技与出版，2020(7)：43-56.
③ 雍琦. 法律逻辑学[M]. 北京：法律出版社，2004：23-35.
④ 雍琦. 法律逻辑学[M]. 北京：法律出版社，2004：23-35.

表 16-1　新互联网说的主要流派及观点

时间	作者	观　　点	关键词
2021	喻国明	元宇宙是一个虚拟与现实高度互通、且由闭环经济体构造的开源平台。	高度互通；闭环经济体；开源平台
2021	沈阳等	元宇宙是整合多种新技术而产生的新型虚实相融的互联网应用和社会形态，它基于扩展现实技术提供沉浸式体验，基于数字孪生技术生成现实世界的镜像，基于区块链技术搭建经济体系，将虚拟世界与现实世界在经济系统、社会系统、身份系统上密切融合，并且允许每个用户进行内容生产和世界编辑。	互联网应用；扩展现实技术；数字孪生技术；区块链技术
2022	杨丹辉	在技术层面上，元宇宙可以被视为大数据和信息技术的集成机制或融合载体，不同技术与硬件在元宇宙的"境界"中组合、自循环、不断迭代。	集成机制；融合载体
2022	喻国明耿晓梦	元宇宙就是互联网、虚拟现实、沉浸式体验、区块链、产业互联网、云计算及数字孪生等互联网全要素的未来融合形态，又被称为"共享虚拟现实互联网"和"全真互联网"。	未来融合形态；共享虚拟现实互联网；全真互联网
2022	石培华等	元宇宙是整合了大量新技术而产生的新型虚实相融的互联网应用和社会形态，其本质是相关技术的集合体，是"下一代互联网"。	技术集合体；下一代互联网
2022	吴刚杨芳	元宇宙是一个承载虚拟活动的平台，用户可以进行社交、娱乐、创作、展示、教育、交易等社会性、精神性活动。	承载虚拟活动的平台
2022	Mozumder et al	元宇宙被定义为与物联网、区块链、人工智能和包括医疗领域在内的其他所有技术行业相关的技术工具的集合。	技术工具的集合
2022	Wikipedia	元宇宙是一个集体虚拟共享空间，由虚拟增强的物理现实和物理持久的虚拟空间融合而创造，包括所有虚拟世界、增强现实和互联网的总和。	集体虚拟共享空间；所有虚拟世界、增强现实和互联网的总和

　　具体而言，新互联网说学派将元宇宙的"属"定位在"互联网"或者互联网的"工具、平台、技术集"等要素方面，其表述方式为"元宇宙是……技术集成/技术工具集合/开源平台/互联网/互联网应用等"。其主要观点包括：（1）元宇宙是虚实高度互动的"开源平台"①，是"全真互联网"和"共享虚拟现实互联网"②，作者同时把 VR、区块链、数字孪生

---

　　① 喻国明. 未来媒介的进化逻辑："人的连接"的迭代、重组与升维——从"场景时代"到"元宇宙"再到"心世界"的未来[J]. 新闻界，2021（10）：54-60.
　　② 喻国明，耿晓梦. 何以"元宇宙"：媒介化社会的未来生态图景[J]. 新疆师范大学学报（哲学社会科学版），2022（3）：1-8.

等视作元宇宙的要素；（2）元宇宙是基于多种数字技术的虚实相融的"互联网应用"①，"下一代互联网"②，"虚拟空间、增强现实和互联网的总和"③。（3）元宇宙是基于大数据、区块链、信息技术、人工智能等多种数字技术的"技术工具的集合"④，是数字技术"继承机制或融合载体"⑤，是"承载虚拟性活动的平台"⑥，等等。

新互联网说的共同点在于将元宇宙邻近的"属"定位为新型互联网，既包括新的互联网应用、互联网总和，也包括全真互联网、下一代互联网、共享虚拟现实互联网等。新互联网说从微观要素层面突出了数字技术集成在元宇宙中的重要作用，明确了技术创新应用与元宇宙发展的必然关系，强化了元宇宙经济层面的考量，适宜与当下经济社会发展相接轨。

2. 数字社会说

数字社会说，是指用"数字社会或虚拟社会"来指称元宇宙的对象属性、界定元宇宙内涵的学说统称，是元宇宙概念界定中的"中观学派"（见表 16-2）。

表 16-2　数字社会说的主要流派及观点

时间	作者	观点	关键词
2021	沈阳等	元宇宙是整合多种新技术而产生的新型虚实相融的互联网应用和社会形态，它基于扩展现实技术提供沉浸式体验，基于数字孪生技术生成现实世界的镜像，基于区块链技术搭建经济体系，将虚拟世界与现实世界在经济系统、社交系统、身份系统上密切融合，并且允许每个用户进行内容生产和世界编辑。	虚实相融；社会形态；现实世界的镜像；经济系统；社交系统；身份系统
2021	杨新涯等	元宇宙是整合 VR/AR、云计算、人工智能和区块链等信息技术构建的虚拟世界与现实世界相结合的互联网应用，具有相对独立的经济系统和逐渐生长的文明体系，为用户提供沉浸式体验并鼓励用户进行内容生产的虚拟社会。	独立的经济系统；生长的文明体系；虚拟社会

① 清华大学新媒体研究中心. 2020—2021 年元宇宙发展研究报告[R]. 北京：北京大学，2021.

② 石培华，王屹君，李中. 元宇宙在文旅领域的应用前景、主要场景、风险挑战、模式路径与对策措施研究[J/OL]. [2022-04-23]. 广西师范大学学报（哲学社会科学版）：1-19. http://kns.cnki.net/kcms/detail/45.1066.C.20220414.1900.004.html.

③ Wikipedia. Metaverse[EB/OL]. [2022-04-25]. https://en.wikipedia.org/wiki/Metaverse.

④ Mozumder M A I, Sheeraz M M, Athar A, et al. Overview：Technology Roadmap of the Future Trend of Metaverse based on IoT, Blockchain, AI Technique, and Medical Domain Metaverse Activity[C]. 24th International Conference on Advanced Communication Technology(ICACT)，2022：256-261.

⑤ 杨丹辉. 元宇宙热潮：缘起、影响与展望[J]. 人民论坛，2022(7)：16-20.

⑥ 吴刚，杨芳. 元宇宙与教育活动的"物质转向"：老故事与新实在[J]. 南京社会科学，2022(4)：135-142，160.

续表

时间	作者	观　　点	关键词
2021	Piers Kicks	元宇宙是覆盖我们生活每一个部分的"完全互动的现实"。	覆盖生活；完全互动的现实
2021	Neil Redding	元宇宙是一个可以在其中创造意义、价值等超社交共同体验的数字空间。	超社交共同体验；数字空间
2022	铁钟等	元宇宙是整合多种数字技术而产生的虚实相融的互联网社会形态，是利用数字技术（网络算力、人工智能、游戏技术、虚拟现实显像技术、脑机接口、可穿戴设备、数字孪生与区块链技术等）支撑创造的虚拟空间。	互联网社会形态；虚拟空间
2022	吴江等	元宇宙是基于数字技术而构建的一种人以数字身份参与的虚实融合的三元世界数字社会。	数字身份参与；虚实融合；数字社会

　　数字社会说，即将元宇宙邻近的"属"定位在新型互联网和数字世界之间，包括典型的"数字社会""虚拟社会"，和非典型的"互动现实""数字空间"或"虚拟空间"，属于中观维度的内涵界定。其主要观点认为，元宇宙是整合多种数字技术产生的虚实相融的"社会形态"①、"互联网社会形态"②、"三元世界数字社会"③、抑或采用 UGC 模式并提供沉浸体验的"虚拟社会"④；其非典型的提法认为元宇宙是覆盖生活每部分的"完全互动的现实"⑤，是可以创造超社交共同体验的"数字空间"⑥。

　　数字社会说的共同点是将元宇宙的"属"定位在数字社会或曰虚拟社会，在坚持元宇宙数字技术属性的同时，强调元宇宙的社会属性，以实现人的自由全面发展、满足人们的美好需要为价值皈依。数字社会说在进一步完善新互联网说认知视角的同时，开始关注元宇宙的社会属性、经济属性等，将元宇宙的"属"从微观的互联网上升至中观的数

---

① 清华大学新媒体研究中心.2020-2021 年元宇宙发展研究报告[R].北京：北京大学出版社，2021.

② 铁钟，夏翠娟，黄薇.元宇宙中的数字记忆："虚拟数字人"的数字记忆产品设计思路[J/OL].[2022-04-23].图书馆论坛：1-9. http://kns.cnki.net/kcms/detail/44.1306.g2.20220420.2100.002.html.

③ 吴江，曹喆，陈佩，等.元宇宙视域下的用户信息行为：框架与展望[J].信息资源管理学报，2022，12（1）：4-20.

④ 杨新涯，钱国富，唱婷婷，等.元宇宙是图书馆的未来吗？[J].图书馆论坛，2021，41（12）：35-44.

⑤ Piers K. Driving a Car Will Be Their First Visit to the Metaverse[EB/OL].[2022-04-23]. https://outofscope.bureauofbrightideas.com/for-many-driving-a-car-will-be-their-first-visit-to-the-metaverse/.

⑥ Neil R. Are We in the Metaverse Yet? [EB/OL].[2022-04-23]. https://www.nytimes.com/2021/07/10/style/metaverse-virtual-worlds.html.

字社会，其视野得到了进一步的扩充。同时，若以"宇宙"视角来审视，数字社会说的观点还无法辐射元宇宙的全部外延，如忽略了宇宙亦是包含经济、社会、自然等庞大生态系统的组合。

3. 数字世界说

数字世界说，是指用"数字世界"或"数字宇宙"来指称元宇宙的对象属性、界定元宇宙内涵的学说统称，是元宇宙概念界定中的"宏观学派"，其所涵盖的元宇宙外延最广，同时也更接近元宇宙的本质属性(见表16-3)。

表 16-3 数字世界说的主要流派及观点

时间	作者	观　　点	关键词
2021	方凌智 沈煌南	元宇宙是高度发达的、与现实互相交融但又不依托于现实的人造虚拟世界。	人造虚拟世界
2021	刘革平等	元宇宙是一种虚拟与现实无缝链接、深度融合的数字世界，其能够产生超越现实世界的显著价值。	数字世界；超越现实世界
2021	Eric Redmond	元宇宙是所有数字体验所在的包罗万象的空间；由数百万个数字星系组成的可观测数字宇宙。	数字体验；数字星系；数字宇宙
2022	黄欣荣 曹贤平	元宇宙，是指人在自然宇宙之外，通过数字技术建构的一个与自然宇宙相映射但又能给人提供自由创造空间的数字虚拟宇宙，并通过对数字宇宙的探索更加充分地认知和利用自然宇宙。	与自然宇宙相映射；提供自由创造空间；数字虚拟宇宙
2022	谢新水	元宇宙视为人类社会建构的新的虚拟世界，这是一个人造世界，本质上是一个"人造物"。	虚拟世界；人造世界
2022	王文喜等	元宇宙实质上就是广义网络空间，在涵盖物理空间、社会空间、赛博空间以及思维空间的基础上，融合多种数字技术，将网络、软硬件设备和用户聚合在一个虚拟现实系统之中，形成一个既映射于、又独立于现实世界的虚拟世界。	广义网络空间；虚拟现实系统；虚拟世界
2022	王海龙等	元宇宙是指由数字信息技术驱动构建形成的具有经济社会属性、虚拟现实交融的生态世界。	经济社会属性；虚拟现实交融；生态世界
2022	Stylianos Mystakidis	元宇宙是一个具有永恒而持久的用户环境、将物理现实与数字虚拟性结合在一起的后现实宇宙。	物理现实；数字虚拟性；后现实宇宙

数字世界说，将元宇宙邻近的"属"定位在数字"世界"或数字"宇宙"。主要观点包括两类，一则从世界视角出发，认为元宇宙是虚拟与现实深度融合、无缝衔接的"数字世界"①、"生态世界"②、"人造虚拟世界"③、"为人类社会建构的新的虚拟世界"④或者是"映射并独立于现实世界的虚拟世界"⑤。二则从宇宙视角出发，认为元宇宙是物理现实与数字虚拟融合的"后现实宇宙"⑥，是基于数字技术建构的、映射自然宇宙并能提供人类自由创造空间的"数字虚拟宇宙"⑦，甚至是由数百万数字星系构成的"可观测数字宇宙"⑧。

数字世界说的共同点在于将元宇宙邻近的"属"定位于数字世界、数字宇宙甚至是可观测数字宇宙，强调虚实融合的经济属性、社会属性、生态属性，并刻画了本宇宙和元宇宙的映射、互动关系。其之所以最接近元宇宙的本质属性，是因为数字世界说将视野放大至由时间空间总和所构成的宇宙或曰世界，在符合"宇宙"的语义学概念的同时，又融入了数字技术赋能、虚实融合互动等内涵；其唯一的局限在于将描述重心放在空间维度，对时间维度的阐释和着力略显不足。

二、元宇宙的科学内涵与多维外延

在对元宇宙进行概念学说归纳与评价后，以上述三类学说的学术成果为基础，可进一步阐述元宇宙的科学内涵和多维度外延。

在此之前，须先明确一个问题，即"元宇宙"的提法是如何得来的？国外"元宇宙"最早是一个科幻概念，1992 年，尼尔·斯蒂芬森（Neal Stephenson）在其科幻小说《雪崩》（Snow Crash）中将元宇宙描述为"戴上耳机与目镜，找到连接终端，就能够以虚拟分身的方式进入由计算机模拟、与真实世界平行的虚拟空间"。因此，元宇宙最早源自科幻文学作品，大多以抽象的、文字描述性的外延形态出现，如《雪崩》中与现实平行的"网络世界"；后来，影视作品中陆续给出了一系列元宇宙的外延个体，如《头号玩家》中的"绿

① 刘革平，王星，高楠，等. 从虚拟现实到元宇宙：在线教育的新方向[J]. 现代远程教育研究，2021，33（6）：12-22.
② 王海龙，李阳春，李欲晓. 元宇宙发展演变及安全风险研究[J]. 网络与信息安全学报，2022，8（2）：132-138.
③ 方凌智，沈煌南. 技术和文明的变迁——元宇宙的概念研究[J]. 产业经济评论，2022（1）：5-19.
④ 谢新水. 作为"人造物"的元宇宙：建构动力、弱公共性及增强策略[J/OL]. 电子政务：1-12[2022-04-23]. http://kns.cnki.net/kcms/detail/11.5181.TP.20220410.1342.012.html.
⑤ 王文喜，周芳，万月亮，等. 元宇宙技术综述[J]. 工程科学学报，2022，44（4）：744-756. DOI：10.13374/j.issn2095-9389.2022.01.15.003.
⑥ Mystakidis S. Metaverse[J]. Encyclopedia，2022，2（1）：486-497.
⑦ 黄欣荣，曹贤平. 元宇宙的技术本质与哲学意义[J/OL].[2022-04-23]. 新疆师范大学学报（哲学社会科学版），2022（3）：1-8. DOI：10.14100/j.cnki.65-1039/g4.20220114.001.
⑧ Eric Redmond. What is Metaverse? How it works and why it will be important in the future?[EB/OL].[2022-04-23]. https://www.bitcoin-store.net/en/blog/what-is-metaverse/.

洲"、《黑客帝国》中的"矩阵"、《阿凡达》中的"潘多拉星球"等；几乎同时，元宇宙在电子游戏中的外延表现也以个体的形态逐步展现，如《第二人生》(Second Life)的现实虚拟社区、"Roblox"中的虚拟世界、《模拟人生》(The Sims)中营造的模拟社区、Decentraland 基于以太坊的 VR 虚拟世界，等等。由于这些电影、游戏作品中的元宇宙是以个体形态出现，且其沉浸交互、虚实融合的特点吸引了庞大数量的用户群体，导致了大部分人以"沉浸性""交互性"等个体属性来取代关于元宇宙一般属性的认知，没能抽象出元宇宙的内涵所在，更无法及时实现元宇宙科幻表述、电影表达、游戏呈现等商业概念到学术概念的理论抽象和提升。

然而，据笔者考究，最早的中文"元宇宙"概念是一个哲学概念，是 2002 年由山东省社科院原副院长韩民青先生基于哲学角度所提出，他指出"多宇宙群拥有一个更大的共同的背景和基础，从性质上形成了另一种或另一层面上的更广大更深远的存在，称之为'元宇宙'"①。尽管其所提出的元宇宙内涵与现下有着本质差异，但是，基于哲学视角的元宇宙认知，对如今的元宇宙认知也带来很大启发：一是指出元宇宙的"虚时间、虚空间、虚时空性"特征。二是元宇宙具有量子时空性、高维时空性：量子泡沫是规模更宏大的统一的背景宇宙，构成了更为基本的宇宙状态和层次，② 即元宇宙。三是提出元宇宙理论的意义包括认识人类当代文明的困境与出路，指出人类将历经渔猎采集、农业时代、工业时代之后的"再造新宇宙"时代。应该说，而今提出的"元宇宙"某种程度上也属于"再造新宇宙"，准确地说是由数字人借助数字化、智能化等技术，基于信息、数据和知识等要素的再造新宇宙。

1. 元宇宙的概念提炼

元宇宙概念包括内涵和外延，其内涵即"元宇宙是什么"，外延即"元宇宙有哪些"。元宇宙概念的提炼可遵循语义逻辑和种属逻辑。

从语义逻辑来看，元宇宙的"元"，有"开始""为首"之意。元宇宙之"元"，是指其基于数字技术建构一个新的、数字的、虚拟的宇宙，形成数字时空总和；这里的"元"等同于数字、数字化，是数字世界建构的开始，也是数字文明之首。元宇宙的"宇宙"即时空总和，其中，"宇"是指无限空间，"宙"是无限时间；哲学意义上，宇宙即世界，也就是自然界和人类社会一切事物的总和。由此，从语义学来看，"元宇宙"，即数字时空总和，或者也可表述为数字世界；但我们倾向于用数字时空总和的表述，因为这样可以更明确彰显元宇宙的时间性和空间性。

从种属逻辑来看，要准确界定元宇宙的概念，就要找准"种差"和邻近的"属"。前述三种学说分别将元宇宙邻近的属定位在"新型互联网""数字社会"或"数字世界"；我们基

---

① 韩民青. 宇宙的层次与元宇宙[J]. 哲学研究，2002(2)：28-34.

② 韩民青. 再论宇宙的层次与元宇宙[J]. 哲学研究，2002(10)：23-26.

于语义逻辑准则，把"数字时空总和"确定为元宇宙的"属"。种差，即特有属性，是指不同于其他种的那些属性，是事物的"现有属性、事物之间的关系或事物的功能或者事物发生或形成过程的情况等"①的表现。作为数字世界的一种类型，元宇宙和目下很多沉浸式的游戏场景、体验场景的不同之处：一是元宇宙为数字时空总和，包括数字时空之方方面面，具体可体现为由时间线贯穿的虚拟经济系统、虚拟文化系统、虚拟政治系统、虚拟自然生态系统等，而目前沉浸式场景则体现为数字时空的片段，且更多是数字空间片段。二是元宇宙的数字世界中的主体是数字人，是基于数字孪生技术映射并与本宇宙（现实世界）自然人互动、同步的数字孪生人；而当下沉浸式场景的主体则是人造虚拟形象，该虚拟形象和沉浸体验的自然人主体呈现弱关联关系，不似前者数字孪生人的超强关联关系。三是元宇宙的建构和提出，其科幻和影视作品的价值源头是实现更加美好的人类生活方式，逻辑起点在于推动数字文化的勃兴，目标设定应是推动数字文明程度的提高，而非沉浸式游戏主要追求的娱乐功能。综上，元宇宙的总差至少要包含"数字时空总和、数字人、数字文明"等特有属性。

正如"一千个人眼中有一千个哈姆雷特"一样，"一千个人眼中有一千个元宇宙"，这首先导致了元宇宙认知的多面性与多元化，进而增加了在不同话语体系交流中的成本；尽管任谁也无法在元宇宙概念层面做到整齐划一，但无论具体概念表达和表述如何，关于元宇宙的本质属性、特有属性、本质特征等方面，经过科研攻关，是可以确定并能达成一致的。

2. 元宇宙的科学内涵

综上，元宇宙的科学内涵可揭示如下：元宇宙是指基于数字技术进行建构，以促进人的自由全面发展为价值皈依，以系统完备的数字文明为最终目标，蕴含数字人、资本、信息、数据、知识等要素，由虚拟文化、经济、政治、社会以及自然生态系统所构成的数字时空总和（数字世界）。根据该内涵，可对元宇宙概念进一步诠释：

首先，元宇宙是一个超级复杂的巨系统，由虚拟文化子系统、虚拟经济子系统、虚拟政治子系统、虚拟社会子系统以及虚拟自然生态子系统所组成；组成元宇宙系统的要素主要包括信息、数据、知识、数字人和数字资本等。

其二，元宇宙的功能包括经济、政治、文化、社会以及生态功能，这些功能可进一步归结为数字经济、数字政治、数字文化、数字社会以及数字自然生态功能，共同形成内在于元宇宙的相对稳定独立的机制。其中，数字文化功能，是元宇宙的核心功能和核心价值；元宇宙系统之中的虚拟文化产业将成为支柱性产业，元宇宙的不断发展将会推动本宇宙和元宇宙的文化发展和进步，将会协同提升自然人和数字人的文明程度，最终建设成为高度发展、系统完备的人类数字文明、虚拟文明。

---

① 《逻辑学辞典》编辑委员会. 逻辑学辞典[M]. 长春：吉林人民出版社，1983：565.

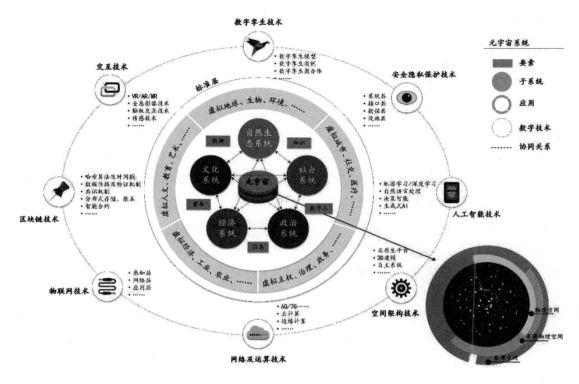

图 16-1　元宇宙构想图

其三，元宇宙是基于数字技术而建构和发展，数字技术体系是支撑元宇宙建设发展的关键能量、核心要素和内在主线。在元宇宙的建构过程中，资本、信息、数据、知识好比建设大厦的砖块，而把这些砖块按照一定的规则搭建成井然有序、巍峨壮观的主体是数字人，搭建的动能或曰能量是数字技术。其中，核心的数字技术覆盖数字孪生、网络及运算、物联网、交互、区块链、人工智能、空间架构、安全隐私保护等各个类别。

其四，元宇宙的最终价值追求是促进人的自由全面发展。通过自然人和数字人的交互融合，实现本宇宙物理空间、元宇宙赛博空间的虚实互动，解除本宇宙自然人的基于人、基于客观环境的束缚性限制，最大程度摆脱自然人对物质、客观条件的依赖，在更加丰富、更加广阔、更加和谐的虚拟社会关系中实现人的自由的发展而不是被迫的发展、全面的发展而不是片面的发展，满足自然人在本宇宙所无法获得、无法实现、无法完成的价值追求，实现从必然王国向自由王国的飞跃。

元宇宙的内涵，要完成揭示元宇宙特有属性的学术使命。特有属性，包括"本质属性和固有属性"①。元宇宙的特有属性即为数字时空属性，或曰数字"世界性"②；在元宇宙

① 《逻辑学辞典》编辑委员会. 逻辑学辞典［M］. 长春：吉林人民出版社，1983：798.
② 方凌智，沈煌南. 技术和文明的变迁——元宇宙的概念研究［J］. 产业经济评论，2022（1）：5-19.

的特有属性之中，其本质属性是数字文化属性，固有属性包括数字经济属性、数字社会属性、数字政治属性以及数字自然属性等。

关于元宇宙的本质属性——数字文化性。本质属性，即对事物的存在起决定性作用的特有属性。元宇宙作为由虚拟文化、虚拟经济、虚拟社会、虚拟自然生态系统所构成的超复杂的巨系统和数字时空总和，其中的数字经济、政治、社会、文化、生态属性均为其固有属性，五者之中究竟是谁起到决定元宇宙发展演化的进程的作用？我们认为是数字文化属性。首先，元宇宙发轫于文化，其科幻原型、影视原型均是由文化产业推出，寄寓着人们对更加自由、更加全面、更加美好的生活方式远景的向往；其次，元宇宙的功能定位首先是文化功能，在推动文化发展进步方面起着积极作用，不仅推动元宇宙虚拟文化事业和文化产业的发展，也协同带动本宇宙的文化事业和文化产业发展，以满足人们更美好的精神文化需要；最后，元宇宙本身就是一种最前沿的数字文化形态，是数字文明高度发达的结果，是数字文明系统完备的重要标志。

同时，用排除法也可以得出这一结论。属性，是指事物的性质及相互关系，那么元宇宙的根本性质究竟是什么？元宇宙的性质是经济、政治、社会、自然抑或文化？其所表现出来的是一种文化现象，还是经济现象、政治现象、社会现象、自然现象？答案应该很清楚，元宇宙的性质是文化，元宇宙是一种数字文化形态，是数字文化事物的一种，推动着一系列数字文化现象的出现，其最终目标是系统完备、高度发达的人类数字文明，由此，其本质属性当为数字文化性。

3. 元宇宙的多维外延

元宇宙的外延，即"元宇宙有哪些"，是指元宇宙内涵反映的特有属性的每一个对象，是元宇宙所指称的对象范围。元宇宙的外延划分，基于不同的标准，可以划分为不同的类型。

值得强调的是，对元宇宙外延的阐述，一定要具备足够的联想能力和创造思维，如《星际穿越》中的"五维空间"，《火星救援》中的"火星时空"等；如果仍然是基于现实世界固有思维去设想元宇宙，那么其结果是差强人意，甚至是不如人意。基于空间维度的大小，有学者把元宇宙的外延划分为"全息孪生社会""全息孪生中国""全息孪生地球""全息孪生月球""全息孪生火星"以及"全息孪生宇宙"[①]；这一分类方法应该说是具备了足够的遐想能力和创新思维。

基于元宇宙开发者的不同，可将元宇宙划分为由我国的自然人和组织主导研发的元宇宙以及其他国家自然人和组织主导建构的元宇宙；基于时间性质的不同，可划分为面向过去、现在和未来的元宇宙；基于时空维度不同，划分为三维、四维、五维甚至更高维度的元宇宙。

---

① 吕鹏. "元宇宙"技术——促进人的自由全面发展[J]. 产业经济评论，2022(1)：20-27.

4. 元宇宙的特征体系

事物的属性决定事物的特征，事物的特征是事物属性的外在表现。元宇宙的特征，是指元宇宙的特有征象，是表征元宇宙的外部概括性标志。如前所述，元宇宙的特有属性为数字时空性或曰数字世界性。

那么元宇宙的本质特征是什么？基于元宇宙数字时空的特有属性，可推演出元宇宙的本质特征为时空拓展性，即把本宇宙（物理世界）的时间和空间开拓到虚拟世界；拓展的具体方式包括时空迁移、时空再造和时空交融。时空迁移，是指基于数字孪生等技术，将本宇宙的人、时间、空间等映射到元宇宙，形成平行于现实世界的虚拟世界。时空再造，是指在元宇宙原生再创造一个虚拟世界，形成完备的时空运行系统。时空交融，是指本宇宙和元宇宙、物理世界和虚拟世界之间交互、融合，自然人、数字人得以变换身份往返穿梭于本宇宙和元宇宙。时空拓展，究其实质而言，是数字技术赋能的结果，是"科技赋能的超越与延伸"①。

基于时空拓展的本质特征，进一步衍生出元宇宙的一系列基本特征，包括系统性、数字化、文化性、融合性、交互性等。系统性是指元宇宙是一个超级复杂的巨系统，包含数字人、资本、信息、数据、知识等要素，这些要素有机组合形成虚拟经济、政治、文化、社会和虚拟自然生态子系统。数字化是指元宇宙是基于数字技术而建构，无论是底层的网络技术、区块链技术、增强现实、虚拟仿真还是作为关键技术的数字孪生等，都是数字技术体系的一部分；没有数字技术，就没有元宇宙。文化性，是指元宇宙本身就是数字文明高度发达、系统完备的成果和标志，元宇宙的建构和发展，将直接推动数字文化的发展，提升人类数字文明程度的提高。融合性，是指元宇宙和本宇宙之间、数字人和自然人之间、赛博空间和物理空间之间是交融、共融的关系。交互性，是指元宇宙和本宇宙的数字人与自然人的交互，数字人、自然人与虚拟行为的交互，与动植物、景观等虚拟对象的交互，与元宇宙系统的交互。

此外，作为一个庞大的数字时空系统、数字世界，元宇宙还具有其他的一般性特征，如经济性、社交性、政治性、生态性等特征。

三、元宇宙价值论

系统论与价值论潜在拥有深厚的价值关联，所谓价值论，从系统层面来看也是一种系统的价值论，而其中的价值则指向系统的价值。② 有关元宇宙是"资本炒作、游戏骗局、精神鸦片"等偏颇论断出现，从深层次讲，是人们没有认清元宇宙的功能、价值，进而导

---

① 光明网. 北京大学学者发布元宇宙特征与属性 START 图谱［EB/OL］.［2022-04-25］. https://www.sohu.com/a/502061675_162758.

② 侯金鹏. 系统论视角下社会技术异化及其根源研究［D］. 锦州：渤海大学，2017.

致片面的价值论断。为此，有必要就元宇宙的价值开展研究，即元宇宙本身有什么功能、能够满足主体的什么需要以及需要确立哪些价值准则等，其价值论可围绕"形式价值、目的价值、价值准则"①三方面展开研究。

其中，元宇宙的形式价值即元宇宙的客体"有用性"，是元宇宙客观上具有的功能，主要包括经济功能、文化功能、政治功能、自然生态功能、社会功能和技术赋能功能等，与后文第二节中的元宇宙系统功能具有内在一致性，不在此重述。

元宇宙的目的价值则为主体对元宇宙的价值追求，也是元宇宙满足主体各层次需求的价值体现，这里的"主体"有两层，一方面是元宇宙的虚拟数字人，元宇宙可以满足其各个层次的需要，如生理需要、安全需要、归属和爱的需要、尊重需要、自我实现的需要等；另一方面是本宇宙的自然人，元宇宙满足自然人的需要主要是指精神需要，如安全、归属和爱、尊重以及自我实现的需要。元宇宙主要满足于自然人的精神文化需要，这一点，也和元宇宙的本质属性是数字文化性相关，是由元宇宙的数字文化性所决定的。

元宇宙的价值准则，是指元宇宙的虚拟数字人在价值判断中的遵循和依凭，是元宇宙主体对客体进行评价判断的依据或准则，也是在元宇宙中被奉行的评价、判断和调处不同层次价值矛盾或冲突时所遵循的标准和规则。元宇宙系统去中心化的特点将可能颠覆本宇宙世界的规则限制，虚拟数字人的主体自由性被无限放大，导致出现道德失范、经济失范、治理失范、安全失范等各类问题，进而衍生数据安全风险突出、经济秩序混乱、国家数字生态分裂等深层次隐患。②③　因此，明确元宇宙价值准则的重要性在于其能够成为元宇宙虚拟数字人、本宇宙自然人头顶上的"达摩克里斯之剑"（the sword of Damocles），成为在尚未有中心权力约束下的元宇宙秩序基础。以元宇宙形式价值（系统功能）的六个维度为元宇宙价值体系的主体内容和价值判断对象，我们可以尝试归纳以下几条价值判断准则：

（1）以文化进步为文化价值准则。元宇宙发展的最终目标是形成系统完备的数字文明，④　文化进步自然而然成为判断元宇宙发展的根本价值与最高价值，元宇宙的建设与发展也应以文化进步为出发点，通过动态的发展视野推动建设超越人类已有文明高度的更高层次的数字文明。（2）以合作治理为政治价值准则。从已有实践来看，元宇宙的系统建设离不开政府的引导与支持，但任一或少数强权政治主导的元宇宙系统必然无法实现所有人自由全面发展的价值皈依，由此需以不同政府组织合作治理为前提共同完善元宇宙的制度标准、治理规则、法制规范等，以维护和增强元宇宙的公共性。（3）以共建共享为经济价值准则。经由商业和资本炒作，元宇宙已成为各领域企业急于部署的虚拟竞争空间，但元宇宙并不是企业抢夺资源、恶意竞争的盈利场，只有秉持共建共享的经济价值标准，才能

①　张新新. 数字出版价值论（上）：价值认知到价值认同［J］. 出版科学，2022（1）：5-14.

②　陈亚慧. 论数据空间中虚拟人的道德任性问题［J］. 伦理学研究，2020（5）：90-95.

③　李峥. 元宇宙将成为未来数字生态的主流发展模式？［J］. 世界知识，2022（7）：13-17.

④　张新新，丁靖佳，韦青. 元宇宙与出版（上）：元宇宙本体论与出版远景展望［J］. 科技与出版：2022（5）：33-45

打破本宇宙经济发展的现实壁垒，形成良性竞争、共赢共利的经济生态。（4）以公序良俗为社会价值准则。无论元宇宙处于发展的哪个阶段，其都不会成为"法外之地"，任由虚拟数字人产生道德失范或道德失真等行为、破坏元宇宙与本宇宙的价值系统，社会公序良俗便是规制与约束主体行为的价值尺度。（5）以可持续发展为自然生态价值准则。虚拟自然生态系统的发展旨在服务地球生态系统的健康发展，当其反其道而行之，产生意图破坏现有生态系统平衡、产生恶劣环境影响等行为将不被允许。（6）以技术价值理性为数字技术价值准则。数字技术在为元宇宙构建提供搭建动能的同时，也衍生了隐私保护、数据安全等技术异化风险，只有坚持技术价值理性标准、挖掘数字技术的正价值功能，才能避免技术滥用、防止最终走向"技术利维坦"。

第二节　元宇宙系统

所谓系统，是指由若干要素以一定结构形式联结构成的具有某种功能的有机整体，包含要素、结构、功能三个有机组成部分。[①] 辩证唯物主义认为，物质都以系统形式存在和变化，[②] 从基本粒子到银河宇宙、从天然自然到人工自然，无一不是系统的存在方式。元宇宙科学内涵的丰富性也进一步揭示了其是一个超级复杂的巨系统，对元宇宙系统的研究，在理论层次有助于认识、预测和建构一个庞大的元宇宙系统，在实践层次则能够助推元宇宙系统的发展、治理与革新等，进而实现元宇宙系统要素、结构和功能最优化的目的。

一、元宇宙系统要素

元宇宙的要素是建构元宇宙必不可少的因素。相对于我们所处的物理世界，也即本宇宙的土地、资本、劳动力、技术、数据等生产要素而言，元宇宙系统要素主要包括虚拟数字人、数字技术、数据、信息、知识、资本等。虚拟数字人是元宇宙的主体性力量，数字技术是元宇宙运行和建构的逻辑遵循，数据、信息和知识则有机融合形成虚拟的经济、政治、文化、社会、自然生态结构（子系统），而数字经济资本、文化资本、社会资本等各类资本则支撑和维系上述各类子系统有序运行，要素之间的作用关系如图16-2所示。

作为元宇宙建设主体性力量的数字人。在元宇宙系统构建的起步阶段，虚拟数字人和数字技术在元宇宙系统中的作用至关重要，可以说是支配其他要素协同发展的序参量；[③]

---

① 魏宏森. 系统科学方法论导论[M]. 北京：人民出版社，1983：3.

② 常绍舜. 从经典系统论到现代系统论[J]. 系统科学学报，2011，19（3）：1-4.

③ 序参量是揭示系统演化原理的协同论的重要概念，即生命周期较长、主导系统演变进行、支配其他子系统或要素的慢变量即为序参量。在系统变化过程中，大多数参变量会企图推动系统回到原有的稳定状态，起到临界阻尼作用，即阻止系统演变；少数参变量总是积极促进系统离开原有稳定状态，推动系统向新的有序状态发展演变，这部分少数的参变量即为序参量。

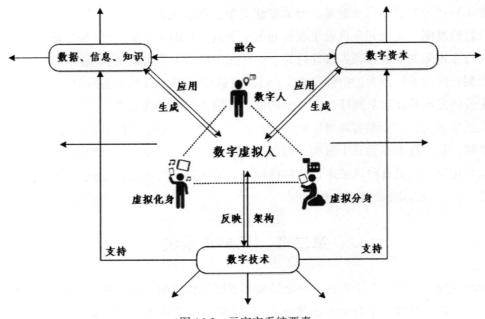

图 16-2　元宇宙系统要素

虚拟数字人、数字孪生技术也成为目下元宇宙发展亟待突破的关键性技术，成为推动元宇宙由概念到落地、由设想到现实的关键性技术。虚拟数字人的形象可追溯至 20 世纪 80 年代，林明美、Max Headroom 等以手绘、动作捕捉技术创造的虚拟人物进入公众视线，参与影视、广告和音乐作品的拍摄。随着人工智能技术的发展，虚拟数字人逐渐向智能化、精细化等方向发展。但现下探讨的大部分虚拟数字人的概念还只是停留在将其视为具有商业应用价值的虚拟个体，如芒果 TV 推出的虚拟主持人 YAOYAO，字节跳动和乐华娱乐联合推出的虚拟偶像女团 A-Soul 等其实都是虚拟分身的初级形态，并未完全触及元宇宙系统中虚拟数字人要素的本质内涵与特征。事实上，虚拟数字人是元宇宙系统中的主体性力量，根据虚拟数字人的虚拟程度，可划分为仅存在于元宇宙的数字人、本宇宙自然人在元宇宙映射的虚拟分身或虚拟化身等。[①] 其中，数字人是以人工智能为驱动所创建的具有多样化人格的能动主体；虚拟分身为自然人在元宇宙创建的多重虚拟人身份，也是自然人与人工智能体的有机集合；虚拟化身则为自然人行为、思想、情感在元宇宙的同步映射，其本质都是推动元宇宙文化发展、文明建设的核心参与主体。

作为元宇宙发展逻辑遵循的数字技术。数字技术则为打破本宇宙与元宇宙的融合边界、实现元宇宙与本宇宙的交互延伸提供了底层支持，基于其在元宇宙系统架构和运行中的功能与定位，可主要划分为网络及运算技术、物联网技术、数字孪生技术、交互技术、区块链技术、人工智能技术、空间架构技术和安全隐私保护技术等 8 类。各类数字技术作

---

① 清华大学新媒体研究中心. 2020—2021 年元宇宙发展研究报告［R］. 北京：北京大学出版社，2021.

用于元宇宙系统的方式主要包括：

（1）6G、7G、边缘计算等网络及运算技术为元宇宙提供了实时、流畅的传输通道，支撑元宇宙系统的有序运动；

（2）操作系统、信号传输、传感器链接等物联网技术为元宇宙的万物互联与虚实共生提供了多维支持；

（3）数字孪生技术通过构建数字孪生原型、数字孪生实例和数字孪生聚合体，实现本宇宙与元宇宙之间的数据和信息流动；

（4）AR/VR/MR、脑机、传感等交互技术为自然人到数字人的转换提供技术通道和接口；

（5）区块链通过哈希算法和时间戳、数据传播机制、验证机制、共识机制、智能合约等技术为元宇宙经济体系的建构和运转奠定基石；

（6）人工智能通过机器学习、自然语言处理、决策智能等技术为元宇宙系统的自我革新提供了现实依托；

（7）云原生平台、自主系统、3D建模等空间架构技术为元宇宙提供了开放的创作平台、自动化的系统协作和精细化的社交场景；

（8）网络安全网格、增强隐私计算等安全隐私保护技术是有效实现元宇宙要素、子系统与功能平衡，抑制产业风险、技术风险、治理风险等各类风险发生的协调机制；

（9）此外，甚至还有一些更为高端的技术，如量子计算机、DNA计算机、全息技术等，将会为元宇宙的跨越式发展、质变式发展提供新要素和新动能。

值得注意的是，数字孪生技术是实现元宇宙建设与发展的核心技术，作为全球十大战略技术之一，[①] 数字孪生通过物理空间与赛博空间的无缝仿真，推动架构了一个高精度、宏大且拥有生命活力的元宇宙本体，是数字技术在元宇宙应用的集成体现[②]。

作为元宇宙建设基质的数据、信息和知识。"在元宇宙的建构过程中，资本、信息、数据、知识好比建设大厦的砖块"[③]、原材料以及基本"物质"。一是，元宇宙基本系统的形成是信息、数据和知识相互作用的结果：信息、数据和知识相互组合、有机融合，形成元宇宙的虚拟文化、经济、政治、社会以及生态系统；二是，元宇宙运行的基本规则和具体规则，其实质都是由无形的信息、知识和数据所创建；三是，作为元宇宙主体性力量、灵魂性象征的虚拟数字人，其外观、造型、人格等均是由一系列的信息、数据、知识以及对知识运用所延伸的技能所填充和创设而成；四是，数字技术以及更高维技术发挥作用的

① Gartner. Gartner's Top. 10 strategic technology trends for 2019. ［EB/OL］. ［2022-04-25］. https://www.gartner.com/smarterwithgartner/gartner-top-10-strategic-technology-trends-for-2019.

② Far S B, Rad A I. Applying Digital Twins in Metaverse：User Interface，Security and Privacy Challenges［J］. Journal of Metaverse，2022，2(1)：8-16.

③ 张新新，丁靖佳，韦青. 元宇宙与出版(上)：元宇宙本体论与出版远景展望［J］. 科技与出版，2022(5)：33-45.

载体和媒介则是一系列的信息、数据和知识，其作用的客体和对象是信息、数据和知识。

作为元宇宙运行支撑的资本。本宇宙的资本要素主要指那些通过直接或间接的形式投入到产品服务或生产流程的中间产品或金融资产，中间产品是生产另一种产品的物质前提和条件，是指投入出版产品生产过程的实体形态的具有经济性价值的物品，如厂房、机器、设备、工具、原材料等。而元宇宙同样需要资本要素来提供运行激励机制、支撑机制，由信息、知识和数据所形成的元宇宙中间产品或者虚拟资产，则构成了元宇宙的资本性要素。

二、元宇宙系统结构

系统结构是指系统内部各个组成要素之间的相对稳定的联系方式、组织秩序及其时空关系的内在表现形式。[①] 因此，元宇宙系统中的要素关系并不是简单机械地累加，而是通过一定的逻辑原理和组织秩序相互作用，是元宇宙系统中各个子系统结构形成的前提条件。可以说，元宇宙系统结构即为元宇宙要素之间的构成关系组合，主要表现为虚拟文化、政治、经济、社会、自然生态子系统等形成元宇宙经济基础和上层建筑之间的相对稳定的层次、秩序和组合方式。

元宇宙中的虚拟文化系统是由虚拟数字人在虚拟实践活动中随之产生的精神文化与物质文化的总和。如前所述，元宇宙的本质属性即为数字文化性，对元宇宙的发展演化进程起着决定性作用。元宇宙中的虚拟文化系统也通过虚拟数字人的思维和行为方式统筹着虚拟经济、政治、社会、自然生态系统的演进方向。从隶属关系上来看，虚拟文化系统还包含政治文化、经济文化、军事文化、科技文化等多类孙系文化系统，孙系系统的相互作用与影响将共同推动虚拟文化子系统的成熟发展，以开辟建设精神文明和物质文明高度发展的数字文明、虚拟文明。

虚拟政治系统是维持元宇宙政治活动有效运行、引导和监管虚拟数字人及其行为的有机体，由虚拟政治主体、政治行为、政治制度等要素构成。随着巴巴多斯、日本、韩国等政府部门纷纷宣布参与元宇宙构建，虚拟政治系统已成为衔接本宇宙与元宇宙政治治理、国际话语权体系构建的重要桥梁。然而，虚拟政治系统是将在元宇宙中形成一个无国界、无阶级的"去中心化的自治组织""自由人联合体"，还是本宇宙政治系统中的政治权威模式和政治制度在元宇宙数字时空中的延伸及拓展，还有待在元宇宙秩序建构的过程中进一步探索。

虚拟经济系统是由虚拟经济资产、经济产品等经济物质，数据、技术资源等经济信息组成的虚拟数字经济体系，不仅包括存在于本宇宙的农业、工业、商业、服务业等孙系系统，也创造性衍生了仅存在于元宇宙的开放经济空间，能够为本宇宙和元宇宙其他子系统发展提供经济物质基础。尤其是在元宇宙算力强、互动性、沉浸性等特征日渐突出，AR、

---

① 魏宏森. 系统论——系统科学哲学[M]. 北京：清华大学出版社，1995：288.

VR 等扩展现实技术发展愈加成熟，数字财产保护、数字货币等数字经济体系渐趋完善的发展背景下，元宇宙虚拟经济系统将与本宇宙经济系统达到虚实经济体系循环运转的有机平衡。

虚拟社会系统是建立在本宇宙实体社会框架之上，并在元宇宙自身运行中孕育新要件，产生具有突生性质的虚拟社会结构，将拥有有别于本宇宙的新型社会关系形态和社会场域。[①] 元宇宙作为一个借由新兴数字技术拓展延伸的开放性自主空间，其高度互动和双向传授的虚拟社会系统特征将在延伸和拓展本宇宙人与人之间的交互功能、连接场景的同时，也能培育、重构元宇宙数字人、虚拟分身和虚拟化身的社会行动、思维方式和价值观念。与其他子系统相比，虚拟社会系统发展的活跃度高、随机性大，是由政治、经济、文化等各类子系统中不同类别活动主体相互作用、共同维持与调节的复合系统和概率性系统。

虚拟自然生态系统是由虚拟生物群落、生态资源和生态环境构成的统一体，其在模拟本宇宙自然生态系统的基础上，重塑和再现已灭绝生物、稀有自然现象等稀缺性资源，在赋予元宇宙系统自然属性的同时，也为元宇宙的宏大叙事提供了生存景观。值得注意的是，本宇宙自然生态系统的根本能量来源是太阳能，而支撑元宇宙自然生态系统演替的则为电能。一般而言，虚拟自然生态系统还可进一步划分为虚拟水生生态系统、陆生生态系统、湿地生态系统等，借由各类生物与微生物的流动、物质能量的传递循环，虚拟自然生态系统将逐渐形成具有自我调节功能的动态复合体。

三、元宇宙系统功能

元宇宙系统的功能是由"内部要素之间的结构所决定的"[②]，元宇宙内部不同的结构，体现出不同的性质或曰属性，如经济结构产生经济属性，文化结构具有文化属性，社会结构产生社会属性等，这些属性被虚拟数字人认知和发掘以后，分别形成元宇宙的文化、政治、经济、社会、自然生态等功能。不过，元宇宙的属性和功能，都是建立在数字技术作用的基础上，因此，准确地说，元宇宙系统功能主要包括文化功能、政治功能、经济功能、社会功能、自然生态功能和数字技术功能。元宇宙系统功能，依虚拟和现实两个维度来看，基于现实出发点，可以将本宇宙、物理世界无法实现、极难实现或者重大未知的一系列功能，通过"映射—重构—反馈—实现"的机制，率先在元宇宙中进行，之后根据反馈结果决定是否在本宇宙实现；基于虚拟出发点，将会产生出一系列全新的、独立的元宇宙功能，进而形成元宇宙功能体系以及价值体系。

元宇宙的文化功能是文化属性在本宇宙与元宇宙之间的流动、呈现与创新的体现，其

---

① 陈云松，郭未. 元宇宙的社会学议题：平行社会的理论视野与实证向度[J]. 江苏社会科学，2022（2）：138-146，243.

② 方卿. 关于出版功能的再思考[J]. 现代出版，2020（5）：11-16.

核心功能为在继承和弘扬本宇宙先进文化的基础上发展虚拟文化，推动人类数字文明达到新高度，进而形成完备的、系统的、高度发达的人类数字文明。同时，重塑和再现人类不同历史阶段、不同地域、不同种族的文化及文明发展全貌，加深对人类文化、文明发展的感受与体验，对本宇宙的文化传承与创新也具有重大意义。

元宇宙的政治功能则是政治属性的重要体现，是指虚拟政治系统在发展和完善数字政治，推动民主、法治、阳光型政府建立，提升治理能力和体系现代化等方面的功能。可以想象的是，重大政治体制机制改革试验以及涉及大多数公民基本权利的政策出台，可以考虑在元宇宙虚拟空间中对虚拟数字人先进行试用和评估，之后再回到本宇宙进行改进和实施。

元宇宙的经济功能是指元宇宙在经济领域发挥的积极作用和效能，是虚拟经济系统推动实体经济与虚拟经济一体化发展，实现虚实产业经济双向增值的体现。从本宇宙经济建设来看，企业战略调整、产业转型升级、国家经济结构优化等经济行为均可在元宇宙中先行模拟以完善实践方案；从元宇宙数字经济建设来看，元宇宙能够借助虚拟经济系统创新架构新的经济运行体系与制度，实现元宇宙资源的配置平衡。

元宇宙的社会功能是社会属性、包括社会存在与社会发展的映射，是指虚拟社会系统推动社会全要素前进式、上升式变迁，调和社会矛盾，促进社会治理、建设、改革与复兴的作用和价值。重大社会改革和试验，完全可以先在元宇宙中、在虚拟数字人群体中开展大规模测试，继而将相关数据和反馈经过分析加以改进，再应用到本宇宙的社会改革之中，以切实提高社会改革的成效。

元宇宙的自然生态功能是自然属性面貌、规律和现象的折现，是虚拟自然生态系统推动生物多样性、强化自然资源恒定再生能力，实现人类赖以生存的生命支持系统可持续发展的功能。众多沙化改造、生态修复等重大实验完全可基于数字孪生技术在元宇宙的映射空间进行，一方面可节约人力、物力和财力成本，另一方面提前预判实验效果，为本宇宙的自然景观修复、自然生态改良、生态文明建设等提供数据和参考。

而元宇宙的数字技术功能则是元宇宙形式价值中的特殊组成部分，是数字技术作用于元宇宙空间结构、扩充元宇宙价值维度的重要体现，其既提供促进提质增效、多元交互、沉浸体验等方面的正价值功能，也会滋生现实疏离主义、数据安全和隐私风险等负面效应。为此，须坚持技术理性主义，追求和实现数字技术的正价值，避免和减少技术负价值的出现。

四、元宇宙系统协同发展机制

系统论注重整体与部分的关系，强调"整体不等于部分之和"及"1+1＞2"的协同效果。从系统论的视角出发，元宇宙系统的有效运转亦非各个子系统及其相关要素的简单相加，其整体功能的实现取决于各个层次的相互作用关系。若元宇宙系统整体与部分、部分与部分、系统与外部环境之间都能够协同配合，元宇宙系统构成要素的质量与数量都会不断增加，系统结构和层次逐渐优化，系统功能也会日渐丰富与多样，推动元宇宙系统上升发展、实现整体效益最大化。若不然，元宇宙系统的发展则可能走向消解与劣化，甚至导致崩溃。

因此，元宇宙系统的前进发展不仅依赖于要素、结构等子系统内部的协同运作，也强调要素之间、子系统之间的协同程度，具体可表现为要素协同、子系统协同、元宇宙与本宇宙协同等互为影响、作用的关系。在要素协同维度，强调数字人、虚拟分身与虚拟化身之间的多重制约关系，发挥虚拟数字人在元宇宙中的主体协同与创新作用；数字技术则要为系统结构优化和系统功能实现提供恰如其分的支持作用。在子系统协同维度，旨在借助协同手段加强元宇宙虚拟文化、政治、经济、社会、自然生态等子系统建设，并以虚拟文化子系统为引导和约束，实现虚拟政治、经济、社会和自然生态持久、有序、稳定和协调的发展。以虚拟经济子系统为例，其系统的协同发展不仅在于追求系统内部的经济效益生成、经济结构改善等，还要关注其对其他子系统的经济资本、物质和资源的传输与流动，以提高虚拟社会、自然生态等子系统的系统效益，最终服务元宇宙系统的可持续发展。此外，元宇宙与本宇宙作为人类文明发展密不可分的组成部分，也存在着强烈的依存和作用关系。只有推动本宇宙与元宇宙的协同发展，借助本宇宙之资源开发建设元宇宙、补偿实现虚拟数字人在本宇宙无法实现之需，才能实质推动元宇宙系统从无规则混乱状态转为宏观有序状态，促进系统结构最优化和效益最大化。

为此，动力机制与反馈机制在元宇宙发展过程中起到了促进协同运行的作用。一方面，元宇宙系统的协同发展离不开需求机制、启动机制、支撑机制和保障机制等内外部动力机制的影响，各机制的合力作用和内外部博弈平衡是推动元宇宙系统协同发展的动力来源。其中，需求机制由文化需求、政治需求、经济需求、社会需求、自然生态需求等共同形成；启动机制包括文化建构、政治动员、经济发展、社会期望满足、生态危机感等内容；支撑机制围绕文化、政治、经济等产生的社会心理，公众监督等因素形成；保障机制则由数字技术、物质资源及条件等内容构成。另一方面，反馈机制将进一步促进元宇宙物质、能量、信息流动与交换，改善系统结构与功能，实现元宇宙系统协调稳定、优化发展。具体而言，当我们在元宇宙系统中输入新的信息、技术等要素时，其可能同时产生促进经济效益增值等正反馈信息和削弱虚拟文化子系统功能等负反馈信息，此时则需结合元宇宙系统发展观和宏观发展目的采取决策，以协调新信息、新技术等要素的输入对元宇宙系统发展的长远影响，实现元宇宙系统发展与子系统发展之间的配适与协同。由此，可进一步基于"要素—结构—功能"的系统论遵循实现元宇宙的基本架构，如图16-3所示。

应该说，元宇宙的系统论研究以及内部系统之间的协同论研究，其初期阶段是建立在对本宇宙的映射之上；随着元宇宙自生长性的不断增强，其要素之间如何组合、分别会产生哪些新的结构以及具有哪些新的功能等，这些问题都值得深入探讨和研究。

图 16-3　元宇宙系统

第三节　本宇宙出版与元宇宙出版远景展望

当我们明确元宇宙是基于数字技术所创造的数字时空总和之后，出版业与数字人、元宇宙的赛博空间、元宇宙的虚拟世界，或许能够产生很多的关联，出现诸多适配性、变革性、创新性强的应用场景，这些场景可能短期内不会出现，但放眼未来十年、二十年之后，这些场景或许会变得触手可及。由此，该部分我们做出基于元宇宙的远景展望，而非近景描述。

来自于物理学概念的耦合，"描述了两个或两个以上的系统通过相互作用而相互影响的现象"①。耦合度是两个系统之间相互作用和影响，产生相干效应的程度；良好的耦合，是指两个或两个以上的体系或两种运动形式之间通过各种交互作用而彼此影响，从而联合起来产生增力，协同完成特定任务的现象。元宇宙作为陌生的复杂巨系统和出版系统进行触碰、融合，直接成因在于元宇宙技术原理能够应用于出版系统，在于元宇宙技术能够在出版系统找寻到合适的场景，在于元宇宙技术原理和出版应用场景是否耦合以及是否良好耦合。能够实现元宇宙技术原理和出版场景的良好耦合，我们就有能力对蕴含在元宇宙赛博空间之中的未来出版业，达到目之所及、登高望远地远景眺望。

---

① 孙国锋，唐丹丹. 文化、科技、金融产业间耦合协调发展研究——基于江苏省 2005—2016 年数据的实证分析[J]. 科技和产业，2019. 19(9)：7-13.

具体而言，未来出版与元宇宙的耦合机理主要有：其一，出版业能够为元宇宙的建构提供必不可少的信息、数据、知识等要素供给，甚至可以说出版业扮演着元宇宙数据、知识要素供给的中流砥柱角色；其二，出版业承担着文化选择、文化建构、文化承载、文化传播使命，能够更好地推动元宇宙建设和发展系统完备的全人类数字文明；其三，未来出版业的经济、政治、文化、教育等功能，不但会在本宇宙的物理空间发挥，而且更可延伸至元宇宙的虚拟空间，推动和提升元宇宙的经济子系统、政治子系统、文化子系统、教育子系统等；其四，未来出版将以虚拟出版的形态存在于元宇宙的虚拟文化子系统，并且是元宇宙虚拟文化子系统的重要组成部分和支柱性虚拟产业；其五，元宇宙赛博空间中出版业，基于内化吸收型耦合原理，元宇宙的数据、数字技术等新生产要素被出版系统吸收，其科技创新被未来出版业吸收为发展新动力，其信息、知识、数据、标准、技术等被吸收为未来出版系统的经济子系统发展新动能，进而推动着元宇宙之中未来出版业的永续发展。

鉴于上述未来出版业和元宇宙有着良好的耦合度和适配性，我们就可以对基于元宇宙、扎根于元宇宙、蕴含于元宇宙的未来出版业进行远景式的眺望。其中，我们目前所能见识、接触和想象到的一切出版形态，皆属基于物理世界的本宇宙出版，也是我们为之奋斗的事业。而我们无法短时期内见识、触碰的赛博空间出版现象与本质，是由数字孪生人、虚拟出版业、虚实融合出版、脑机知识服务等所构成的数字世界的出版，即元宇宙出版。

一、本宇宙出版的远景展望

1. 融合出版 4.0——虚实融合出版

融合出版的机理在于协同论，在于深度融合型协同，即两个子系统之间通过协同作用产生非线性相加的融合效应，两个子系统的组成部分通过融合产生一种新的、共同的新质态，实现"融为一体、合而为一"的新状态；当下，出版业的文化子系统和技术子系统之间就属于深度融合型的协同方式，内容和技术之间的结合、重组和重构，产生基于化学效应而非物理组合的新业态，即融合出版业态，从而催生出版业高质量发展的融合出版这一新业态。

大致梳理，出版与科技的融合走过了三个阶段。融合出版 1.0：属于"相加"阶段，是传统出版和新兴出版共存、相加，新兴出版作为新的经济增长点，二者通过物理组合共同推动出版业发展；这一阶段两个出版的理念、制度和实践是独立并行的，没有出现交集。融合出版 2.0：属于"相融"阶段，是传统出版和新兴出版融合发展，二者之间通过理念、制度和实践的融合，产生化学反应，呈现出"你中我有、我中有你"的发展特点，不过这一阶段的融合是现实维度融合发展。融合出版 3.0：属于"深融"阶段，是传统出版和新兴出版深度融合发展，二者之间通过理念制度实践的深度融合，呈现出"你就是我、我就是你"的发展特点，这一阶段的融合仍然是现实维度的融合发展。融合发展 4.0：属于"虚实融合"阶段，是传统出版和新兴出版在现实和虚拟两个维度的融合。基于数字孪生技术，出现"本宇宙出版"—"元宇宙出版"的新的二元结构，元宇宙出版的发展将历经"数字孪生、虚拟映射、虚拟原生、反馈进化、虚实融生"等发展阶段，直至实现本宇宙与元宇宙、物理空间与赛博空间、本宇宙出版与元宇宙出版的虚实融合、实时镜像的高维度的融合发展。前述清华大学新闻与传播学院和中文在线成立的元宇宙文化实验室，应该说已经具备了推动网络文学等业态走向更为高级虚实融合发展的前提和可能性。

2. 面向元宇宙的出版标准化

科技与标准，始终是引领出版业创新性发展、跨越式发展的两翼。事实上，面向元宇宙建构的信息、知识、数据、技术等要素的出版标准化已卓有成效，如基于区块链、人工智能等数字技术的出版标准已渐成体系，代表性标准包括《知识服务系列国家标准》《出版物 AR 技术应用规范》《出版物 VR 技术应用要求》《版权区块链标准》《知识体系国家标准》等等。这些相关标准，揭示了数字技术应用于出版业的机理和规律，并示范性地提供了出版业数字技术的应用流程和场景。面向未来的出版业，这些标准只要做出基于虚拟世界的适配性修订，便可较快地投入使用和在赛博空间得到继续遵循和适用。

面向未来的出版业，基于元宇宙的新要素、新技术的标准有待建立和完善，如数字孪生技术、脑机接口技术、全息技术等在未来出版的应用标准；出版科技标准的实时跟进、不断丰富，能够加快推动基于元宇宙的出版场景落地。面向未来的出版业，基于元宇宙子系统的标准体系有待建立，如虚拟世界的经济子系统、文化子系统、社会子系统、教育子系统等和出版业有强相关的子系统标准，可根据发展速度和实际状况适时研制出台。

3. 元宇宙与出版科研

作为一项新事物，对元宇宙现象和本质的研究，需要运用多学科、跨学科的研究方法。运用出版学的研究方法，来分析和研究信息、数据、知识如何在元宇宙中组织和运行，并形成全体数字人遵循的法律、伦理、道德等元宇宙规则；来揭示信息、数据和知识如何在数字技术的组织下搭建元宇宙的经济、政治、文化、社会、自然生态等子系统；来研判元宇宙将会把人类数字文明推到何种高度；来预测基于元宇宙的未来出版新形态、新模式有哪些，等等，这是出版科研的使命和任务。

在 2022 年 3 月发布的文化科技与现代服务业国家重点研发计划项目申报指南的征求意见稿中，专门设置了"实时高逼真孪生数字人关键技术研发与应用示范"项目。项目任务包括研究未来人偶共生的社会场景与伦理规范以及对文化产业、文化法规、文化传播的影响，建立"中国人物"高逼真孪生数字人三维数字资产库；基于高逼真孪生数字人技术，创新文化表现形式，在文化传承、思政教育、党建宣传、网络传播等领域开展应用示范并制定标准规范。由此可见，数字孪生人关键技术对文化产业的影响，对出版业的影响已经不是未来时，而是现在时。

一叶知秋，在可预计的未来，基于元宇宙的文化科研成果包括出版科研成果，将会如雨后春笋般涌现，甚至是迎来"井喷"时代。

4. 元宇宙与媒介革命

出版媒介的进化，是"由重到轻"的演变历程，是"由实向虚"演进历程，经历着从沉重的石头、泥土向轻盈的龟甲、兽骨、木板、竹简、羊皮、绢帛、纸张等实体媒介的不断进化；同时继续跨越了纸质媒介，转而选择磁盘、软盘、光盘、计算机、电子屏、互联网等。

元宇宙的建构和发展，将继续推动出版媒介、出版载体实现"由虚向无"的革命。在元宇宙的赛博空间，全息技术将会取代虚拟现实，或曰成为虚拟现实的终极进化版本，在不需要携带任何可穿戴设备的前提下，提供面对面的沉浸式视听享受。彼时，我们的阅读将由智能阅读步入"全息阅读"时代，所阅读的"全息出版物"内容将不再有任何载体依托、媒介依赖，而是呈现于面前透明的空气之中。

由此，基于元宇宙的出版远景眺望，我们将从读书时代、读屏时代步入全息时代，从纸质阅读、数字阅读、智慧阅读步入全息阅读时代。

5. 元宇宙与出版技术革命

每一次媒体技术的革命，都给人类社会带来了巨大影响，加速人类文明的进程。出版业的发展史，是一部科技赋能史，是不断涌出的新技术作用于出版系统的历史，也是新技术要素被吸收、内化成为出版技术子系统的历史，更是出版的技术子系统不断成长、壮大、跨越式发展的历史。例如 20 世纪，汉字激光照排系统的大范围应用，在降低能耗、铅毒污染的同时，推动"出版周期由 300 天至 500 天缩短到 100 天左右"[①]，实质性提高了出版业生产力，推动着出版业进入"光与电"的时代。如今，我们立足于"数与网"时代，得益于源源不断的数字技术赋能，出版业态也由纸质出版向着数字出版、融合出版、智能出版的层次不断迭代和发展。

基于元宇宙视域，在可以展望的未来，出版业仍将迎来一系列冲击性的新技术；易言之，元宇宙将会掀起一场新的出版技术革命。在有限的想象范围内，我们可以看到数字孪生技术作用于出版系统，可以看到脑机接口推动"即时知识服务"的出现，可以看到自然人、数字孪生人以及"传感器、控制器、执行器"[②]高性能拟人化的出版智能机器人和知识服务机器人等共存于元宇宙出版系统之中，将会在 DNA 计算机、量子计算机等全新计算机技术的赋能下，迎来元宇宙出版的美好未来。

而在元宇宙应用的具体落地过程中，由于目下技术的局限性，在工程实现领域又有一

---

① 李南. 告别铅与火的新技术——汉字激光照排系统[J]. 激光杂志，2020，31(4)：56.
② 张新新. 新闻出版业智能机器人的应用原理与场景分析[J]. 科技与出版，2018(11)：43-48.

种不受限于模拟立体视觉效果的广义元宇宙应用。这类应用的侧重点更多是基于数字孪生技术，利用现实世界在虚拟空间中建模之后的仿真计算结果来强化现实世界人类的各种行动能力。

二、元宇宙出版的远景展望

1. 元宇宙出版话语体系构建

媒介建构理论认为，话语体系构建是大众传播媒介的话语"权力"与舆论控制功能实现的重要方式。而一个国家的上升式发展通常都包含话语追赶到话语超越的自主性话语构建过程。① 出版话语体系构建则是国家话语体系形成的基础，出版作为人类文明发展的重要传播媒介，其话语体系构建是国家意识形态和文化传播的重要途径，也是增强我国文化软实力、助力我国文化"走出去"、彰显新时代中国话语权的核心表达。中国特色数字出版话语体系建设②、学术出版对外话语体系构建③等议题由此受到广泛关注与探讨。然而，自近代以来，西方国家主导的国际话语体系逐渐导致我国文化的国际影响力式微、话语权稀缺乃至丧失，④ 将"中国主张"与"中国价值"推向世界并为国际接受与认可还有很长一段要走。

元宇宙作为一个开放式的虚拟世界，是由虚拟文化子系统主导的新型话语空间。而当下正是元宇宙建设的初级阶段，元宇宙系统的成熟发展结构如何、虚拟文化子系统中的话语权分布如何等答案都还是未知，但虚拟文化系统对元宇宙发展的影响力、对本宇宙文化系统的"反哺"能量则可见一斑。可以说，元宇宙为国家话语体系、出版话语体系构建划出了一条全新的起跑线，出版若能提前布局，在起跑枪声响起前整合已有优势、树立元宇宙出版长远发展规划，无疑能为元宇宙出版话语体系构建掌握先机、本宇宙出版话语体系的发展提供时代机遇。简单而言，元宇宙发展背景下，元宇宙出版话语体系构建可以从反映中华传统文化及展现当代中国特色社会主义文化两个方面出发。前者通过在元宇宙中重现和创造性延伸我国博大精深、源远流长的传统文化，借助历史厚重感、时空延伸感强化中国出版话语体系的集体认同感；后者则以中国特色社会主义文化为引领，以人类命运共同体的价值诉求为内核，主导构建面向世界的、兼具包容性和开放性的元宇宙学术出版话语体系、元宇宙教育出版话语体系和元宇宙大众出版话语体系。

2. 元宇宙出版产业链构建

产业链概念最早可追溯至亚当·斯密（Adam Smith）在《国富论》中提出的劳动分工理

---

① 程曼丽. 文化传播与话语建构[J]. 现代视听，2019(9)：83.

② 张新新. 中国特色数字出版话语体系初探：实践与框架——2020 年中国数字出版盘点[J]. 科技与出版，2021(3)：86-97.

③ 王琪. 学术出版"走出去"与对外话语体系构建探析[J]. 科技与出版，2021(11)：23-28.

④ 谢清风. 走出去：话语权、品牌力和传播力[J]. 中国出版，2017(13)：6-9.

论，即"工业生产是一系列基于分工迂回生产的链条"。在此基础之上，马歇尔（Marshall A）、阿尔伯特·赫希曼（Albert Otto Hirschman）等学者进一步将产业链的内涵从只关注企业内部资源利用扩展至强调企业间的分工合作。出版产业链由此可视为由主体单位和相关企业整合构建的，包含资源生产、价值转化、分发销售等环节的关系链条。随着移动互联网的普及与数字技术的成熟发展，出版产业链已逐渐形成了纵向关联、横向关联与混合关联三类产业链拓展形式，分别代表线性、网状和多元化的产业链结构，不断推动出版产业链的演化再造。①

元宇宙系统的建构与发展，将对现有的出版产业链结构形成颠覆性的重构，形成契合元宇宙系统的新型元宇宙出版产业链。首先，虚拟数字人将成为元宇宙出版产业链的核心活动主体。服务或从事出版工作的虚拟数字人、数字孪生人的出现将逐步取代本宇宙出版产业链中自然人的身份，作者、内容出版商、技术服务商、产品服务分销商等角色或被高级人工智能融合。其次，数据、算法等要素将成为元宇宙产业链发展的关键驱动力。元宇宙空间中爆炸式增长的数据、信息、知识等生产要素，将为元宇宙出版产业链的各个环节都注入数据价值，从而形成以数据、算力、算法为驱动的新型出版产业链。此外，元宇宙出版产业链的结构与拓展形式将更为错综复杂。元宇宙的数字时空属性不仅能够促使元宇宙出版产业链前向、后向或横向延伸，还能以虚拟时空为介质，将线性、网状的产业链重构为以时间、空间为厚度的片状、纤维状等复杂产业链结构，形成多元化的元宇宙出版产业生态。当然，新型元宇宙出版产业链的形成也会衍生数字版权纠纷、出版活动主体定位模糊等一系列新问题。如何确认、保障虚拟出版产品及其内容的数字版权，如何规制、引导虚拟数字人的出版行为与出版活动等问题都还有待深入探讨。

3. 元宇宙出版价值实现

价值问题是各领域需面临的重要问题，出版也不例外，出版价值已成为出版人需要严格把握的"重要实践命题"。② 方卿等③将出版价值定义为出版活动满足人们需要的关系，或者说是出版活动所具有的能够满足人们需求的特殊属性；并以内在价值和外在价值的"二元"结构明晰了出版的商业价值、意识形态价值、教育价值、文化价值和科学价值。张新新④通过整合价值在一般语境和学术语境中的概念，提出数字出版价值是数字出版客体的属性或功能对主体需要的满足，是数字出版活动主体与客体之间的一种需要与满足关系；并将其划分为形式价值、目的价值和评判价值标准三个层次，涵盖政治、文化、经济、教育、技术等功能。

而在元宇宙时代，元宇宙数据、信息、知识、数字孪生人、技术等要素的快速更新与

---

①　张立园. 媒介融合视域下出版产业链的转型升级［J］. 中国编辑，2022（4）：67-71.

②　方卿，徐丽芳，许洁，等. 出版价值引导研究［M］. 北京：商务印书馆，2018：3.

③　方卿，徐丽芳，许洁，等. 出版价值引导研究［M］. 北京：商务印书馆，2018：19-23

④　张新新. 数字出版价值论（上）：价值认知到价值建构［J］. 出版科学，2022，30（1）：5-14.

融合发展将赋予元宇宙出版新的价值主张，具体表现在元宇宙系统文化、政治、经济、技术等功能对元宇宙出版文化、治理、经济和技术等价值的重塑。其一，元宇宙出版文化价值将以元宇宙文化功能的实现为导向，即元宇宙出版在继续发挥继承和推动中华优秀传统文化、社会主义先进文化创新发展的作用的同时，还需创造性推动建构、"编辑"人类或曰虚拟数字人的数字文化、数字文明；此外，元宇宙系统的出版，更有可能独立产生一系列新的元宇宙文化以及元宇宙文明，这些新的文化功能就像目前的网络文化、网络文明一样，但这些新的元宇宙文化、元宇宙文明或将代表着更高程度的人类数字文明。其二，元宇宙出版治理价值将助力元宇宙治理体系与治理能力的综合提升，即以元宇宙出版治理为抓手，以元宇宙不同类别的虚拟数字人为多元主体，通过协同发展与有效落实与元宇宙系统相适应的出版制度体系，在完善元宇宙出版治理体系的同时推进元宇宙系统的科学治理水平和数字治理能力。其三，元宇宙出版经济价值将成为元宇宙经济系统的有机组成部分，其基于元宇宙系统的新经济生态构建和培育元宇宙出版的新模式、新业态，以数据要素和数字虚拟服务为引擎实现元宇宙出版经济的高质量发展。其四，元宇宙出版技术价值则将随着元宇宙数字技术与元宇宙出版的深度融合而迸发新的活力与功能，即彰显新型数字技术在元宇宙出版流程、内容、产品、形态、服务、体验等全方位、全要素的创新升级作用，等等。

一言以蔽之，元宇宙出版价值论，或将形成一系列的元文化功能、元政治功能、元经济功能、元技术功能等形式价值以及目的价值、价值准则等元宇宙出版价值体系。

4. 元宇宙出版数字技术赋能

数字技术本质上是一种具有处理、存储、传输、呈现信息功能的通用目的技术，具有自生长性和融合性的技术属性、可编辑与可扩展的内容属性，和兼具开放性和关联性的结构属性。[1][2] 纵观人类出版发展史，可以发现每一次技术变迁都带来了出版构成要素、发展模式、实践路径等或缓慢或剧烈的变革。[3] 数字技术自身的革新发展也推动着出版业的数字化进程，出版与数字技术的融合发展已走过了数字化转型升级、融合发展、深度融合和数字化战略阶段，[4] "人工智能赋能出版、5G 技术赋能出版、区块链赋能出版"[5]等理念则将持续推动出版业态创新。

而元宇宙出版范畴的提出实质是出版与数字技术智能化、智慧化融合至高级阶段的成

① Goldfarb A，Tucker C. Digital Economics[J]. Journal of Economic Literature，2019，57(1)：3-43.

② 吴浩强，刘慧岭. 数字技术赋能出版企业价值链重构研究——基于中信出版集团与中华书局的双案例分析[J]. 科技与出版，2021(10)：61-70.

③ 徐丽芳，田峥峥. 价值链协同视角下的智能出版与智能阅读[J]. 出版广角，2021(13)：6-11.

④ 张新新. 基于出版业数字化战略视角的"十四五"数字出版发展刍议[J]. 科技与出版，2021(1)：65-76.

⑤ 张新新，杜方伟. 科技赋能出版："十三五"时期出版业数字技术的应用[J]. 中国编辑，2020(12)：4-11.

果，元宇宙数字技术则成为"元出版"业态的"赋能发动机"。以数字孪生、区块链和交互技术为例，其潜在的赋能机制可能包括：（1）数字孪生技术赋能元宇宙出版孪生体共智发展。即基于本宇宙出版的物理数据多维度、多空间尺度、多时间尺度构建元宇宙出版企业、出版市场乃至出版生态孪生体，通过出版孪生体数化、互动、先知、先觉、共智的阶段性发展，实现元宇宙出版与本宇宙出版的智慧共享与共同进化。（2）区块链赋能元宇宙出版治理。区块链点对点传输、时间戳、哈希加密算法等核心技术能够完整追溯元宇宙出版活动所产生的大量零散且无秩序的数据信息，为元宇宙出版治理提供数据要素支撑；其多方主体共同参与、协同治理的治理制度将最大程度推动元宇宙出版系统安全、稳定地有序运行，实现"以链治链"的高度自治。（3）交互技术赋能元宇宙出版多元场景体验。如元宇宙出版产品的多模态呈现，虚拟数字人用户在真实世界、心智世界和概念世界等多元世界身心融合的真体出版体验，知识与内容互动、产品与场景联动、元宇宙出版与本宇宙出版协同的独特交互等。

2017 年 12 月，《出版+人工智能：未来出版的新模式与新形态》[①]一文刊登，其中提及的"AR 出版""VR 出版""出版大数据"等智能出版的新形态，在不到 5 年的时间内，已在出版业开花结果并保持着长久的生命力。彼时，是人工智能作为新技术、新事物步入出版业的元年；2021 年，是元宇宙步入出版业的元年，尽管备受争议和不解，尽管夹杂着资本的动机，但我们同样仍需像对待人工智能那样，以理性与激情并存的态度来看待元宇宙，来迎接元宇宙出版的到来。当然，我们需在张开双臂拥抱的同时，保持谨慎的理性。

---

①　张新新，刘华东. 出版+人工智能：未来出版的新模式与新形态——以《新一代人工智能发展规划》为视角[J]. 科技与出版，2017(12)：38-43.

参 考 文 献

一、中文文献

（一）专著

［1］《逻辑学辞典》编辑委员会. 逻辑学辞典［M］. 长春：吉林人民出版社，1983.

［2］B. 赫斯洛普，L. 布德尼克. Internet 网信息出版技术［M］. 毛选，等译. 北京：电子工业出版社，1997.

［3］C. 朗格，J. 乔. Web 网和 Intranet 上的信息出版技术［M］. 周之英，田金兰，译. 北京：电子工业出版社，1997.

［4］D. E. 司托克斯. 基础科学与技术创新：巴斯德象限［M］. 周春彦，谷春立，译. 北京：科学出版社，1999.

［5］H. Colin. 电子出版技术 无纸出版指南［M］. 张帆等，译. 北京：电子工业出版社，1996.

［6］Vijay K. Jolly. 新技术的商业化——从创意到市场［M］. 张作义，等译. 北京：清华大学出版社，2001.

［7］埃弗雷特·M. 罗杰斯. 创新的扩散［M］. 北京：中央编译出版社，2002.

［8］本雅明. 机械复制时代的艺术作品［M］//阿伦特. 启迪：本雅明文选. 张旭东，王斑，译. 北京：生活·读书·新知三联书店，2008.

［9］布莱 恩阿瑟. 技术的本质 技术是什么，它是如何进化的［M］. 曹东溟，王健，译. 杭州：浙江人民出版社，2014

［10］陈丹. 数字出版产业创新模式研究［M］. 北京：科学技术文献出版社，2012.

［11］陈福集. 信息系统技术概论［M］. 北京：高等教育出版社，2008.

［12］陈光祚等. 电子出版物及其制作技术［M］. 武汉：武汉大学出版社，1994.

［13］陈生明. 数字出版理论与实践［M］. 北京：人民教育出版社，2009.

［14］陈源蒸. 数字复合出版技术探索［M］. 北京：北京出版社，2013.

［15］达恩顿. 阅读的未来［M］. 熊祥，译. 北京：中信出版社，2011.

［16］德布雷. 媒介学引论［M］. 刘文玲，译，陈卫星，审译. 北京：中国传媒大学出版社，2014.

［17］邓本章. 现代出版论［M］. 北京：中国大百科全书出版社，2003.

［18］迪尔凯姆. 社会学研究方法论［M］. 胡伟，译. 北京：华夏出版社，1988.

［19］董金祥. 基于语义面向服务的知识管理与处理［M］. 杭州：浙江大学出版社，2009.

［20］方卿，曾元祥，熬然. 数字出版产业管理［M］. 北京：电子工业出版社，2013.

［21］方卿，徐丽芳，许洁，等. 出版价值引导研究［M］. 北京：商务印书馆，2018.

［22］方卿，许洁，等. 出版学基础［M］. 武汉：武汉大学出版社，2022.

［23］方肃主. 数字出版与印前技术［M］. 北京：中国铁道出版社，2012.

［24］房国志. 数字电子技术［M］. 北京：高等教育出版社，2019.

［25］傅家骥. 技术创新学［M］. 北京：清华大学出版社，1998.

［26］高昂，刘钰，邢立强. DITA 数字出版技术［M］. 北京：电子工业出版社，2013.

［27］耿振余，陈治湘，黄路炜，等. 软计算方法及其军事应用［M］. 北京：国防工业出版社，2015.

［28］郭星明. 全通用管理信息处理系统设计理论［M］. 北京：中国水利水电出版社，2008.

［29］哈肯. 协同学：大自然的构成的奥秘［M］. 凌复华，译. 上海：上海人民出版社，2005.

［30］海德格尔. 海德格尔选集下［M］. 上海：生活·读书·新知上海三联书店，1996.

［31］韩力群. 人工神经网络［M］. 北京：北京邮电大学出版社，2006.

［32］赫尔曼. 哈肯. 协同—大自然构成的奥秘［M］. 凌复华，译. 上海：上海译文出版社，2001.

［33］黑格尔. 逻辑学 上［M］. 杨一之，译. 北京：商务印书馆，2009.

［34］华勒斯坦. 学科·知识·权力［M］. 刘健芝，译. 北京：生活·读书·新知三联书店，1999.

［35］黄凯卿. 现代出版技术导论［M］. 太原：山西经济出版社，2004.

［36］霍李江，刘俊杰，盛龙，等. 包装印刷技术［M］. 北京：印刷工业出版社，2011.

［37］简编不列颠百科全书(中文版)［M］. 北京：中国大百科全书出版社，1985.

［38］杰瑞·卡普兰. 人工智能时代［M］. 杭州：浙江人民出版社，2016.

［39］巨乃岐. 技术价值论［M］. 北京：国防大学出版社，2012.

［40］卡尔·米切姆. 技术哲学概论［M］. 殷登祥，曹南燕，等，译. 天津：天津科学技术出版社，1999.

［41］考斯基马. 数字文学：从文本到超文本及其超越［M］. 单小曦，陈后亮，聂春华，译. 桂林：广西师范大学出版社，2011.

［42］克里斯·阿吉里斯. 组织学习(第二版)［M］. 北京：中国人民大学出版社，2004.

［43］匡导球. 中国出版技术的历史变迁［M］. 长沙：湖南人民出版社，2009.

［44］匡文波. 电子出版物及其最新制作技术［M］. 北京：印刷工业出版社，2001.

[45]勒林. 现代图书出版导论[M]. 北京：商务印书馆，1998.

[46]李达顺，陈有进，孙宏安. 社会科学方法研究[M]. 北京：中国国际广播出版社，1991.

[47]李德顺. 价值论[M]. 北京：中国人民大学出版社，1978.

[48]李玉玺. 电子出版技术与应用[M]. 北京：电子工业出版社，1997.

[49]刘清涛. 多媒体电子出版实用技术[M]. 大连：大连理工大学出版社，1996.

[50]刘则渊，王续琨主编. 工程·技术·哲学 2002 年卷中国技术哲学研究年鉴[M]. 大连：大连理工大学出版社，2002.

[51]卢辉. 数据挖掘与数据化运营实战 思路、方法、技巧与应用[M]. 北京：机械工业出版社，2013.

[52]卢卡奇. 历史与阶级意识[M]. 杜章智，任立，燕宏远，译. 北京：商务印书馆，2012.

[53]马丁·海德格尔. 海德格尔选集(下)[M]. 孙周兴，译. 上海：生活·读书·新知上海三联书店，1996.

[54]马费成、宋恩梅、赵一鸣. 信息管理学基础(第 3 版)[M]. 武汉：武汉大学出版社，2018.

[55]马克思，恩格斯. 马克思恩格斯选集(第 1 卷)[M]. 北京：人民出版社，2012.

[56]马克思，恩格斯全集：第 42 卷[M]. 北京：人民出版社，1980.

[57]马娅·马塔里奇. 机器人学经典教程[M]. 李华峰，译. 北京：人民邮电出版社，2017.

[58]曼纽尔·卡斯特. 网络社会的崛起[M]. 夏铸九，王志弘，等译. 北京：社会科学文献出版社，2001.

[59]毛泽东. 毛泽东选集 第 1 卷[M]. 北京：人民出版社，1991.

[60]尼古拉斯·卡尔. 数字乌托邦：一部数字时代的尖锐反思史[M]. 姜忠伟，译. 北京：中信出版社，2018.

[61]彭漪涟. 逻辑范畴论 马克思主义哲学关于逻辑范畴的理论[M]. 上海：华东师范大学出版社，2000.

[62]彭漪涟，马钦荣，等. 概念论 辩证逻辑的概念理论[M]. 上海：学林出版社，1991.

[63]钱军浩. 电子出版技术[M]. 北京：化学工业出版社，2004.

[64]钱学森. 交叉科学：理论和研究的展望[M]. 北京：光明日报出版社，1985.

[65]清华大学新媒体研究中心. 2020—2021 年元宇宙发展研究报告[R]. 北京：北京大学，2021.

[66]任群. 计算机软件技术及教学模式研究[M]. 天津：天津科学技术出版社，2017.

[67]数字编辑专业技术资格考试指导用书编委会. 数字编辑实务[M]. 北京：北京联合

出版公司，2015.

[68]司占军，顾翀. 数字出版[M]. 北京：中国轻工业出版社，2013.

[69]孙广芝，邢立强，张保玉. 数字出版元数据基础[M]. 北京：电子工业出版社，2013.

[70]孙辉. 数字出版中的权益管理技术研究[M]. 南京：南京大学出版社，2013.

[71]谭营. 烟花算法引论[M]. 北京：科学出版社，2015.

[72]唐俊开，付洪韬，闫国龙. HTML5 技术与移动出版[M]. 北京：电子工业出版社，2013.

[73]田萍芳. 面向云出版的语义关键技术[M]. 武汉：武汉大学出版社，2015.

[74]王伯鲁. 技术究竟是什么 广义技术世界的理论阐释[M]. 北京：科学出版社，2006.

[75]王贵友. 从混沌到有序——协同学简介[M]. 武汉：湖北人民出版社，1987.

[76]王树松. 技术价值论[M]. 哈尔滨：东北林业大学出版社，2004.

[77]王玉樑. 价值哲学新探[M]. 西安：陕西人民教育出版社，1993.

[78]维克托. 迈尔-舍恩伯格，肯尼思. 库克耶. 大数据时代[M]. 盛杨燕，周涛，译. 杭州：浙江人民出版社，2013.

[79]维克托. 迈尔-舍恩伯格，肯尼思. 库克耶. 与大数据同行：学习和教育的未来[M]. 赵中建，张燕南，译. 上海：华东师范大学出版社，2015.

[80]维克托思·迈尔-舍恩伯格，肯尼思·库克耶. 大数据时代：生活、工作与思维的大变革[M]. 杭州：浙江人民出版社，2013.

[81]魏东原，张军. 数字时代的科技知识服务[M]. 广州：广东科学技术出版社，2020.

[82]魏宏森. 系统科学方法论导论[M]. 北京：人民出版社，1983.

[83]魏宏森. 系统论——系统科学哲学[M]. 北京：清华大学出版社，1995.

[84]乌家培. 交叉科学发展的原因和途径[M]. 北京：光明日报出版社，1986.

[85]吴平，卢珊珊，张炯. 编辑学原理[M]. 武汉：武汉大学出版社，2022.

[86]向凌云，赵勇，肖瑜. 区块链[M]. 北京：民主与建设出版社，2019.

[87]项立刚. 5G 时代 什么是 5G，它将如何改变世界[M]. 北京：中国人民大学出版社，2019.

[88]谢新洲. 电子出版技术[M]. 北京：北京大学出版社，2006.

[89]谢新洲. 数字出版技术[M]. 北京：北京大学出版社，2022.

[90]谢新洲. 网络出版及其经营管理[M]. 沈阳：辽海出版社，2003.

[91]徐丽芳，陈铭，赵雨婷. 数字出版概论[M]. 武汉：武汉大学出版社，2022.

[92]徐丽芳，刘锦宏，丛挺. 数字出版概论[M]. 北京：电子工业出版社，2013.

[93]徐明星，刘勇，等. 区块链：重塑经济与世界[M]. 北京：中信出版集团，2016.

［94］杨德荣. 科学技术论研究［M］. 成都：西南交通大学出版社，2004.

［95］伊迪斯·彭罗斯. 企业成长理论［M］. 上海：上海人民出版社，2007.

［96］雍琦. 法律逻辑学［M］. 北京：法律出版社，2004.

［97］袁征宇. 出版信息管理系统数据库接口技术案例［M］. 北京：清华大学出版社，2015.

［98］张立伟. 中国期刊数字出版技术变迁研究［M］. 北京：知识产权出版社，2019.

［99］张秋实，沈晓辉，郑建军. 彩色桌面出版技术问答［M］. 北京：印刷工业出版社，1995.

［100］张守文. 经济法理论的重构［M］. 北京：人民出版社，2004.

［101］张文显. 法哲学范畴研究［M］. 北京：中国政法大学出版社，2001.

［102］张宇燕. 经济发展与制度选择 对制度的经济分析［M］. 北京：中国人民大学出版社，1992.

［103］张志刚. 网络出版技术概论［M］. 北京：印刷工业出版社，2004.

［104］章沛. 辩证逻辑基础［M］. 长沙：湖南人民出版社，1982.

［105］赵大伟. 互联网思维的独孤九剑［M］. 北京：机械工业出版社，2014.

［106］中共中央马克思恩格斯列宁斯大林著作编译局. 列宁全集（第55卷）［M］. 北京：人民出版社，1990.

［107］中共中央马克思恩格斯列宁斯大林著作编译局. 马克思恩格斯选集（第2卷）［M］. 北京：人民出版社，1972.

［108］中共中央马克思恩格斯列宁斯大林著作编译局. 马克思恩格斯选集（第3卷）［M］. 北京：人民出版社，1972.

［109］中共中央马克思恩格斯列宁斯大林著作编译局. 马克思恩格斯选集（第4卷）［M］. 北京：人民出版社，1995.

［110］周蔚华. 数字传播与出版转型［M］. 北京：北京大学出版社，2011.

［111］朱丽·汤普森·克莱恩. 跨越边界 知识 学科 学科互涉［M］. 姜智芹，译. 南京：南京大学出版社，2005.

（二）论文

［1］蔡曙山. 论数字化［J］. 中国社会科学，2001（4）：33-42，203-204.

［2］曹阳. 浅析区块链技术在出版行业的应用前景［J］. 城市党报研究，2020（6）：90-91.

［3］常绍舜. 从经典系统论到现代系统论［J］. 系统科学学报，2011，19（3）：1-4.

［4］陈光祚. 电子出版物的特征与范围［J］. 图书馆工作与研究，1995（3）：13-16.

［5］陈国权，马萌. 组织学习——现状与展望［J］. 中国管理科学，2000，8（1）：66-74.

［6］陈国权. 组织学习和学习型组织：概念、能力模型、测量及对绩效的影响［J］. 管理

评论，2009，21(1)：107-116.

[7]陈清泰. 促进企业自主创新的政策思考[J]. 管理世界，2006(7)：1-3，52.

[8]陈维超. 基于区块链的IP版权授权与运营机制研究[J]. 出版科学，2018，26(5)：18-23.

[9]陈文波. 基于知识视角的组织复杂信息技术吸收研究[D]. 上海：复旦大学，2006.

[10]陈晓峰，蔡敬羽，刘永坚. 开放科学背景下区块链在科技期刊中的应用[J]. 中国传媒科技，2019(2)：21-24.

[11]陈雪频. 定义互联网思维[J]. 上海国资，2014，199(2)：70-71.

[12]陈亚慧. 论数据空间中虚拟人的道德任性问题[J]. 伦理学研究，2020(5)：90-95.

[13]陈云松，郭未. 元宇宙的社会学议题：平行社会的理论视野与实证向度[J]. 江苏社会科学，2022(2)：138-146，243.

[14]程曼丽. 文化传播与话语建构[J]. 现代视听，2019(9)：83.

[15]迟亮. EPUB 3.1数字出版技术研究[J]. 电脑知识与技术，2018，14(19)：239，242.

[16]丛挺. 我国出版企业新媒体技术采纳研究[D]. 武汉：武汉大学，2014.

[17]崔延强，段禹. 从科学到学科——学科文化的现代性及其超越[J]. 大学与学科，2021，2(1)：58-71.

[18]丁靖佳，张新新. 元宇宙与出版(下)：元宇宙系统、价值与元宇宙出版新范畴——兼论元宇宙出版的新模式和新业态[J]. 科技与出版，2022(6)：30-41.

[19]杜耀宗. VR技术在出版领域中的应用现状及对策分析[J]. 出版发行研究，2017(3)：36-39.

[20]段伟文. 技术的价值负载与伦理反思[J]. 自然辩证法研究，2000(8)：30-33，54.

[21]樊丽明. "新文科"：时代需求与建设重点[J]. 中国大学教学，2020(5)：4-8.

[22]范真真，吴晨，石晶. 区块链在学术期刊中的应用及实践[J]. 中国传媒科技，2019(10)：22-24.

[23]方凌智，沈煌南. 技术和文明的变迁——元宇宙的概念研究[J]. 产业经济评论，2022(1)：5-19.

[24]方卿，王一鸣. 论出版的知识服务属性与出版转型路径[J]. 出版科学，2020(1)：22-29.

[25]方卿，张新新. 推进出版业高质量发展的几个面向[J]. 科技与出版，2020(5)：6-13.

[26]方卿. 关于出版学学科本体的思考[J]. 科技与出版，2022(1)：6-13.

[27]方卿. 关于出版功能的再思考[J]. 现代出版，2020(5)：11-16.

[28]方卿. 关于出版学学科性质的思考[J]. 出版科学，2020，28(3)：5-12.

[29]方卿. 关于出版学专业方向设置的思考[J]. 出版广角，2020(15)：13-17.

[30]方卿. 元宇宙与出版[J]. 出版科学，2022，30(5)：1，43.

[31]方卿. 资源、技术与共享：数字出版的三种基本模式[J]. 出版科学，2011，19(1)：28-32.

[32]冯宏声. 5G时代出版业发展前景思考[J]. 国际人才交流，2017(12)：23-24.

[33]冯宏声. 关于推动新闻出版业数字化转型升级进入深化阶段的总体思路[J]. 新阅读，2018(2)：18-23.

[34]高丽凤，帖洪宇. 咪咕阅读多维营销的渠道建构[J]. 传媒，2021(17)：68-69.

[35]郭玉洁，龙振宇，张新新. AR出版的现状及趋势分析[J]. 科技与出版，2017(8)：27-32.

[36]韩民青. 宇宙的层次与元宇宙[J]. 哲学研究，2002(2)：28-34.

[37]韩业江，董颖，方敏等. 基于情境感知技术的智慧图书馆服务策略研究[J]. 情报科学，2019，37(8)：87-91.

[38]郝婷. 我国数字出版标准化工作现状及对策研究[J]. 出版参考，2016(8)：16-18.

[39]何蒲，于戈，张岩峰，等. 区块链技术与应用前瞻综述[J]. 计算机科学，2017，44(4)：1-7，15.

[40]侯金鹏. 系统论视角下社会技术异化及其根源研究[D]. 锦州：渤海大学，2017.

[41]胡海峰. 对法国调节学派及其理论的分析[J]. 教学与研究，2005(3)：79-84.

[42]胡泳，张月朦. 互联网内容走向何方？——从UGC、PGC到业余的专业化[J]. 新闻记者，2016(8)：21-25.

[43]华夏. 数字出版标准建设发展研究[D]. 北京：北京印刷学院，2014.

[44]黄坤明. 坚持马克思主义在意识形态领域指导地位的根本制度[N]. 人民日报. 2019-11-20(15).

[45]黄先蓉，常嘉玲. 融合发展背景下出版领域知识服务研究新进展：现状、模式、技术与路径[J]. 出版科学，2020，28(1)：11-21.

[46]黄旭，陈林林. 西方资源基础理论评析[J]. 财经科学，2005(3)：94-99.

[47]黄宗忠. 关于图书馆学研究对象、定义、功能的新思考(上)[J]. 图书馆论坛，2003(6)：4-12，25.

[48]贾根良，李家瑞. 国有企业的创新优势——基于演化经济学的分析[J]. 山东大学学报(哲学社会科学版)，2018(4)：1-11.

[49]金胜勇，王彦芝. 图书情报学研究方法概念体系概说[J]. 图书与情报，2013(4)：39-43，144.

[50]柯昌清. 企业技术获取模式及选择的研究[D]. 武汉：华中科技大学，2010.

[51]匡导球. 二十世纪中国出版技术变迁研究[D]. 南京：南京农业大学，2009.

[52]匡文波. 手机出版：21世纪出版业的新机遇[J]. 西安：陕西师范大学学报(哲学社会科学版)，2005(1)：119-124.

［53］蓝凌敬．浅谈数码技术对美术创作的影响［J］．计算机光盘软件与应用，2012（7）：110，109．

［54］雷环捷．中国"技术"概念的历史演进与当代启示［J］．自然辩证法通讯，2022，44（10）：111-117．

［55］李汉卿．协同治理理论探析［J］．理论月刊，2014（1）：138-142．

［56］李红专．当代西方社会理论的实践论转向——吉登斯结构化理论的深度审视［J］．哲学动态，2004（11）：7-13．

［57］李娟．计算机技术应用的现状与发展［J］．电子技术与软件工程，2017（7）：141．

［58］李南．告别铅与火的新技术——汉字激光照排系统［J］．激光杂志，2020，31（4）：56．

［59］李琴萍．探讨数字出版标准化工作的策略［J］．新闻传播，2014（18）：16，18．

［60］李三虎．技术决定还是社会决定：冲突和一致——走向一种马克思主义的技术社会理论［J］．探求，2003（1）：37-45．

［61］李伟．浅议企业技术创新能力提升的途径［J］．现代经济信息，2015（3）：70，105．

［62］李晓锋，孙燕．数字教材的属性特征及标准规范体系研究［J］．出版科学，2021，29（3）：42-49．

［63］李欣，王静静，杨梓，黄鲁成．基于SAO结构语义分析的新兴技术识别研究［J］．情报杂志，2016，35（3）：80-84．

［64］李媛，方卿．基于区块链技术的报纸出版数字化转型［J］．中国出版，2018（15）：33-36．

［65］李媛．区块链时代的学术评价创新研究［J］．出版科学，2020，28（3）：74-80

［66］李峥．元宇宙将成为未来数字生态的主流发展模式？［J］．世界知识，2022（7）：13-17．

［67］梁飞．存在性证明——区块链技术在数字版权的运用［J］．电视研究，2020（2）：31-34．

［68］廖文峰，张新新．数字出版发展三阶段论［J］．科技与出版，2015（7）：87-90．

［69］林穗芳．电子编辑和电子出版物：概念、起源和早期发展（上）［J］．出版科学，2005（3）：6-16．

［70］林穗芳．罗伯托·布萨和世界最早用计算机辅助编辑的巨著《托马斯著作索引》［J］．河南大学学报（社会科学版），2007（4）：167-174．

［71］刘革平，王星，高楠，等．从虚拟现实到元宇宙：在线教育的新方向［J］．现代远程教育研究，2021，33（6）：12-22．

［72］刘华东，马维娜，张新新．"出版+人工智能"：智能出版流程再造［J］．出版广角，2018（1）：14-16．

［73］刘坚，韦汇余．基于VR互动平台的职业教育出版数字化转型［J］．科技与出版，

2014（7）：90-94.

[74]刘松. 实时交互是大数据的第五大特征[N]. 北京晨报，2015-04-30（4）.

[75]刘仲林. 交叉学科分类模式与管理沉思[J]. 科学学研究，2003（6）：561-566.

[76]罗俊. 计算·模拟·实验：计算社会科学的三大研究方法[J]. 学术论坛，2020，43（1）：35-49.

[77]罗晓银，张安超. 区块链在出版行业的应用展望[J]. 出版参考，2019（10）：55-57.

[78]吕鹏. "元宇宙"技术——促进人的自由全面发展[J]. 产业经济评论，2022（1）：20-27

[79]马磊. 基于 AR 技术的融媒体出版应用研究[J]. 出版参考，2021（7）：37-39.

[80]毛蕴诗，黄程亮. 企业研发网络与技术学习模式选择：一个文献综述[J]. 学术研究，2017（5）：73-78.

[81]孟宪俊. 试论技术哲学[J]. 人文杂志，1995（6）：25-28.

[82]慕课之后，兴起私播课[J]. 中小学信息技术教育，2015（5）：6.

[83]彭兰. 移动化、社交化、智能化：传统媒体转型的三大路径[J]. 新闻界，2018（1）：35-41.

[84]祁芬中. 协同论[J]. 社联通讯，1988（6）：65-68.

[85]邱晶晨. 浅析新媒体环境下网络直播中的乱象分析[J]. 新闻采编，2017（5）：56-59.

[86]瞿葆奎，郑金洲. 教育学逻辑起点：昨天的观点与今天的认识（一）[J]. 上海教育科研，1998（3）：2-9.

[87]桑新民. 技术—教育—人的发展（上）——现代教育技术学的哲学基础初探[J]. 电化教育研究，1999（2）：3-7.

[88]沈鑫，裴庆祺，刘雪峰. 区块链技术综述[J]. 网络与信息安全学报，2016，2（11）：11-20.

[99]施勇勤，王飞扬. 美国书业研究会对我国数字出版标准化工作的启示[J]. 科技与出版，2015（2）：31-35.

[90]宋泽海. 基于协同论的冶金企业技术创新整合机制研究[D]. 天津：天津大学，2006.

[91]孙国锋，唐丹丹. 文化、科技、金融产业间耦合协调发展研究——基于江苏省2005—2016 年数据的实证分析[J]. 科技和产业，2019.19（9）：7-13.

[92]孙海法，朱莹楚. 案例研究法的理论与应用[J]. 科学管理研究，2004（1）：116-120.

[93]孙显元. 范畴体系的逻辑基项[J]. 齐鲁学刊，1985（1）：20-24.

[94]孙艳华，任元军. 数字出版与电子出版、网络出版关系的再认识[J]. 青岛科技大

学学报，2018（3）：100-103.

[95]孙志军，薛磊，许阳明，等.深度学习研究综述[J].计算机应用研究，2012，29（8）：2806-2810.

[96]谭长贵.社会发展—动态平衡态势论[J].湖南社会科学，2001（2）：21-25.

[97]田莉.机会导向型的新技术企业商业化战略选择——基于技术属性与产业环境匹配的视角[J].经济管理，2008（Z1）：40-43.

[98]庹震.加快实现深度融合 全力打造新型主流媒体[J].新闻战线，2017（17）：5-6.

[99]王飚，毛文思.出版强国建设背景下数字出版高质量发展前瞻——"十四五"时期数字出版发展重点解析[J].中国出版，2022（15）：16-23.

[100]王伯鲁.马克思技术决定论思想辨析[J].自然辩证法通讯，2017，39（5）：126-135.

[101]王飞跃.社会信号处理与分析的基本框架：从社会传感网络到计算辩证解析方法[J].中国科学：信息科学，2013，43（12）：1598-1611.

[102]王馥芳.数字时代说"数字"新义[J].辞书研究，2007（6）：145-147.

[103]王海龙，李阳春，李欲晓.元宇宙发展演变及安全风险研究[J].网络与信息安全学报，2022，8（2）：132-138.

[104]王涵，方卿.社会临场理论下社会化阅读内容"三俗化"问题研究[J].现代出版，2017（3）：16-19.

[105]王培英.社会网络中的社区发现及协同过滤推荐技术研究[D].北京：北京交通大学，2016.

[106]王平，侯俊军，梁正.标准治理的基本逻辑研究[J].标准科学，2019（11）：27-34.

[107]王琪.学术出版"走出去"与对外话语体系构建探析[J].科技与出版，2021（11）：23-28.

[108]王清，陈潇婷.区块链技术在数字著作权保护中的运用与法律规制[J].湖北大学学报（哲学社会科学版），2019，46（3）：150-157.

[109]王文喜，周芳，万月亮，宁焕生.元宇宙技术综述[J].工程科学学报，2022，44（4）：744-756.

[110]王永.新文科建设的三个理论前提[J].现代传播，2020（5）：159.

[111]王玉樑.论价值本质与价值标准[J].学术研究，2002（10）：18-24.

[112]韦妙，何舟洋.本体、认识与价值：智能教育的技术伦理风险隐忧与治理进路[J].现代远距离教育，2022（1）：75-82.

[113]韦有双，王飞，冯允成.虚拟现实与系统仿真[J].计算机仿真，1999（2）：63-66.

[114]吴刚，杨芳.元宇宙与教育活动的"物质转向"：老故事与新实在[J].南京社会

科学，2022（4）：135-142，160.

[115]吴浩强，刘慧岭.数字技术赋能出版企业价值链重构研究——基于中信出版集团与中华书局的双案例分析[J].科技与出版，2021（10）：61-70.

[116]吴江，曹喆，陈佩，等.元宇宙视域下的用户信息行为：框架与展望[J].信息资源管理学报，2022，12（1）：4-20.

[117]吴岩.加强新文科建设培养新时代新闻传播人才[J].中国编辑，2019（2）：4-8.

[118]吴致远.有关技术中性论的三个问题[J].自然辩证法通讯，2013，35（6）：116-121，128.

[119]吴祖松.中国学术思想语境中的"价值"考论[J].当代中国价值观研究，2019，4（6）：15-23.

[120]夏王霞.计算机网络技术的应用与发展[J].信息与电脑（理论版），2020，32（5）：21-23.

[121]肖峰.论技术发展史的多维视角[J].东北大学学报（社会科学版），2007（1）：1-5.

[122]万安伦，张小凡，黄婧雯.载体·符号·技术：NFT对数字出版的突破与贡献[J].中国编辑，2023，158（Z1）：95-99，104.

[123]谢清风.走出去：话语权、品牌力和传播力[J].中国出版，2017（13）：6-9.

[124]谢先江，张国骥.马克思技术哲学核心思想探析[J].求索，2007（2）：122-124.

[125]邢怀滨.社会建构论的技术观[D].沈阳：东北大学，2002.

[126]徐峰.基于整合TOE框架与UTAUT模型的组织信息系统采纳研究[D].济南：山东大学，2012.

[127]徐丽芳，陈铭.5G时代的虚拟现实出版[J].中国出版，2019（18）：3-9.

[128]徐丽芳，田峥峥.价值链协同视角下的智能出版与智能阅读[J].出版广角，2021（13）：6-11.

[129]徐丽芳.数字出版：概念与形态[J].出版发行研究，2005（7）：5-12.

[130]徐伟，冷静.现代计算机技术的发展方向与趋势[J].电子技术与软件工程，2019（15）：114-115.

[131]许洁，王嘉昀.基于区块链技术的学术出版信任建设[J].出版科学，2017，25（6）：19-24.

[132]杨丹辉.元宇宙热潮：缘起、影响与展望[J].人民论坛，2022（7）：16-20.

[133]杨晋，张绵.VR在医学数字出版领域的创新应用——人民卫生出版社的尝试与探索[J].传媒，2021（24）：15-18.

[134]杨青峰，李晓华.数字经济的技术经济范式结构、制约因素及发展策略[J].湖北大学学报（哲学社会科学版），2021（1）：126-136.

[135]杨新涯，钱国富，唱婷婷，等.元宇宙是图书馆的未来吗？[J].图书馆论坛，

2021，41（12）：35-44.

[136]杨智. 国外组织学习研究综述[J]. 外国经济与管理，2004，26（12）：15-20.

[137]姚媛. 数字化、电子化、网络化和虚拟化名词的本质概念及应用[J]. 大学图书馆学报，2009，27（5）：13-17.

[138]姚忠将，葛敬国. 关于区块链原理及应用的综述[J]. 科研信息化技术与应用，2017，8（2）：3-17.

[139]殷克涛. 数字出版生态链研究[D]. 武汉：武汉大学，2016.

[140]尹达. 增强现实出版研究领域建构探析[J]. 科技与出版，2021（12）：106-112.

[141]英欢超. 5G 时代出版业发展的研究论述[J]. 传媒论坛，2019，2（9）：145-146.

[142]应国良，马立新. 一种对计算机发展史展开研究的策略[J]. 中国教育信息化，2010（7）：15-16.

[143]余凯，贾磊，陈雨强，等. 深度学习的昨天、今天和明天[J]. 计算机研究与发展，2013，50（9）：1799-1804.

[144]郁义鸿. 产业链类型与产业链效率基准[J]. 中国工业经济，2015（11）：35-42.

[145]喻国明，耿晓梦. 何以"元宇宙"：媒介化社会的未来生态图景[J]. 新疆师范大学学报（哲学社会科学版），2022（3）：1-8.

[146]喻国明. 未来媒介的进化逻辑："人的连接"的迭代、重组与升维——从"场景时代"到"元宇宙"再到"心世界"的未来[J]. 新闻界，2021（10）：54-60.

[147]袁勇，王飞跃. 区块链技术发展现状与展望[J]. 自动化学报，2016（4）：481-494

[148]张立. 数字出版的若干问题讨论[J]. 出版发行研究，2005（7）：13-18.

[149]张立. 数字出版相关概念的比较分析[J]. 中国出版，2006（12）：11-14.

[150]张立园. 媒介融合视域下出版产业链的转型升级[J]. 中国编辑，2022（4）：67-71.

[151]张霖. 关于数字孪生的冷思考及其背后的建模和仿真技术[J]. 系统仿真学报，2020，32（4）：1-10.

[152]张猛，王晶. 浅谈计算机科学与技术的发展趋势[J]. 科技创新与应用，2016（33）：82.

[153]张楠，郭讯华，陈国青. 行为建模角度信息技术采纳研究综述[J]. 科学管理研究，2009，27（4）：13-19.

[154]张素蓉. 企业价值最大化及其实现途径研究[D]. 天津：天津大学，2004.

[155]张新新，陈奎莲. 数字出版特征理论研究与思考[J]. 中国出版，2021（2）：8-14.

[156]张新新，丁靖佳，韦青. 元宇宙与出版（上）：元宇宙本体论与出版远景展望[J]. 科技与出版：2022（5）：33-45

[157]张新新，杜方伟. 科技赋能出版："十三五"时期出版业数字技术的应用[J]. 中国编辑，2020（12）：4-11.

［158］张新新，刘华东.出版+人工智能：未来出版的新模式与新形态——以《新一代人工智能发展规划》为视角［J］.科技与出版，2017(12)：38-43.

［159］张新新，刘一燃.数字社会编辑数字素养与技能体系建构——基于出版深度融合发展战略的思考［J］.中国编辑，2022(6)：4-10.

［160］张新新，龙星竹.数字出版价值论（下）：价值定位到价值实现［J］.出版科学，2022(2)：24-31.

［161］张新新，钟惠婷.出版业高质量发展的战略协同机制思考——基于协同论的视角［J］.出版广角，2022(9)：60-66.

［162］张新新.基于出版业数字化战略视角的"十四五"数字出版发展刍议［J］.科技与出版，2021(1)：65-76.

［163］张新新.数字出版概念述评与新解——数字出版概念 20 年综述与思考［J］.科技与出版，2020(7)：43-56.

［164］张新新.数字出版价值论（上）：价值认知到价值认同［J］.出版科学，2022(1)：5-14.

［165］张新新.新闻出版业 5G 技术应用原理与场景展望［J］.中国出版，2019(18)：10-13.

［166］张新新.中国特色数字出版话语体系初探：实践与框架——2020 年中国数字出版盘点［J］.科技与出版，2021(3)：86-97.

［167］张新新."十三五"的数字出版人才政策与实践研究——以政产学研一体化为视角［J］.出版广角，2016(19)：18-20.

［168］张新新."十四五"教育出版落实文化产业数字化战略思考——基于发展与治理向度［J］.出版广角，2021(24)：32-39.

［169］张新新.AR 出版物产业化发展关键点剖析［J］.中国出版，2018(8)：7-11.

［170］张新新.出版机构知识服务转型的思考与构想［J］.中国出版，2015(24)：23-26.

［171］张新新.出版转型的体系性思考与理论建构［J］.中国编辑，2020(9)：54-59.

［172］张新新.传统出版与新兴出版深度融合，推进数字出版高质量发展——2019 年度数字出版盘点［J］.科技与出版，2020(3)：13-27.

［173］张新新.技术赋能出版业高质量发展：技术蛙跳双案例研究［J］.出版与印刷，2022(3)：30-43.

［174］张新新.加速推进传统出版与新兴出版动能接续转换——2017 年数字出版盘点［J］.科技与出版，2018(2)：27-32.

［175］张新新.论数字出版的性质［J］.出版与印刷，2021(2)：27-34.

［176］张新新.数字出版概念述评与新解——数字出版概念 20 年综述与思考［J］.科技与出版，2020(7)：43-56.

［177］张新新.数字出版调控与市场的二元互动——"十三五"时期数字出版述评与盘

点[J].科技与出版,2020(9):43-56.

[178]张新新.数字出版营销能力、策略及渠道[J].中国出版,2020(16):33-38.

[179]张新新.新闻出版业5G技术应用原理与场景展望[J].中国出版,2019(18):10-13.

[180]张新新.新闻出版业大数据应用的思索与展望[J].科技与出版,2016(1):4-8.

[181]张新新.新闻出版业智能机器人的应用原理与场景分析[J].科技与出版,2018(11):43-48

[182]张新新.新闻出版智库运行机制研究[J].科技与出版,2019(10):35-40.

[183]张新新.知识服务向何处去——新闻出版业五种知识服务模式分析[J].出版与印刷,2019(1):1-5.

[184]张新新.中国特色数字出版学研究对象:研究价值、提炼方法与多维表达[J].编辑之友,2020(11):5-11,30.

[185]张新新等.共创元宇宙:理论与应用的学科场景[J].信息资源管理学报,2022(5):139-148.

[186]张妍.从技术机会的观点看技术创新过程[J].开发研究,2009(5):146-149.

[187]张岩,梁耀丹.基于区块链技术的去中心化数字出版平台研究[J].出版科学,2017,25(6):13-18.

[188]赵国锋,陈婧,韩远兵,等.5G移动通信网络关键技术综述[J].重庆邮电大学学报(自然科学版),2015,27(4):441-452.

[189]赵国庆,张菲菲.论教育技术与教育的互动机制[J].现代教育技术,2008(7):9-13.

[190]赵晓春.跨学科研究与科研创新能力建设[D].合肥:中国科学技术大学,2007.

[191]赵宇佳,姜进章.VR数字出版:技术可供性视角下出版业的转向[J].编辑之友,2021(3):64-72.

[192]郑江淮,张睿,陈英武.中国经济发展的数字化转型:新阶段、新理念、新格局[J].学术月刊,2021(7):45-54,66.

[193]郑阳,杜荣.区块链技术在数字知识资产管理中的应用[J].出版科学,2018,26(3):97-104.

[194]中国人民银行合肥中心支行科技处课题组,谢铉洋.区块链结构、参与主体及应用展望[J].金融纵横,2017(1):43-53.

[195]钟声贤.出版经营的区块链商业模式[J].视听,2019(1):225-226.

[196]周建基.集群环境下中小企业技术创新能力提升途径的研究[J].中外企业家,2020(9):78.

[197]周玲元,段隆振.数字图书馆联盟中基于情境感知的个性化推荐服务研究[J].图书馆理论与实践,2014(7):67-69,87.

［198］周荣庭，孙松. 增强现实出版物产业价值链分析［J］. 中国出版，2018（8）：3-6.

［199］周蔚华，方卿，张志强，等. 出版学"三大体系"建设（笔谈）［J］. 华中师范大学学报（人文社会科学版），2021，60（3）：75.

［200］朱碧君. 试论范畴体系及其认识作用［J］. 贵州师范大学学报（社会科学版），1988（1）：8-12.

［201］朱蕾. 科技创新在产业经济发展中的价值［J］. 农村经济与科技，2017，28（8）：166-167.

［202］朱丽献，李兆友. 企业技术创新采纳的国外研究综述［J］. 东北大学学报，2008，10（6）：484-488.

［203］朱丽献. 企业技术创新采纳的内生动力与行为研究［J］. 辽东学院学报（社会科学版），2010，12（2）：38-42.

［204］朱丽献. 企业技术创新采纳研究［D］. 沈阳：东北大学，2008.

［205］邹美辰. 新型书目框架的发展历程及实施难点［J］. 图书馆学刊，2020，42（6）：37-44.

［206］左美丽. ISLI 在出版领域的应用综述［J］. 出版参考，2016（8）：9-11.

［207］左明章. 论教育技术的发展价值［D］. 武汉：华中师范大学，2008.

二、英文文献

（一）专著

［1］Andrew F. Critical Theory of Technology［M］. New York：Oxford University Press，1991.

［2］Bhaskar M. the Content Machine：Towards a Theory of Publishing From the Printing Press To the Digital Network［M］. London：Anthem Press，2013.

［3］Brown D J，Boulderstone R. the Impact of Electronic Publishing：the Future for Publishers and Librarians［M］. Boston：Walter De Gruyter，2008.

［4］Byrne E P. Transdisciplinary Perspectives on Transitions To Sustainability［M］. Abingdon：Routledge，2017.

［5］Dessauer F. Streit Um Die Technik［M］. Frankfurt：Verlag Josef Knecht，1956.

［6］Eisenhart D M. Publishing in the Information Age：A New Management Framework for the Digital Era［M］. Westport：Greenwood Publishing Group，1996.

［7］Feenberg A. Critical Theory of Technology：A Companion To the Philosophy of Technology［M］. New York：John Wiley & Sons，Ltd，2009.

［8］Fitzpatrick K. Planned Obsolescence：Publishing，Technology，and the Future of the Academy［M］. New York：Nyu Press，2011.

［9］Giddens A. Central Problems in Social Theory：Action，Structure，and Contradiction in Social Analysis［M］. Oakland：University of California Press，1979.

［10］Grant R M. the Resource-Based Theory of Competitive Advantage［M］// California Management Review，Berkeley：University of California at Berkeley，1991.

［11］Grieves M. Product Lifecycle Management：Driving the Next Generation of Lean Thinking［M］. New York：Mc Graw-Hill Education，2006.

［12］Nambisan S，Nancy，Keithley J，et al. Handbook of Digital Innovation［M］. Northampton：Edward Elgar Publishing，2020.

［13］Jacques E. the Technological Order，in Philosophy and Technology：Readings in the Philosophical Problems of Technology，Edited By Carl Mitcham and Robert Mackey［M］. New York：the Free Press，1983.

［14］Kalmbach J R. the Computer and the Page：Publishing，Technology，and the Classroom［M］. Westport：Greenwood Publishing Group，1997.

［15］Kist J. New Thinking for 21st Century Publishers：Emerging Patterns and Evolving Stratagems［M］. Amsterdam：Elsevier，2008.

［16］Langdon Winner. Autonomous Technology［M］. Cambridge：Mit Press，1977.

［17］Leifer R，Mcdermott C M，O'Connor G C，et al. Radical Innovation：How Mature Companies Can Outsmart Upstarts［M］. Boston：Harvard Business Press，2000.

［18］Marcuse H. One—Dimensional Man：Studies in the Ideology of Advanced Industrial Society［M］. Boston：Beacon Press，1991.

［19］Martin B，Tian X. Books，Bytes and Business：the Promise of Digital Publishing［M］. London：Routledge，2016.

［20］Peroni S. Semantic Web Technologies and Legal Scholarly Publishing［M］. Springer，2014.

［21］Pfeffer J，Salancik G R. the External Control of Organizations：A Resource Dependence Perspective［M］. New York：Harper & Row，1978.

［22］Rogers E M. Key Concepts and Models，in Solo and Rogers，Inducing Technological Change for Economic Growth and Development［M］. East Lansing：Michigan State University Press，1972.

［23］Romano F J. Digital Media：Publishing Technologies for the 21st Century［M］. Micro Pub. Press，1996.

［24］Rosenblatt W，Mooney S，Trippe W. Digital Rights Management：Business and Technology［M］. New York：John Wiley & Sons，Inc.，2001.

［25］Selznick P. Leadership in Administration：A Sociological Interpretation，Row，Peterson and Company［M］. New York：Free Press，1957.

［26］Social Shaping of Digital Publishing：Exploring the Interplay Between Culture and Technology：Proceedings of the 16th International Conference on Electronic Publishing［M］. Amesterdam：Ios Press，2012.

［27］Stiegler B. States of Shock：Stupidity and Knowledge in the 21st Century［M］. John Wiley & Sons，2015.

［28］Swan M. Blockchain：Blueprint for a New Economy［M］. O'Reilly Media Inc，2015.

［29］Vannevar B. Science：the Endless Frontier［M］. Washington：National Science Foundation，1990.

（二）论文

［1］Ahmed M A，Van Den Hoven J. Agents of Responsibility—Freelance Web Developers in Web Applications Development［J］. Information Systems Frontiers，2010，12(4)：415-424.

［2］Arts K，Van Der Wal R，Adams W M. Digital Technology and the Conservation of Nature［J］. Ambio，2015，44：661-673.

［3］Barley S R. The Alignment of Technology and Structure Through Roles and Networks［J］. Administrative Science Quarterly，1990，35(1)：61-103.

［4］Berg M. Digital Technography：A Methodology for Interrogating Emerging Digital Technologies and Their Futures［J］. Qualitative Inquiry，2022：827-836.

［5］Berkhout F，Hertin J. De-Materialising and Re-Materialising：Digital Technologies and the Environment［J］. Futures，2004，36(8)：903-920.

［6］Bitcoin Sourcecode［EB/OL］. ［2016-01-18］. https：//Github. Com/Bitcoin/Bitcoin/.

［7］Brown L，Griffiths R，Rascoff M，et al. University Publishing in a Digital Age［J］. Journal of Electronic Publishing，2007，10(3).

［8］Bush V. As We May Think［J］. the Atlantic Monthly，1945，176(1)：101-108.

［9］Carreiro E. Electronic Books：How Digital Devices and Supplementary New Technologies Are Changing the Face of the Publishing Industry［J］. Publishing Research Quarterly，2010，26：219-235.

［10］Chwelos P，Benasat I，Dexter A S. Research Report：Empirical Test of an Edi Adoption Model［J］. Information System Research，2002，12(3)：304-321.

［11］Damanpour F，Wischnevsky J D. Research on Innovation in Organizations：Distinguishing Innovation-Generating From Innovation-Adopting Organizations［J］. Journal of Engineering and Technology Management，2006，23(4)：269-291.

［12］Desanctis G，Poole M S. Capturing the Complexity in Advanced Technology Use：Adaptive Structuration Theory［J］. Organization Science，1994：121-147.

［13］Eric R. What Is Metaverse? How It Works and Why It Will Be Important in the Future?

[EB/OL]. [2022-04-23]. https://Www.Bitcoin-Store. Net/En/Blog/What-Is-Metaverse/.

[14] Ethereum White Paper. A Next-Generation Smart Contract and Decentralized Application Platform [EB/OL]. [2022-08-13]. https://Github. Com/Ethereum/Wiki/Wiki/ Whitepaper.

[15] Far S B, Rad A I. Applying Digital Twins in Metaverse: User Interface, Security and Privacy Challenges[J]. Journal of Metaverse, 2022, 2(1): 8-16.

[16] Fitzgerald M, Kruschwitz N, Bonnet D, et al. Embracing Digital Technology: A New Strategic Imperative[J]. Mit Sloan Management Review, 2014, 55(2): 1.

[17] Friedman B, Hendry D G, Huldtgren A, et al. Charting the Next Decade for Value Sensitive Design[J]. Aarhus Series on Human Centered Computing, 2015, 1(1): 4.

[18] Fuchs C. Theorising and Analysing Digital Labour: From Global Value Chains To Modes of Production[J]. the Political Economy of Communication, 2014, 1(2)

[19] Gartner. Gartner's Top. 10 Strategic Technology Trends for 2019. [EB/OL]. [2022-04-25]. https://Www. Gartner. Com/Smarterwithgartner/Gartner-Top-10-Strategic-Technology-Trends-For-2019.

[20] Glaessgen E H, Stargel D S. the Digital Twin Paradigm for Future Nasa and Us Air Force Vehicles [C]//53rd Aiaa/Asme/Asce/Ahs/Asc Structures, Structural Dynamics and Materials Conference 20th Aiaa/Asme/Ahs Adaptive Structures Conference 14th Aiaa. 2012: 1818.

[21] Goldfarb A, Tucker C. Digital Economics[J]. Journal of Economic Literature, 2019, 57(1): 3-43.

[22] Grant R M. Toward a Knowledge-Based Theory of the Firm[J]. Strategic Management, 1996, 17(Special Issue): 109-122.

[23] Grieves M. Product Lifecycle Management: the New Paradigm for Enterprises [J]. International Journal of Product Development, 2005, 2(1): 71-84.

[24] Haag S, Anderl R. Digital Twin - Proof of Concept[J]. Manufacturing Letters, 2018: S2213846318300208.

[25] Hagel J, Singer M. Unbundling the Corpo Ration [J]. Harv Ard Business Review, 1999, 77(2): 133-141.

[26] Hintonge, Osinderos. A Fast Learning Algorithm for Deep Belief Nets[J]. Neural Computation, 2006, 18(7): 1527-1554.

[27] Jacques E. The Technological Society[J]. Translated By John Wilkinson. New York: Alfred A. Knopf, 1976: Xxv.

[28] Jeyaraj A, Rottman J W, Lacity M C. A Review of the Predictors, Linkages, and Biases in It Innovation Adoption Research[J]. Journal of Information Technology, 2006, 21(1):

1-23.

［29］Jones W B. Book Review: Thinking About Technology: Foundations of the Philosophy of Technology［J］. Bulletin of Science, Technology & Society, 2000, 20(5): 405-408.

［30］Kent A. Guide To Electronic Publishing: Opportunities in Online and Viewdata Services (Book Review)［J］. College & Research Libraries, 1983, 44(2): 188-189.

［31］Khin S, Ho T C F. Digital Technology, Digital Capability and Organizational Performance: A Mediating Role of Digital Innovation［J］. International Journal of Innovation Science, 2018, 11(2): 177-195.

［32］Kien G. Technography = Technology + Ethnography: An Introduction［J］. Qualitative Inquiry, 2008, 14(7): 1101-1109.

［33］Kling R. Learning About Information Technologies and Social Change: the Contribution of Social Informatics［J］. The Information Society, 2000, 16(3): 217-232.

［34］Kranzberg M. Technology and History: "Kranzberg's Laws"［J］. Technology and Culture, 1986, 27(3): 544-560.

［35］Kroes P. Technological Explanations: the Relation Between Structure and Function of Technological Objects［J］. Society for Philosophy and Technology Quarterly Electronic Journal, 1998, 3(3): 124-134.

［36］Ku R S R. the Creative Destruction of Copyright: Napster and the New Economics of Digital Technology［J］. The University of Chicago Law Review, 2002: 263-324.

［37］Liu M, Fang S, Dong H, et al. Review of Digital Twin About Concepts, Technologies, and Industrial Applications［J］. Journal of Manufacturing Systems, 2021, 58: 346-361.

［38］Mystakidis S. Metaverse［J］. Encyclopedia, 2022, 2(1): 486-497.

［39］Negri E, Fumagalli L, Macchi M. A Review of the Roles of Digital Twin in Cps-Based Production Systems［J］. Procedia Manufacturing, 2017, 11: 939-948.

［40］Nolan R L. Managing the Computer Resource: A Stage Hypothesis［J］. Conmmnications of the Acm, 1973, 16(7): 399-405.

［41］Oosterlaken I, Van Den Hoven J. Ict and the Capability Approach［J］. Ethics and Information Technology, 2011, 13(2): 65-67.

［42］Orlikowski W J. The Duality of Technology: Rethinking the Concept of Technology in Organizations［J］. Management of Technology, 1992, 3(3): 405.

［43］Pagani M, Pardo C. The Impact of Digital Technology on Relationships in a Business Network［J］. Industrial Marketing Management, 2017, 67: 185-192.

［44］Philip R. Bagley. Electronic Digital Machines for High-Speed Information Searching［D］. Mit, 1951.

［45］Ramamurthy K G, Premkumar M, Crum R. Organizational and Interorganizational Determinants of Edi Diffusion and Organizational Performance: A Causal Model［J］. Journal of Organizational Computing and Electronic Commerce, 1999, 9(4): 253-285.

［46］Rice R E. Computer-Mediated Communication System Network Data: Theoretical Concerns and Empirical Examples［J］. International Journal of Man-Machine Studies, 1990, 32 (6): 627-647.

［47］Rosen R, Von Wichert G, Lo G, et al. About the Importance of Autonomy and Digital Twins for the Future of Manufacturing［J］. Ifac-Papersonline, 2015, 48(3): 567-572.

［48］Rumelt R P. Towards a Strategic Theory of the Firm［J］. Competitive Strategic Management, 1984, 26(3): 556-570.

［49］Shafto M, Conroy M, Doyle R, et al. Draft Modeling, Simulation, Information Technology & Processing Roadmap［J］. National Aeronautics and Space Administration, 2012, 32: 1-38.

［50］Smilor R W, Gibson D V. Technology Transfer in Multi-Organizational Environment: the Case of R&D Consortia［J］. IEEE Transactions on Engineering Management, 1991, 38(1): 3-13.

［51］Subba R S. Electronic Book Technologies: An Overview of the Present Situation［J］. Library Review, 2004, 53(7): 363-371.

［52］Tao F, Cheng J, Qi Q, et al. Digital Twin-Driven Product Design, Manufacturing and Service With Big Data［J］. the International Journal of Advanced Manufacturing Technology, 2018, 94(9): 3563-3576.

［53］Tao F, Zhang H, Liu A, et al. Digital Twin in Industry: State-Of-The-Art［J］. Ieee Transactions on Industrial Informatics, 2018, 15(4): 2405-2415.

［54］Tuegel E J, Ingraffea A R, Eason T G, et al. Reengineering Aircraft Structural Life Prediction Using a Digital Twin［J］. International Journal of Aerospace Engineering, 2011: 154798.

［55］Verbeek P P. Accompanying Technology: Philosophy of Technology After the Ethical Turn［J］. Techné: Research in Philosophy and Technology, 2010, 14(1): 49-54.

［56］Wang P, Yang M, Peng Y, et al. Sensor Control in Anti-Submarine Warfare-A Digital Twin and Random Finite Sets Based Approach［J］. Entropy, 2019, 21(8): 767.

［57］Wernerfelt. A Resource-Based View of the Firm［J］. Strategic Management Journal, 1984, 5(2): 171-180.

［58］Wikipedia. Metaverse［EB/OL］.［2022-04-25］. https://En. Wikipedia. Org/Wiki/ Metaverse.

［59］Wissema J G. Morphological Analysis: Its Application To a Company Tf Investigation

[J]. Futures, 1976, 8(2): 146-453.

[60]Wolfe. Organizational Innovation: Review, Critique and Suggested Research Directions [J]. Journal of Management Studies, 1994, 31(3): 407-431.

[61]Yoon J, Kim K. Identifying Rapidly Evolving Technological Trends for R&D Planning Using Sao-Based Semantic Patent Networks[J]. Scientometrics, 2011, 88(1): 213-228.

[62]Zheng Y, Yang S, Cheng H. An Application Framework of Digital Twin and Its Case Study[J]. Journal of Ambient Intelligence and Humanized Computing, 2019, 10(3): 1141-1153.